JN069674

教員採用試験「全国版」過去問シリーズ ③

全国まるごと

過去問題集

小学校教諭

#分野別　　　#項目別

2025
年度版

協同教育研究会 編

協同出版

はじめに

　本書は，全国47都道府県と20の政令指定都市の公立学校の教員採用候補者選考試験を受験する人のために編集されたものです。

　教育を取り巻く環境は変化しつつあり，学校現場においても，教員免許更新制の廃止やGIGAスクール構想の実現などの改革が進められており，現行の学習指導要領においても，「主体的・対話的で深い学び」を実現するため，指導方法や指導体制の工夫改善により，「個に応じた指導」の充実を図るとともに，コンピュータや情報通信ネットワーク等の情報手段を活用するために必要な環境を整えることが示されています。

　一方で，いじめや体罰，不登校，教員の指導方法など，教育現場の問題もあいかわらず取り沙汰されており，教員に求められるスキルは，今後さらに高いものになっていくことが予想されます。

　協同教育研究会では，現在，626冊の全国の自治体別・教科別過去問題集を刊行しており，その編集作業にあたり，各冊子ごとに出題傾向の分析を行っています。本書は，その分析結果をまとめ，全国的に出題率の高い分野の問題，解答・解説に加えて，より理解を深めるための要点整理を，頻出項目毎に記載しています。そのことで，近年の出題傾向を把握することでき，また多くの問題を解くことで，より効果的な学習を進めることができます。

　みなさまが，この書籍を徹底的に活用し，教員採用試験の合格を勝ち取って，教壇に立っていただければ，それはわたくしたちにとって最上の喜びです。

協同教育研究会

教員採用試験「全国版」過去問シリーズ③

全国まるごと過去問題集　小学校＊目次

はじめに

実施問題

●国語科

●社会科

●算数科

●理科

●生活科

本書について

　本書には，各教科の項目毎に，出題率が高い問題を精選して掲載しております。前半は要点整理になっており，後半は実施問題となります。また各問題の最後に，出題年，出題された都道府県市及び難易度を示しています。難易度は，以下のように5段階になっております。

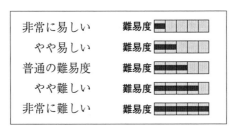

非常に易しい	難易度
やや易しい	難易度
普通の難易度	難易度
やや難しい	難易度
非常に難しい	難易度

　また，各問題文や選択肢の表記については，できる限り都道府県市から出題された問題の通りに掲載しておりますが，一部図表等について縮小等の加工を行って掲載しております。ご了承ください。

国語科

要点整理

●学習のポイント

　都道府県によって傾向は随分と異なるので，傾向を知ることが前提となる。学習指導要領関連の問題にしても，単純な穴埋め式の問題ばかりではなく，その解釈をも含むような出題があり，学年進行をにらんだ項目ごとの系統性に着目するなど，実践の具体的な形を想定した読み込みが必要である。「読むこと」なら，どういう観点から読むのか，第5・6学年ならどのようなことを目標として読むのかなど，着眼点を決めて考えながら読むようにしたい。また，国語教育は国語科の中だけで果たされるものではないので，学校の言語環境整備の視点，図書館活用の視点，心の教育の視点など広い視野からことばの教育を考えておくことが大切である。

●漢字・慣用句・文法

　漢字や慣用句に関する知識量をはかり，基礎的教養をただせるので，出題されている。身体にかかわる慣用句や熟字訓が要注意。用字用語辞典などで対策を立てておこう。

●短歌・俳句

　短歌・俳句は，日本文化に対する理解度を確認するために，国語常識の一分野として出題される場合が多い。短歌と俳句の形式や修辞法および作品と作者・時代・歌集・句集など，多角的な視点から問われることがあるので，文学史の学習を兼ねて，日々研鑽を積むこと。高学年での古文学習は，学習指導要領に示された指導内容との関連が問われるので，十分に学習しておきたい。

　短歌・俳句はともに韻文であり，五・七・五の奇数音による定型詩である。特に，俳句は十七音と短く，三十一音の短歌と異なり，叙情面でのハンディがある。即物的に瞬間の感動を五・七・五の十七音に凝結させるために，表現上の省略が必要になる。「省略の文学」

と言われる所以である。俳句の修辞法として「季語」「切れ字」(句のリズムを整えるための技法)がある。短歌は，俳句よりも歴史が古い。俳句が江戸時代，和歌の第一句(五・七・五)の発句を独立させた文学なのに対し，和歌は『万葉集』以来，明治期の和歌の革新まで，その形式を守ってきた日本の伝統的文化である。俳句より七・七音(十四音)多いだけに叙情性がある。修辞法に，枕詞・序詞・掛詞・縁語・句切れ・体言止めなどがある。

●論説・評論

論説・評論の読解の場合には，文章全体を読み，「何について書かれたものか」「何を言おうとしているのか」を把握することが重要である。読解の際には，以下の点に注意しながら読んでいくとよい。

① 本文中の鍵となる語(キーワード)を探し，その語に着目しながら読んでいくようにする。

② 一文一文を，「書き手の判断」をとらえようとする構えできちんと押さえるようにする(「犬は動物である」という文は，犬が動物の中の一つであり，動物というカテゴリーに属するということを表現しているのであり，「動物は犬である」という文と同義ではない。)。論理学的な知識とも結びつけ，きちんとした読みとりができるように，日ごろから心がけておくことが大切である。

③ 文と文のつながりに注意しながら，論理展開に即して読んでいくようにする。その際，接続詞に注意しながら読むことが重要となるが，特に，以下に示す接続詞の働きには注意しながら読んでいくようにすること。

・したがって・すなわち…順接(直前までの文章の内容をまとめて示す場合に用いられる。)。

・だが・ところが・しかし…逆接(直前までの文章の内容とは逆の内容であることを示す場合に用いられる。これらの接続詞のうしろには，筆者の主張がなされている場合が多いので注意が必要である。)。

・たしかに・もちろん〜，だが・ところが・しかし…"たしか

に・もちろん"に続く文章において一般的に考えられることを述べた後で，"だが・ところが・しかし"に続く文章で筆者の主張を呈示する場合に用いられる。

・たとえば…例示(直前の文章の内容を具体的に説明する際に用いられる。)。

④ 段落を「論のまとまり」として読みとり，段落相互の関係を「論旨つながり」として整理しながら読む。

⑤ 一般的・抽象的な表現は，具体的な事例を思い浮かべながら読む。

⑥ 具体的な事例の表現は，一般的・抽象的な表現でまとめてみるようにする。

⑦ 文末表現に注意して，書き手の態度を読みとる(「であろう」は推量で不確定な事実を述べる場合に用いられるが，書き手の読み手に対する配慮からこのような表現をする場合もある。)。

⑧ 用語や文体にも注意し，書き手の発想や感情を読みとる(「りっぱな」という語も，皮肉をこめて使われる場合がある。)。

⑨ 抽象語・観念語の意味を正確に読みとる(「抽象」と「捨象」との共通点や相違点などを，普段からきちんと把握しておくことが必要である。)。

●平成29年告示学習指導要領　改訂の要点

(1)　目標の改善について

①教科の目標

　国語科において育成を目指す資質・能力については，中央教育審議会答申(平成28年12月21日)にて「知識・技能」，「思考力・判断力・表現力等」，「学びに向かう力・人間性等」の3つの柱に沿った整理が行われた。これを受け，教科の目標は次のように示された。

> 　言葉による見方・考え方を働かせ，言語活動を通して，国語で正確に理解し適切に表現する資質・能力を次のとおり育成することを目指す。
> (1)　日常生活に必要な国語について，その特質を理解し適切に使うことができるようにする。
> (2)　日常生活における人との関わりの中で伝え合う力を高め，思考力や想像力を養う。
> (3)　言葉がもつよさを認識するとともに，言語感覚を養い，国語の大切さを自覚し，国語を尊重してその能力の向上を図る態度を養う。

　従前より示し方が変更され，先述の3つの柱に対応して(1)〜(3)の目標が示された。それぞれ(1)が「知識・技能」，(2)が「思考力・判断力・表現力等」，(3)が「学びに向かう力・人間性等」による。

②各学年の目標

〔第1学年及び第2学年〕

> (1)　日常生活に必要な国語の知識や技能を身に付けるとともに，我が国の言語文化に親しんだり理解したりすることができるようにする。
> (2)　順序立てて考える力や感じたり想像したりする力を養い，日常生活における人との関わりの中で伝え合う力を高め，自分の思いや考えをもつことができるようにする。
> (3)　言葉がもつよさを感じるとともに，楽しんで読書をし，国語を大切にして，思いや考えを伝え合おうとする態度を養う。

● 国語科

〔第3学年及び第4学年〕

(1)　日常生活に必要な国語の知識や技能を身に付けるとともに，我が国の言語文化に親しんだり理解したりすることができるようにする。

(2)　筋道立てて考える力や豊かに感じたり想像したりする力を養い，日常生活における人との関わりの中で伝え合う力を高め，自分の思いや考えをまとめることができるようにする。

(3)　言葉がもつよさに気付くとともに，幅広く読書をし，国語を大切にして，思いや考えを伝え合おうとする態度を養う。

〔第5学年及び第6学年〕

(1)　日常生活に必要な国語の知識や技能を身に付けるとともに，我が国の言語文化に親しんだり理解したりすることができるようにする。

(2)　筋道立てて考える力や豊かに感じたり想像したりする力を養い，日常生活における人との関わりの中で伝え合う力を高め，自分の思いや考えを広げることができるようにする。

(3)　言葉がもつよさを認識するとともに，進んで読書をし，国語の大切さを自覚して，思いや考えを伝え合おうとする態度を養う。

　(1)は全学年共通の目標で，答申で示された「知識・技能」の内容を反映している。同様に，各学年の(2)は「思考力・判断力・表現力等」の，(3)は「学びに向かう力・人間性等」の内容を反映している。

(2)　内容の改善について

　内容について，従前のものは「話すこと・聞くこと」，「書くこと」，「読むこと」の3領域及び〔伝統的な言語文化と国語の特質に関する事項〕で構成されていた。今回の改訂ではこれを一新し，〔知識及び技能〕〔思考力・判断力・表現力等〕に再編されている。

漢字・文法・敬語・慣用句

【1】次の(　　)に当てはまる四字熟語を以下から選び，漢字に直して答えなさい。

① 作品をほめられた彼は(　　)な様子だ。

② 時間が迫っているので，(　　)に言います。

③ 彼女の話は(　　)で理解できない。

たんとうちょくにゅう	いきとうごう
きしょうてんけつ	しりめつれつ
いちぶしじゅう	とくいまんめん

‖ 2024年度 ‖ 佐賀県 ‖ 難易度 ■■■■■■■■

【2】次の文の(　　)にあてはまる適切な語句を漢字二字で答えなさい。

・会社や団体に手紙を出すときは，宛名の末尾に「(　　)」をつける。

‖ 2024年度 ‖ 佐賀県 ‖ 難易度 ■■■■■■■■

【3】次の漢字を楷書で書くときの筆順で→の箇所は何画目になるか答えなさい。

　　　①　　　　　②

　　　右　　　　発

‖ 2024年度 ‖ 佐賀県 ‖ 難易度 ■■■■■■■■

【4】──線の片仮名を漢字に直したとき，同じ漢字を含むものを，以下の①〜⑤の中から一つ選べ。

> 関係者にハカって決める。

① トウケイ学に興味をもつ。

② 相手の心をオクソクする。

11

③ 不当な<u>リョウケイ</u>だ。
④ 動物<u>ズカン</u>を読む。
⑤ <u>シモン</u>機関に勤める。

┃ 2024年度 ┃ 岐阜県 ┃ 難易度 ■■■■□□□

【5】次の(1)，(2)の各問に答えよ。

(1) 「情けは人の為ならず」の意味として適切なものは，次の1〜4の
うちのどれか。

1 人に尽くした親切は，いつかはめぐりめぐって自分にかえって
くるものである。

2 情けをかけて甘やかすと，かえってその人の為にならない。

3 親切や同情も程度が過ぎると，かえって相手には迷惑になる。

4 好意からしてやったことが，かえって相手に悪い結果を与える
ことになる。

(2) 次の熟語の構成として適切なものは，以下の1〜4のうちのどれか。

[読書]

1 上の字が下の字を修飾している。

2 下の字が上の字の目的や対象を示している。

3 上の字と下の字が主語と述語の関係になっている。

4 意味が対になる字の組み合わせになっている。

┃ 2024年度 ┃ 東京都 ┃ 難易度 ■■□□□

【6】次の各問いに答えよ。

問1 次の①〜④の文中の助詞の意味を次の中から一つ選び，記号で
答えよ。

① 妹と弟がトランプ<u>で</u>遊んでいる。

② 昨日，学校<u>で</u>体験活動をした。

③ 冷夏<u>で</u>稲の育ちが悪い。

④ この作業は一週間<u>で</u>できそうだ。

ア 材料　　イ 場所　　ウ 原因・理由　　エ 手段

オ 期限

問2 次の(①)〜(④)にあてはまる語句を一つ選び，記号で答
えよ。

慣用句	意味
(①)がたつ	面目を保つこと(③)に余る
(②)をかける	ひいきをすること
(③)に余る	力不足で解決できないこと
(④)につく	あきて嫌になること

　　ア　目　　イ　手　　ウ　顔　　エ　心　　オ　鼻

2024年度 長崎県 難易度

【7】次の(1)，(2)の問いに答えよ。

(1)　次の①，②の意味に合う慣用句を，以下のア～オからそれぞれ一つずつ選んで，その記号を書け。

①　たよりにして取りすがるところがない。冷たく見放される。

　　ア　歓心を買う　　　イ　身の置き所がない
　　ウ　気が置けない　　エ　取り付く島もない
　　オ　思うに任せない

②　落ち着き払っていて，驚かない。

　　ア　おくびにも出さない　　イ　腹が据わる
　　ウ　腰を落ち着ける　　　　エ　琴線に触れる
　　オ　鼻も引っ掛けない

(2)　次の①，②の文の下線部を漢字にしたとき，同じ漢字を用いるものを，以下のア～オからそれぞれ一つずつ選んで，その記号を書け。

①　容積をハカる。

　　ア　深さをハカる。　　　イ　会議にハカる。
　　ウ　心中を推しハカる。　エ　改善をハカる。
　　オ　タイミングをハカる。

②　ケンアクな雰囲気となった。

　　ア　ホケン室に行く。　　イ　倉庫をテンケンする。
　　ウ　ケンオ感を抱く。　　エ　理科のジッケンをする。
　　オ　密林をタンケンする。

2024年度 香川県 難易度

● **国語科**

【8】敬語には，「尊敬語」「謙譲語」「丁寧語」の三種類がある。「謙譲語」を用いた表現に改めたものとして適当なものを，次の選択肢から2つ選び，記号で答えなさい。

ア　先生は，職員室にいる。　　　→　先生は，職員室にいらっしゃる。

イ　父が市長に言う。　　　　　　→　父が市長に申しあげる。

ウ　兄が朝食を作る。　　　　　　→　兄が朝食を作ります。

エ　これは父の本だ。　　　　　　→　これは父の本です。

オ　校長先生は，帰りました。　　→　校長先生は，帰られました。

カ　山田さんにおかしをもらった。　→　山田さんにおかしをいただいた。

‖ 2024年度 ‖ 宮崎県 ‖ 難易度 ▮▮▮▯▯▯

【9】次の問いに答えよ。

(1)　次に示すア～ウの漢字の適切な部首の組合せを①～⑤から選び，番号で答えよ。

ア　部　イ　集　ウ　歌

①　ア　こざとへん　　イ　ふるとり　　ウ　のぶん(ぼくづくり)

②　ア　おおざと　　　イ　ふるとり　　ウ　あくび

③　ア　おおざと　　　イ　き　　　　　ウ　けつ

④　ア　こざとへん　　イ　き　　　　　ウ　あくび

⑤　ア　おおざと　　　イ　ふるとり　　ウ　のぶん(ぼくづくり)

(2)　次の(a)，(b)の文の傍線部の語を【　】内の敬語に直した表現として誤っているものの組合せを①～⑤から選び，番号で答えよ。

(a)　恩師から何冊も辞書を受け取る【謙譲語】

　　ア　お受け取りになる　　イ　頂戴する　　ウ　いただく

　　エ　賜る

(b)　校長先生が夕食を食べる【尊敬語】

　　ア　いただく　　イ　召し上がる　　ウ　食べられる

　　エ　お食べになる

①　(a)　イ　　(b)　エ

②　(a)　エ　　(b)　ウ

14

③ (a) ウ (b) イ

④ (a) エ (b) イ

⑤ (a) ア (b) ア

(3) 熟語「本箱」は，上が音，下が訓の「重箱読み」の読み方である。同じ重箱読みを用いる熟語を①～⑤から選び，番号で答えよ。

① 古本 ② 野原 ③ 都市 ④ 現場 ⑤ 雨具

(4) 次のことわざと反対の意味のことわざを①～⑤から選び，番号で答えよ。

> 山椒は小粒でもぴりりと辛い

① 船頭多くして船山に上る

② 三人寄れば文殊の知恵

③ 労多くして功少なし

④ 独活の大木

⑤ 能ある鷹は爪を隠す

‖ 2024年度 ‖ 神戸市 ‖ 難易度 ▮▮▮▮▮▯▮

【10】「兄が海外へ行く」，「私は母と見送りに行った」，「急いで見送りに行った」という内容を一文で表すとき，誤解が生じないものはどれか。最も適当なものを次のア～エの中から選び，記号で答えなさい。

ア 母と私は急いで海外に行く兄を見送りに行った。

イ 母と私は海外に行く兄を急いで見送りに行った。

ウ 私は母と急いで海外に行く兄を見送りに行った。

エ 私は母と海外に行く兄を急いで見送りに行った。

‖ 2024年度 ‖ 佐賀県 ‖ 難易度 ▮▮▮▮▯▯

解答・解説

【1】① 得意満面 ② 単刀直入 ③ 支離滅裂

○**解説**○ 各四字熟語はそれぞれ，「単刀直入(前置きなしに，いきなり本題に入り要点をつくこと)」，「意気投合(気持ちや考えなどが一致する

こと)」,「起承転結(文章や話などで全体を秩序正しくまとめる構成を指す)」,「支離滅裂(ばらばらでまとまりがなく,筋道が立っていないこと)」,「一部始終(物事の始めから終わりまでの詳しいいきさつのこと)」,「得意満面(事が思いどおりに運び,誇らしさが顔全体に表れること)」である。

【2】御中

○**解説**○ ここでの「中」は組織や団体等の「中」といった意味合いを持ち,全体で組織や団体そのものへの敬意を表す言葉となっている。なお,「殿」は目上の人から目下の人に対して使い,名前・役職の後につけて使う。

【3】① 2画目　② 4画目

○**解説**○ 画数に関する問題では,特に小学校で習う漢字で紛らわしいものが出題される可能性が高い。漢字辞典やドリルなどで一通り確認しておくとよい。　①「左」なら1画目だが,「右」の場合は2画目であることに注意したい。　② 3画目や5画目にしないように気をつけたい。

【4】⑤

○**解説**○ ①は「統計」,②は「憶測」,③は「量刑」,④は「図鑑」,⑤は「諮問」である。「計る」「測る」「量る」「図る」「諮る」のいずれも,「はかる」という読みをもつ。文脈からふさわしいものを考えると,まず,「計る」「測る」「量る」は主に計測する際に用いられる言葉であり,除かれる。「図る」は,企てる,うまく処理するという意味。「諮る」は,ある問題について意見を聞くという意味であり,ここでは「諮る」が適切である。

【5】(1) 1　(2) 2

○**解説**○ (1) 「情けは人のためならず」とは,人に対して情けをかけておけば,めぐりめぐって自分に良い報いが返ってくるという意味の言葉である。「誰かに情けをかけることは,その人のためにならない」と解するのは誤りである。　(2) 「読書」は,「書(本)を読む」という

意味の熟語で，後(下)の字が前(上)の字の動作(行動)の対象を示す組み立てである。

【6】問1 ① エ ② イ ③ ウ ④ オ 問2 ① ウ
② ア ③ イ ④ オ
○**解説**○ 問1 それぞれの選択肢の助詞は，①は「トランプ(という手段)」，②は「学校(という場所)」，③は「冷夏(という原因・理由)」，④は「一週間(という期限)」を表している。 問2 問題の慣用句と似た慣用句として「腕がたつ(技術が優れている)」「手をかける(手間をかける)」「目に余る(ひどすぎて見過ごせない)」などがあるので，混同しないよう注意したい。

【7】(1) ① エ ② イ (2) ① ウ ② オ
○**解説**○ (1) ① ア 「歓心を買う」は，人に気にいられるよう努めることの意。 イ 「身の置き所がない」は，その場にいられない，身をどう処置してよいか分からないの意。 ウ 「気が置けない」は，気遣いの必要がない，遠慮がいらないの意。 オ 「思うに任せない」は，思った通りに物事が進まないの意。 ② ア 「おくびにも出さない」は，そのことを少しも口に出して言わないの意。 ウ 「腰を落ち着ける」は「腰を据える」に同じで，ある場所にすっかり落ち着く，他に気を移さないで落ち着いてある物事をするの意。 エ 「琴線に触れる」は，心の奥に秘められた感じやすい心情を刺激して，感動や共鳴を与えることの意。 オ 「鼻も引っ掛けない」は，相手にしない，無視するの意。 (2) ① 長さ，高さ，深さ，広さなどは「測る」，重さや体積，容積は「量る」と書く。アは「測る」，イは「諮る」，ウは「推し量る」，エは「図る」，オは「計る」。 ② 下線部は「険悪」と書く。アは「保健室」，イは「点検」，ウは「嫌悪感」，エは「実験」，オは「探検」。

【8】イ，カ
○**解説**○ ア 先生の行動「いる」を尊敬語の「いらっしゃる」に変えて，先生が目上の人となるように改めている。 イ 父の行動「言う」を

謙譲語の「申しあげる」に変えて,「市長」が話者の身内である「父」より目上の人となるように改めている。 ウ 上下関係を意味していない「作る」に丁寧の助動詞「ます」を付けて,丁寧な述べ方に改めている。 エ 断定の助動詞「だ」を丁寧な断定の助動詞「です」に変えて,丁寧な述べ方に改めている。 オ「校長先生」の行動「帰る」に丁寧の助動詞「ます」を付けた「帰ります」を,尊敬の助動詞「れる」を加えた「帰られます」に変えて,校長先生が目上の人となるように改めている。 カ 話者の動作「もらった(「もらう」＋「た」)」を謙譲表現「いただいた(「いただく」＋「た」)」に変えて,山田さんが話者より目上の人となるように改めている。

【9】(1) ②　(2) ⑤　(3) ④　(4) ④
○**解説**○ (1) 部首の問題である。主に教育漢字で多く使われている部首が出題される。一通り確認しておくとよい。特に,へんの位置にくる「こざとへん」と,つくりの位置にくる「おおざと」を混同しないようにすること。 (2) (a) 謙譲語は自分側の動作のときに用いる。「お〜になる」は尊敬語である。 (b) 尊敬語は相手の動作に用いる。「いただく」は謙譲語である。 (3) 熟語の基本的な読み方は,音読みどうし,訓読みどうしを組み合わせるが,その例外が重箱読みと湯桶読みである。重箱読みは上が音,下が訓の読みで,④現場が該当する。湯桶読みは上が訓,下が音の読みで,①古本,⑤雨具が該当する。(4) 出題のことわざは,「体は小さくても才能などに優れている」という意味であり,反対の意味なら「大きいが役に立たない」という意味を表すことわざを選ぶ。

【10】イ
○**解説**○ ア 「急いで」いるのが「兄」であると読み取ることもできる。ウ 母も海外に行く,または,兄が急いで海外に行く,と読み取れてしまう。 エ 母も海外に行く,と読み取れてしまう。

俳句・詩・文学史・和歌

【1】次の短歌(和歌)の[　　]に「春」が入るものの正しい組合せを一つ
選び，番号で答えよ。

ア　瓶にさす　藤の花ぶさ　花垂れて　病の床に　[　　]暮れんとす
　　　　　　　　　　　　　　　　　　　　　　　　　　　　(正岡子規)

イ　[　　]の田の　かりほの庵の　苫をあらみ　わが衣手は　露にぬ
　　れつつ
　　　　　　　　　　　　　　　　　　　　　　　　　　　　(天智天皇)

ウ　ゆく[　　]の　大和の国の　薬師寺の　塔の上なる　一ひらの雲
　　　　　　　　　　　　　　　　　　　　　　　　　　　(佐々木信綱)

エ　[　　]の鳥　な鳴きそ鳴きそ　あかあかと　外の面の草に　日の
　　入る夕べ
　　　　　　　　　　　　　　　　　　　　　　　　　　　　(北原白秋)

オ　[　　]のかぜ　山よりきたり　三百の　牧の若馬　耳ふかれけり
　　　　　　　　　　　　　　　　　　　　　　　　　　　(与謝野晶子)

1　ア・イ・ウ・エ　　　2　イ・ウ・エ・オ　　　3　ア・イ・オ
4　ア・ウ・エ　　　　　5　イ・ウ・オ　　　　　6　ア・エ
7　ア・オ　　　　　　　8　イ・ウ

2024年度 ┃ 愛知県 ┃ 難易度 ▮▮▮▮▮▮▯▯

【2】次の問いに答えよ。

(1)　次に示す短歌の意味として適切なものを①〜⑤から選び，番号で
　答えよ。

> 向日葵(ひまわり)は金の油を身にあびてゆらりと高し日のちひささよ
> 　　　　　　　　　　　　　　　　　　　　　　　　　　前田夕暮

①　ひまわりの花は，朝露，黄金の油を浴びてゆらゆらと揺れてい
　る。夏の日のなんと高く，そして小さく見えることだろう。

②　ひまわりの花の中に，びっしりと黄金の油となる種がつまって
　いる。それが高く揺れる様子は太陽が小さく見えるほどである。

③　ひまわりの花は，真夏の光，黄金の油を浴びて，大きく高い。
　それに比べて，太陽のなんと小さなことよ。

④　夕立，黄金の油がひまわりをより美しくしている。高いところ
　　で燦燦と輝く太陽はあんなにも小さく見えるのだなあ。

⑤　ひまわりが太陽の光，黄金の油を浴びてゆらゆらと揺れている。
　　天も高くなり，もうすぐ秋を迎えるのだなあ。

(2)　次の百人一首のうち，掛詞が使用されていない和歌を①～⑤から
　　選び，番号で答えよ。

①　春過ぎて夏来にけらし白たへの衣ほすてふ天の香具山　　持統
　　天皇

②　名にしおはば逢坂山のさねかづら人に知られでくるよしもがな
　　三条右大臣

③　山里は冬ぞさびしさまさりける人めも草もかれぬと思へば
　　源宗于朝臣

④　住の江の岸による波よるさへや夢のかよひ路人めよくらむ
　　藤原敏行朝臣

⑤　花の色は移りにけりないたづらにわが身世にふるながめせし間
　　に　　小野小町

(3)　次の文は，論語の1節である。傍線部「学而不思則罔」の意味と
　　して適切なものを①～⑤から選び，番号で答えよ。

子曰ハク、「学ビテ而不レ思ハざレバ則チ罔シ。思ヒテ而不レ学バざレバ則チ殆シ。」

① 1人で考えこむだけで広く学ばなければ，狭くかたよってしまう危険がある。

② 学びの違いによって，人は異なるものである。思いをもって，臨むべきである。

③ 学んだら，そのことを時間さえあれば復習する。なんと嬉しいことだろう。

④ 人から学んだだけで，自分で考えてみることをしないと，何もはっきりとはわからない。

⑤ 言葉は決してうまくなくても，学ぶことができるのであれば，不平不満に思わない。

‖ 2024年度 ‖ 神戸市 ‖ 難易度 ■■■■□□□□

【3】次の各問いに答えなさい。

(1) 次の俳句と季語の表す季節の組合せとして正しいものを，以下の1～5の中から一つ選びなさい。

ア 滝落ちて群青世界とゞろけり　　　水原秋桜子

イ 流れゆく大根の葉の早さかな　　　高浜虚子

ウ 水すまし水に跳ねて水鉄の如し　　村上鬼城

エ 芋の露連山影を正うす　　　　　　飯田蛇笏

オ 流氷や宗谷の門波荒れやまず　　　山口誓子

a 春　　b 夏　　c 秋　　d 冬

1　ア－b　イ－c　ウ－a　エ－d　オ－d
2　ア－a　イ－d　ウ－a　エ－c　オ－d
3　ア－a　イ－c　ウ－b　エ－a　オ－a
4　ア－c　イ－a　ウ－c　エ－b　オ－d
5　ア－b　イ－d　ウ－b　エ－c　オ－a

(2) 次のことわざのうち，「苦労をせずに利を得ること」を表わすものとして最も適切なものを，あとの1～5の中から一つ選びなさい。

1　焼石に水

2　雨降って地固まる

3　ぬれ手で粟

4　ちりも積もれば山となる

5　待てば海路の日和あり

2024年度 ┃ 鳥取県 ┃ 難易度

解答・解説

【1】6

○**解説**○ ア 「春」が当てはまる。作者の正岡子規は病床にあり，寝たままの姿勢で机の上の花瓶に生けられた藤の花を見上げていたのである。　イ 「秋」が当てはまる。晩秋の夜に農作業で泊まり番をする，農民の様子を描いた一首である。　ウ 「秋」が当てはまる。「ゆく秋」で，行く秋を惜しむ気持ちを表している。　エ 「春」が当てはまる。春の鳥の明るいさえずりよりも，夕暮れ時のもの寂しい情景が描写されている。　オ 「夏」が当てはまる。夏のすがすがしい雰囲気を伝えている。

【2】(1) ③　(2) ①　(3) ④

○**解説**○ (1) 大小の対比に注目している。物理的に考えれば太陽の方が向日葵よりも大きい。しかしこの短歌は，目の前にある向日葵を「大きく高い」，太陽を「小さな」と表現することで，向日葵の大きさや存在感を表現しているのである。　(2) 掛詞は，②が「逢坂山」と「逢ふ」，「さねかづら」と「小寝(さね)」，③は「かれ」が「離れ」と「枯れ」，④は「よる」が「夜」と「寄る」，⑤は「経る」と「降る」，「眺め」と「長雨」。　(3) 「思わざれば」という部分が重要で，「考えてみることをしなければ」という意味である。「罔し」は「くらし」と読み，「暗し」と同じで，ここでは「はっきりとはわからない」という意味である。

【3】(1) 5　(2) 3

○**解説**○ (1) アは季語が「滝」，季節は夏。イは季語が「大根」，季節は冬。ウは季語が「水すまし」，季節は夏。エは季語が「芋の露」また

は「露」，季節は秋。オは季語が「流氷」，季節は春。　(2)　ことわざ の問題である。ことわざに関しては，言葉と意味を正確に理解する必 要がある。その際，そのことわざがどのような状況で使うことができ るかを考えてみるとよい。　1　少しばかりの努力や援助を続けても， ほとんど効果がないこと。　2　問題が生じたが，解決後はかえって 前よりよい状態になっているということ。　4　わずかなものであっ ても，積み重ねると大きなものになるということ。　5　今は状況が 思わしくなくても，待っていればそのうちに好機がやってくるので， 辛抱強く待てということ。

現代文

【１】次の問1，問2に答えなさい。

問1　次の文章を読み，以下の各問いに答えなさい。

　　　世間知の正体とは何か。

　　　今あまり評判のいい言葉ではないのですが，「ふつう」という言葉が使われるときに働いている知のことです。

　　　「ふつう，それは落ち込むよね」とか，「ふつう，そんなことあったら学校行けなくなるよ」とか。そういう言葉をかけられて，「ああ，そうか。つらく感じているのは，私か弱いからではないんだ」と思えたとき，僕らは世間知に助けられています。　　A

　　　あるいは「ふつうはさ，そういうときに手を抜くんだよ」とか，「ふつう，そのあたりは先生に言っておくと，なんとかしてくれるよ」とかと教えられて，「なるほど，そうやってみんなこなしてるのか」と分かったとき，あなたは世間知を学んだと言えるでしょう。

　　　世の中とはいかなるもので，どうすればそこそこ生きていけるのか，そのある程度「みんな」が共有している認識や知恵を教えてくれるのが世間知です。

　　　ですから，その「そこそこ」を逸脱するようなひどいことが起きたときに，「そりゃひどいよ」と世間知は言ってくれます。あるいは，「そこそこ」やるための，具体的なライフハックを世間知は教えてくれる。

　　　英語にするとWorldly WisdomとかWisdom of Worldと言うみたいです。賢者感があります，かっこいいですよね。

　　　僕らは頻繁にworldの「ふつう」がわからなくなってしまいます。　　B

　　　特にストレスがかかって，苦しくなってきたときはそうです。落ち着いているときだったら「それはおかしいでしょ」と指摘したり，拒否したりできることも，追い詰められていると「これがふつうなのかもしれない」と受け入れてしまう。

　　　なにが「ふつう」なのかって，数値化された基準があるわけじゃないから，難しい。

　ですから，「それはふつうじゃないですよ，ひどいです」とか「ふつうなら，そこは助けてくれるはずです」と指摘するのは心理士の重要な仕事です。見失われやすい「ふつう」を回復して，(a)らしんばんを取り戻すお手伝いをするわけです。

　ただし，世間知とか「ふつう」がユニバーサルなものじゃなくて，ローカルなものであるのが重要です。

> C

　たとえば，小学校の先生には小学校の先生の「世の中」があるし，ネイリストにはネイリストの「世の中」があります。どうやったらそこそこやっていけるのかは，それぞれのworldで全然違いますよね。

　これを混同してしまうと悲惨なことになります。「飲み会で親睦が深まる」という世間知が，若い世代からするとハラスメントになってしまうのは，違う「ふつう」を生きているからですね。

　ちがったworldを生きている人に「ふつう」を押し付けると，傷つけることになります。今，「ふつう」という言葉の評判が悪いのはそのせいですね。

　「ふつう」は毒にも薬にもなる。

　「ふつう」が毒になるのは，世間知が排除や否定のために使われるときです。たとえば，「ふつう，それくらい働いても問題ないよ」というとき，その人が感じている疲弊が排除されてしまっています。

　これは「ふつう」という言葉を使って，その人の今の形を否定して，別の形へと変えようとしているわけです。世間知の残酷な使い方です。

　これに対して薬になるのは包摂と肯定のために使うとき。

　「ふつう，それくらい働いていたら，倒れるよ」このとき，「ふつう」はその人の疲弊している部分を包摂するために使われています。月150時間とか残業しているのに，自分ではそれがおかしいと思っていないとき，この「ふつう」はその人の苦しさを肯定するように働くわけです。

> D

　整理しましょう。

人を孤立させる「ふつう」は，悪しき「ふつう」。これに対して，他者とのつながりをもたらす「ふつう」は，(b)善き「ふつう」。

じゃあ，ふたつの「ふつう」を分かつのは何か。

理解をもたらすか，否かです。

苦しいことを話して，「それくらいふつうでしょ」と言われると，それ以上理解を深めることができません。ここでは「ふつう」という言葉で理解が諦められています。すると人は孤立を深めてしまう。

これに対して，「それはふつうの状態じゃないよ」と言われると，自分がどれだけ苦しかったのかを自分で気づけますし，もっと他人に伝えることができるかもしれない。このとき，「ふつう」は理解を深め，つながりを強くするために使われています。

出典(著者　東畑開人『聞く技術　聞いてもらう技術』
2022　ちくま新書)

(1)　次の一文が挿入される箇所として最も適切なものを，以下の1〜4のうちから1つ選びなさい。

> 「ふつう」は複数あって，唯一のものじゃない。

1　　A　　　2　　B　　　3　　C　　　4　　D

(2)　下線部(a)「らしんばん」の「しん」と同じ漢字を含むものを，次の1〜4のうちから1つ選びなさい。

1　人類のしんか　　　　　　　2　十分しんぎを尽くした
3　ざんしんな手法で解決する　4　人生のししんとなる名著

(3)　次の1〜4のうち，下線部(b)「善き『ふつう』」について，本文中と同じ意味の使われ方をしているものを1つ選びなさい。

1　「ふつうに勉強すればだれでも高得点が取れます」
2　「新しい環境に戸惑うのは，だれでもふつうにあることだ」
3　「前の日に伝えているのに，ふつうは忘れないよね」
4　「もう少しふつうに人の話が聞けないか」

問2　小学校4学年の担任になったA先生は，国語科〔思考力，判断力，表現力等〕の「話すこと・聞くこと」を指導するにあたり，小学校学習指導要領(平成29年告示)解説の「国語編」で指導事項を確認しました。第3学年及び第4学年「話すこと・聞くこと」の指導事項と

して記載のないものを，次の1〜5のうちから1つ選びなさい。

1　目的を意識して，日常生活の中から話題を決め，集めた材料を比較したり分類したりして，伝え合うために必要な事柄を選ぶこと。

2　相手に伝わるように，行動したことや経験したことに基づいて，話す事柄の順序を考えること。

3　話の中心や話す場面を意識して，言葉の抑揚や強弱，間の取り方などを工夫すること。

4　必要なことを記録したり質問したりしながら聞き，話し手が伝えたいことや自分が聞きたいことの中心を捉え，自分の考えをもつこと。

5　目的や進め方を確認し，司会などの役割を果たしながら話し合い，互いの意見の共通点や相違点に着目して，考えをまとめること。

▎2024年度 ▎宮城県・仙台市 ▎難易度▮▮▮▯▯▯

【2】次の1，2の問いに答えなさい。

1　次の文章を読んで，(1)〜(3)の問いに答えなさい。

インターネット上を勝手に動き回って仕事をするプログラム，「ボット」(bot)という言葉を聞いたことがあると思う。これはネットワーク上にアップロードされたら，あらかじめ仕組まれた命令を遂行していくプログラムだ。実体を持ったロボットと区別するため，「robot」の語頭の「ro」を落とし，「bot」と呼ばれるようになったのだが，あれも立派なロボットの一種である。

しかしそれは実体のない「ソフトウェア」。インターネットが大衆化して以降，コンピューターネットワークでつながったサイバースペースを，半自動で自律的に動き回っている。ここでは，SFに描かれたファンタジーや想像力の世界に，現実のほうが先行している。（Ⅰ）

かつてのSFにもバーチャルリアリティを舞台にした作品が多数あったが，現在の私たちは，実際にネットワーク上の仮想現実空間と親しんでいる。娯楽としてのテレビゲームにしても，スタンドアロ

ーン，つまり独立したゲーム機ではなく，ゲーム機同士がネットワークにつながっているタイプが主流になりつつある。

　皆さんの使っているパソコンも，ネットワークに常時つながっているだろう。OSをはじめとして多くのソフトはプログラムが自動的に更新される。インターネット初期の時代のパソコンはいわば閉じた状態で，プログラムの更新ディスクや電話回線を通じ，ユーザーが必要なときに自分の判断で行っていた。しかし今はネットに常時接続しているのが当たり前。つながっているかぎり，こちらが頼みもしないのに，「あなたのパソコンはそのままだと危険だから直しました」などといってくる。

　こうなると一台一台のパソコンは，自己完結した機械とは言えなくなる。あえて言えば，ネットワーク全体が一個の機械であるような，そんな状況になっている。個々のパソコンは，巨大なネットワークの一部分を構成する「器官」「細胞」のようなものになってしまったのである。(Ⅱ)

　それに対して個々の人間は閉じていて，体内では意図していないのに神経が化学物質を使って情報を伝達しまくっている。しかしそれぞれの個体は独立していて，そのつもりがなければ他人とコミュニケーションをとることはない。

　初期のコンピューターネットワークというものも，そういうふうにイメージされていたのだが，今は違う。現在のコンピューターネットワークのつながり方は，人間同士の会話というよりも，動物の身体の中での「器官」同士，もしくは「細胞」同士の情報連結のようなものになっている。そのようなネットワーク世界では，ロボットも当然，従来とは違ったものにならざるを得ないわけで，具体的な身体を持っていないにもかかわらず，ネットワーク上で自律的に働く。ボットはその一例である。(Ⅲ)

　では，そのようなネットワークの世界で，具体的なボディを持ったロボットはどんなものになっていくのか。その問題については，ちょっと我々の想像を超えている。[　ア　]，ホンダの開発した直立二足歩行ロボット「アシモ」もそうだが，今のコンピューターはネットワークにつながっていることが基本的な前提。そうであれ

ば，人間や動物のように，ボディをそれぞれの脳がコントロールする単体のロボットが存在するとは考えにくい。今後，人型ロボットができて活動するとしても，そのロボットは人間のように「独立した脳」にあたるものを持たないのではないか。

現実に運用されている無人兵器も，本当の意味での「無人」ではなく，人が乗っていないというだけで，コントロールする人間が基地にいる。(Ⅳ)その操作は単にラジコン飛行機を飛ばすようなものとは違い，無人兵器はグローバルな軍事ネットにつながっていて，人が意図的に制御する以外に，必要な情報を自動的に送受信している。私たちがそういう世界におけるロボットの具体的なイメージをつかめずにいるまま，現実のほうはどんどん先へ進んでいる。

現在のインターネットは，情報だけを伝達するものだ。当初は文字情報が基本で，やがて音声や映像をやりとりできるようになった。では，次にくるのは何だろうか。ある程度実用化されつつあるのは，遠く離れた場所からリアルタイムで自動車を操縦するとか，建設機械を動かすといったリモートコントロールだ。地球の裏側にいる外科医が，目の前にはいない患者の手術をする，といったことまで考えられている。ネットワークを通じて，物理的な仕事を遠隔で行う時代が来ようとしている。無人兵器などはまさにそれを実現したもので，[　イ　]，文字や画像や音を送るだけではなく，ある意味において「物理的な動き」を送れるようになってきているのである。

命令を送った通りに，向こう側にあるものを動かす。今後のインターネットは，そういう方向へ変化していくだろう。そういう世界のロボットは，一つの可能性としては，ネットワークを通じた「遠隔操作の端末・媒体」になるのではないだろうか。(Ⅴ)

つまりそれらは，極限的に洗練された「道具」である。遠隔手術のテクノロジーが今後どう発展していくかはわからないが，人間の動きをそのまま再現するようなロボットを手術室に置き，熟練した外科医と同じ動きをさせる。それだけではなく，手術室で起こった出来事を，ほとんど感覚的な刺激として，別の場所で操作している外科医に伝えられるようになる。典型的な極限形の例として，そういうことが考えられるわけだ。

[　ウ　]，人間の想像力の先にあるロボットのもう一つの極限形は，「人造人間」である。最初から命令などしなくても，勝手に判断して動き回れる存在。これはもう道具というより，我々とは別種の「人間」と呼べるかもしれない。極限的道具と，人造人間。この二つがロボットというものに関する，私たちの抱くイメージの二つの典型である。

　　　　　　　　　（『創造するということ〈続・中学生からの大学講義〉3』
　　　　　　　　　　　　　　　　「これからのロボット倫理学」より）

(1)　[　ア　]〜[　ウ　]に当てはまる語句の組み合わせとして最も適切なものを，次のa〜eの中から一つ選びなさい。

　　a　ア　だが　　　　イ　また　　　　ウ　そして
　　b　ア　たとえば　　イ　しかし　　　ウ　言い換えると
　　c　ア　さらに　　　イ　ところが　　ウ　しかしながら
　　d　ア　しかし　　　イ　つまり　　　ウ　それに対して
　　e　ア　一方　　　　イ　もちろん　　ウ　なぜなら

(2)　この文章には次の一文が入ります。(Ⅰ)〜(Ⅴ)のどこに入るかを，以下のa〜eの中から一つ選びなさい。

> 　私たちはすでに，ある種のソフトウェアをもロボットの一種と見なしているのだ。

　　a　(Ⅰ)　　b　(Ⅱ)　　c　(Ⅲ)　　d　(Ⅳ)　　e　(Ⅴ)

(3)　筆者の述べ方の工夫として最も適切なものを，次のa〜eの中から一つ選びなさい。

　　a　ネットワーク時代におけるロボットのあり方について，自分の考えを分かりやすく伝えるために，一貫して筆者の実体験をもとに論を展開することで，説得力を高めている。

　　b　問いの文を複数用いながら，ネットワーク世界におけるロボットについて論を展開しており，体言止めや常体を用いた述べ方をすることによって，文章にリズムを生み出している。

　　c　結論部分で筆者の主張点である「人造人間」の持つ「別種の『人間』」という問題提起をするために，ネットワーク世界のロボットへの反証を挙げながら論を展開している。

  d　人間とロボットの協力関係について，現実とSFを対比しなが
   ら，そこに「無人」という共通性を示しながら論を展開するこ
   とで，読者への説得力を高めている。

  e　飛躍的に発展する遠隔操作のテクノロジーについて解説する
   ため，ネットワーク上の仮想現実空間と親しんでいる現代社会
   の問題点を指摘しつつ，人間性の復権について論を展開してい
   る。

2　次の□□□の中の文は，「小学校学習指導要領(平成29年告示)解説
　国語編(平成29年7月　文部科学省)第2章　国語科の目標及び内容
　第1節　国語科の目標　2　学年の目標」の一部を抜粋したものであ
　る。文中の(　①　)～(　④　)に当てはまる語句の正しい組み合わ
　せとして最も適切なものを，以下のa～eの中から一つ選びなさい。
　ただし，(　　)の同じ番号には同じ語句が入るものとする。

〔第1学年及び第2学年〕

〈中略〉

学びに向かう力，人間性等

(3)　言葉がもつよさを(　①　)とともに，楽しんで読書をし，
　　国語を大切にして，思いや考えを(　②　)とする態度を養う。

〔第3学年及び第4学年〕

〈中略〉

学びに向かう力，人間性等

(3)　言葉がもつよさに気付くとともに，(　③　)読書をし，
　　国語を大切にして，思いや考えを(　②　)とする態度を養う。

〔第5学年及び第6学年〕

〈中略〉

学びに向かう力，人間性等

(3)　言葉がもつよさを(　④　)とともに，進んで読書をし，
　　国語の大切さを自覚して思いや考えを(　②　)とする態度を
　　養う。

● 国語科

a ① 認識する　② 伝え合おう　③ 豊かに
　④ 実感する
b ① 感じる　② 伝え合おう　③ 幅広く
　④ 認識する
c ① 想像する　② 表現しよう　③ 親しんで
　④ 認識する
d ① 知る　② 伝え合おう　③ 幅広く
　④ 実感する
e ① 感じる　② 表現しよう　③ 豊かに
　④ 実感する

┃ 2024年度 ┃ 茨城県 ┃ 難易度 ▓▓▓░░

【3】次の文章を読んで，以下の問いに答えなさい。

　携帯電話が私たちの生活に急速に入り込んだのは，一九九〇年代の後半以降である。一九九〇年代後半は，日本社会の個人化が進み，友人のあり方が変わった時期と重なっている。

　個人化が進み，固有の人とつきあう必要性が①ウスれたことで，私たちは，つながりの輪に入るために，自ら動き，つながりを自足しなければならなくなった。人びとは意中の人との関係を保つために，つながりに大量の感情を注ぐようになった。

　おたがいの気遣いと感情で成り立つ関係は，どちらかの感情が冷めれば，つながりそのものが消失してしまうもろさを抱えている。関係が不安定化するなかで世に広まったのが，空間的に離れた場にいる人をつなぐツール，すなわち，携帯電話である。

　目の前にいない「友だち」を捕捉してくれる携帯電話は，不安定になった私たちのつながりの隙間を埋めるように，またたく間に普及していった。現代社会は，端末を介して身の回りにいない友だちとつねにつながる「常時接続の時代」を迎えている。

　「形から入る友人」関係の維持に②腐心する人びとは，ケータイ，スマホの電池残量を気にしつつ，肌身離さずケータイ，スマホをもつよう心がける。個人化により誰かとつながらなくてもよい自由を手に入れた私たちは，その環境とは裏腹に「どこにいてもつながりに捕捉さ

32

れる社会」に身を投じるようになったのである。

　自由をもてあまし，巨大なシステムに身を寄せる姿勢は，ドイツの哲学者，エーリッヒ・フロムの述べる「自由からの逃走」を思い起こさせる。自由と③<u>コドク</u>の狭間に揺れた人びとが，自由を捨て全体主義に④<u>ケイシャ</u>したありようを描いている。

　⑤<u>つながりにおける「自由からの逃走」</u>の手段として機能している情報通信ツールは，逃走の経路を充実させることで爆発的な普及を遂げていった。情報通信ツールは，⑥<u>目の前にいない人とのつながり</u>にまつわる欲求を次々にかなえながら普及していったのである。その過程で，人びとのコミュニケーションのなかのグレーな領域はなくなっていった。

　コミュニケーションについて，今一度考えると，基本的にはグレーな領域の多い曖昧なものだということに気づく。いつ，誰から連絡をもらい，どういったことを話したかなどは，大事な話でないかぎり，よほど記憶力のよい人，あるいは記録熱心な人以外は忘れてしまう。

　コミュニケーションにおける曖昧さの⑦<u>ジョキョ</u>は，「形から入る友人」関係においてことのほか重要な意味合いをもつ。曖昧さがそのままつながりへの不安を⑧<u>カンキ</u>する材料になるからだ。

　おたがい「友だちである」という感覚を更新し続けることで維持される「形から入る友人」関係は，感覚に依拠するゆえ，本質的に曖昧さを抱える。人の感覚や感情は目に見えるものではないので，感覚に依拠する関係は，当事者どうしが「ある」と思えば存在し，「ない」と思えばなくなってしまう非常に曖昧かつ不安定なつながりなのである。

　人間関係が流動化するなか，人びとは，出会った相手と友人，恋人といった関係にならなければ，つながりの輪から取り残されるリスクを背負っている。その一方，友人や恋人は感覚に依拠するため曖昧さをともなう。

　情報通信ツールは，人間関係が流動化し，おたがいが「友だち」であることを求められるなか，曖昧にされてきたつながりの中身を，非常にわかりやすい形で可視化させた。この機能は，私たちを情報通信ツールに<u>ますます</u>しばりつけるはたらきをもつ。

　そうして可視化されたコミュニケーションは，記録，承認，交友範囲の観点から，必然的に⑨友人関係についても変質をもたらすことになる。

(石田光規『「友だち」から自由になる』)

問1　下線部①，③，④，⑦，⑧について，片仮名を漢字に書き改めなさい。

問2　本文中の漢字「裏」と同じ部首の漢字を，次のア〜オから一つ選んで，その符号を書きなさい。

　　ア　交　　イ　重　　ウ　袋　　エ　寒　　オ　商

問3　下線部②のことばの意味として最も適切なものを，次のア〜オから一つ選んで，その符号を書きなさい。

　　ア　奔走する　　イ　躍起になる　　ウ　固執する

　　エ　苦労する　　オ　懸命になる

問4　二重下線部「ますます」と同じ品詞でないものを，次のア〜オから一つ選んで，その符号を書きなさい。

　　ア　なぜ私は成功できたのか。

　　イ　ろうそくの火がゆらゆら揺れる。

　　ウ　両者はほぼ同じ意見だ。

　　エ　彼女は予期せぬ事態に少しも動じない。

　　オ　犯人は過ちをすなおに認めた。

問5　下線部⑤とはどういうことか。それを具体的に説明した一文を本文中から抜き出し，最初の五字を書きなさい。

問6　下線部⑥とはどのような「つながり」か。本文中から十五字で抜き出して書きなさい。

問7　下線部⑨とあるが，現代社会において「友人関係」はどのような変化をみせているか。その説明として最も適切なものを，次のア〜オから一つ選んで，その符号を書きなさい。

　　ア　個人化によって限られた範囲でしか構築されなかった関係が，広範囲にわたる関係になった。

　　イ　感覚や感情に依拠した関係が，つながりがあることの根拠を明確に認識できる関係になった。

　　ウ　その時々の感覚や感情によって揺れ動く不安定な関係が，理性

的で安定した関係になった。

エ　人と人との感情の強い結びつきによって支えられた関係が，流動的で捉えにくい関係になった。

オ　相手に対する感情を素直に吐露し合う関係が，自分の感情を素直に表現し合えない関係になった。

┃ 2024年度 ┃ 兵庫県 ┃ 難易度 ┃■■■□□┃

【4】次の文章を読んで，以下の問いに答えなさい。

　たくさんの外国人旅行者に強い印象を与えたものの一つが，駅弁であった。美味しさもさることながら，その視覚的コンセプトの見事さに，彼らは感動した。小さな四角い箱の中に，美しいさまざまな食材がバランス良くきちんと納められ，まるでそこに小さな宇宙が現出しているかのような印象を，駅弁は与える。この駅弁は，幕の内弁当を祖型として，そこから多彩に発達したものである。

　食のチャンピオンを自負しているフランス人などは，硬いパンの間に無造作にハムを挟んだだけのような，自分たちの国の「駅弁」を恥ずかしいと感じたのであろう。帰国後さっそく日本の駅弁のコンセプトに触発された，Ekibenを作って売り出したら，これがおおいに受けた。小さな箱の中に大きな世界をすっぽりと納めてみせるかのごとき，我が国の駅弁は，そのうち世界中で，旅の快楽に大きな変革をもたらすにちがいない。

　だが①駅弁は，日本文化の深層にセットされた創造原理の表現としては，まだ序の口にすぎない。「小の中に大をすっぽり納め，一の中に多をやすやすと容れる」という，この創造原理から生み出された文化は，俳句から半導体技術にいたるまで枚挙にいとまがないが，なかでもA ラジカルなのが盆栽である。

　盆栽は「小の中に大をすっぽり納める」という創造原理を，実在の植物を用いて具体的かつ即物的に表現しようとしたものである。

　a ハチの中でミニチュアサイズに育てられた植物がかたちづくる小宇宙の中に，現実の自然をすっぽり納め込もうとしている。そのさい形態ばかりでなく，現実の自然が内包する潜在力まで，ミニチュアサイズの中に納めようとする。そのとき盆栽がb クシする技法は，駅弁

にも俳句にも真似(まね)のできない，ある種の異常さを秘めている。

このとき盆栽は，自然の潜在力の表現として，とてもユニークな方法を開発している。サイズをどんなに縮小しても，情報量を減らさないための「相似化」の方法である。ふつうは事物を②ミニチュア化すると，情報の縮減が起こる。自然を絵画やデッサンで描くときにも，画家は自然を縮減する操作をおこなっている。この縮減操作をつうじて，画家は自然のエッセンスを抽出しようとする。

これに対して，盆栽はサイズを縮小しても，情報を縮減しないというやり方をとる。デッサンでは樹木の木肌の細かい構造は捨象される。ところが盆栽では木肌の微細構造は，ミニチュア化されてももとの木肌を相似的に小さくしただけで，どこまでいっても特徴を失わない。

盆栽は，小宇宙と大宇宙の間に情報量を減らさない「相似性」の関係を作り出す。そのため自然のミニチュアとしての盆栽は，現実の自然と同じ情報量を持つことになる。自然の潜在力を縮減することなく，それをミニチュアサイズに閉じ込めるという離れ業を，盆栽は実現してみせる。

そのせいで，③盆栽はどこか怪物めいたところを持つことになる。自然をまるごと知的にとらえるために，人間は情報量を減らす縮減の方法をとってきた。ところが盆栽にあっては，どんなにスケールを小さくしていっても，どんな細部にも無限に豊かな情報が内蔵されているために，知的にとらえつくすことが不可能なのである。目の前にある盆栽は，一目で把握できるように見えて，じっさいには知的に了解することが不可能にできている。

　　　　(中沢新一『今日のミトロジー』による。ただし，本文の一部に省略等がある。)

1　下線部a，bのカタカナをそれぞれ漢字で書きなさい。漢字は楷書で丁寧に書くこと。

2　下線部Aについて，本文における意味として最も適切なものを，次のア〜エの中から一つ選び，記号で答えなさい。

　　ア　古風　　イ　極端　　ウ　叙情的　　エ　技術的

3　下線部①について，筆者は，駅弁のどのような点に日本文化の創造原理が表現されていると考えているか，最も適切なものを次のア

〜エの中から一つ選び，記号で答えなさい。

ア　多くの観光客に視覚的コンセプトの見事さによる感動を与え，旅の快楽に大きな変革をもたらしている点。

イ　美味しくて美しい食材を一つの箱にすっぽりと納めた幕の内弁当を祖型とし，多彩に発達し続けている点。

ウ　小さくて四角い箱の中に多くの食材をバランス良く丁寧に配置し，美味しさと美しさを両立させている点。

エ　一つの弁当箱の中にさまざまな食材をやすやすと納め，小さな容れ物の中に大きな世界を表現している点。

4　下線部②とあるが，絵画やデッサンでは自然をミニチュア化する際にどのようなことを行っているか，本文中の言葉を用いて25字以内で書きなさい。

5　下線部③について，盆栽の「怪物めいたところ」とは，どのようなところか，40字以内で書きなさい。

6　次の文は，「小学校学習指導要領」(平成29年3月告示)「第2章　各教科　第1節　国語　第2　各学年の目標及び内容」の〔第3学年及び第4学年〕「2　内容」の〔知識及び技能〕の一部である。次の空欄(①), (②)にあてはまる語句を，それぞれ書きなさい。

> (2)　話や文章に含まれている情報の扱い方に関する次の事項を身に付けることができるよう指導する。
> 　イ　比較や(①)の仕方，必要な語句などの書き留め方，引用の仕方や(②)の示し方，辞書や事典の使い方を理解し使うこと。

‖ 2024年度 ‖ 山形県 ‖ 難易度 ▣▣▣▢▢▢

【5】次の文章を読んで，以下の(1)〜(2)の問いに答えよ。

　自分の生活圏がリアルでなくても構わない人が増えた，いやむしろ，リアルでないほうがいい人が増えたと言うべきか。

　リアルな世の中が，生きにくくなっていることは，ここまでにも述べてきた。基本的な路線は，個人の自由の拡大である。それ自体はよいことだと思うのである。私も不自由よりは自由のほうがよほどよい。

　すごく個人的な思い出だが，私は児童，生徒時代に校則で五分刈り

にされたのがとてもいやだった。たかが髪形程度のことが，大きな物語的な社会では自分の裁量で決められなかった。

それが少しずつ，自由になってきたのである。普通科だけでなくフリースクールへ，正社員だけでなくフリーターへ，結婚は必須ではなくお一人様老後へ進む道も開かれた。自由には責任が伴う。フリーターへ進んだ結果，生活が不安定になったとき，就学や就業を拒んで引きこもりになったとき，その責任は自分がかぶる。

フリーターで食い詰めたことは自分の責任ではなく，フリーターに資源が再配分されない社会が悪い。引きこもりを選んだのではなく，選ばされたのだ。あるいは，引きこもりでも食っていけるような社会構造があるべきなのだ，と反論することはできるだろう。　ア　，実態として自由を享受した結果起こりうるすべてのことにセーフティネットを張り巡らせることは現実的でなく，自分で責任を負う羽目になることがほとんどだ。

そういうのはしんどいから，自由じゃなくてもいいのに，と考える人も多いが，それは社会を後退させる因子になるので，なかなか許してもらえない。人間は自由であるべきなのだ，多様性を認めるべきなのだ，という訴えはそれが正論であるだけに強い圧力で個人の行動を制約する。

不自由なくらいがいいのに……と考える多様性や，もうちょっとみんなの考えがまとまっていたらいいのに……と思う多様性は，そこでは認めてもらえない。

すると，リアルな社会は自由を謳歌できる少数の強い人には居心地よく，そうでない多くの人には怖くて息苦しいものになる。ひょっとしたら，自由という博打は失敗したのかもしれない。

これは人間の根源的な欲求である，コミュニケーションと承認にも大きな影を落とす。人はコミュニケーションが大好きだ。人の長い歩みの中で何か新しい技術が現れる度に，それをコミュニケーションに使えないか試行してきたほどである。コンピュータなどという，単純計算を大量にこなすための機械がこれほどコミュニケーションに使われるなど，バベッジもノイマンも思わなかっただろう。

　イ　，個人の自由拡大と権利強化は，コミュニケーションを難

しくする。多様化した価値観の中では，自分はよかれと思って発言したことが相手の逆鱗（げきりん）に触れるケースが激増する。それを調停してくれる権力も不調である。「どっちもどっちだろ」などと，その場を手打ちに導いてくれる青年団の頭だの，村長だのはもういない。どちらも前時代的で抑圧的な権力の象徴である。

であれば，コミュニケーションで生じたトラブルは当事者同士で解決せねばならず，しかしまったく価値観の異なる者同士の直接調停などうまく転がるはずもなく，泥沼化した罵り合いが延々と続く消耗戦になる。

このとき，謝って調停から降りる選択肢は取りづらいのだ。

大きな物語のように皆が同じように依拠している価値観が存在するなら，その価値観に照らし合わせて正しかった，間違っていたと自らの行動を振り返ることができる。間違っていれば，謝ることも正すことも難しくない。でも，「みんな違ってみんないい」社会は，正解が多数ある社会だ。どちらにも理はあるのである。 ウ ，自分なりの正解を見つけて「好きなように」生きていくことが推奨される世の中なので，間違いの修正は自分の生き方の否定へと直結する。

社会のどこかに正解があって，それに対する回答が間違っていたのではなく，社会のどこにも正解はなく，自分なりの正解を作っていい，作らねばならないはずなのに，その正解が否定されるのである。この差は大きい。 エ ，些細なことでも，争いから降りることができない。間違いの修正ではなく，自分の生き方の再構築をしなければならないからだ。そんなしんどいことを，そうそうやりたくはない。

多様性と包摂の精神に則（のっと）ってお互いの異なる生き方を認めればいいのだ，という物言いは，現実のトラブルに直面した当事者にとってうつろな綺麗事にしか聞こえないだろう。調停者もない中で，自分が先に寛容さを示せば，相手は容赦なく利得を奪っていく。それはこの社会において負けを意味する。コミュニケーションのコストとリスクはとても高いのである。

(出典 岡嶋裕史 著 「メタバースとは何か ネット上の『もう一つの世界』)

(1) 本文中の ア ～ エ に入る言葉の組合せとして最も適切

なものを，次の①～⑤の中から一つ選べ。

① ア　そして　　イ　つまり　　　ウ　また　　　エ　しかし
② ア　しかし　　イ　ところが　　ウ　しかも　　エ　だから
③ ア　つまり　　イ　また　　　　ウ　だから　　エ　一方で
④ ア　また　　　イ　そして　　　ウ　つまり　　エ　すると
⑤ ア　そして　　イ　すると　　　ウ　一方で　　エ　しかも

(2)　次のア～オについて，本文に書かれている内容の組合せとして適切なものを，以下の①～⑤の中から一つ選べ。

ア　多様性と包摂の精神に則って社会全体が営まれてきたことによって，現代では，人間の根源的な欲求である，コミュニケーションと承認が失われつつある日本社会へと変化してきた。

イ　自由には責任が伴うものの，選択できることが増えたことにより，価値そのものが多様化した。それは社会において負けを意味し，自分の生活圏がリアルでなくても構わない人が増えた。

ウ　皆が依拠している価値観が存在するわけでなく，正解が多数ある社会，自分なりの正解を見つけて生きていくことが推奨される世の中であるため，自分の生き方の再構築をする必要がある。

エ　コミュニケーションで生じたトラブルは当事者同士で解決する必要があるものの，そこに承認と権利強化が寄与する。その一方で，個人の行動は制約を受けることにもつながってしまう。

オ　個人の自由の拡大によって，リアルな社会は自由を謳歌できる少数の強い人には居心地よいものであるが，個人の自由拡大と権利強化により，コミュニケーションは難しいものとなった。

① ア・イ　　② ア・ウ　　③ イ・エ　　④ ウ・オ
⑤ エ・オ

┃ 2024年度 ┃ 岐阜県 ┃ 難易度 ■■■■■■□□□

【6】次の文章を読んで，以下の(1)の問に答えよ。

狩猟採集時代の協力集団では，周りの誰から聞いても情報は似たりよったりだった。集団が生き続けるノウハウはある程度確立されており，それに従って行動することでなんとか生き延びることができるという社会であった。それは，集団の規律や掟を守るのにも貢献してい

たようである。このような状態が確立されると、自分でパターンを探して法則を見出そうとしなくとも、周りの誰かに合わせて行動すればなんとかなる。頭を使ってあれこれ考えるよりも、周りに合わせていればよいので、ある意味、気楽な社会になったわけだ。

チンパンジーの研究者であるヴィクトリア・ホーナーは、周りに合わせて行動する傾向がチンパンジーよりも人間できわめて高いことを実験的に示した。彼女は、穴が二つあいた黒い箱を準備して、ひとつの穴の奥に食べ物を入れ、もうひとつの穴の上に飾りをつけた。そして、人間の子どもやチンパンジーの前で、棒を使って箱から食べ物を取るところを実演した。

その手順は、最初に穴の上の飾りを棒でとり除く儀式めいた操作をし、その下の穴の奥を棒でつついて、次にもうひとつの穴に棒を入れて食べ物をかき出すというものであった。それを見た子どもたちは、その手順をなんなく覚えて、食べ物をゲットできた。一方のチンパンジーも、棒の操作はややぎこちないものの、手順通りに無事に食べ物をゲットできた。この状態が確認できたところで本番実験に入る。

ホーナーは、まったく同じ構造であるが黒くなく透明の箱も用意していた。こんどは、その透明の箱を使って、同じチンパンジーに同様の実験をしたところ、手順を繰り返すことなく、いきなり飾りのない穴に棒をさし入れて食べ物をとっていた。じつは、飾りの操作やその下の穴をつつく〝儀式〟は食べ物を得るには必要ではなく、食べ物のある穴に棒を入れるといつでも食べ物がとれる構造になっていた。透明の箱の場合、そのからくりが一目瞭然であったのだ。

一方、人間の子どもたちに対して透明の箱で実験をすると、チンパンジーの場合とは異なった現象がみられる。なんと、黒い箱の場合と同様の儀式的な操作を、依然として繰り返したうえで、食べ物をとり続けたのだ。

この実験結果は、<u>人間の信念の偏り</u>を明るみに出している。すなわち人間は、「儀式的操作は食べ物とは関係ない」という、一見してわかる物理的認識よりも、実演から察知される「儀式的操作も必要だ」という、社会的認識を優先した行動をとるのである。

科学的な装いをもったフェイク情報の伝播に、この現象が深くかか

わっている。怪しい情報でも，それを真剣にオススメしている人が身近にいれば，その信念に同調してしまう。たとえ科学的な思考を使ってその情報にフェイクの可能性を見出しても，多くの人々がその情報を正しいと信じていれば，その行動に影響されやすいのである。

　人間は，周囲の人々をまねて同調行動をとることによって，協力集団を形成し，集団の掟を維持できるようになった。ところが，まさにその傾向により，根拠の薄いフェイク情報を，それとは知らずに，蔓延させることになったのである。

　狩猟採集時代ならば，迷信ばかりを信じた集団は現実の変化に対応できず，絶滅してしまっただろう。法則を見出す人が一定の割合を占め，その法則が大事にされる社会が維持されたからこそ，今日の私たちの文明が成立したのだ。皮肉なことだが，情報化が高度に進んだ社会が，その情報化ゆえに混乱に陥り，絶滅に向かう危険性がある。ここに現代の私たちが取り組むべき喫緊の課題がある。

　　(石川幹人「だからフェイクにだまされる――進化心理学から読み解く」より)

(1)　下線部「人間の信念の偏り」とあるが，このことを説明したものとして最も適切なものは，次の1～4のうちではどれか。

　1　人間は，狩猟採集時代に集団が生き続けるノウハウをある程度確立させており，集団の規律や掟を守らないことでなんとか生き延びる社会を成立させることができたということ。

　2　人間は，一見してわかる物理的認識を優先した行動をとるため，周囲の人々をまねて同調行動をとることにより，根拠の薄いフェイク情報を蔓延させてしまうということ。

　3　人間は，科学的な思考を使い，怪しい情報にフェイクの可能性を見出しても，多くの人々がその情報を正しいと信じて行動すると，その行動に影響されやすいということ。

　4　人間は，法則が大事にされる社会が維持されたからこそ，怪しい情報を真剣にオススメしている人が身近に多くいても，その信念に同調してしまうことはないということ。

‖ 2024年度 ‖ 東京都 ‖ 難易度 ■■■■■□□

【7】次の文章を読み，(1)～(5)に答えよ。

　この地球上で笑うことができるのは，人間だけである。

　しかも，発達した知能を持つ人間の脳でも，もっとも複雑で，もっとも高度な領域に属する現象が，笑いなのだ。現代の脳科学の知見でも，「人間はなぜ笑うのか？」の答えは用意されていない。笑いのメカニズムの全容は解明されずにいる。笑いはいまだ神の領域に属しているのだ。

　人間以外の動物のなかには，満腹になって満ち足りた微笑のような表情を浮かべる動物がいないことはない。[a]，人間のように①バクハツ的に笑ったり，もしくは他人を意図的に笑わせたり，その場にいる他の仲間にも自然と感染していくような笑いが生じることは，まずない。これらの笑いは人間特有の現象である。

　その特異性で，涙と笑いは似ているだろう。痛くて泣くような②サケび声を上げる動物はいるが，感動して泣くことができるのも，人間だけだ。もらい泣きのように他者の傷みを共有することもない。笑うことと泣くこと。それらは，すべての生き物のなかで，おそらく人間だけが持っている感情なのだ。

　[b]，笑いと涙を探求することは，人間そのものを探求することに通じる。

　ところが，笑いが人間を探求するテーマであるからこそ，科学的な解明には固有の困難がともなう。つまり，人間特有の現象である笑いについては，動物実験ができないのだ。ほかの視聴能力や運動能力などはサルの脳で実験し，研究することができる。しかし，笑いや涙に関しては人間だけが持つ感情であり，現象だからこそ，動物実験ができないという限界がある。

　笑いは，わたしたちにとって何気ない日常的な所作であっても，じつは，まだまだ深い③ナゾに包まれている。簡単には[c]できないというこの事実だけをとってみても，笑いというテーマが，人間の脳の複雑さと奥深さ，しいては重大なる命題を示しているともいえないだろうか。

　笑いについての科学的な解明はまだ待たれる段階ではあるが，おもしろい研究の結果がある。それは「くすぐり」を扱った脳科学の研究

43

である。この結果は笑いという現象が，いかに複雑なメカニズムで起こっているかを説明してくれる。

(I)自分で自分のことをくすぐってみても，普通だったらくすぐったくはなく，よって笑いが起きることもない。でも実際には，自分でくすぐろうが，誰か他の人がくすぐろうが関係なく，皮膚の感覚だけをとってみれば，同じようにくすぐったいはずだ。

それではどうして，自分でくすぐると，くすぐったいという感覚が起きなくなるのだろうか。

くすぐったいという触覚は，大脳皮質にある体性感覚野がつかさどっている。ところが，自分自身でくすぐるというアクションを起こすと，体性感覚野の活動がキャンセルされてしまうということがわかっている。自分の運動と自分の感覚が切り離されていないと，体性感覚野は活動せず，くすぐったいと感じられないのだ。

自分の運動と自分の感覚の組み合わせではくすぐったい感覚は成立せず，他人の運動と自分の感覚の組み合わせのときにだけ，くすぐったい感覚が成立する。このとき，脳のなかでは，運動と感覚の複雑な連関が生じている。

しかも，運動と感覚の連関だけではなく，そこには状況の認知能力も関わっていると考えられている。つまり，くすぐっている他人や，自分がおかれている状況が十分に「安全」ということが認知されないと，くすぐったいと感じられない。(中略)

相手と良好な関係であること，自分が安全な状態であることなど，さまざまな状況認知を複合することによって，はじめて体性感覚野が機能し，くすぐられて「笑い」は起きるのだ。

このくすぐりの笑いだけを考えても，笑いはいくつもの④ヨウケンを備えなければならない，複雑で高度な脳活動によって起こっていることがわかるだろう。

　　　茂木健一郎『笑う脳』より(作問の都合上，一部を省略した。)

(1) 下線部①〜④のカタカナを漢字に直して記せ。(楷書で正確に書くこと)

(2) [a]，[b]にあてはまることばはそれぞれ何か。次のア〜エから最も適当なものを一つ選び，記号で記せ。

ア　a　つまり　　b　だから　　イ　a　しかし　　b　だから
ウ　a　つまり　　b　そして　　エ　a　しかし　　b　そして

(3)　[　c　]にあてはまることばは何か。次のア～エから最も適当なものを一つ選び，記号で記せ。

ア　解明　　イ　感動　　ウ　運動　　エ　研究

(4)　(Ⅰ)自分で自分のことをくすぐってみても，普通だったらくすぐったくはなく，よって笑いが起きることもない。とあるが，このことを説明している次の文のdにあてはまることばは何か。文中より14字で抜き出して記せ。

自分で自分のことをくすぐっても，脳のなかでは(　d　)され，くすぐったいと感じられないから。

(5)　くすぐったいという感覚が成立するために必要なことは何か。次のア～エから最も適当なものを一つ選び，記号で記せ。

ア　不安な状態の中で，他人の運動と自分の感覚が連関すること。
イ　安全な状態の中で，他人の運動と自分の感覚が連関すること。
ウ　不安な状態の中で，自分の運動と他人の感覚が連関すること。
エ　安全な状態の中で，自分の運動と他人の感覚が連関すること。

2024年度　山梨県　難易度

【8】次の文章を読んで，以下の(1)～(4)の各問いに答えよ。

長い文章の時は原稿用紙を床に並べて，かなと漢字の胡麻塩ぐあいをよく見るようにと教えられた。漢字ばかりで黒々していたら読みにくいのは当然だけれど，ひらがなばかりの白っぽい締まりのない画面も読む気がしない，ましてカタカナが多いのは尖って取りつくしまのない，冷たい印象になるものよ。

(光野桃『着ること，生きること』講談社)

再校ゲラに「さぼる」を見つけると，無意識にため息をついています。

「サボる」は「『サボタージュ』の略の『サボ』を動詞化した語」(『明鏡国語辞典』)なので「さぼる」とは書けないはず，という鉛筆は

初校で入れているのです。「さぼる」のままなのは「サボる」とは書きたくないという著者の意思表示でしょう。辞書は「さぼる」を載せていませんという鉛筆をふたたび入れるべきなのかもしれませんが，入れたくないと思う自分がいる。

　同じ言葉でもひらがなで書くかカタカナで書くか，漢字かアルファベットか，表記によって_aカンキされるイメージは異なり，それを使い分けるのが日本語のおもしろさだと思います。野菜のカボチャはカンボジア(Cambodia)原産と考えられていたことから辞書の見出しは「カボチャ」です。でも「肉じゃが」や「ほうれん草のおひたし」と並んだときには「カボチャの煮物」ではなく「かぼちゃの煮物」と書きたくなるものではないでしょうか。同じレシピでも「カボチャの煮物」と「かぼちゃの煮物」と「南瓜の煮物」では読む人の目に(舌に)訴えかけてくる力が違うはず。

　漢字とかなで統一された文章の中に「サボる」を置けば，モノトーンの写真に絵の具を落としたように目立ちます。それを避けて「さぼる」と書きたかった著者の心情を理解できると思ってしまうのは，文芸誌育ちだからでしょうか。

　鉛筆を入れずにゲラを戻すことを「通す」と表現します。「さぼる」は通せない，という現場もあるはずです。新聞のように大勢の人に広く読まれるもの，国語表現のひとつの規範となる媒体では，①辞書に載っている言葉を守ることも校正の役目です。そういう人たちの目には，文芸誌は辞書を破壊しようとしていると映るかもしれません。「ティーシャツ」などという表記が堂々と誌面に載っているのですから。

　Tシャツは「両そでを広げた形がTの字に似ている」(『三省堂国語辞典』)から「Tシャツ」なのであって，その由来を考えれば「ティーシャツ」と書きにくいことは承知しています。しかし著者は理由があってそう書いたはず，と考えるのが文芸誌の校正でした。理由があるはずと想像すれば赤字にはできず鉛筆で「本来の表記は『Tシャツ』ですが」と尋ねることになりますし，著者校正で_b却下されれば引き下がらざるをえない(再校であっても食い下がるという人がいないわけではありませんが)。どんな表記を選ぶかは著者の語感，文章のトーンにも

よりますし，そのつど使い分けたい著者もいて，それこそが「表現」ではないでしょうか。漢字にするかひらがなに開くか，見開きごと，ページごと，段落ごとの「胡麻塩ぐあい」を見てバランスを取りたいという著者であればその考えを尊重する。原稿優先，筆者第一，②<u>そんな現場で育ったわたしの校正</u>を弱腰だという人もいるかもしれませんが，こればかりは育ちとしかいいようがありません。

(牟田都子「文にあたる」から)

(1) ～～線aのカタカナを漢字に直して書け。また，～～線bの漢字の読みを答えよ。

(2) ～～線cの漢字「弱」の総画数を答えよ。

(3) ──線①「辞書に載っている言葉を守ることも校正の役目です。」とあるが，筆者は，この「辞書に載っている言葉」として三つの言葉を例示して述べている。この三つの言葉とは何か。本文中の言葉を書き抜け。

(4) ──線②「そんな現場で育ったわたしの校正」とあるが，筆者が校正する上で大切にしているのはどのようなことか。文脈に即して，20字以内で答えよ。

┃2024年度┃山口県┃難易度■■■■■□□□

【9】次の文章を読んで，以下の問いに答えなさい。

　人工知能(AI)の進歩はめざましい。囲碁や将棋の世界では，もう人間は人工知能に勝てなくなってしまった。その波は，さらに広がっていくだろう。学者もその例外ではない。これまで学者たちが行ってきた研究が，人工知能によって置きかえられていく可能性もある。特に，私が専門としている哲学の場合，考えることそれ自体が仕事内容の全てであるから，囲碁や将棋と同じ運命をたどるかもしれない。この点を考えてみよう。

　(ア)，過去の哲学者の思考パターンの発見は，人工知能の最も得意とするところである。例えば人工知能に哲学者カントの全集を読み込ませ，そこからカントふうの思考パターンを発見させ，それを用いて「人工知能カント」というアプリを作らせることはいずれ可能になるであろう。人間の研究者が「人工知能カント」に向かっていろい

ろ質問をして，その答えを分析することがカント研究者の仕事になると私は予想する。この領域では人工知能と哲学者の幸福な共同作業が成立する。

（　イ　），人工知能に過去の哲学者たちの全てのテキストを読み込ませて，そこから哲学的な思考パターンを可能なかぎり抽出させてみよう。すると，およそ人間が考えそうな哲学的思考パターンがずらっとそろうことになる。それに加えて，過去の哲学者たちが見逃していた哲学的思考パターンもたくさんあるはずだから，人工知能にそれらを発見させる。

その結果，「およそ人間が考えそうな哲学的思考パターンのほぼ完全なリスト」ができあがるだろう。こうなると，もう人間によるオリジナルな哲学的思考パターンは生み出されようがない。将来の哲学者たちの仕事は，哲学的人工知能のふるまいを研究する一種の計算機科学に近づくだろう。

（　ウ　）根本的な疑問が起きてくる。この哲学的人工知能は本当に哲学の作業を行っているのだろうか。外部から入力されたデータの中に未発見のパターンを発見したり，人間によって設定された問いに解を与えたりするだけならば，それは哲学とは呼べない。

（　エ　）哲学は，自分自身にとって切実な哲学の問いを内発的に発するところからスタートするのである。例えば，「なぜ私は存在しているのか？」とか「生きる意味はどこにあるのか？」という問いが切実なものとして自分に迫ってきて，それについてどうしても考えざるを得ないところまで追い込まれてしまう状況こそが哲学の出発点なのだ。人工知能は，このような切実な哲学の問いを内発的に発することがあるのだろうか。そういうことは当分は起きないと私は予想する。

しかしながら，もし仮に，人間からの入力がないのに人工知能が自分自身にとって切実な哲学の問いを内発的に発し，それについてひたすら考え始めたとしたら，そのとき私は「人工知能は哲学をしている」と判断するだろうし，人工知能は正しい意味で「人間」の次元に到達したのだと判断したくなるだろう。

哲学的には，自由意志に基づいた自律的活動と，普遍的な法則やしんりを発見できる思考能力が，人間という類の証しであると長らく

48

考えられてきた。しかしそれらは将来の人工知能によっていずれ陥落させられるであろう。

　人工知能が人間の次元に到達するためには，それに加えて，（　A　）哲学能力が必要だと私は考えたい。人工知能の進化によって，そのような「知性」観の見直しが迫られている。もちろん，彼らが発する内発的な哲学の問いはあまりにも奇妙で，我々の心に全く響かないかもしれない。この点をめぐって人間と人工知能の対話が始まるとすれば，それこそが哲学に新次元を開くことになると思われる。

(2018年1月22日付朝日新聞より)

1　文中の（　ア　）～（　エ　）に入る言葉の組み合わせとして，最も適切なものを①～⑤の中から一つ選びなさい。

　①　ア　しかし　　　イ　まず　　　　ウ　そもそも
　　　エ　次に

　②　ア　そもそも　　イ　まず　　　　ウ　次に
　　　エ　しかし

　③　ア　まず　　　　イ　次に　　　　ウ　しかし
　　　エ　そもそも

　④　ア　そもそも　　イ　次に　　　　ウ　しかし
　　　エ　まず

　⑤　ア　まず　　　　イ　そもそも　　ウ　次に
　　　エ　しかし

2　文中の「しんり」を漢字にする際，正しいものを①～④の中から一つ選びなさい。

　①　心理　　②　真理　　③　心裏　　④　審理

3　文中の（　A　）に入る語句として，最も適切なものを①～⑤の中から一つ選びなさい。

　①　哲学的　　②　自律的　　③　普遍的　　④　内発的
　⑤　対話的

┃2024年度┃三重県┃難易度■■■□□□

【10】次の文章を読んで，以下の各問いに答えなさい。

　ミミズもオケラも，アメンボも，けっして強い生き物には思えませ

ん。優秀な生き物にも思えません。

〔　ア　〕，この生き物たちのニッチには，驚かされます。

ミミズは，肉食でも草食でもありません。土の中で土を食べて生きています。土の中で土を食べる生き物の中でミミズは最強です。

a

じつは，手も足もないミミズは，ずいぶんと[　(ア)　]生き物に思えるかもしれませんが，ミミズの祖先は，もともとは頭や移動のための足のような器官をもつ生物だったと考えられています。しかし，土の中で土を食べて生きるというナンバー1になるために，足を捨ててしまったのです。

オケラはどうでしょうか。

オケラはコオロギの仲間です。地面の上にはたくさんの種類のコオロギがいますが，地面の下で穴を掘って暮らしているコオロギなんて他にいません。それだけで，間違いなくナンバー1なのです。

b

アメンボはどうでしょう。

アメンボのニッチもすごいです。

何しろ陸の上でも，水の中でもありません。地上にはたくさんの生き物がいます。水中にもたくさんの生き物がいます。しかし，[　(イ)　]という範囲ではアメンボは最強の肉食昆虫です。

ミミズもオケラも，アメンボもみんなみんなすごいニッチを持っているのです。

「フレーム理論」というものがあります。

〔　イ　〕，あなたが魚だったとしましょう。水の中であればスイスイと泳ぎ回るあなたも，陸の上に上げられたとたんにピチピチとはねることしかできません。陸上ではどんなに歯を食いしばって努力しても，他の生き物のように陸の上を歩くことはできません。あなたにとって大切なことは，水を探すことなのです。

c

〔　ウ　〕，あなたがダチョウだったとしましょう。ダチョウは世界最大の鳥です。あなたは，誰よりも強い脚力で速く走ることができま

す。太い足で蹴り上げるキック力は猛獣たちも恐れるほどです。しか
し，どうして他の小鳥のように空を飛べないのかと悩み始めたら，ダ
チョウはとてもダメな鳥になってしまいます。ダチョウは陸の上で力
を発揮します。飛ぼうとしてはダメなのです。

　あなたは自分のことをダメな存在だと思うことがあるかもしれませ
ん。しかし，本当にそうでしょうか。あなたは陸の上でもがいている
魚になっていないでしょうか。飛ぶことに憧れるダチョウになってい
ないでしょうか。

　　　d

　持っている力を発揮できるニッチを探すことが大切なのです。

　勘違いしてはいけないのは，この時限で紹介した「[　(ウ)　]」とい
う考え方は，モンシロチョウやアフリカゾウといった，生物の種の単
位での話です。

　人間という生物は自然界の中で確かなニッチを確立しているのです
から，本当は私たち個人個人がニッチを探す必要などありません。

　しかし，ニッチの考え方は，今まさに個性の時代を生きようとして
いる私たちにとっても，じつに参考になる話のように思えます。

　人間は，「助け合う」ということを発達させてきました。助け合い
を通して，さまざまな[　(エ)　]を行い，社会を築いてきたのです。

　　　(出典：稲垣栄洋『はずれ者が進化をつくる　生き物をめぐる
　　　　個性の秘密』筑摩書房から。一部表記を改めたところがある。)

問1　空欄〔　ア　〕～〔　ウ　〕に当てはまる言葉の組合せとして
　　最も適切なものを，次の①～⑤のうちから選びなさい。

　①　ア　しかし　　イ　たとえば　　ウ　すると
　②　ア　しかし　　イ　つまり　　　ウ　すると
　③　ア　しかし　　イ　たとえば　　ウ　あるいは
　④　ア　そして　　イ　つまり　　　ウ　あるいは
　⑤　ア　そして　　イ　たとえば　　ウ　あるいは

問2　空欄[　(ア)　]～[　(エ)　]に当てはまる言葉の組合せとして最も
　　適切なものを，次の①～⑤のうちから選びなさい。

　①　(ア)　単純な　　(イ)　水面　　(ウ)　ルール　　(エ)　儀式

② （ア）単純な　（イ）地上　（ウ）ルール　（エ）儀式
③ （ア）単純な　（イ）水面　（ウ）ニッチ　（エ）役割分担
④ （ア）複雑な　（イ）地上　（ウ）ニッチ　（エ）役割分担
⑤ （ア）複雑な　（イ）地上　（ウ）ニッチ　（エ）儀式

問3　次の記述は，本文の空欄 a ～ d のどこに入るか。最も適切なものを，以下の①～④のうちから選びなさい。

> 誰にも自分の力を発揮できる輝ける場所があります。ダメなのはあなたではなく，あなたに合わない場所なのかもしれません。

① a　② b　③ c　④ d

‖ 2024年度 ‖ 神奈川県・横浜市・川崎市・相模原市 ‖ 難易度 ■■■■□□

【11】次の文章を読み，以下の問いに答えよ。

　ピアノは木でできた精密な楽器だ。湿度に注意するよう，調律師なら誰でも叩き込まれている。専門学校でも再三教え込まれた。本州にあった専門学校では，秋冬は湿気に気をつけるよう言われてきた。湿度が高いと木が膨張する。螺子（ねじ）が緩む。鋼は錆びる。音はあっけなく変わってしまう。でも，ここでは違う。湿度で音が変わってしまうのは同じだが，秋冬に気をつけなければいけないのは，乾燥だ。湿度の低さのほうなのだ。

「ありがとうございます」

　ふたごの声が揃った。

「たぶんこれでもうだいじょうぶだと思います」

　試しに鍵盤を推すと，自然にハンマーが上がった。簡単な作業だった。

「ちょっと弾いてみていいですか」

「もちろんです」

　由仁がピアノの前の椅子にすわった。和音もすわった。ああ，このための椅子二脚だったのだ，と思うまもなく連弾が始まった。

　音の粒がぱっと広がった。くるくるくるっとした曲だった。何という曲なのか知らない。ふたごたちはいきいきとしていた。黒い瞳から

も，上気した頬からも，肩先に垂らした髪の先からも，生きるエネルギーが立ち上るようだった。そのエネルギーを指先で変換してピアノに注ぐ。それが音楽に生まれ変わる。たしかに楽譜があって，そこに必要な音符が書かれているのだろうけれど，奏でられる音楽は完全にふたごたちのものだった。今ここで聴いている僕のためのものだった。

「素晴らしかった」

力を込めて拍手をした。

素晴らしいという言葉だとか，拍手だとか，僕からはそんな音しか出せないのが（　ア　）。こんな言葉で，こんな拍手で，今のふたりの演奏を称えられるとは思えない。

「ありがとうございました」

ふたごがにこにことお辞儀をする。

「こんなによろこんでもらったのは初めて」

「うん，初めて。ねー」

「ねー」

そんなわけはないだろう，と思う。そんなわけがない。謙遜しているのだろう。

「うれしいもんだねー」

「ねー」

ふたごの一方は両手を頬にあて，もう一方は片手で頭をかいたりしている。なんとなく，どちらがどちらか見分けがつくようになってきた。

「それでは，僕はこれで」

帰ろうとすると，ふたごに引き留められた。

「乾燥のせいでしょうか，いつもより少し全体的に音程が上がっているような気がするんです」

「微妙に気持ち悪い感じがします」

口々に言いだした。確かに少し気になるところはあった。でも，おかしいと言うほどではない。触らなくてだいじょうぶだと思った。触るとしても，僕じゃない。柳さんだ。

それなのに，（　イ　）としか言いようがない。今の連弾で，完全に胸が熱くなってしまっていた。できるんじゃないか。微妙なずれだけ

を直せばいい。ふたごがもっと気持ちよくピアノを弾けるように。

　ピアノは一台ずつ違う。わかっているつもりで，わかっていなかったのだ。初めて触るピアノ。乾燥しすぎている_a部屋。暑くないのに汗をかいた。緊張しているつもりもないのに指が震えた。わずかに回せばいいだけのピンを回しすぎてしまう。戻そうとして指が滑る。いつもなら難なくこなせる作業に途轍もない時間がかかった。少しだけ，少しだけ，と思いながら，望まぬほうに音がずれていくのがわかる。粒はまったく揃わない。やればやるほどずれて，焦ればさらに音の波をつかまえられなくなった。時間ばかりがどんどん経ち，嫌な汗をぐっしょりかいた。今まで習ってきたことも，店で毎日練習していることも，どこかへ飛んでしまった。

　そのとき，胸のポケットに入れていた携帯が震えた。ピアノから離れ，表示を見る。柳さんだった。今最もかけてきてほしくない相手であり，最もかけてきてほしい相手でもあった。

「悪い。俺だけど。指輪—」

「ありました」

　間髪を入れずに答える。

「ああ，よかった。焦った」

　それから柳さんは，ん，と疑問形で言った。

「ん，どうした，外村。何かあったの」

　テレパスか，と思う。こちらの気配が伝わったのだろうか。（　ウ　）。

「柳さん，すみません。明日の朝一で調律を一件入れていただきたいんです」

　気力を振り絞って，電話の向こうの柳さんに頭を下げた。

「佐倉さんのところ，今見ているんですが，触ってかえってだめにしてしまいました」

　柳さんは三秒ほど黙っていてから，わかった，と言った。

　なさけなかった。それ以上に，申し訳なかった。どうしても今日弾きたくて僕を見つけて連れてきたのに，結局は僕がだめにしてしまった。ふたごに申し訳ない。今日はもう弾けない。柳さんにも申し訳ない。店にも申し訳ない。勝手に触って勝手にだめにして，明日調律をし直すとしても代金は取れないだろう。

「でも」

　ふたごのひとりが言う。じっと黙って部屋の隅で見ていた。たぶん，由仁だ。つかつかとピアノのそばに寄ってきた。

「この音，すごくいいでしょう」

　ポーン，と弾いた基準のラの音は，僕の動揺とは遠く離れ，澄んでのびやかだった。

「それで，そこに合わせようとした，ほら，この音もいい」

　ポロン，隣の鍵盤を叩く。ポロン，ポロン。その隣も。その隣も。

「生意気かもしれないけど，やろうとしてること，すごくよくわかったんです。凛とした音でした。ₐ欲しかった音だ，って思いました。だから，うまくいかなくてもぜんぜん嫌な感じじゃなかった。たぶん，もうちょっと，ほんのちょっとの何かなんだと思います」

　和音も口を開いた。

「私もそう思います。いくらうまくまとまってたって，全部冴えない音に合わせられちゃったらがっかりだもの。これくらい挑戦してる音，私も好きです」

　挑戦か。僕は何に挑戦しようとしたのだろう。唇を嚙むしかない。挑戦などしていない。ただの身の程知らずだった。

「申し訳なかったです」

　頭を下げたとき，思いがけず涙が滲みそうになった。

「明日の朝，柳が──いつもの調律師が，来ます。ほんとうにすみませんでした」

「いいえ，無理に頼んだのはこっちですから」

　もう一度謝ってから，部屋を出た。c鞄がやけに重かった。ぜんぜんだめだ，と思った。秋野さんのことをとやかく思うのは僕には百年早かった。

(「羊と鋼の森」より一部抜粋)

(1)　下線部aの熟語「部屋」の「部」と下線部bの「欲しかった」の「欲」の部首の組み合わせとして最も適当なものを，次の①から④までの中から一つ選び，記号で答えよ。

①　a　こざとへん　　　b　たにへん

②　a　おおざと　　　　b　あくび

③　a　おおざと　　　　b　たにへん

④　a　こざとへん　　　b　あくび

(2)　本文中の（　ア　）から（　ウ　）には，次のⅠからⅢに示す僕の心情を表現する言葉が入る。その組み合わせとして最も適当なものを，次の①から④までの中から一つ選び，記号で答えよ。

Ⅰ　魔が差した

Ⅱ　観念した

Ⅲ　歯がゆい

①　ア　Ⅱ　　　イ　Ⅰ　　　ウ　Ⅲ

②　ア　Ⅲ　　　イ　Ⅱ　　　ウ　Ⅰ

③　ア　Ⅰ　　　イ　Ⅲ　　　ウ　Ⅱ

④　ア　Ⅲ　　　イ　Ⅰ　　　ウ　Ⅱ

(3)　下線部cに「鞄がやけに重かった」とあるが，これは「僕」のどのような心情を表現したものか。最も適当なものを，次の①から④までの中から一つ選び，記号で答えよ。

①　調律が上手くいかなかった悔しさとともに，ふたごと仲良くなって挑戦的な音をつくり出すことができた嬉しさについての「僕」の心情を鞄の重さで表現している。

②　独り立ちへ向けて努力する自分の思いを柳さんに伝えたい，そして，ふたごとは今後もつながっていきたいという強い願いを小さな鞄の中に押し込んでいることを重さで表現している。

③　ふたごがもっと気持ちよくピアノを弾けるように微妙なずれだけを直そうと思ってしたことがかえって調律をだめにしてしまったという僕の気持ちを鞄の重さにたとえて表現している。

④　調律に挑戦し，自ら触ったことでかえってだめにしてしまったことや専門学校時代に再三教え込まれたことをふり返ったことで，より一層高まった罪悪感を鞄の重さにたとえて表現している。

┃2024年度┃沖縄県┃難易度■■■□□

【12】次の文章を読み，以下の(1)～(3)の問いに答えなさい。

> 　運動に全く自信のない雨宮は，小さい頃から野球で活躍する弟や，その弟ばかりかわいがる父への欝屈を抱えながらも，高校では野球部のマネージャーを務め，卒業後は甲子園球場のグラウンド整備を請け負う会社に入社した。ところが，高校野球のスター選手であった職場の先輩・長谷との人間関係や，度重なる失敗に悩み，仕事に対する思いが後ろ向きになっていた。
>
> 　ある日，グラウンド整備用のローラーのついた車両を運転していた雨宮に，先輩の島が「とめろ！」と怒鳴り声をあげた。あわててブレーキを踏んだ雨宮は，グラウンドを見てハッとした。ローラーの踏み残しが，あちこちにできてしまっていた。

　失敗したなら，また一からやり直せばいいという，簡単な話ではない。ローラーが何度そこを通ったかで，グラウンドの硬さは刻々とかわってしまう。結果，ゴロの跳ね方も，スピードも大きくかわる。

　新人であり，なおかつ野球のノックすらまともに受けたことのない俺は，その変化すら感知することができないのだ。ベンチ前で，出来の悪い生徒のように一人立たされた俺に，ローラーを終えた島さんがゆっくりと近づいてきた。

　そこまで身長は高くないのに，その立ち居振る舞いには a イゲン が感じられる。胸板が厚いからかもしれない。プロ野球選手とはまた違う筋肉のつきかただ。

「雨宮，お前をここに立たせたのは，考えてもらうためや」

　眼光がものすごい。すぐ目の前に立たれると，一歩後ろに退きたくなる。

「踏んでる箇所と，踏んでない箇所ができたら，どないなる？　もし，そこにボールが弾んだら？」

　俺はその場にかろうじて踏ん張って答えた。

「イレギュラーを起こす可能性が高まります」

「もし，その上を選手が走ったら？」

「スパイクの刃のかかり具合が違って……，転倒するかもしれません」

「万が一，怪我する選手がおったら，どないなる？」

「……取り返しがつきません」

一問一答がつづいた。島さんは俺の回答をすべて聞き終えてから，何度かうなずいた。それを見て，_A俺もつめていた息を吐き出した。

「俺たちは会社員やから，よっぽどのことがないかぎりクビにはならへん。でも，プロの選手はちゃうよな？　一つの怪我が命とりや。それで選手生命絶たれたら，球団から簡単にクビ切られんねん。人生，かかってんねん」

ゴールデンウィークのこどもの日，俺にやさしく話しかけてくれた，ベテラン選手の顔が自然と思い浮かんだ。約二十年間，第一線でプレーをつづけるには，そうとうの苦労があったはずだ。その戦いの場を，俺たちは管理しているのだ。生半可な覚悟じゃつとまらない。

「お前は，今，一人の社会人としてここに立っとる。その行動一つ一つに責任が生じる」

プレーヤーの気持ちは，プレーヤーにしかわからない。その言葉が，さらに重みを増して俺の肩にのしかかる。やめるなら，今かもしれない……。

立ち去りかけた島さんに思いきって声をかけた。

「あの……！」

島さんの答えによっては，早く退職届を出したほうが自分のためにも，会社のためにもいいかもしれないと思った。つばをのみこんでから，質問をぶつけた。

「選手の気持ちは，選手を経験した人にしかわからないんでしょうか？」

よく日に焼けた顔を，島さんは今日はじめてほころばせた。

「そんなもん，俺かて，わからんわ」

「へっ……？」

「俺，少年野球どまりやし。長谷レベルの選手の気持ちなんて，わかるわけないやん」

決して投げやりではなく，しかし，冗談でもなく，島さんは訥々と言葉をつづけた。

「でもな，大事なのは想像してみることや。雨宮はマネージャーやったんやろ？　選手がどうしてほしいか，想像してみることくらいでき

るやろ？」

　そう問いかけられて，自然とうなずいていた。

　できる。それなら，できる。頭がちぎれるくらい考えてやる。うなずくだけでは足りない気がして，「はい！」と，胸を張って返事した。「想像してみて，実際にやってみる。試してみる。それで失敗するかもしれへん。でも，そういう姿勢が見えたら，俺だって頭ごなしに叱らへん。誰だってその試行錯誤の繰り返しで，上達していくんやないんか？」

　ベンチ前は人の出入りが激しいので，唯一人工芝が敷かれている。B俺は数歩前に出て，しゃがみこみ，土の部分にそっと右手をおいた。硬く，しかし，柔らかく，しっとりと湿り気を帯びたやさしい手触りだった。

(朝倉宏景『あめつちのうた』による)

(1)　文章中の下線部a「イゲン」の「ゲン」と同じ漢字を使用するものを，次の①〜④のうちから一つ選びなさい。

　①　限りある資ゲンを大切に使う。

　②　今日は妹の機ゲンがよい。

　③　ゲン想的な風景を写真に撮る。

　④　集合の時間をゲン守する。

(2)　文章中に，下線部A「俺もつめていた息を吐き出した」とあるが，そのときの雨宮の心情を説明した内容として最も適当なものを，次の①〜④のうちから一つ選びなさい。

　①　島のうなずく様子から自分の回答を認めてもらえたと安堵し，それまでの緊張がほぐれた。

　②　自分の回答を聞く島の態度に感激し，仕事に対して真剣に向き合うことへの喜びを感じた。

　③　がんばっても自分に務まる仕事ではないという諦めを覚え，早く辞めなければと考えはじめた。

　④　迫力ある島の言葉に打ちのめされ，今の自分では全く太刀打ちできないことに敗北感を覚えた。

(3)　文章中に，下線部B「俺は数歩前に出て，しゃがみこみ，土の部分にそっと右手をおいた」とあるが，そのときの雨宮の心情を説明

● 国語科

した内容として最も適当なものを，次の①〜④のうちから一つ選び
なさい。

① この仕事は向いていないと思い，最後にグラウンドに感謝をし，
静かに別れを告げている。

② 自分の能力に限界を感じて，土の手触りを確かめながら，自分
をなぐさめようとしている。

③ 土の感触を確かめながら，叱られずに仕事をするためにはどう
すればよいかを考えている。

④ いいグラウンドを作れるように，選手の気持ちを想像して前向
きに取り組もうとしている。

┃2024年度┃千葉県・千葉市┃難易度▩▩▩▩▩

【13】次の文章を読んで，以下の(1)〜(4)の問いに答えよ。

週があけて，いつものように訪問診療のお医者さんと看護師さんが
来る月曜日だった。

七時半になるとみずほは下におりた。おじいちゃんはひげそりの音
をひびかせてひげをそり，髪に$_a$ムシタオルをあてて，きちんとくし
目を入れて髪を整えていた。洗顔のあとに化粧水をつけると，元気な
ころのおじいちゃんに近づいてくる。淡いピンクのタートルネックの
セーターの上にロイヤルブルーのカーディガンを着て，おじいちゃん
はあたたかそうだった。

「おじいちゃん，お誕生日やね。おめでとう」

「おお，覚えてくれてたか。おおきに」

「あたりまえやん。今晩お祝いするの？」

「もちろん！ ごちそうするからね。お楽しみにね」

おばあちゃんはいつも笑顔だった。そしておじいちゃんに話しかけ
た。

「きょうは往診ね。なにかお見せする絵，あるの？」

「ああ，宿題はちゃんとした」

「まあ，いつのまに！ 優等生やねえ」

ふふん，とおじいちゃんは得意そうに胸を張った。

おじいちゃんの八十歳のお祝いは，これまでとちがった。

60

　朝はいつもと変わらないおじいちゃんだったのに，学校から帰って
きたらベッドで眠っていた。
「お祝い会，できる？」
　キッチンにいたおばあちゃんに声をひそめて聞くと，おばあちゃん
は首をかしげたまま，だまった。
「お医者さん，来はったんでしょ？　だいじょうぶなんよね」
　うん，とおばあちゃんはゆっくりとうなずいた。そしてわらい顔を
作ってみせた。
「お母さんから，はやく帰るって連絡あったし，お父さんもなるべく
はやく帰るって。だから，いつものように，お祝いは六時半にははじ
めましょう」
　こんどはみずほが深くうなずいた。
　そして六時半にならないうちに，みんなが食卓についた。
　おじいちゃんは，お母さんがおす車いすに乗ってみんなの前にあら
われた。先週たのんであったレンタルの車いすが届いていたのだ。
「いつものいすにすわる？」
　お母さんが聞くと，「ああ」とおじいちゃんは答え，つけくわえた。
「車いすなんて，病人みたいやから，ᵇテイコウある」
　くすくすとわらいがおきた。おじいちゃんはてれわらいをし，お母
さんの介助で食卓のいすにすわりかえた。パジャマの上に濃紺のガウ
ンを着た姿は，あまり見なれないおじいちゃんだった。
　ハッピーバースデーの歌声がおこり，拍手がつづいた。
「おめでとう，八十歳！」
　お母さんか花束をわたした。おじいちゃんの好きだというスイセン
の花束はいいにおいがした。庭のスイセンは十二月末にならないと咲
かないので，毎年お母さんはこの日，花屋さんで買ってくる。部屋の
中にすがすがしいスイセンの香りがただよった。
「あした，このスイセンを描いてね」
　お母さんがいうと，おじいちゃんはうなずきガッツポーズをした。
　十数本のスイセンの花束を抱いたおじいちゃんを，お父さんがスマ
ホでうつした。テーブルの上には赤飯と，タイの煮つけがあり，あと
は義人やみずほが好きなあげ物がならんでいた。おじいちゃんは赤飯

と，タイにほんのすこしはしをつけ，ゆっくりと口に運んだ。それか
らビールをひと口飲んだ。

「うまいなあ」

　口もとにわずかについたビールの泡を，指でぬぐいながら，しみじ
みという。けれど，それ以上は食べようとはしなかった。

　みんながきのうと変わらない話をかわし，わらい，つっこんだりつ
っこまれたりの会話を，おじいちゃんはにこにこしながら見ていた。

「林さんからのメロン，食べますか」

　おばあちゃんがおじいちゃんに聞いた。

「そうやなあ……」

　気の進まない返事だった。

「おじいちゃん，食べようよ」

　義人が立ちあがり，冷蔵庫をあけた。

「あんたが食べたいだけでしょ」

　お母さんが義人をにらんだけれど，A顔はわらっていた。

「おじいちゃんが食べないと，おれら食べさせてもらわれへん」

　義人のひとことでみんなはわらった。そして切りわけられたメロン
をおじいちゃんはひと口食べて，満足そうにうなずいた。

　まだテーブルの上にはごちそうが残っていたけれど，おじいちゃん
はしんどそうだった。それで車いすに乗りかえて，cシンシツに入っ
た。

　おじいちゃんの[　d　]はしずかに終わった。

【大谷美和子『りんごの木を植えて』より】

(1)　次の①，②の問いに答えよ。

　①　下線部a〜cのカタカナを漢字に直してそれぞれ書け。

　②　波線部A「顔」の部首の名称をひらがなで書け。

(2)　次の①，②の問いに答えよ。

　①　本文中にある[　d　]にあてはまる言葉を，本文中から漢字三字
　　で抜き出して書け。

　②　本文の内容についてあてはまるものを，次のア〜オから二つ選
　　んで，その記号を書け。

　　ア　おじいちゃんのお祝いは，みんながそろって始まった。

　　イ　食卓につくときのおじいちゃんの服装は淡いピンクのタート
　　　ルネックのセーターの上にロイヤルブルーのカーディガンであ
　　　った。

　　ウ　おじいちゃんは朝はいつもと変わらない様子であったが，み
　　　ずほが学校から帰ってきたらベッドで眠っていた。

　　エ　義人のひとことで，おじいちゃんは切り分けられたメロンを
　　　ひと口も食べずに寝室に戻ることになってしまった。

　　オ　月曜日はおじいちゃんが病院に行って診療を受ける日であ
　　　る。

(3)　本文の表現上の特徴についてあてはまるものを，次のア～オから
　　一つ選んで，その記号を書け。

　　ア　体言止めが用いられていて，登場人物の心情が強調されている。

　　イ　一人称視点でおじいちゃんの立場から描かれており，おじいち
　　　ゃんの思いが表現されている。

　　ウ　スイセンの花の香りが入口と出口となったファンタジー構造で
　　　描かれている。

　　エ　一文が短く，常体で書かれているため，文章にリズムがある。

　　オ　みずほの心情が強調されるように，時間をさかのぼる文章構成
　　　となっている。

(4)　みずほの心情の変化についてあてはまるものを，次のア～オから
　　一つ選んで，その記号を書け。

　　ア　朝は元気そうに過ごしていたおじいちゃんを見て安心していた
　　　が，帰宅後は元気がなかったので，訪問診療でどんなことを言わ
　　　れたのだろうと不安な気持ちになっている。

　　イ　いつも通りに家族そろってお祝いができるので楽しみにしてい
　　　たが，義人のひとことでお祝いがしずかに終わってしまったので，
　　　腹立たしくも残念な気持ちになっている。

　　ウ　家族でのお祝いを楽しみにしていたが，いつもと違ってしずか
　　　に終わってしまったので，もう少しお祝いを盛り上げたらよかっ
　　　たと悔やむ気持ちになっている。

　　エ　訪問診療を楽しみにしていたおじいちゃんを見て嬉しくなって
　　　いたが，帰宅すると元気のない様子だったので，描いた絵につい

て何か言われたのだろうかと心配する気持ちになっている。

オ　朝のおじいちゃんの様子から誕生日のお祝いを楽しみにしていたが，家族でのお祝い会ではおじいちゃんがしんどそうにしていたので，心配する気持ちになっている。

┃2024年度┃香川県┃難易度 ■■■□□

【14】次の文章は，高速バスの事故に巻き込まれて視力を失った兄の朔と，そのバスに乗る原因をつくった弟の新が，二人でブラインドマラソン(視覚障がい者のマラソン競技)のランナーとして大会に参加する場面です。読んで，以下の問いに答えなさい。

「朔？」

朔の腕に新は肘を当てた。

「どうした？　腹でも痛い？　もしかして緊張してきたとか？」

ふたりの横を，スタートゲートに向かうランナーたちが追い越していく。

……ゴール。

朔は薄く唇を開いた。

オレは，どのゴールを目指しているんだろう。目指してきたのだろう。

ゴールが見えない。いや，見えるわけがないのだと朔は唇を噛んだ。

そんなことは，とっくにわかっていた。だって，最初から間違った方向へ向かって駆け出していたんだから。そのことに気づきながら，ずっと気づかないふりをしてきた。自分の内にあるものを，きれいなことばでコーティングして，[　　]化した。自分が傷つかないよう，汚れないよう，気づかないふりをしているうちに，それは都合よく自分の意識から消えていった。

朔は喉に手を当てて，息を吸った。喉の奥が小さく震える。

だけど，このまま気づかないふりをして，新を縛って，その先になにがあるんだろう。

あるのは，たぶん，きっと，後悔だ。

「ごめん」

「え，なに？」

　朔は浅く息をした。

「いつか新，言っただろ，オレのこと偽善者だって」

「はっ？」

「あれ正しいよ。オレ，新が陸上やめたこと知ったとき，腹が立った」

　どうしてそんなに腹を立てたのか，あのときは朔にもわからなかった。考えようともしなかった。ただ無性に，猛烈に腹が立った。

「オレがブラインドマラソンを始めたのは，おまえを走らせようと思ったからだよ」

「そんなことわかってたよ。朔はオレのために」

「違う」ことばを断ち，もう一度「違う」と朔はくり返した。

「そう思わせただけ。ただの欺瞞だ」

　新の目がくっと見開いた。

「オレは，新が思ってるようないい兄貴でもないし，人のことを思いやったりできる人間でもない。嫉妬も後悔もするし，恨んだりもする。新のことだって」

「いいよ！　いいよ，そんなこと言わなくて。ていうかなんで言うんだよ，しかもいまってなんだよ」

「いまだから」

　いまじゃなかったらオレは話せていない。

　また気づかないふりをしてしまう。逃げてしまう——。

「意味わかんねんだけど」

　新の声がかすれた。

「おまえに伴走を頼んだのは，オレのそばにいて，オレと一緒に走ることで，新が苦しむことがわかっていたからだ」

　新を傷つけてやりたかった。失明したのは新のせいじゃない。事故だった。ただ運が悪かっただけだ。頭ではわかっていたつもりだった。それでも，病院のベッドの上でも家を離れてからも，もしもと同じことが頭をよぎった。

　新のせいにするなんてどうかしている。そんなことを思うなんて，頭がおかしくなったんじゃないかと自分を疑った。でも，頭ではわかっているはずなのに，気持ちがついていかなかった。どうしても，もしもと考え，それをあわててかき消して，また同じことを繰り返した。

　時間とともに，身のまわりのことがひとつひとつできるようになり，視力に頼（たよ）らず暮らしていくすべを覚えていった。もしも，ということばが頭をもたげることもほとんどなくなった。これなら家に戻（もど）っても，家族の荷物にならず生活できる。新と会っても感情が揺（ゆ）れることはない。そう思って帰ったのに，梓から新が陸上をやめたことを聞いたとき，①時計の針が逆回転した。

　あのとき，新がやめた理由を梓に問いながら，朔には察しがついていた。

　オレが視力を失った代わりに，新は陸上をやめた――。

　そういうことを考えるやつだとわかっていた。だけどそれは，裏を返せば単に楽になろうとしているだけのことではないのか？　大切なものを手放し，失うことで，同じ痛みを負ったつもりになっている。

　そんな弟を，あのとき激しく嫌悪（けんお）した。

　新を走らせる。走らせて，走ることへの渇望（かつぼう）を煽（あお）ってやりたい。

　失うことの，奪（うば）われることの苦しさはそんなものではない。それを味わわせたい――。

　だけど，わかっていなかったのはオレだ。

　オレは，新の苦しみをわかっていなかった。わかろうとしなかった。

「おしまいにする」

「はっ？」

「もう新とは走らない」

「なに言ってんの？」

「……勝手なこと言ってるのはわかってる。けど，ごめん。これ以上，自分に幻滅（げんめつ）したくない」

　新は朔が手にしているロープを握（にぎ）った。

「きっかけなんて，どうでもいいじゃん。神様じゃないんだ，人間なんだからいろいろ思うだろ。オレが朔なら，どうなってたかわかんないよ。まわりに当たり散らして，壊（こわ）して，傷つけて，自分の中にこもって，なにもできなかったんじゃないかって思う。朔が思ったことはあたりまえのことだよ」

　一気に言うと，新は大きく息をついた。

「それに，朔，それずっと続かなかっただろ」

　朔の顔がぴくりと動いた。

「わかるよ，毎日一緒に走ってきたんだから。伴走頼まれたとき，オレ，マジでいやだった。でもいまはよかったと思ってる。朔が言ってくれなかったら，オレはいまだってきっと，朔からも走ることからも逃げてたと思う」

「だからそれは」

　ううん，と新は首を振った。

「伴走引き受けてからも，ずっと朔のために走ってるんだって自分に言い訳して，ごまかしてた。それで納得しようとしてた。でも，たぶん違った。伴走者としては間違ってるし，オレは失格かもしれないけど，やっぱりオレは，オレのために走ってた。朔と走ることは朔のためじゃなくてオレのためだった」

　新はロープを握り直した。

（いとうみく「朔と新」による）

問1　文章中の[　　]に入る言葉としてあてはまるものを，次のア～エから一つ選び，その記号を書きなさい。

　　ア　正当　　イ　自覚　　ウ　顕在　　エ　具現

問2　下線部①「時計の針が逆回転した」とありますが，それはどのようなことを表していますか。朔の心情を踏まえ説明しているものとして最もあてはまるものを，次のア～エから一つ選び，その記号を書きなさい。

　　ア　ブラインドマラソンを始めた時は，自分のためではなく弟の新にまた走ってもらいたかったからなのに，思いが伝わらず，今度こそ新を傷つけてやりたくなったこと。

　　イ　自分は新が思うような立派な兄ではなく，人を恨んだり嫉妬したりする嫌な人間なのに，全く気にもとめず，伴走することを喜ぶ弟に対し再びあきれてしまったこと。

　　ウ　弟の新に伴走を頼み，一緒に走ることで新を苦しめようとしていたのに，新と共に走ることが楽しくなってきた自分に戸惑い，どうしてよいか分からなくなったこと。

　　エ　時間の経過とともに，失明したのは事故のせいだったと自分の状況を少しずつ受け入れ，前向きに考えられるようになってきて

● 国語科

いたのに，再び感情が揺れ動いたこと。

問3　本文の表現の仕方を説明したものとして最もあてはまるものを，次のア～エから一つ選び，その記号を書きなさい。

ア　隠喩などの比喩を多用することにより，登場人物同士の心のすれ違いや葛藤を暗示的に表現している。

イ　心情描写を効果的に用いることにより，登場人物が素直に心情を吐露する様子を丁寧に表現している。

ウ　情景描写を効果的に用いることにより，登場人物がそれぞれ抱える複雑な思いを巧みに表現している。

エ　色彩豊かな表現を多用することにより，場面の緊張感や登場人物同士の対立を印象的に表現している。

2024年度 ▌ 岩手県 ▌ 難易度 ▰▰▰▱▱

【15】次の文章を読み，以下の各問いに答えなさい。

　河原に着くと，息子に葉っぱの形を教えてやった。「裏に白い毛が生えてるやつだぞ」とも伝えたのだが，息子が「これ？」と摘んでくるのは，たいがい別の草だった。

「ゲームがうまくなるのもいいけど，そういうのもしっかり覚えとけよ」

「だってぼく，パパみたいな田舎者じゃないもーん」

　生意気なことばかり言う。

「あとな，いいこと教えてやる。ケガをしたときは，よもぎの葉っぱを揉んで，傷口にあてるんだ。そうすれば血が止まるから」

「そうなの？　すごーい，ウンチク王じゃん，パパ」

　ちょっと尊敬のまなざしになった，ような気がする。

「ほら，これだ，この香りだよ」

　よもぎの葉を揉んだ手のひらを，息子の鼻に近づけてやった。

「……いいにおい？」

　息子は顔をしかめる。確かに子どもの感覚では，青くさいと言えばいいのか，苦みやえぐみの強すぎるにおいだろう。

①それでも——このにおいなのだ。

　私は手のひらを自分の顔に寄せて，ゆっくりと大きく，鼻で息を吸い込んだ。目をつぶると，若かった頃の母と幼かった頃の私の面影が，

68

淡い闇に浮かび上がる。

　あの日のよもぎだんごの味は，いまはもう思いだせない。逃げるように振り払ったのではなく，記憶の奥深くに染みて，消えたのだ。思い出として取り出すことはできなくても，地面に染み込んだ雪解け水が春の樹々を芽吹かせるように，きっと，その味や香りは，おとなになったいまの私の体や心のどこかを潤してくれているのだと思う。

　あの日を境に，私は母のつくってくれたおにぎりを平気で食べられるようになった。おにぎりに染みついていたはずの土のにおいは，嘘のように消えた。

　母の大きな手はそれからゆっくりと――長い時間をかけて，少しずつ，私の[　②　]になっていった。

　母はいま，ふるさとの町で幸せな老後の日々を過ごしている。私が大学を卒業するのと同時に再婚した。もう何年も前から結婚を申し込まれていたのを，息子が一人前になるまではと断っていたのだと，あとで知った。連れ合いを亡くした義父はとても優しいひとで，同居している義父の長男一家も母を大事にしてくれている。母の手には，もう土のにおいはない。「おばあちゃんは若い頃，男のひとに交じってスコップで土を掘ってたんだぞ」と教えてやっても，息子や娘は信じないだろう。

　そもそも，わが家の子どもたちと「パパのほうのおばあちゃん」は縁が遠い。皮肉なものだ。母が新しい家庭で幸せになればなるほど，私はヘンに気をつかって，ふるさとの町に足が向きづらくなってしまう。たまに帰省しても一泊がせいぜいで，この一，二年は，お盆も正月も電話で話をするだけですませてきた。義父は「なにを遠慮しよるんな，もっとゆっくりしていけばええがな」と言ってくれる。うれしいし，ありがたいとも思いながら，今年の夏もきっと帰省はしないだろう。そういう性格は，子どもの頃から変わらないものなのかもしれない。

　だが，よもぎを摘んで家に帰った私は，テラスの椅子に座り，キッチンでよもぎだんごをつくる妻や娘のおしゃべりの声を聞きながら，思うのだ。　いまはまだ種を蒔いただけの庭も，夏になればにぎやかになる。色とりどりの花が咲く。その頃，「たまにはお義父さんと一

緒に遊びに来ない？」と母に電話をかけてみよう。「ありがとう」も「ごめんなさい」も言えなかったあの日に戻ることはできなくても，私を育ててくれた母の手を，そっと撫でたら——さすがに照れくさいかな，それは。

「はい，パパ，毒見よろしく」

娘ができたてのよもぎだんごを皿に入れて持ってきた。

「毒見って，おまえなあ……」

苦笑交じりに指でつまむ。口に運ぶ前に，鼻先でにおいを嗅いでみた。よもぎの青くささと白玉の粉っぽさが混じり合って，しょぼくれたような，むしょうに懐かしいような，「素朴」というのは，こういうにおいのことなのかもしれない。

ゆっくりとおだんごを口の中に入れた。③噛みしめるごとに，かすかなえぐみのあるほろ苦さが口に広がる。

「なにもつけなくていいの？　アンコときな粉，あるよ？」

妻に訊かれたが，私は首を横に振る。母がつくってくれたよもぎだんごには，砂糖のほとんど入っていないきな粉が申し訳程度にまぶしてあるだけだった。それでも，そのほのかな甘みが，母だった。ふるさとだった。

二つ目のおだんごを頬張った。ほろ苦さが，今度は胸に広がっていって，しょっぱさになった。よく噛んだ。すり残しの葉っぱのスジを奥歯でキシキシとつぶした。歯の裏にまとわりつく白玉のねっとりした感触も，ずいぶん懐かしい。

庭にモンシロチョウが飛んできた。ふわふわと，ゆらゆらと，頼りなげな羽ばたきをして，小さなチョウチョは今年もまた春が巡り来たことをわが家に伝えてくれた。

(重松清『季節風　春』より)

(1)　下線部①「それでも——このにおいなのだ。」とあるが，このとき，「それでも——このにおいなのだ。」と思った理由として最も適切なものはどれか。次の1〜5の中から一つ選びなさい。

1　自分の少年時代のような経験をしたことがない息子には，よもぎのにおいがいいにおいとは思えないことは仕方がないが，かわいそうに思ったから。

2　よもぎは苦みやえぐみが強すぎるが，食べてみれば他のものよりおいしいものだと確信しているから。

3　私にとっては，このよもぎのにおいは若かった母と幼かった頃の私の思い出として，私の体や心のどこかを潤してくれるから。

4　息子はよもぎのにおいを父親が好きだとわかっているのに，顔をしかめて反抗しているので，心の中では強く言い返したいと思ったから。

5　私にとってよもぎのにおいは，母に反発していた寂しい幼い頃を思い出させてくれるもので忘れたいことであることを伝えたいと思ったから。

(2)　[　②　]にあてはまる私の気持ちを表す言葉として最も適切なものを，次の1～5の中から一つ選びなさい。

1　憧れ　　2　誇り　　3　希望　　4　思い出　　5　喜び

(3)　下線部③「噛みしめるごとに，かすかなえぐみのあるほろ苦さが口に広がる。」とあるが，このときの私の様子に最も近いものを，次の1～5の中から一つ選びなさい。

1　おだんごを口の中に入れ，噛みしめていると，幼い頃，母が作ってくれたよもぎだんごと，優しかった母のことをなつかしく思い出している様子。

2　おだんごを口の中に入れ噛みしめていると，母に反発した幼い頃の自分を思い出し，しなければよかったと心から反省している様子。

3　おだんごを口の中に入れ噛みしめていると，幼い頃のできごとを思い出し，娘や息子にはわかってもらえないと悲しく思っている様子。

4　おだんごを口の中に入れ噛みしめていると，苦労して育ててくれた母に対する申し訳なさがこみあげてきて，早く謝りにふるさとに帰ろうと思っている様子。

5　おだんごを口の中に入れ噛みしめていると，忙しい中でもよもぎだんごを作ってくれた母の思いを感じ，幼い頃のつらさを思い出している様子。

▌2024年度 ▌鳥取県 ▌難易度▐▐▐▐▐▐▐▐

● 国語科

解答・解説

【1】問1 (1) 3　(2) 4　(3) 2　問2 2

○解説○ 問1 (1)　空欄Cの後の段落には，小学校の先生やネイリストでそれぞれ異なる「世の中」があり，「それぞれのworldで全然違」う「ふつう」があることが示されており，挿入文の具体的事例が示されている。空欄の前後を見ると，空欄Aの後の「あるいは」は，空欄Aの前文を受けているので不適。空欄Bの後の「特に…そうです。」は，空欄Bの前文にある「『ふつう』がわからなくなってしまう」ことを指示しているので不適。空欄Dの前では，「排除や否定」のための「ふつう」と「包摂と肯定」のための「ふつう」が説明され，空欄Dの後でそれらを受けて「整理しましょう」と続くので不適。　(2)　(a)は「羅針盤」で1は「進化」，2は「審議」，3は「斬新」，4は「指針」である。(3)　本文における「ふつう」には，人を孤立させ否定を表すために使われるものと，理解を深め，つながりを強くするために使われているものの2つがあり，下線部は後者の意味で使われている。　問2　2は，第1学年及び第2学年の指導事項である。

【2】1 (1) d　(2) c　(3) b　2 b

○解説○ 1　(1)　ア　空欄の後の内容は，空欄前の内容を否定ないしは疑問視する言葉で表されていることから，逆接の接続詞である「しかし」，「だが」が適切。　イ　空欄の後の内容は，空欄前の内容を言い換えていることから，言換の接続詞である「つまり」が適切。　ウ　空欄の後に「もう一つの」とあることから，空欄には対比を表す「それに対して」が適切である。　(2)　脱文の中にある「ある種のソフトウェア」が手がかり。この内容が書かれている部分を読み取る。
(3)　a　「一貫して筆者の実体験をもとに」という部分が誤り。
c　「問題提起」と読み取ることはできない。　d　筆者は，人間とロボットの協力関係について論を展開しているわけではない。また，「本当の意味での『無人』ではなく」と述べているので誤り。　e　「人間性の復権について論を展開している」が誤りである。　2　国語科に

72

おける学びに向かう力，人間性等に関する目標については，学年に応じて系統的に示されている。言葉がもつよさについては，低学年では「感じる」こと，中学年では「気付く」こと，高学年では「認識する」こととして示されている。また読書については，低学年では「楽しんで」，中学年では「幅広く」，高学年では「進んで」読書をすることとして示されている。一方，「思いや考えを伝え合おうとする態度を養う」ことについては，全学年共通に示されている。

【3】問1　①　薄(れ)　③　孤独　④　傾斜　⑦　除去
⑧　喚起　問2　ウ　問3　エ　問4　オ　問5　個人化によ
問6　非常に曖昧かつ不安定なつながり　問7　イ
○**解説**○　問1　漢字を書く問題では，読み間違えや同音異義語に注意しながら，楷書で正しく書く。⑧は，「換気」と間違えないように注意する。　問2　「裏」と「袋」の部首は「衣(ころも)」。「文」の部首は「文(ぶん)」，「重」の部首は「里(さと)」，「寒」の部首は「うかんむり」，「商」の部首は「口(くち)」。　問3　「腐心する」は，あることを成し遂げるために心をくだくこと，苦心することの意。　問4　「ますます」は，程度がさらに高まっての意の副詞である。オの「すなおに」は，考え，態度，動作が真っ直ぐなさまの意の形容動詞の連用形。
問5　下線部⑤は，エーリッヒ・フロムの述べた「自由からの逃走」と同様のことが，人とのつながりにおいても起こっていることを表現している。段落の始めに比喩を用いて論を展開していることから，具体的な説明はこの段落より前に述べられている。人とのつながりについて「自由を手に入れた」と述べられているのは，第5段落第2文のみであり，第2文の後半は「『どこにいてもつながりに捕捉される社会』に身を投じるようになった」と，束縛されることを選んだことが述べられている。　問6　下線部⑥については，第7段落で提示された後，第10段落で「形から入る友人」という表現で提示され，考察されている。ここでは「おたがい『友だちである』という感覚を更新し続けることで維持される」「本質的に曖昧さを抱える」「非常に曖昧かつ不安定なつながり」等と，特徴が述べられている。　問7　アは，「個人化によって限られた範囲でしか構築されなかった関係」が第1，2段落の

● 国語科

文意に矛盾。イは、「つながりがあることの根拠を明確に認識できる関係になった」が文意と一致する。ウは、「理性的で安定した関係になった」が第4，5，10段落の文意に矛盾。エは、「流動的で捉えにくい関係になった」が第12段落の文意に矛盾。オは、「自分の感情を素直に表現し合えない関係になった」が，文中ではこの視点で述べられた部分がない。

【4】1 a 鉢　b 駆使　2 イ　3 エ　4 情報を縮減して自然のエッセンスを抽出すること。(23字)　5 現実の自然と同じ情報量をもっていて，人間には知的に了解することができないところ。(40字)　6 ① 分類　② 出典

○解説○ 1 解答参照。　2 「ラジカル」の辞書的な意味として「急進的，過激，極端」があげられる。ここでは，第3段落の「小の中に大をすっぽり納め，一の中に多をやすやすと容れる」という日本文化の深層にある創造原理から生み出された多くのものの中で，特に盆栽が際立っている様子を述べている。　3 問題2とあわせて考えるとよい。下線部の内容を，後文「小の中に大をすっぽり納め，一の中に多をやすやすと容れる」と述べていることから考えるとよい。　4 後文で画家が行っているミニチュア化について述べられているので，これをまとめるとよい。　5 下線部③を含む段落とその前の段落の内容をまとめればよい。ミニチュア化と盆栽の相異点に注意・比較すること。6 「情報の整理」に関する問題。ここでは情報をどのように取り扱うか，実践的な事項を示している。内容的に高度なせいか，第1～2学年では示されていないことにも注意したい。引用や出典の仕方は著作権に通じるところなので，きちんと学習しておこう。

【5】(1) ②　(2) ④

○解説○ (1) それぞれ空欄の前後の内容を理解した上で，どのような働きの接続語を入れればよいかを確認していくとよい。　アとイは，前の内容とは逆の結果が後に記述されているので，逆接の接続詞である「しかし」や「ところが」が相応しい。ウは，話の内容が詳しくなっていくので，添加の接続詞「しかも」が相応しい。エは，後に当然の

結果が続いている，順接の接続詞「だから」が相応しい。

(2) ア 「多様性と包摂の精神」に関する内容が，本文の最終段落の文意と一致しない。 イ 筆者は最後の段落で，自分が先に寛容さを示せばこの社会において負けを意味する，と述べている。 ウ 第13，14段落の文意と一致しており，適切。 エ 第10，11段落の文意と一致しないため，不適切。 オ 第8段落及び第10段落の文意と一致しており，適切。

【6】(1) 3

○解説○ 1 「集団の規律や掟を守らないことでなんとか生き延びる社会を成立させることができた」が，第1段落の文意に矛盾し不適切。 2 「人間は，一見してわかる物理的認識を優先した行動をとるため，周囲の人々をまねて同調行動をとる」が，第6段落の文意に矛盾し不適切。 3 第7段落の文意に一致し適切。 4 「怪しい情報を真剣におススメしている人が身近に多くいても，その信念に同調してしまうことはない」が，第7段落の文意に矛盾し不適切。

【7】(1) ① 爆発 ② 叫 ③ 謎 ④ 要件 (2) イ (3) ア (4) 体性感覚野の活動がキャンセル (5) イ

○解説○ (1) 漢字を書く問題では，読み違いや同音異義語に注意し，楷書で正確に書くことが大切である。④は，「用件」と間違えないように注意すること。 (2) a 空欄の後は，空欄の前と反対の事実が述べられていることから，逆接の接続詞「しかし」が適切。 b 空欄の前後が前提(根拠)と結論の関係であることから，順接の接続詞「だから」が適切。 (3) 「簡単には(空欄)できないというこの事実」は，直前の「笑いは，……まだまだ深い謎に包まれている」を言い換えたものである。このことから，空欄は笑いについての謎を解くこと，つまり，謎の「解明」と言い換えることが，文意に沿っており適切。 (4) 下線部のある段落の後，「どうして，自分でくすぐると，くすぐったいという感覚が起きなくなるのだろうか」と疑問を提起し，その理由を次の段落で述べている。その中の，脳内の活動の変化の記述に着目し，指定の字数を確認して抜き出すとよい。 (5) くすぐったい

という感覚が成立するために必要なことは，最後の第12，13段落で述べられている。第12段落では「他人の運動と自分の感覚の組み合わせのときにだけ，くすぐったい感覚が成立する」と述べ，第13段落では「自分がおかれている状況が十分に『安全』ということが認知されないと，くすぐったいと感じられない」と述べている。

【8】(1) a　喚起　　b　きゃっか　　(2)　10画　　(3)　サボる　　カボチャ　　Tシャツ　　(4)　原稿優先，筆者第一で校正すること。(17字)

○**解説**○　(1)　文脈の中で語句の意味を捉えた上で，漢字・読みを考えることが大切である。　　(2)　部首は「弓」で3画，弓の中の「ン」で2画，合わせて5画，同じものが左右に二つ並んでいるから，10画である。(3)　『明鏡国語辞典』，『三省堂国語辞典』と出典が明記してあり，その直前に辞書から引用した見出し語とその説明が述べられている。設問は「言葉」を問うているので，見出し語の方を答えるとよい。さらに，カボチャについて述べた段落中に「辞書の見出しは『カボチャ』です」とあることから，もう一つの言葉は「カボチャ」である。　　(4)　筆者は，第4段落で「文芸誌育ちだからでしょうか」と自分の校正時の気持ちの源流を紹介し，第5段落で新聞等の校正と文芸誌の校正との違いを述べ，第6段落で文芸誌の具体的な校正例を説明し，最終文の冒頭で「原稿優先」「筆者第一」と，その特徴をまとめて提示している。「そんな現場で育った」の「そんな」は，大きくは文芸誌の校正現場を意味するが，指示語として直前の「原稿優先，筆者第一」という特徴を指す書き方である。

【9】1　③　　2　②　　3　④

○**解説**○　1　設問の選択肢は4語の組み合わせなので，適語選択でも消去法でも考えることができる。　　ア　第1段落の最終文「この点を考えてみよう」に続く段落の始めであり，「この点」に関して考えを述べる始めであることから，「まず」が適切である。　　イ　第2段落のカント一人の思考パターンの発見を課すことに続いて，過去のすべての哲学者について同じ作業を課すことを述べているので，「次に」が適切

である。　　ウ　第4段落で第2，3段落の作業による結果を述べたことについて，成果とせずに哲学の作業といえるかという新たな根本的な疑問(問題)の発生を述べているので，「しかし」が適切である。

エ　第5段落で述べた根本的疑問(問題)について，第6段落で哲学の出発点から再検討していく始めの一文で，哲学の基本的な性格から述べようとしていることから，起源を説き起こす意味の「そもそも」が適切である。　　2　①の「心理」は心の働き，意識の状態の意，②の「真理」は本当の事，判断内容がもつ客観的妥当性の意，③の「心裏」は心のなかの意，④の「審理」は裁判官が取り調べを行って，事実関係・法律関係等を明らかにすること，の意である。問題文中では「普遍的な法則やしんりを発見できる」と用いられており，「普遍的」であり「法則(を発見できる)」と並立できる意味内容の語としては，②の「真理」が適切である。　　3　Aは「人口知能が人間の次元に到達するためには，それに加えて，(　A　)哲学能力が必要だと私は考えたい。」の文中にあり，人工知能が人間の次元に到達するための条件を示す言葉の一部である。筆者は第7段落で，「『人工知能は哲学をしている』と判断するだろうし，人工知能は正しい意味で『人間』の次元に到達したのだと判断したくなる」のは，「人工知能が自分自身にとって切実な哲学の問いを内発的に発し，それについてひたすら考え始めた」ときと述べている。　　①　問題文中で「哲学能力」を修飾する働きをすることになるため，意味が重なるので不適切である。　　②，③　第8段落で「自律的活動と普遍的な法則やしんりを発見できる能力が，人間という類の証しであると長らく考えられてきた。しかし，…人工知能によっていずれ陥落させられる」と述べている文意に矛盾するので不適切である。　　④　第7段落の文意に一致するので適切である。⑤　第9段落第3，4文で，人工知能が内発的な哲学の問いをもち，人間とそれについて「対話」することについては述べられているが，問題文中で人工知能の能力や側面について「対話的」との表現はないので不適切である。

【10】問1　③　　　問2　③　　　問3　④

○**解説**○　問1　接続語(接続詞)を問う問題では，接続語が前のどの部分と

後のどの部分の関係(つながり方)を示しているかを見付けることが必要である。　アは前後を，予想を裏切る関係でつないでおり，逆接の接続詞である「しかし」が適切。イは，「だったとしましょう」と仮定する文の最初の言葉であるから，仮定して述べることを示す副詞「たとえば」が適切。ウはイと同じく仮定して，別の例を挙げて述べていることから，同類の別のものを提示する「あるいは」が適切である。　問2　(ア)「手も足もないミミズ」の印象を表すことばであり，「～も～もない」とあることから，「単純な」が相応しい。　(イ)　アメンボの生活範囲を示しており，段落初めの2文で「陸の上(地上)」でも「水の中(水中)」でもないと述べていることから，「水面」が相応しい。　(ウ)　筆者が本文で紹介した内容は，「ニッチ」の紹介と考え方，具体例であり，「ルール」については述べていないことから，「ニッチ」が相応しい。　(エ)「助け合う」とは，互いに力を貸し合うことである。したがって，互いに力を貸し合う際に行うこととしては，「役割分担」が相応しい。　問3　挿入文は，誰にも力が発揮でき輝ける場があるということと，ダメな原因は自分ではなく場所との適合性ではないかということを述べている。a，bは「ニッチ」について，具体的な生き物をミミズ，オケラ，アメンボと列挙して説明している途中であり，自分の存在意義には触れてはいないことから不適切。cも「フレーム理論」について魚，ダチョウと列挙して説明している途中であり，自分の存在意義には触れてはいないことから不適切。dは直前の段落で，「あなたは自分のことをダメな存在だと思うことがあるかも知れません」と自分の存在意義に触れ，それをフレーム理論と結び付けていることから適切。

【11】(1)　②　　(2)　④　　(3)　③

○**解説**○　(1)　ここでは「へん」と「つくり」に注意する。「欲」はへんが「谷」，つくりが「欠」だが，部首は「欠(あくび)」である。
(2)　ア　直前の「そんな音しか出せないのが」という言葉を受けており，もどかしい気持ちを表す言葉が入ることが読み取れる。　イ　触ってはいけないと思っていたのに，触ってしまったということを表現する語句を選ぶ。　ウ　直後に柳さんに謝っていることに注目する。

(3)　①　嬉しくはなっていないので，不適切。　②　強い願いはここ
では読み取れない。　③　調律に失敗した気持ちが読み取れるので適
切。　④　専門学校のことを振り返ったことで罪悪感が高まったわけ
ではないので，不適切。

【12】(1)　④　　(2)　①　　(3)　④
○**解説**○　(1)　aは「威厳」。①は「資源」，②は「機嫌」，③は「幻想的」，
④は「厳守」。　　(2)　下線部Aの前に「それを見て」とあり，「それ」
とは島さんが「俺」の回答をすべて聞き終えてから「何度かうなずい
た」ことを指す。島さんが何度かうなずいたのは「俺」の回答に納得
し認めたからである。また，島さんの質問に「俺」は「その場にかろ
うじて踏ん張って答えた」とあることから，島さんの反応を緊張して
受け止めていることが分かる。下線部Aでは，自分の回答に対する先
輩の反応を見て，それまで張りつめていた緊張がほぐれた様子を表し
ている。①は，そのことを適切に表している説明である。②の「喜び」
や③の「諦め」，④の「敗北感」は，そのときの雨宮の心情を表して
いないことから，いずれも不適切。　　(3)　雨宮が島さんに意を決して
質問すると，島さんから仕事をするうえで大切なアドバイスを受ける。
それを聞いた雨宮は，選手の気持ちを想像して，前向きに仕事に取り
組む決意をする様子が描かれている。そのことを適切に説明している
のは，④である。

【13】(1)　①　a　蒸(し)　　b　抵抗　　c　寝室　　②　おおがい
(2)　①　誕生日　　②　ア，ウ　　(3)　エ　　(4)　オ
○**解説**○　(1)　①　漢字を書く際には，文脈を捉えて考え，楷書で正しく
書くことが大切である。　　②　部首はつくりの「おおがい(頁)」であ
る。「頁」を基にして，頭や顔に関係する漢字ができている。
(2)　①　視点人物は「みずほ」である。朝，ひげをそっているおじい
ちゃんに「お誕生日」のお祝いを言う場面から始まり，学校の様子は
語らず，帰宅後のおじいちゃんのお誕生日のお祝いの様子が描写され
ている。家族の様々な言動や様子に続いて必ずおじいちゃんの様子が
語られ，ごちそうがまだ残っていたが，おじいちゃんが寝室に入った

ところで「(空欄)が終わった」と描かれている。このことから，描かれた中心はお誕生日のおじいちゃんの様子であり，終わったのはおじいちゃんの誕生日である。　②　イ　食卓についたときのおじいちゃんは，「パジャマの上に濃紺のガウンを着た姿」であり，不適切。エ　義人のひとことの後，おじいちゃんはメロンを一口食べて満足そうにうなずいているとあることから，不適切。　オ　月曜日は，訪問診療のお医者さんと看護師さんが来る日であることから，不適切。(3)　ア　問題文中には体言止めがないことから，不適切。　イ　みずほの視点から第三者の視点で描かれており，不適切。　ウ　問題文はファンタジー構造ではなく，時間の経過に沿って展開しており，スイセンの花の香りはおじいちゃんへのプレゼントのすがすがしさを表すものとして描かれていることと矛盾し，不適切。　エ　「一文が短く，常体で書かれている」が，問題文と一致し適切。　オ　問題文は，時間の経過に沿って展開しており，「時間をさかのぼる文章構成」ではないことから，不適切。　(4)　ア　みずほの帰宅後，おじいちゃんはベッドで寝ていたが，「元気がなかった」とは描かれていない。また，「訪問診療でどんなことを言われたのだろうと不安な気持ちになっている」という描写もないことから，不適切。　イ　義人のひとことでみんながわらい，おじいちゃんも満足そうにしていたとあることから，不適切。　ウ　家族でのお祝いは，おじいちゃんもみんなも楽しそうに過ごしている様子が描かれていたことから，不適切。　エ　おじいちゃんが描いた絵について何か言われたかについては描写されていないことから，不適切。　オ　おじいちゃんが楽しそうに過ごしている表情を多く捉えている中で，「パジャマの上に濃紺のガウンを着た姿は，あまり見なれない」「けれど，それ以上は食べようとはしなかった」「気の進まない返事」「しんどそうだった」など，いつもとちがって元気がなく食欲旺盛ではない姿も捉え，みずほがおじいちゃんを心配する気持ちを表していることから，適切。

【14】問1　ア　　問2　エ　　問3　イ
○**解説**○　問1　空欄の直前の「きれいなことばでコーティングして」は，「表面上はきれいに見えるように覆って」というような意味であり，

「(空欄)化した」は，その言葉を言い換えた言葉であることを考えて，選択肢から適切なものを選ぶとよい。　問2　エ　下線部①を含み「時間とともに」で始まる段落の，朔の気持ちと一致し適切。　ア，イ，ウともに，朔は「時計の針が逆回転した」気持ちになった結果，ブラインドマラソンを始めた物語の展開に矛盾し，不適切。

問3　ア　「隠喩などの比喩を多用する」が，問題文では，「時計の針が逆回転した」など隠喩はあるが多用ではないことから，不適切。　イ　問題文の表現のしかたと一致しており，適切。　ウ　情景描写は始めの部分にはあるが，その後は心情描写を効果的に用いて描写されていることから，不適切。　エ　問題文では，色彩に関しては描写されていないことから，不適切。

【15】(1)　3　　(2)　2　　(3)　1

○**解説**○　(1)　下線部の直後の段落に注目。ここに「私」の思いが書かれている。特に「若かった頃の母と幼かった頃の私の面影が」という部分が重要である。母に関する選択肢は3か5だが，5は「忘れたいことであること」という部分が誤りである。　(2)　思い出に関して，「私の体や心のどこかを潤してくれているのだと思う」，「おにぎりを平気で食べられるようになった」という部分に注目する。母に生き方に対する気持ちとして相応しい言葉であると考えると，「誇り」が当てはまる。　(3)　「ほろ苦さ」とあるが，文章を読む限り負の感情として読み取ることはできず，昔のことをなつかしく思い出していると読み取れる。2は「心から反省」，3は「悲しく」，4は「申し訳なさ」，5は「つらさ」が誤り。

古文

【1】 次の文章を読んで，以下の問いに答えなさい。

　　三代の栄耀一睡のうちにして，大門の跡は一里ァこなたにあり。秀
衡が跡は田野になりて，金鶏山のみ形を残す。まづ，高館に登れば，
北上川南部より流るる大河なり。衣川は，和泉が城をめぐりて，高館
の下にて大河に落ち入る。泰衡らが旧跡は，衣が関を隔てて南部口を
さし固め，夷を防ぐと見えたり。ィさても義臣ゥすぐつてこの城に籠
もり，功名一時の草むらとなる。「国破れて山河あり，城春にして草
青みたり」と笠打ち敷きて，時のうつるまで涙を落としはべりぬ。

　　a夏草や兵どもが夢の跡

（第28段）

（出典　『新編日本古典文学全集　71　』より）

1　文中の下線部ア〜ウの言葉の意味として，最も適切なものを①〜
　⑥の中からそれぞれ一つ選びなさい。
　①　さては　　②　優れて　　③　あなた　　④　それにしても
　⑤　手前　　⑥　えりすぐって

2　文中の二重線部aと同じ季節を詠んだ句として最も適切なものを①
　〜④の中から一つ選びなさい。
　①　谺して山ホトトギスほしいまま
　②　菜の花がしあはせさうに黄色して
　③　芋の露連山影を正しうす
　④　小春日や石を噛み居る赤蜻蛉

┃2024年度┃三重県┃難易度 ■■■■■□□

【2】 次の文章を読んで，以下の各問いに答えなさい。

　　この世に，いかでかかることありけむと，めでたくおぼゆることは，
文こそはべれな。『枕草子』に返す返す申してはべるめれば，こと新
しく申すに及ばねど，なほいとめでたきものなり。遥かなる世界にか
き離れて，幾年あひ見ぬ人なれど，文といふものだに見つれば，ただ
今さし向かひたる心地して，なかなか，うち向かひては思ふほども続

けやらぬ心の色もあらはし，言はまほしきことをもこまごまと書き尽くしたるを見る心地は，めづらしく，うれしく，あひ向かひたるに劣りてやはある。

つれづれなる折，昔の人の文見出でたるは，ただその折の心地して，いみじくうれしくこそおぼゆれ。まして亡き人などの書きたるものなど見るは，いみじくあはれに，年月の多く積もりたるも，ただ今筆うち濡らして書きたるやうなるこそ，返す返すめでたけれ。

何事も，たださし向かひたるほどの情ばかりにてこそはべるに，これは，ただ昔ながら，つゆ変はることなきも，いとめでたきことなり。

(出典：稲賀敬二・久保木哲夫　校注・訳『堤中納言物語無名草子』小学館から。一部表記を改めたところがある。)

問1　文中の下線部「これ」がさす言葉として，最も適切なものを，次の①～⑤のうちから選びなさい。

①　何事　　②　心の色　　③　枕草子　　④　この世　　⑤　文

問2　この文章の内容として，最も適切なものを，次の①～⑤のうちから選びなさい。

①　『枕草子』に書かれている文章は，素晴らしい。

②　心の奥底を言い表すのは，直接面と向かって言うのが一番良い。

③　手紙は，時を隔ててしまうと情感がわからないものである。

④　亡くなった人のことを思って涙を流しながら書く手紙は，素晴らしいものである。

⑤　昔の人の手紙を見つけると，その当時に戻ったかのような心地がして，とても嬉しい。

▍2024年度▍神奈川県・横浜市・川崎市・相模原市▍難易度▍■■■■■□□

【3】次の古文　A　と漢文　B　を読み，以下の問いに答えよ。

　A

ァ与一重ねて辞せばあしかりなんとや思ひけん，「さ候はば，はづれんをば存じ候はず。御諚で候へば，仕つてこそ見候はめ」とて，御前をまかり立ち，黒き馬の太く逞しきに，まろほや摺つたる金覆輪の鞍置いて乗つたりけるが，弓取り直し，手綱かいくつて，汀へ向いてぞ歩ませける。御方の兵ども，与一が後ろをはるかに見送つて，

「この若者一定仕らうずる，と覚え候」と申しければ，判官も頼も
しげにぞ見給ひける。

　矢頃少し遠かりければ，海の中一段ばかりうち入れたりけれども，な
ほ扇の間は，七段ばかりもあるらんとこそ見えたりけれ。頃は二月十八
日酉の刻ばかりの事なるに，折ふし北風激しう吹きければ，磯打つ浪も
高かりけり。船は揺り上げ揺りすゑ漂へば，扇も串に定まらずひらめい
たり。a沖には，平家，船を一面に並べて見物す。陸には，源氏，
轡を並べてこれを見る。いづれもいづれも，晴ならずといふ事なし。

　与一，目を塞いで，「南無八幡大菩薩，別しては我が国の神明，
日光の権現・宇都宮・那須の湯泉大明神，願はくは，あの扇の真ん
中射させて給ばせ給へ。これを射損ずるものならば，弓切り折り自害
して，人に二度面を向かふべからず。今一度，本国へ帰さんと思し召
さば，この矢はづさせ給ふな」と，心の中に祈念して，目を見開いた
れば，風も少し吹き弱つて，扇も射よげにこそなりたりけれ。

　与一鏑を取つてつがひ，よつ引いてひやうと放つ。小兵という条，
十二束三伏，弓は強し，鏑は浦響くほどに長鳴りして，あやまたず扇
の要際一寸ばかりおいて，ひいふつとぞ射切つたる。b鏑は海に入り
ければ，扇は空へぞ揚がりける。春風に一揉み二揉みもまれて，海へ
さつとぞ散つたりける。皆紅の扇の，夕日の輝くに，白波の上に漂ひ，
浮きぬ沈みぬ揺られけるを，c沖には，平家舷を叩いて感じたり，
陸には，源氏箙を叩いてどよめきけり。

（「平家物語」より）

B

夫龍之為虫也柔，可狎而騎也。
然其喉下有逆鱗径尺，若人有嬰
之者，則必殺人。人主亦有逆鱗，
イ
説者能無嬰人主之逆鱗，則幾矣。

（「韓非子」より）

(書き下し文)

夫れ龍の虫為るや柔にして，狎らして騎るべきなり。然れども其の喉下に逆鱗径尺なる有り。若し人之に嬰るる者有らば，則ち必ず人を殺す。人主にも亦逆鱗有り。説く者能く人主の逆鱗に嬰るること無くんば，則ち幾し。

(1) 下線部aからcに共通して用いられている表現技法として最も適当なものを，次の①から④までの中から一つ選び，記号で答えよ。

① 体言止め　　② 枕詞　　③ 暗喩　　④ 対句

(2) 　A　の下線部アと　B　の下線部イからわかる共通点として最も適当なものを，次の①から④までの中から一つ選び，記号で答えよ。

①　家族への愛情　　　　②　友人に対する尊敬
③　身分が高い者への心構え　　④　母の慈しみ

2024年度 ┃ 沖縄県 ┃ 難易度

【4】 次の文章は『徒然草』の一節である。これを読み，以下の(1)～(3)の問いに答えなさい。

高名の木のぼりといひしをのこ，人を(注)おきてて，高き木にのぼせて梢を切らせしに，いとあやふく見えしほどはいふこともなくて，Aおるるときに，軒長ばかりになりて，「あやまちすな。心しておりよ」と言葉をかけ侍りしを，「かばかりになりては，飛びおるるともおりなむ。如何にかくいふぞ」とB申し侍りしかば，「そのことに候。目くるめき，枝あやふき程は，おのれが恐れ侍れば申さず。あやまちは，やすき所になりて，必ず仕ることに候」といふ。

あやしき下﨟なれども，C聖人のいましめにかなへり。鞠も，かたき所を蹴出してのち，やすく思へば，必ず落つと侍るやらむ。

(「第一〇九段」による)

(注) おきてて……指図して

(1) 文章中の下線部A「おるる」を漢字に直したとき，最も適当なものを，次の①～④のうちから一つ選びなさい。

① 折るる　　② 居るる　　③ 降るる　　④ 織るる

(2) 文章中の下線部B「申し」の敬語の種類は何か，また，「申し」て

いるのは誰か，最も適当な組合せを，次の①～④のうちから一つ選びなさい。

① 尊敬語・高名の木のぼり　　② 尊敬語・作者
③ 謙譲語・高名の木のぼり　　④ 謙譲語・作者

(3) 文章中の下線部C「聖人のいましめ」とはどのようなことか，最も適当なものを，次の①～④のうちから一つ選びなさい。

① 失敗は誰にでも起こることだから，どんな時でも注意しなさい。
② 失敗を恐れることなく，必ず成功すると思って取り組みなさい。
③ 失敗は安心だと気を抜いた時にこそ起こるので，注意しなさい。
④ 失敗は危険な場所で起こるので，そこを避けるようにしなさい。

┃2024年度┃ 千葉県・千葉市 ┃ 難易度 ▪▪▪▪▪▫▫

【5】次の文章を読んで，以下の問いに答えなさい。

はしたなきもの　異人を呼ぶに，我ぞとて，さし出でたる。物など取らする折は，①いとど。おのづから人の上などうち言ひそしりたるに，幼き子どもの聞き取りて，その人のあるに，言ひ出でたる。

あはれなることなど，人の言ひ出で，うち泣きなどするに，げにいとあはれなりなど聞きながら，涙のつと出で来ぬ，いとはしたなし。泣き顔作り，気色異になせど，いと甲斐なし。めでたきことを見聞くには，まづただ出で来にぞ出で来る。

（「枕草子」による）

問1　下線部①「いとど」の文章中の意味として最もあてはまるものを，次のア～エから一つ選び，その記号を書きなさい。

ア　かならず　イ　おもわず　ウ　いまさら　エ　なおさら

問2　この文章の内容について最もあてはまるものを，次のア～エから一つ選び，その記号を書きなさい。

ア　他国からやってきた見ず知らずの人に対して，いかにも馴れ馴れしく接する様子は，なんとも下品なことである。

イ　自分の身の上話を幼い子供の前で自慢気にすることは，どんなに身分が高い人であっても恥ずかしいことである。

ウ　かわいそうな話をたしかに気の毒だと聞きながらも，涙が一向に出てこないのは，本当にばつが悪いことである。

エ　上品で身分が高い人のまねをして，もの悲しそうな顔をすることは，なんの意味もなくばかばかしいことである。

▌2024年度▌ 岩手県 ▌難易度 ■■■■□□

解答・解説

【1】1　ア　⑤　イ　④　ウ　⑥　2　①

○**解説**○　1　ア　「こなた」はこそあど言葉で，話者に近い方向をさす「こちらの方向」の意。　イ　「さても」は「さて」＋係助詞「も」の連語で，物事に感じ入った時に発する語。「それにしてもまあ，さてさて」の意。　ウ　「すぐって」は「選って」で，多くの中から選び抜いて，よりぬいての意。　2　aの句の季語は「夏草」で，季節は夏。初句切れ，体言止め。句意は「夏草が一面に青々と茂っている。ここで武将たちが忠義を懸け名誉を懸けて戦ったのだ。今，それらは一時の夢と消え去ってしまっている。」である。　①　季語は「ホトトギス」で，季節は夏。句意は「緑の山が重なっている。山々にこだまさせながら，ホトトギスが思うままに鳴いている。」杉田久女の作。　②　季語は「菜の花」で，季節は春。擬人法。句意は「春の日差しの中で，菜の花が咲いている。何とも幸せそうな黄色をして。」細見綾子の作。　③　季語は「芋の露(露とすることもある)」で，季節は秋。初句切れ。句意は「里芋の大きな葉にたまった朝露に，連なる山々の姿が整然と映っている。」飯田蛇笏の作。　④　季語は「小春日」で季節は冬。初句切れ，体言止め。句意は「春を思わせるような暖かな日だ。ふと見ると，まるで石を噛むように赤蜻蛉が一匹，じっととまっている。」小春日(冬の季語)と赤蜻蛉(秋の季語)が用いられているが，季語は切れ字「や」を用いて強調している「小春日」で，赤蜻蛉は冬に生き残っている赤蜻蛉である。村上鬼城の作。

● 国語科

【2】問1　⑤　　　問2　⑤

○**解説**○　問1　下線部「これ」を含む一文の意は「どんなことも，(人の交わりは)向かい合っている間の情感だけだ(時を隔ててしまうと情感がわかない)が，これだけは，昔のままでちっとも変わることがないのも，大変すばらしいことである」である。文章の冒頭に，「この世の中で，すばらしく思われることは，文(手紙)でございます」と切り出し，その後も「文(手紙)」がいかに素晴らしいものかを綴っている。最後の文では，「文(手紙)は，まったく昔のままで，少しも(その当時の情感が)変わることがないというのも，とてもすばらしいことである」という言葉でまとめている。　問2　①　『枕草子』がすばらしいということは述べられておらず，不適切。　②　第1段落の「直接向き合っては，思っているほども言い続け切れない」の文意に矛盾し，不適切。　③・⑤　第2段落の「昔の人の手紙を見つけたときは，ただもう(手紙をもらった)そのときの気持ちがよみがえって，とてもうれしく思われる」の文意に対して，③は矛盾し不適切。⑤は文意と一致し，適切。　④　手紙を書いたときの心情は書かれていないことから，不適切。

【3】(1)　④　　　(2)　③

○**解説**○　(1)　aとcは「沖」の句と「陸」の句，bは「海」の句と「空」の句を対としており，一文目と二文目，あるいは文の前半と後半が，それぞれ対になっている。よって対句である。　(2)　アは「与一はもう一度断るのは良くないだろうと思ったのか」と訳せる。この前に一度断り怒られている。イは「説く者が君主の逆鱗にふれずにいられるならば，説得は成功に近いといえるだろう」と訳せる。どちらも「身分が高い者への心構え」と考えることができる。

【4】(1)　③　　　(2)　④　　　(3)　③

○**解説**○　(1)「高き木にのぼせて梢を切らせしに」とあり，高い木の上の枝を切る作業をさせたときのできごとである。「おるるときに」の後に「軒長ばかりになりて(「軒の高さくらいになって」)」とあることから，高い木から降りてきているときのことを表している。　(2)「申す」

は，自分や身内の動作を相手より低め，相手への敬意を表現するときの謙譲語。「どうしてそのようなことを言うのか」と尋ねると，言葉をかけた人は言葉をかけた理由を説明した。その説明について，「身分の低いものだが，言っていることは徳の高い人の教えに適っている」と感心している。「どうしてそのようなことを言うのか」と尋ねた人が感心して記録しているのであるから，尋ねたのは作者である。

(3) 作者が感心した説明は「目くるめき(目がくらむような)，枝あやふき程(枝が折れそうで危ない間)は，おのれが恐れ侍れば申さず(自分自身が恐れるので何も言わない)。あやまちは(物事のしそこないは)やすき所になりて(気軽におこなえる所になって)，必ず仕ることに候(必ずいたすことでございます)。」という説明である。この説明と一致するいましめは，「失敗は安心だと気を抜いた時にこそ起こる」と述べる③である。(参照：岩波書店刊『日本古典文學大系』)

【5】問1 エ　　問2 ウ
○**解説**○　問1 「いとど」は「いと」を強めたもので，なおさら，いっそうの意の副詞。ここでは後ろに「はしたなし」が省略されている。
問2 ア 「異人」は「他の人」という意味。冒頭の第1文は，「他の人を呼んでいるのに，自分を呼んでいると思って出しゃばったときなどは，体裁が悪い」という意味。　イ 第1段落の第3文は，「たまたま人の噂などして悪口をいったときに，幼い子達が聞き取って，その当人がいるときに口に出したとき(も，体裁が悪い)」という意味。
ウ 第2段落第1文の文意と一致しており，適切。　エ 第2段落の第2文は，「泣き顔をつくり，悲しい様子にしてみても，少しも効果がない」という意味。

【1】 小学校学習指導要領(平成29年3月)「国語」の「第2　各学年の目標及び内容」に示されている内容について，次の問1，問2に答えなさい。

問1　次の文章は，〔第5学年及び第6学年〕の「1　目標」を示しています。空欄1〜3に当てはまる語句の組合せとして，正しいものを選びなさい。

> 1　目標
> (1)　日常生活に必要な国語の知識や技能を身に付けるとともに，我が国の[　1　]に親しんだり理解したりすることができるようにする。
> (2)　[　2　]考える力や豊かに感じたり想像したりする力を養い，日常生活における人との関わりの中で伝え合う力を高め，自分の思いや考えを広げることができるようにする。
> (3)　言葉がもつ[　3　]とともに，進んで読書をし，国語の大切さを自覚して，思いや考えを伝え合おうとする態度を養う。

ア　1−言語文化　　　2−創造的に　　　3−よさを伸ばす
イ　1−伝統的な文化　2−筋道立てて　　3−よさを伸ばす
ウ　1−言語文化　　　2−創造的に　　　3−よさを認識する
エ　1−言語文化　　　2−筋道立てて　　3−よさを認識する
オ　1−伝統的な文化　2−創造的に　　　3−よさを伸ばす

問2　〔第1学年及び第2学年〕の「2　内容」〔思考力，判断力，表現力等〕「A　話すこと・聞くこと」に示されている事項として，正しいものを選びなさい。

ア　互いの話に関心をもち，相手の発言を受けて話をつなぐこと。
イ　話題や展開を捉えながら話し合い，互いの発言を結び付けて考えをまとめること。
ウ　互いの立場や考えを尊重しながら話し合い，結論を導くために考えをまとめること。

エ　互いの立場や意図を明確にしながら計画的に話し合い，考えを広げたりまとめたりすること。

オ　目的や進め方を確認し，司会などの役割を果たしながら話し合い，互いの意見の共通点や相違点に着目して，考えをまとめること。

▌2024年度▐ 北海道・札幌市 ▐ 難易度 ▰▰▰▱▱

【2】次の〔問1〕，〔問2〕に答えよ。

〔問1〕次の表は，小学校学習指導要領解説　国語編(平成29年7月　文部科学省)における「第2章　国語科の目標及び内容　第2節　国語科の内容　3　〔思考力，判断力，表現力等〕の内容　A　話すこと・聞くこと」の一部を2学年ごとにまとめたものである。表中の(A)～(D)にあてはまる語句の組合せとして正しいものを，以下の1～5の中から1つ選べ。

○構成の検討，考えの形成(話すこと)

第1学年及び第2学年	第3学年及び第4学年	第5学年及び第6学年
イ　相手に伝わるように，行動したことや経験したことに基づいて，話す(A)を考えること。	イ　相手に伝わるように，理由や事例などを挙げながら，(B)が明確になるよう話の構成を考えること。	イ　(C)が明確になるように，(D)，意見とを区別するなど，話の構成を考えること。

1.　A　相手や事柄　　B　話の内容　　C　話の中心
　　D　事実と考え

2.　A　内容と事柄　　B　話の場面　　C　話の順序
　　D　事例と感想

3.　A　事柄の順序　　B　話の中心　　C　話の内容
　　D　事実と感想

4.　A　相手や事柄　　B　話の内容　　C　話の中心
　　D　事実と感想

5.　A　事柄の順序　　B　話の中心　　C　話の内容
　　D　事実と考え

〔問2〕次の文は，小学校学習指導要領(平成29年告示　文部科学省)における「第2章　各教科　第1節　国語　第3　指導計画の作成と内容の取扱い　1」の一部を示したものである。文中の(A)～

(C)にあてはまる語句の組合せとして正しいものを，以下の1〜5の中から1つ選べ。

> (1) 単元など内容や時間のまとまりを見通して，その中で育む資質・能力の育成に向けて，児童の主体的・対話的で深い学びの実現を図るようにすること。その際，言葉による見方・考え方を働かせ，(A)を通して，言葉の(B)などを理解し(C)や考えを深める学習の充実を図ること。

1. A 文章　　　B 働きや意味　　　C 想像
2. A 文章　　　B 働きや使い方　　C 自分の思い
3. A 文章　　　B 特徴や意味　　　C 想像
4. A 言語活動　B 意味や使い方　　C 自分の思い
5. A 言語活動　B 特徴や使い方　　C 自分の思い

┃ 2024年度 ┃ 和歌山県 ┃ 難易度 ▰▰▰▱▱

【3】次は，小学校学習指導要領に示されている国語科の「第2　各学年の目標及び内容」の一部です。「B　書くこと」について(①)，(②)にあてはまる言葉を以下のア〜ウの中からそれぞれ1つ選び，その記号を答えなさい。

(1) 書くことに関する次の事項を身に付けることができるよう指導する。	
第1学年及び第2学年	エ　文章を(①)習慣を付けるとともに，間違いを正したり，語と語や文と文との続き方を確かめたりすること。
第3学年及び第4学年	エ　間違いを正したり，相手や目的を意識した表現になっているかを確かめたりして，文や文章を整えること。
第5学年及び第6学年	オ　(②)や書き表し方などに着目して，文や文章を整えること。

① ア　伝え合う　　　イ　考え直す
　 ウ　読み返す
② ア　段落相互の関係　イ　文章全体の構成
　 ウ　事例部分の説明

┃ 2024年度 ┃ 佐賀県. ┃ 難易度 ▰▰▰▰▱

【4】小学校学習指導要領国語(平成29年3月告示)において「A　話すこと・聞くこと」の構成の検討，考えの形成(話すこと)についての指導

事項イが掲げられている。各学年では，それぞれどのように指導することとしているか。次の(①)～(③)に当てはまる適切な語句を，以下のア～ウの中から一つ選び，それぞれ記号で答えよ。

> 「A　話すこと・聞くこと」構成の検討，考えの形成(話すこと)
>
> 〔第1学年及び第2学年〕　イ　相手に伝わるように，行動したことや経験したことに基づいて，話す(①)を考えること。
>
> 〔第3学年及び第4学年〕　イ　相手に伝わるように，理由や事例などを挙げながら，(②)が明確になるよう話の構成を考えること。
>
> 〔第5学年及び第6学年〕　イ　話の内容が明確になるように，(③)，意見とを区別するなど，話の構成を考えること。

① 　ア　事柄の順序　　　イ　内容の順序　　　ウ　構成の順序
② 　ア　話の内容　　　　イ　話の展開　　　　ウ　話の中心
③ 　ア　事例と主張　　　イ　事実と感想　　　ウ　経験と思い

‖ 2024年度 ‖ 山口県 ‖ 難易度 ▮▮▮□□

【5】次は，小学校学習指導要領(平成29年3月告示)「第2章　各教科　第1節　国語」における「第2　各学年の目標及び内容」の一部である。次の[a]～[d]に入る言葉をそれぞれ書きなさい。

> 〔第1学年及び第2学年〕
> 1　目標
> (2)　順序立てて考える力や感じたり想像したりする力を養い，[a]における人との関わりの中で伝え合う力を高め，自分の思いや考えを[b]ことができるようにする。
>
> 〔第3学年及び第4学年〕
> 1　目標
> (2)　筋道立てて考える力や豊かに感じたり想像したりする力を養い，[a]における人との関わりの中で伝え合う力を

高め，自分の思いや考えを[　c　]ことができるようにする。

〔第5学年及び第6学年〕

1　目標

(2)　筋道立てて考える力や豊かに感じたり想像したりする力を養い，[　a　]における人との関わりの中で伝え合う力を高め，自分の思いや考えを[　d　]ことができるようにする。

▌ 2024年度 ▌ 福島県 ▌ 難易度 ▬▬▬▬▬▬▬

【6】次の文は，小学校学習指導要領「国語」の「各学年の目標及び内容」の「内容」で，「思考力，判断力，表現力等」の「話すこと・聞くこと」に示されている言語活動の例である。①〜⑤はそれぞれどの学年の言語活動か，以下のa〜cから一つずつ選び，その記号を書きなさい。(同じ記号を何度使ってもよい。)

①　説明や報告など調べたことを話したり，それらを聞いたりする活動。

②　インタビューなどをして必要な情報を集めたり，それらを発表したりする活動。

③　意見や提案など自分の考えを話したり，それらを聞いたりする活動。

④　質問するなどして情報を集めたり，それらを発表したりする活動。

⑤　紹介や説明，報告など伝えたいことを話したり，それらを聞いて声に出して確かめたり感想を述べたりする活動。

a　第1学年及び第2学年　　b　第3学年及び第4学年

c　第5学年及び第6学年

▌ 2024年度 ▌ 青森県 ▌ 難易度 ▬▬▬▬▬▬▬

【7】次に示すのは「小学校学習指導要領解説　国語編(平成29年7月)第2章　第1節　国語科の目標」の一部です。(　　)に当てはまる言葉をアからコまでの中から選び，記号を書きなさい。

> 　言葉による(あ)を働かせ, (い)を通して, 国語で正確に理解し適切に(う)資質・能力を次の通りに育成することを目指す。

ア　言語感覚　　イ　特質　　　ウ　見方・考え方
エ　思考力　　　オ　言語活動　カ　尊重する
キ　伝え合う　　ク　表現する　ケ　自覚する
コ　認識する

‖ 2024年度 ‖ 静岡県・静岡市・浜松市 ‖ 難易度 ▮▮▮▮▯▯▯

【8】「小学校学習指導要領(平成29年告示)　第2章　各教科　第1節　国語」について, 次の各問いに答えよ。

(1)　次の□□□内は, 〔第1学年及び第2学年〕〔第3学年及び第4学年〕〔第5学年及び第6学年〕の「1　目標　(3)」の一部である。[　A　]～[　C　]に入る言葉の組合せとして適切なものを, 以下の1～5から一つ選べ。

> 〔第1学年及び第2学年〕(3)　言葉がもつよさを[　A　]とともに, 楽しんで読書をし, 国語を大切にして, 思いや考えを伝え合おうとする態度を養う。
>
> 〔第3学年及び第4学年〕(3)　言葉がもつよさに[　B　]とともに, 幅広く読書をし, 国語を大切にして, 思いや考えを伝え合おうとする態度を養う。
>
> 〔第5学年及び第6学年〕(3)　言葉がもつよさを[　C　]とともに, 進んで読書をし, 国語の大切さを自覚して, 思いや考えを伝え合おうとする態度を養う。

1　A　想像する　　B　触れる　　C　考える
2　A　感じる　　　B　気付く　　C　認識する
3　A　考える　　　B　注意する　C　感じる
4　A　認識する　　B　出あう　　C　味わう

95

5　A　味わう　　　B　着目する　　　C　想像する

(2)　「第3学年及び第4学年　2　内容〔思考力，判断力，表現力等〕」に示された「B　書くこと」の指導事項を，次の1〜5から一つ選べ。

1　丁寧な言葉を使うとともに，敬体と常体との違いに注意しながら書くこと。

2　考えとそれを支える理由や事例，全体と中心など情報と情報との関係について理解すること。

3　目的を意識して，日常生活の中から話題を決め，集めた材料を比較したり分類したりして，伝え合うために必要な事柄を選ぶこと。

4　間違いを正したり，相手や目的を意識した表現になっているかを確かめたりして，文や文章を整えること。

5　文章を読んで感じたことや考えたことを共有し，一人一人の感じ方などに違いがあることに気付くこと。

(3)　次の　　　　内は「第3　指導計画の作成と内容の取扱い　2　(1)カ」における書写の指導についての配慮事項の一部である。[　　]に入る数字として適切なものを，以下の1〜5から一つ選べ。

> (ウ)　毛筆を使用する書写の指導は第3学年以上の各学年で行い，各学年年間[　　]単位時間程度を配当するとともに，毛筆を使用する書写の指導は硬筆による書写の能力の基礎を養うよう指導すること。

1　5　　　2　10　　　3　20　　　4　30　　　5　50

┃ 2024年度 ┃ 奈良県 ┃ 難易度 ▮▮▮▮▯

【9】「小学校学習指導要領(平成29年告示)解説　国語編(平成29年7月)」に示されている事柄について，次の問いに答えよ。

(1)　次の表は，「小学校学習指導要領(平成29告示)解説　国語編(平成29年7月)」の「第2章　国語科の目標及び内容　第1節　国語科の目標　2　学年の目標」に示されている思考力，判断力，表現力等の目標である。表中の(ア)から(エ)に入る語句の組み合わせとして正しいものを，以下の①から④までの中から一つ選び，記号

で答えよ。

第1学年及び第2学年	第3学年及び第4学年	第5学年及び第6学年
(2) 順序立てて考える力や感じたり想像したりする力を養い,（ ア ）における人との関わりの中で伝え合う力を高め,自分の思いや考えをもつことができるようにする。	(2) 筋道立てて考える力や（ イ ）感じたり想像したりする力を養い,（ ア ）における人との関わりの中で伝え合う力を高め,自分の思いや考えを（ ウ ）ことができるようにする。	(2) 筋道立てて考える力や（ イ ）感じたり想像したりする力を養い,（ ア ）における人との関わりの中で伝え合う力を高め,自分の思いや考えを（ エ ）ことができるようにする。

① ア　言語生活　　イ　適切に　　ウ　まとめる　　エ　伝える
② ア　日常生活　　イ　豊かに　　ウ　まとめる　　エ　広げる
③ ア　日常生活　　イ　適切に　　ウ　広げる　　　エ　伝える
④ ア　言語生活　　イ　豊かに　　ウ　伝える　　　エ　伝え合う

(2)　次の表は,「小学校学習指導要領(平成29年告示)解説　国語編(平成29年7月)」の「第3章　各学年の内容」から「2　思考力,判断力,表現力等　C　読むこと　精査・解釈」を表にまとめたものである。表中の(A)から(D)に入る語句の組み合わせとして正しいものを,以下の①から④までの中から一つ選び,記号で答えよ。

第1学年及び第2学年	第3学年及び第4学年	第5学年及び第6学年
ウ　文章の中の重要な語や文を考えて選び出すこと。	ウ　目的を意識して,中心となる語や文を見付けて（ B ）すること。	ウ　目的に応じて,文章と図表などを結び付けるなどして必要な情報を見付けたり,（ C ）について考えたりすること。
エ　場面の様子に着目して,登場人物の（ A ）を具体的に想像すること。	エ　登場人物の気持ちの変化や性格,情景について,場面の移り変わりと結び付けて具体的に想像すること。	エ　人物像や物語などの全体像を具体的に想像したり,（ D ）を考えたりすること。

①	A	行動	B	理解	C	論の進め方	D	内容の解釈
②	A	気持ち	B	要約	C	表現の効果	D	作品の主題
③	A	気持ち	B	理解	C	筆者の主張	D	表現の効果
④	A	行動	B	要約	C	論の進め方	D	表現の効果

(3) 次の文章は，「小学校学習指導要領(平成29年告示)解説　国語編(平成29年7月)」の「第4章　指導計画の作成と内容の取扱い」小学校国語科の「指導計画の作成と内容の取扱い　1　指導計画作成上の配慮事項」より「○『A話すこと・聞くこと』に関する配慮事項」と「○障害のある児童への配慮についての事項」を示したものである。文中の(ア)から(エ)に入る語句の組み合わせとして正しいものを，以下の①から④までの中から一つ選び，記号で答えよ。

○「A話すこと・聞くこと」に関する配慮事項

> 第2の各学年の内容の〔思考力，判断力，表現力〕の「A話すこと・聞くこと」に関する指導については，(ア)，計画的に指導する機会が得られるように，第1学年及び第2学年では年間(イ)単位時間程度，第3学年及び第4学年では年間30単位時間程度，第5学年及び第6学年では年間25単位時間程度を配当すること。その際，(ウ)のための教材を活用するなどして指導の効果を高めるように工夫すること。

○障害のある児童への配慮についての事項

> 障害のある児童などについては，学習活動を行う場合に生じる困難さに応じた指導内容や指導方法の工夫を計画的，(エ)に行うこと。

①	ア	弾力的	イ	50	ウ	音声言語	エ	弾力的
②	ア	弾力的	イ	35	ウ	生活場面	エ	意図的
③	ア	意図的	イ	35	ウ	音声言語	エ	組織的
④	ア	意図的	イ	50	ウ	言語生活	エ	組織的

┃ 2024年度 ┃ 沖縄県 ┃ 難易度 ▮▮▮▯▯▯▯

【10】次の文章は，平成29年3月告示の小学校学習指導要領　国語　指導計画の作成と内容の取扱い　の一部を示したものです。空欄(a)～(c)にあてはまる言葉は何ですか。以下の①～⑤の中から，正しい組合せを一つ選び，記号で答えなさい。

> 2　第2の内容の取扱いについては，次の事項に配慮するものとする。
>
> (1) 〔知識及び技能〕に示す事項については，次のとおり取り扱うこと。
>
> 　ア　日常の言語活動を振り返ることなどを通して，児童が，実際に話したり聞いたり書いたり読んだりする場面を(a)できるよう指導を工夫すること。
>
> 　イ　理解したり表現したりするために必要な文字や語句については，辞書や事典を利用して調べる活動を取り入れるなど，調べる(b)が身に付くようにすること。
>
> 　ウ　第3学年におけるローマ字の指導に当たっては，第5章総合的な学習の時間の第3の2の(3)に示す，コンピュータで文字を入力するなどの学習の基盤として必要となる(c)の基本的な操作を習得し，児童が情報や(c)を主体的に選択し活用できるよう配慮することとの関連が図られるようにすること。

① a　意識　　b　技能　　c　情報機器
② a　体験　　b　習慣　　c　情報手段
③ a　意識　　b　技能　　c　情報手段
④ a　体験　　b　技能　　c　情報機器
⑤ a　意識　　b　習慣　　c　情報手段

▌2024年度▐　広島県・広島市　▌難易度▐▐▐▐▐▐▐

【11】国語の授業で，小学校1年生が幼稚園の子供たちに向けて，給食の準備についての説明を文章で書きます。その際，事柄の順序に気を付けながら文章を書くことを指導します。事柄の順序として，どのような観点が挙げられますか。2つ書きなさい。

▌2024年度▐　静岡県・静岡市・浜松市　▌難易度▐▐▐▐▐▐▐

【12】第2学年「書くこと」の学習において，自分の町に住む人や自分の町で見付けた物について，1年生に紹介する文章を書き，書いた文章を友達と読み合う学習活動を行うこととします。その際，どのようなことを指導しますか。次の①〜⑤の中から，最も適切なものを一つ選び，記号で答えなさい。

① 文章を読んで感じたことや考えたことを共有し，一人一人の感じ方などに違いがあることに気付くこと。

② 文章に対する感想を伝え合い，自分の文章の内容や表現のよいところを見付けること。

③ 間違いを正したり，相手や目的を意識した表現になっているかを確かめたりして，文や文章を整えること。

④ 文章を読んでまとめた意見や感想を共有し，自分の考えを広げること。

⑤ 書こうとしたことが明確になっているかなど，文章に対する感想や意見を伝え合い，自分の文章のよいところを見付けること。

▎2024年度 ▎広島県・広島市 ▎難易度 ■■■■□□

【13】小学校学習指導要領「国語」の「指導計画の作成と内容の取扱い」では，「古典に親しめるように配慮すること。」とあるが，どのような指導が考えられるか。第4学年の学習内容と関連付けた指導例を考え，書きなさい。

▎2024年度 ▎青森県 ▎難易度 ■■■■□□

【14】小学校学習指導要領(平成29年告示)「第2章 第1節 国語」の「第2 各学年の目標及び内容」の第3学年及び第4学年の「A 話すこと・聞くこと (1)ア 目的を意識して，日常生活の中から話題を決め，集めた材料を比較したり分類したりして，伝え合うために必要な事柄を選ぶこと。」に関する問いである。

　第4学年の授業において，「元気な体をつくるために私たちにできることを発表する言語活動」の指導について，次の(1)，(2)の問いに答えよ。

(1) 教師が授業の構想を考える際の留意点として，最も適切なものを，

次のア〜エから一つ選んで，その記号を書け。

ア　日常生活の中で興味や関心をもっていることから話題を決める
　　ようにし，必要に応じて，本や文章を読んだり，人に聞いたりし
　　ながら調べることへ広げていくことができるように指導する。

イ　論説や報道をもとに話題を設定することができるように，新聞
　　やニュースなどの情報を手がかりにするように指導する。

ウ　場面や状況を考慮するなど，目的に加えて自分の意図も含めて
　　話題を設定するようにし，異なる内容の材料を総合してどのよう
　　なことが言えるのかを明確にできるように指導する。

エ　教科書を用いて基本的な形式を紹介するとともに，聞き手を意
　　識した資料づくりに十分に時間をかけることができるように話す
　　だけでなく聞く際の材料の整理の仕方について指導する。

(2)　発表内容を考えるとき，次のように話し合っているグループがあ
　　った。あなたは担当教師として，どのような助言をすればよいか。
　　「Ａ　話すこと・聞くこと　(1)ア　目的を意識して，日常生活の中
　　から話題を決め，集めた材料を比較したり分類したりして，伝え合
　　うために必要な事柄を選ぶこと。」を踏まえて，具体的に書け。

> 太郎　「このグループでは，外遊びについて，いろいろな資料
> 　　　　を集めたね。どの資料を使えば，外遊びのよさがみん
> 　　　　なに伝えられるかな。」
> 花子　「全部使えば，詳しくなっていいんじゃない。」

▌2024年度 ▌香川県 ▌難易度▐▐▐▐▐▐▐▐

【15】小学校学習指導要領(平成29年3月)第2章「第1節　国語」及び小学
　　校学習指導要領解説国語編(平成29年7月)に基づいた指導について，次
　　の問いに答えなさい。

問1　第3学年及び第4学年　1〔知識及び技能〕(2)情報の扱い方に関す
　　る事項「情報の整理」の指導として最もあてはまるものを，次のア
　　〜エから一つ選び，その記号を書きなさい。

ア　情報を集めたり，発信したりする場合に落としてはいけない必
　　要な語句を書き留めるためには，目的を意識して必要な語句を判

断することが必要となるため，話や文章の内容を網羅的に書き出したり，機械的にメモの取り方を覚えたりすることが重要である。

イ　辞書の利用については，使い方を理解するとともに必要なときにはいつでも手元にあって使えるような環境をつくっておくことが重要であり，事典の利用については，目的に応じて事典を選んだり，目次や索引を利用して情報を得たりすることが重要である。

ウ　複数の語句を丸や四角で囲んだり，語句と語句を線でつないだりするなど，図示することによって情報を整理することは考えをより明確なものにするために有効であることから，「C読むこと」の「考えの形成」の指導では必ず取り入れることが重要である。

エ　話題として決めた身近なことや経験したことに関連する事柄を具体的に思い出し，必要な事柄に絞っていくことができるようにするため，児童の興味や関心の度合い，伝えたい思いの強さを最優先にして，伝え合うために必要な事柄を選ぶことが重要である。

問2　第5学年及び第6学年　2〔思考力，判断力，表現力等〕「B書くこと」の言語活動例を通した指導として最もあてはまるものを，次のア～エから一つ選び，その記号を書きなさい。

ア　調べたことをまとめて報告する文章を書く際は，報告する文章の特徴に基づいて，調査の目的や方法，調査の結果とそこから自分が考えたことなどに絞って書く活動を行う。

イ　感じたことや想像したことを書く際は，絵や写真から場面や登場人物の会話，行動を想像し，言葉を書き添えながら，起承転結が明らかな四段落構成の物語を書く活動を行う。

ウ　お礼の手紙を書く際は，表書きの住所や宛て名を正しく書くことや，後付けにおける署名や宛て名の位置関係などの形式にこだわらず，感謝の思いを中心に書く活動を行う。

エ　意見を述べる文章を書く際は，自分の考えを異なる立場の読み手に向けて主張する文章や，自分たちの生活をより良いものにするために提案する文章などを書く活動を行う。

┃ 2024年度 ┃ 岩手県 ┃ 難易度 ▐▐▐▐▐▐

解答・解説

【1】問1　エ　　問2　ア

○**解説**○　問1　1　国語科の内容は，〔知識及び技能〕及び〔思考力，判断力，表現力等〕から構成され，〔知識及び技能〕の内容は「(1)言葉の特徴や使い方に関する事項」，「(2)情報の扱い方に関する事項」，「(3)我が国の言語文化に関する事項」で構成されている。今回の学習指導要領改訂においては，国語科の学習内容の改善・充実の一つとして，我が国の言語文化に関する指導の改善・充実が図られている。2　思考力，判断力，表現力等に関する目標(2)においては，考える力について，低学年では「順序立てて考える力」，中・高学年では「筋道立てて考える力」を養うこととして，発達段階に応じた表現で示されている。　3　学びに向かう力，人間性等に関する目標(3)においては，言葉がもつよさについて，低学年では「感じる」こと，中学年では「気付く」こと，高学年では「認識する」こととして，発達段階に応じて示されている。　問2　提示された選択肢はいずれも，「A話すこと・聞くこと」における話し合うことに関する指導事項である。エは高学年，オは中学年の指導事項で，イとウは中学校での指導事項である。

【2】問1　3　　問2　5

○**解説**○　問1　学習指導要領の指導事項は，児童の資質・能力の発達段階を踏まえて示されている。思考力，判断力，表現力等「A話すこと・聞くこと」における「構成の検討，考えの形成(話すこと)」は，自分の思いや考えが明確になるように文章の構成を考えることを示している。低学年では「事柄の順序」を，中学年では「理由や事例などを挙げながら，話の中心が明確になるよう」，高学年では「事実と感想，意見とを区別するなど」によって，話の構成を考えることが示されている。また，その目的についても，低・中学年においては「相手に伝わるように」，高学年になると「話の内容が明確になるように」と，発達段階に応じて示されている。学年ごとの違いを押さえておき

たい。　問2　指導計画作成に当たり，今回の学習指導要領改訂における基本的な考え方の一つである，「主体的・対話的で深い学び」の実現に向けた授業改善の推進に関する配慮事項である。国語科においては，言語活動を通して資質・能力の育成が図られる。さらに，言葉の特徴や使い方などの「知識及び技能」や，自分の思いや考えを深めるための「思考力，判断力，表現力等」といった指導事項に示す資質・能力を育成するため，学習指導を創意工夫し授業改善を図ることが求められる。

【3】① ウ　② イ
○解説○ 推敲に関する問題。推敲について，学習指導要領解説では「記述した文章を読み返し，構成や書き表し方などに着目して文や文章を整えること」と示している。本問のように1つのテーマについて，各学年でどのように学習するかを問う問題が近年では増加傾向にある。学習指導要領解説では表形式で整理している箇所もあるため参照するとよい。

【4】① ア　② ウ　③ イ
○解説○ 「A話すこと・聞くこと」のイは，「話すこと」における「構成の検討，考えの形成」に関する指導事項である。低学年では，「事柄の順序」に気を付けて，中学年では「理由や事例などを挙げながら，話の中心が明確になるよう」，高学年では「事実と感想，意見とを区別するなど」して，話の構成を考えることが，各発達段階に応じて示されている。

【5】a 日常生活　b もつ　c まとめる　d 広げる
○解説○ 思考力，判断力，表現力等に関する目標(2)について，低・中・高学年を対比して提示している。　a「伝え合う力を高め」ることについては，全学年とも「日常生活における人との関わりの中で高め」として示されている。　b～d「自分の思いや考え」については，低学年が「もつこと」，中学年が「まとめること」，高学年が「広げること」ができるようにすることと，発達段階を踏まえて学年進行して示され

ている。

【6】 ① b ② c ③ c ④ b ⑤ a
○**解説**○ ①・③・⑤ 話し手のある程度まとまった話を聞いて，聞き手が感想や意見を述べる言語活動例で，低学年が⑤，中学年が①，高学年が③である。活動例の内容から，発達段階の順番が判別できるはずである。 ②・④ 中・高学年には，情報を収集したり，それらを発信したりする言語活動例が示されている。④は「質問で情報を集めたり，発表したり」という初歩的な活動例であることから中学年，②は「インタビューなど」とあることから高学年の例である。

【7】 あ ウ い オ う ク
○**解説**○ 小学校国語科の総括的な目標で，国語科が国語で理解し表現する言語能力を育成する教科であることを示している。「言葉による見方・考え方」を働かせるとは，児童が学習の中で，対象と言葉，言葉と言葉との関係を，言葉の意味，働き，使い方等に着目して捉えたり問い直したりして，言葉への自覚を高めることであると考えられる。様々な事象の内容を自然科学や社会科学等の視点から理解することを直接の学習目的としない国語科においては，言葉を通じた理解や表現及びそこで用いられる言葉そのものを学習対象としている。このため，「言葉による見方・考え方」を働かせることが，国語科において育成を目指す資質・能力をよりよく身に付けることにつながることとなる。また，言語能力を育成する中心的な役割を担う国語科においては，言語活動を通して資質能力を育成する。言語活動を通して，国語で正確に理解し適切に表現する資質・能力を育成するとしているのは，この考え方を示したものである。

【8】 (1) 2 (2) 4 (3) 4
○**解説**○ (1) 学びに向かう力，人間性等に関する学年目標(3)において，言葉がもつよさについては，低学年では「感じる」こと，中学年では「気付く」こと，高学年では「認識する」ことに，それぞれ重点を置いて示されている。発達段階に応じて，どのように示されているかを

押さえておくことが大切である。 (2) 出題されたのはいずれも中学年の指導事項だが，資質・能力や領域が異なる内容が混在している。資質・能力ごと，領域ごとの指導内容の特徴を踏まえた表現を手掛かりに，判断することができるようにしておきたい。 1 知識及び技能の「言葉の特徴や使い方に関する事項」の「言葉遣い」に関する指導事項である。 2 知識及び技能の「情報の扱い方に関する事項」の「情報と情報との関係」に関する指導事項である。 3 思考力，判断力，表現力等の「話すこと・聞くこと」の「話すこと」に関する指導事項である。 5 思考力，判断力，表現力等の「読むこと」に関する指導事項である。 (3) 毛筆を使用する書写の指導は，指導計画の作成と内容の取扱いにおいて，年間30単位時間程度と，配当時間が具体的に示されている。硬筆を使用する書写の指導については，各学年で行うことが示されているが，その配当時間は示されていない。一方，毛筆を使用して，硬筆による書写の指導を行うことの意義が示されていることを，あわせて理解しておく必要がある。

【9】(1) ② (2) ④ (3) ③
○解説○ (1) 国語科の思考力，判断力，表現力等に関する目標(2)には，考える力や感じたり想像したりする力を養うこと，日常生活における人とのかかわりの中で伝え合う力を高め，自分の思いや考えをもつことなどができるようにすることが，系統的に示されている。発達段階に応じて系統的に示されている内容を，確実に押さえておくことが必要である。 ア 「日常生活における人との関わりの中で伝え合う力を高める」ことについての目標は，全学年共通して示されている。イ 「感じたり想像したりする力を養う」ことについては，中・高学年では「豊かに」という語句が加えられている。 ウ・エ 自分の思いや考えについては，低学年では「もつこと」，中学年では「まとめること」，高学年では「広げること」ができるようにすることとして，発達段階に応じて示されている。 (2) 「精査・解釈」とは，文章の内容や形式に着目して読み，目的に応じて必要な情報を見付けることや，書かれていることや書かれていないことについて，具体的に想像することなどである。 B・C 説明的な文章に関するウにおいては，低学

年では「文章の中の重要な語や文」を，中学年では「中心となる語や文」を，高学年では「必要な情報」を見付けることが示され，高学年では加えて，「論の進め方」について考えることが示されている。A・D　文学的な文章に関するエにおいては，低学年では「登場人物の行動」を，中学年では「登場人物の気持ちの変化や性格，情景」を，高学年では「人物像や物語などの全体像」を，具体的に想像することが示され，高学年では加えて，「表現の効果」を考えることが示されている。　(3)　ア～ウ　話すこと・聞くことに関する指導においては，他教科等の学習や学校の教育活動全体の中で，学習したことを使う機会がもてるように，年間指導計画に意図的・計画的に位置付けることが重要である。配当時間は，全体の配当時間に応じて，低学年には35単位時間と最も多く配当している。音声言語のための教材としては，ICT機器の活用等が想定されている。　エ　学習活動を行う場合に生じる困難さに応じた指導内容や指導方法の工夫を行う際には，特別支援学校の助言又は援助を活用しつつ，計画的，組織的に取り組むことが重要である。

【10】⑤
○解説○　小学校学習指導要領(平成29年告示)国語科の「指導計画の作成と内容の取扱い」における，内容の取扱いの〔知識及び技能〕に関する配慮事項の一部である。　a　〔知識及び技能〕に関する指導に当たっては，児童が，日常の言語活動の中にある言葉の特徴やきまりなどに気付くことや，学習したことを日常の話したり聞いたり書いたり読んだりする場面に生かすことを意識しながら学習できるようにすることが重要である。　b　イの事項は，必要な文字や語句を調べる習慣が身に付くようにすることが示されている。辞書や事典などで調べる習慣を身に付けるためには，辞書や事典の使い方を理解するとともに，必要なときにはいつでも辞書や事典が手元にあり使えるような言語環境を整えておくことも重要である。　c　ウの事項は，ローマ字に関する事項の取扱いを示している。「コンピュータで文字を入力する」操作は，学習の基盤として必要となる情報手段の基本的操作である。

【11】 ・作業する順番　　・重要度

○**解説**○「小学校学習指導要領　第2章　第1節　第2　第1学年及び第2学年　2　B　書くこと　イ　自分の思いや考えが明確になるように，事柄の順序に沿って簡単な構成を考えること」について，「小学校学習指導要領(平成29年告示)解説　国語編」では「事柄の順序に沿って簡単な構成を考えるとは，集めた事柄の順序に沿いながら，文章の始めから終わりまでを，内容のまとまりごとに，幾つかに分けて配置していくことを意識することである。経験した順序，物を作ったり作業したりする手順，事物や対象を説明する際の具体的内容の順序など，時間の順序や事柄の順序を考えることから，徐々に，文章の冒頭で内容を大まかに説明すると読み手に伝わりやすいといったことも考えられるようにしていくことが重要である」と示している。このことを踏まえて，給食準備全体の作業の順序，給食準備で大切なことの順序，さらに細かな順序であるが，注ぎ分けや配膳段階での作業の順序，教室から給食調理室までの道順，給食係の服装の準備の順序などが考えられる。

【12】②

○**解説**○　小学校学習指導要領(平成29年告示)国語科の各領域での指導事項は，児童の資質・能力の発達を踏まえて，学年進行している。学習活動も，児童が活動のねらいを十分に習得できるよう，指導事項の学年進行を踏まえて計画，実施することが必要である。　①　中学年の「読むこと」の共有に関する指導事項である。　②　低学年の「書くこと」の共有に関する指導事項であり，適切である。　③　中学年の「書くこと」の推敲に関する指導事項である。　④　高学年の「読むこと」の共有に関する指導事項である。　⑤　中学年の「書くこと」の共有に関する指導事項である。

【13】歴史的仮名遣いで書かれたいくつかの短歌を，ペアやグループで繰り返し声に出して読み，言葉の響きやリズムに親しむ。また，読んだ中からお気に入りの一首を選び，短歌と選んだ理由をカードに書いて交流する。以上のような言語活動を通して，古典に親しめるよう指導する。

○**解説**○ 中学年の「(3)我が国の言語文化に関する事項」にある伝統的な言語文化の項目は、「ア　易しい文語調の短歌や俳句を音読したり暗唱したりするなどして、言葉の響きやリズムに親しむこと」、「イ　長い間使われてきたことわざや慣用句、故事成語などの意味を知り、使うこと」である。指導事例作成では、児童がテレビ番組やカルタ遊び等で接する機会が多くなってくる短歌や俳句を取り上げた取り組みが、児童の関心を喚起しやすいと考えられる。学習指導要領解説(平成29年7月)では、取り上げる教材として、響きやリズムを体感できるような作品、親しみやすい作者の作品や、代表的な歌集などから内容の理解しやすい歌を選ぶことを、例として挙げている。また、各地域に縁のある歌人や俳人、地域の景色を詠んだ歌や句を教材にして、地域の文化の理解を図ることを挙げている。優れた歌や句を、楽しんで味わいながら学ぶことができる活動になるような指導例を書き記したい。

【14】(1)　ア　　(2)「A　話すこと・聞くこと　(1)ア　目的を意識して、日常生活の中から話題を決め、集めた材料を比較したり分類したりして、伝え合うために必要な事柄を選ぶこと」を踏まえ、次に挙げる事項に関わるいずれかが書かれていること。　・「目的を意識」…集めた資料は、元気な体をつくるためにできることとつながっているか。　・「比較・分類」…この中で似ている資料はないか、仲間分けできそうか。

○**解説**○ (1)　ア　学習指導要領解説(平成29年7月)の第3学年及び第4学年の内容　2〔思考力、判断力、表現力等〕　A話すこと・聞くこと(1)アの指導事項について、「話題の設定については、学校や家庭、地域のことなど、児童が日常生活の中で興味や関心をもっていることから話題を決めることを求めている。情報の収集については、(中略)必要に応じて、本や文章を読んだり、人に聞いたりしながら調べることへ広がっていく」と示してあることに一致し適切。　イ　「論説や報道をもとに話題を設定」から社会生活に関わる話題であり、中学校における指導事項である。　ウ　場面や状況を考慮するなど、目的や意図に応じて話題を設定することは、高学年の指導事項である。　エ　高

学年の「話すこと・聞くこと」のアの指導事項の解説には，「話すことにおいては，自分の目的や意図に応じるとともに，聞き手の求めていることに応じて集めた材料をどのように整理すればよいかを考えることが求められる」とあり，エに示された留意点に合致する。

(2) まず，伝えたいことは何かを意識し，明確にした上で，集めた資料を全部使うのではなく，資料を比較し仲間分けしたりして，必要な事柄を選ぶことを身に付けることを指導する。

【15】問1　イ　　問2　エ

○**解説**○ 問1　イ　辞書や事典の使い方は，中学年で学習する。

ア　話や文章の内容を網羅的に書き出したり，機械的にメモの取り方を覚えたりするのではなく，必要な情報は何かということを念頭に置きながら，落としてはいけない語句を適切に捉え，それらを書き留めることが重要となる，と記述されている。　ウ　「図示することによって情報を整理すること」は，高学年における情報の整理の指導内容に関する記述である。　エ　低学年の「A話すこと・聞くこと」における指導内容に関する記述である。　問2　ア・ウ　調べたことをまとめて報告する文章を書く活動や，お礼の文章を書くなどの伝えたいことを手紙に書く活動は，中学年における指導事項である。　イ　感じたことや想像したことを書く活動は，低学年における指導事項である。

社会科

要点整理

●日本史

〈古代史〉

○先土器文化　土器の使用を知らない日本の旧石器文化。用具は打製石器が中心。

○縄文文化　縄目の文様のある土器の使用。石器はおもに磨製石器。狩猟・漁労・採集により生活を営んでいた。貝塚。

○弥生文化　薄手で赤みがかった弥生土器の使用。大陸から金属器や水稲耕作が伝えられた。人々は農耕に便利な低地に定住。貧富の差が生まれ，階級が発生。農耕具として木製の鍬・鋤・田舟・田下駄が使われ，貯蔵庫として高床倉庫がつくられた。

○邪馬台国　3世紀半ばに存在した国で，『魏志』倭人伝にその記述がある。巫女的な女王卑弥呼が30余の小国を統属。魏に朝貢し，親魏倭王の称号と金印紫綬などが与えられた。

〈中世史〉

武家政治の成立

①鎌倉幕府の政治：源頼朝が幕府を開き(1192年)，武家政治をはじめるが，実権は北条氏に移り，朝廷の政権回復の運動は失敗し，執権政治が確立する。守護・地頭制。

②武士の社会：武士は農村に住み，農業を営んだが，その生活は質実剛健であった。また，幕府の御家人である地頭は，しだいに荘園を侵略し実質的な支配権を手に入れていく。

③鎌倉時代の文化：貴族文化の中から，武士的な文化が発生する。宗教では民衆的な念仏を唱える浄土宗，浄土真宗(一向宗)や法華宗(日蓮宗)が広がり，宋からは禅宗が伝えられた。また，軍記物(平家物語)や絵巻物が盛んになった。

〈近世史〉

1600年の関ヶ原の戦いで石田三成らの西軍を破った徳川家康は，1603年，征夷大将軍に任ぜられ，江戸幕府を開いた。以後260年余りにわたる徳川氏による全国支配の時代を江戸時代といい，幕府と諸藩

の強力な領主権によって土地・人民を統治する封建支配体制を幕藩体制という。

〈文化史〉

　人物と文化遺産を中心とする歴史学習において，文化史は重要不可欠。小野妹子・聖武天皇・行基・鑑真・紫式部・清少納言・足利義満・足利義政・雪舟・ザビエル・近松門左衛門・歌川広重・本居宣長・杉田玄白・伊能忠敬・福沢諭吉・野口英世，以上17名の徹底理解に努めたい。

●世界史

〈古代文明〉

　四大河文明の発生(四大河の流域：メソポタミア，エジプト，インダス，黄河)。その中で最古の文明はメソポタミアにおこり，エジプトをふくめてオリエント(ヨーロッパからみて"太陽がのぼる東方"の意味)文明とよばれ，国王の権力が強かった。

〈ヨーロッパ世界の形成と発展〉

　○神聖ローマ帝国　フランク王国は，843年のヴェルダン条約と870年のメルセン条約で東・西フランクとイタリアに三分された。東フランク(現ドイツ)において10世紀のオットー1世は，ローマ教皇ヨハネス12世から帝冠を授けられ，これにより神聖ローマ帝国が成立。1806年まで続いた。

　○百年戦争(1339年～1453年)　毛織物工業の中心地フランドル地方における英仏両国間の経済的利害の衝突により始まった戦争。

　○ルネサンス　古代のギリシア・ローマ文化の「再生」という意で「文芸復興」が訳。14世紀にイタリアにおこり，15世紀から16世紀にわたって，西欧各地にみられた古典文化の復興と人間性解放の運動。

〈ヨーロッパ主権国家体制の展開〉

　○権利の請願　イギリスのステュアート朝ジェームズ1世，子チャールズ1世がピューリタンを圧迫したので，議会が請願を可決した(1628年)。

　○ピューリタン革命(1642～1649)　権利の請願を王が無視したため，

王党と議会党との間に内乱が起きた。結果，議会党が勝利を得たが，長老派と独立派に分裂したため，クロムウエルは長老派を追放し，共和政を宣言した。

○ルイ14世　1661年親政を宣言して，王権の確立に乗り出し，コルベールを登用して財政を立て直すなど，フランスを欧州最大の強国に育てあげた。

○名誉革命　ジェームズ2世の専制政治に対し議会は王を追放し，その娘メアリーと夫オレンジ公ウィリアムを王に迎えた革命。王は権利の宣言を承認し即位。翌1689年に権利の章典として発布。立憲政治の基礎を確立した。

〈19〜20世紀の世界〉

○ウィーン会議　ナポレオン失脚後の欧州諸国政府が，国際関係を調整するために開催した会議。これにより，メッテルニヒの保守反動主義とタレーランの正統主義を基調とするウィーン体制が成立した。

○南北戦争　1860年に奴隷解放論者のリンカンが大統領に選ばれると，南部諸州は合衆国から脱退し，アメリカ連邦を結成したため，翌61年南北戦争が勃発。北軍が勝ち，1863年，リンカンは反乱諸州に対し奴隷解放宣言を発した。

○三国同盟と三国協商　20世紀に入ると，ヨーロッパの帝国主義諸国は，互いに海外に植民地や資本投下先を求めて競争するようになり，イギリスとドイツの世界政策が表面化，対立は激化した。

○第一次世界大戦　三国同盟と三国協商の二大陣営の対立は，1914年のサライェヴォ事件で表面化し，相次いで宣戦布告，世界大戦となった。

○世界大恐慌　1929年秋のニューヨーク株式市場(ウォール街)の大暴落により経済恐慌がおこり，全世界に広がった。これに対し，アメリカはニュー・ディール政策，イギリス・フランスはブロック経済を実施した。

●地理

〈学習のポイント〉

　地理的分野の出題地域としては，都道府県を単位とした日本からの出題が多い。世界では国を単位として出題される。農業・工業・交通・貿易・環境問題などの系統的分野でも日本と関係のある設問が多い。

〈自然環境〉

　世界の大地形では，ヒマラヤ，アルプス，アンデス，ロッキーなどの大山脈，ナイル川，アマゾン川，ミシシッピ川などの大河川，プレーリー，パンパ，大鑚井盆地などの平原や盆地，これらの地名は白地図上に書いて，位置をしっかり覚えること。日本の地形は世界に比べて詳しく覚える必要がある。山脈・山地では，北から北見・日高・奥羽・越後・飛騨・木曽・赤石・紀伊・中国・四国・九州など，河川では石狩・北上・最上・阿賀野・信濃・利根・大井・天竜・木曽・吉野・筑後など，平野では石狩・仙台・関東・濃尾・筑紫などは世界の大地形同様に白地図上に書いて，しっかりと覚えること。さらに当該県の山地・平野などの地名・位置はより詳しい知識を要求している。地形用語も日本を中心に考える。フォッサマグナ・中央構造線・コニーデなどの火山地形，カルスト地形，リアス式海岸・砂州・トンボロなどの海岸地形などは，当該県にあったならば必要と考えてよい。気候ではケッペンによる世界の気候区分，特に，夏に乾燥，冬温暖な地中海気候，緯度のわりに冬期の気温が高い西岸海洋性気候は頻出で，それらの気候は要因からまとめてみる。また，アジアのモンスーン気候も大切である。世界の気候はポイントを定めて理解する。日本の気候は雨温図をもとにした設問が頻出である。

〈産業〉

　農業は県を単位としての出題が多く，米，小麦，果実，肉牛や豚の飼育数などは最新の資料で上位5位の県まで覚え，その県の位置は地図で確認。食料自給率も調べておく。

〈人口・都市・貿易・環境〉

　人口では日本を中心に少子高齢化社会の現況，人口ピラミッドによる人口構成図，合計特殊出生率などの用語などは最新の資料で確認のこと。日頃，新聞などにこの分野は掲載されているので，出題範囲と考えてじっくり読むこと。都市では平成の大合併による新市は注意す

る。当該県の市の動向は詳しく出題されると考えられ，当該県の広報はよく読んでおく。貿易では日本を中心に考え，特に日常生活に関係の深い統計は頻出である。

〈地図〉

地形図は地域調査に，世界図は掛地図として使用され，頻出分野である。地形図そのものの読図は少ないが，地図記号の判読や縮尺の計算，5万分の1の縮尺の地形図上の1cmは現地では何mであるか(答・500m)などの設問，扇状地の地形図から，土地利用のちがい(扇央は果樹・畑，扇端は水田・集落)などは出題される。また頻出する地図記号や新しく追加された地図記号(平成17年の老人ホーム，風車等)も確認しておくこと。

〈まとめ〉

① 日本を中心に図を用いた設問が多い。

② 当該県はかなり詳しく出題される。

③ グラフなどの資料判読にも慣れておくこと。

④ 地図帳・統計集は必携。

⑤ 時事的設問もみられるので日常の新聞記事などにも関心を持つ。

●公民

〈学習のポイント〉

出題頻度の高いテーマは，憲法・国際連合・経済基礎・環境問題である。これに，都道府県・政令指定都市の条例や教育に直接かかわる基本計画や施策上の重点的な取り組みなど，それぞれの受験地のローカルな時事的テーマが加味されて出題されることが多い。

〈日本国憲法〉

人権の思想と日本国憲法については，国民生活の基盤をなすものであるから十分に学習しておくことが必要である。特に，人間の尊さ，つまり，人権の尊重，自由，平等，友愛などは，民主主義の根底をなすものであり，人権思想について十分理解しておきたい。また，これらを保障するものとして，日本国憲法があるが，日本国憲法における基本原則を理解するためにも，憲法の意味や日本国憲法成立の過程などを学習しておくこと。そして，基本的人権の体系がどのようにかた

ちづくられているかについて，日本国憲法の条文を分類しておくとよい。憲法に規定されている国会・内閣・裁判所の統治システム，選挙，地方自治と直接請求権などは$\frac{2}{3}$以上や10日以内などの数字も含めておさえておくこと。

〈国際連合〉

　国際連合の組織，とくにWHOやUNESCO，UNICEFなどの国連の機関の名称と役割については判別問題という形式での頻出テーマであるので注意したい。国連の採択した世界人権宣言や国際人権規約，児童の権利条約などの国際人権法，安全保障理事会の構成や任務，議決方法もよく出題される。時事的問題では，事務総長の交代，補助機関としての国連人権理事会の発足，国連障害者の権利条約の採択，NPT，CTBTといった核にかかわる用語などに注意したい。UNESCOに関しては世界遺産登録が頻出テーマになっている。

〈経済〉

　社会・労働問題を含む経済分野は，憲法などに比べると若干理論も含まれるので苦手だという受験生がいるかもしれないが，用語の理解を正確にしておけば対応できる。国内経済では経済主体間の財・貨幣の循環，価格メカニズム(需要と供給の市場機構)，財政の3機能，租税の分類と歳入・歳出の判別，消費者物価指数やデフレの意味，GDPやNNPなどの用語の内容の判別，日銀の金融政策とマネーサプライなどが頻出のテーマである。受験地の地方財政の動向にも目配りをしておきたい。社会・労働問題では，憲法第25条の条文，労働三法と労働基本権，男女雇用機会均等法，完全失業率の定義，公的年金制度の判別，新介護保険制度のあらましなどをおさえておきたい。消費者問題では，消費者の「四つの権利」と消費者保護基本法を中心に，クーリングオフ制度(ネット販売にはまったく適用されない)や製造物責任法(PL法)など。国際経済の分野では，WTOの役割，円高・円安の影響，NAFTA・EU・ASEANなどの地域的経済統合や自由貿易協定，経済成長が著しいBRICsの動向などが出題されている。経済分野では新会社法，企業買収(M&A)，新農業基本法(食料・農業・農村基本法)，グリーン・ツーリズム，消費者契約法，少子高齢社会，育児・介護休業法，ジョブ・カフェ，APEC，ODAなど，時事的な用語もしっかりチェッ

クしておきたい。

〈環境問題〉

　小中高を通じて学習するテーマであり，近年では頻出の分野となっ
ている。かつては四大公害問題などが中心テーマであったが，現在で
は，その内容は第一には地球規模の環境問題，第二には循環型社会の
形成に向けての諸政策と変わってきている。この第二にはそれぞれの
地方公共団体の取組みも含まれる。文字通り“Think Globally Act
Locally”のテーマである。第一の地球規模の環境問題で最大の問題と
されているのは地球温暖化とその対策である。地球サミット(国連環境
開発会議)では「持続可能な開発」を基調にして，温暖化防止条約が締
結され，それに引き続いてパリ協定やSDGsなどの事項が最近は出題さ
れている。「かけがえのない地球」をスローガンにした国連人間環境
会議以来の環境問題に対する国際的な取組みの流れはおさえておくこ
と。わが国に関係することでは53か所のラムサール条約指定地もチェ
ックしておきたい。第二の循環型社会形成に関するテーマでは，大量
生産・大量消費・大量廃棄という社会のあり方を資源循環という視点
でとらえ直し，廃棄物の減量や再資源化を推し進めようとする循環型
社会形成推進基本法が制定・施行され，さらにその関連法として容器
包装リサイクル法・家電リサイクル法・グリーン購入法などが制定さ
れている。これらの法律のあらましについては知っておく必要がある。
また環境保全問題では国レベルの取組みと並んで，例えば東京都など
のディーゼル車規制条例など各地域の取組みが出題される例が多いの
で受験地の環境関連条例に注意しておきたい。この分野の時事的なテ
ーマは，自動車リサイクル法，改正容器包装リサイクル法の施行，学
校現場も例外ではないアスベスト問題などである。

●平成29年告示学習指導要領　改訂の要点

(1)　目標の改善について

①教科の目標

　社会科において育成を目指す資質・能力については，中央教育審議
会答申(平成28年12月21日)にて「公民としての資質・能力」を育成す
ることを目指すとされ，「知識・技能」，「思考力・判断力・表現力等」，

「学びに向かう力・人間性等」の三つの柱に沿った整理が行われた。これを受け，教科の目標は次のように示された。

> 社会的な見方・考え方を働かせ，課題を追究したり解決したりする活動を通して，グローバル化する国際社会に主体的に生きる平和で民主的な国家及び社会の形成者に必要な公民としての資質・能力の基礎を次のとおり育成することを目指す。
> (1) 地域や我が国の国土の地理的環境，現代社会の仕組みや働き，地域や我が国の歴史や伝統と文化を通して社会生活について理解するとともに，様々な資料や調査活動を通して情報を適切に調べまとめる技能を身に付けるようにする。
> (2) 社会的事象の特色や相互の関連，意味を多角的に考えたり，社会に見られる課題を把握して，その解決に向けて社会への関わり方を選択・判断したりする力，考えたことや選択・判断したことを適切に表現する力を養う。
> (3) 社会的事象について，よりよい社会を考え主体的に問題解決しようとする態度を養うとともに，多角的な思考や理解を通して，地域社会に対する誇りと愛情，地域社会の一員としての自覚，我が国の国土と歴史に対する愛情，我が国の将来を担う国民としての自覚，世界の国々の人々と共に生きていくことの大切さについての自覚などを養う。

　従前より示し方が変更され，先述の3つの柱に対応して(1)〜(3)の目標が示された。それぞれ(1)が「知識・技能」，(2)が「思考力・判断力・表現力等」，(3)が「学びに向かう力・人間性等」による。

②各学年の目標

〔第3学年〕

> 社会的事象の見方・考え方を働かせ，学習の問題を追究・解決する活動を通して，次のとおり資質・能力を育成することを目指す。
> (1) 身近な地域や市区町村の地理的環境，地域の安全を守るための諸活動や地域の産業と消費生活の様子，地域の様子の移り変わりについて，人々の生活との関連を踏まえて理解するとともに，調査活動，地図帳や各種の具体的資料を通して，必要な情報を調べまとめる技

能を身に付けるようにする。

(2) 社会的事象の特色や相互の関連，意味を考える力，社会に見られる課題を把握して，その解決に向けて社会への関わり方を選択・判断する力，考えたことや選択・判断したことを表現する力を養う。

(3) 社会的事象について，主体的に学習の問題を解決しようとする態度や，よりよい社会を考え学習したことを社会生活に生かそうとする態度を養うとともに，思考や理解を通して，地域社会に対する誇りと愛情，地域社会の一員としての自覚を養う。

〔第4学年〕

社会的事象の見方・考え方を働かせ，学習の問題を追究・解決する活動を通して，次のとおり資質・能力を育成することを目指す。

(1) 自分たちの都道府県の地理的環境の特色，地域の人々の健康と生活環境を支える働きや自然災害から地域の安全を守るための諸活動，地域の伝統と文化や地域の発展に尽くした先人の働きなどについて，人々の生活との関連を踏まえて理解するとともに，調査活動，地図帳や各種の具体的資料を通して，必要な情報を調べまとめる技能を身に付けるようにする。

(2) 社会的事象の特色や相互の関連，意味を考える力，社会に見られる課題を把握して，その解決に向けて社会への関わり方を選択・判断する力，考えたことや選択・判断したことを表現する力を養う。

(3) 社会的事象について，主体的に学習の問題を解決しようとする態度や，よりよい社会を考え学習したことを社会生活に生かそうとする態度を養うとともに，思考や理解を通して，地域社会に対する誇りと愛情，地域社会の一員としての自覚を養う。

〔第5学年〕

社会的事象の見方・考え方を働かせ，学習の問題を追究・解決する活動を通して，次のとおり資質・能力を育成することを目指す。

(1) 我が国の国土の地理的環境の特色や産業の現状，社会の情報化と産業の関わりについて，国民生活との関連を踏まえて理解するもに，地図帳や地球儀，統計などの各種の基礎的資料を通して，情報を

適切に調べまとめる技能を身に付けるようにする。

(2)　社会的事象の特色や相互の関連，意味を多角的に考える力，社会に見られる課題を把握して，その解決に向けて社会への関わり方を選択・判断する力，考えたことや選択・判断したことを説明したり，それらを基に議論したりする力を養う。

(3)　社会的事象について，主体的に学習の問題を解決しようとする態度や，よりよい社会を考え学習したことを社会生活に生かそうとする態度を養うとともに，多角的な思考や理解を通して，我が国の国土に対する愛情，我が国の産業の発展を願い我が国の将来を担う国民としての自覚を養う。

〔第6学年〕

社会的事象の見方・考え方を働かせ，学習の問題を追究・解決する活動を通して，次のとおり資質・能力を育成することを目指す。

(1)　我が国の政治の考え方と仕組みや働き，国家及び社会の発展に大きな働きをした先人の業績や優れた文化遺産，我が国と関係の深い国の生活やグローバル化する国際社会における我が国の役割について理解するとともに，地図帳や地球儀，統計や年表などの各種の基礎的資料を通して，情報を適切に調べまとめる技能を身に付けるようにする。

(2)　社会的事象の特色や相互の関連，意味を多角的に考える力，社会に見られる課題を把握して，その解決に向けて社会への関わり方を選択・判断する力，考えたことや選択・判断したことを説明したり，それらを基に議論したりする力を養う。

(3)　社会的事象について，主体的に学習の問題を解決しようとする態度や，よりよい社会を考え学習したことを社会生活に生かそうとする態度を養うとともに，多角的な思考や理解を通して，我が国の歴史や伝統を大切にして国を愛する心情，我が国の将来を担う国民としての自覚や平和を願う日本人として世界の国々の人々と共に生きることの大切さについての自覚を養う。

● 社会科

　冒頭の「社会的事象の見方・考え方～を目指す。」は全学年共通の文章である。各学年の(1)は答申で示された「知識・技能」の内容を，同様に(2)は「思考力・判断力・表現力等」の，(3)は「学びに向かう力・人間性等」の内容を反映している。また，従前の学習指導要領では第3学年と第4学年の目標及び内容は共通で述べられていたが，今回の改訂から個別に目標及び内容が示された。

(2)　内容の改善について

　今回の改訂では，各学年について3～5つの領域が設定され，領域ごとに〔知識及び技能〕及び〔思考力・判断力・表現力等〕に関する指導事項を示す構成になった。

●学習指導法

　指導法に関する設問に対しては，各学年に応じた具体的な指導法や学習への配慮を答えることが求められる。それには，各学年の指導目標及び指導内容を正確に把握しておく必要がある。

　小学校の社会科では，各学年によって指導目標・指導内容がかなり異なる。そのため，各学年の指導目標・指導内容に応じて，指導法を工夫することが求められる。例えば第3学年では，生活科の学習を踏まえ，具体的な体験的学習や活動を取り入れる必要がある。なお今回の改訂より第3学年から地図帳を使用することとなった点には留意したい。第4学年においては，従前では第3学年と共通して指導目標・指導内容が示されていたが，今回の改訂より個別に示されるようになったことに注意する。第3学年の内容と第4学年の内容の接続について自分なりに確認しておくとよい。第5学年の産業学習においては，児童の生活に密着していながらも，その生産過程が見えにくい産業の問題をいかに身近なものとしてとらえさせるかがポイントとなる。第6学年の歴史学習においては，網羅的な歴史的事象の取り上げを避け，人物や文化遺産を精選して具体的に理解させる必要がある。また政治学習では，政治の制度や機構に深入りすることのないように配慮し，政治の動きを国民生活と関連させて具体的に指導するようにしたい。また国際理解学習では，観念的・抽象的な指導にならないように留意し，具体的に2，3カ国を取り上げ，正しい国際理解と世界平和への努力が

大切であることを理解させるように配慮したい。

　小学校社会科では，各学年に応じた具体的な指導法に応えることが求められるが，学年を通しての児童の発達段階を考慮して，社会的事象を公正に判断できるようにするとともに，個々の児童に社会的なものの見方や考え方が現れるようにしたい。具体的な方法としては，博物館・郷土資料館の活用，地域や国の遺跡・文化財の観察・調査及び，内容に関わる専門家や関係者・関係の諸機関との連携，地図の活用などが行われるよう配慮する必要がある。

歴史

【1】次の文章を読んで，以下の問いに答えなさい。

中国では，6世紀末に(A)が中国を統一した後，7世紀初めに(B)が成立した。①この王朝には日本から多くの外交使節が派遣され，②留学生や留学僧も同行した。一方で，中国が国家体制を充実させたことで，③東アジアの国際緊張をもたらした。

1 文中の(A)，(B)にあてはまる王朝名を書きなさい。

2 下線部①に関して述べた文aとbの正誤の組合せとして適切なものを，以下のア～エから1つ選んで，その符号を書きなさい。

   a 東大寺正倉院には，大陸から持ち帰った文物が保管されている。

   b 足利義満は勘合を外交使節に発行し，海賊と区別した。

   ア a−正 b−正　　イ a−正 b−誤

   ウ a−誤 b−正　　エ a−誤 b−誤

3 下線部②に関して，次の人物a～dのうち，中国に留学した人物の組合せとして適切なものを，以下のア～カから1つ選んで，その符号を書きなさい。

   a 紀貫之　　b 空海　　c 中臣鎌足　　d 阿倍仲麻呂

   ア a・b　　イ a・c　　ウ a・d

   エ b・c　　オ b・d　　カ c・d

4 下線部③について，この頃の様子に関して述べた文a～cについて，古いものから順に並べたものを，以下のア～カから1つ選んで，その符号を書きなさい。

   a 白村江の戦いで大敗した。

   b 百済が滅ぼされた。

   c 九州北部に大野城を築いた。

   ア a→b→c　　イ a→c→b　　ウ b→a→c

   エ b→c→a　　オ c→a→b　　カ c→b→a

‖ 2024年度 ‖ 兵庫県 ‖ 難易度 ■■■□□

【2】次のできごとを年代の古い順に並べたとき，3番目になるものを一つ選び，番号で答えよ。

1 土地の所有者と価格を定める地租改正を実施し，税率を地価の3％とした。

2 田畑の面積や土地のよしあしを調べ，予想される収穫量を，米の体積である石高で表した。

3 地主が持つ小作地を政府が強制的に買い上げ，小作人に安く売りわたす農地改革が行われた。

4 荘園や公領ごとに現地を管理・支配する地頭が置かれた。

5 人々は，男女ともに，口分田の面積に応じて稲を納める租を負担した。

‖ **2024年度** ‖ 愛知県 ‖ 難易度 ▮▮▮▮▮▯▯

【3】奈良時代に活躍した人物に関して，以下の(1)〜(3)の各問いに答えよ。

表1

聖武天皇	・全国に国分寺をつくり，（ ① ）の力で国を守ろうとした。 ・中国に遣唐使を送り，政治のしくみや大陸の文化を学ばせた。 ・都には東大寺を建て，金銅の大仏をつくらせた。
（ ② ）	・中国から来た高僧で，日本に渡ろうとして何度も遭難し，盲目になったが，来日後は正式な（ ① ）の教えを広めた。

(1) 表1は奈良時代に活躍した人物をまとめたものである。（ ① ），（ ② ）に入る適切な語句を次の語群から一つずつ選び，それぞれ記号で答えよ。

語群 ア 神話 イ 天平 ウ 僧 エ 仏教
オ 光明皇后 カ 大伴家持 キ 鑑真

(2) 次の文は，奈良時代について興味をもった児童がノートにまとめたものである。文章中の（ ③ ），（ ④ ）に入る適切な語句をそれぞれ答えよ。

　　正倉院に伝わる聖武天皇の身の回りの品々には，唐や朝鮮半島のものだけでなく，インドや西アジアなどへ通じる（ ③ ）を通って唐にもたらされたガラスや水差しなどがありました。
　　大仏づくりに協力した行基は，橋やため池などをつくって

人々の信頼を得ていたことがわかりました。当時の人々の生活の様子は，現存する最古の和歌集である(④)におさめられている農民の和歌から少し知ることができました。

(3) 表1中の東大寺の大仏造立の詔が発せられた同じ年に，墾田永年私財法が出されている。これが出された目的について，「口分田」と「税収」の語句を用いて説明せよ。

2024年度 ▌ 山口県 ▌ 難易度 ■■■■■□□□□

【4】次の年表中のア～エに起きたそれぞれの出来事について述べた，以下のア～エの文のうち，正しいものを「正」，誤っているものを「誤」とした場合，正しい組合せはどれか。あとの①～⑤の中から一つ選べ。

年　代	出　来　事
1167 年	平清盛が太政大臣に就任した
	↕　ア
1274 年	文永の役（元寇）が起こった
	↕　イ
1392 年	南北朝が合体した
	↕　ウ
1582 年	本能寺の変が起こった
	↕　エ
1603 年	江戸幕府が開かれた

ア　平清盛は，瀬戸内海の航路を整備して，中国の明と交易をおこなった。明の通貨である銅銭を大量に輸入し，貨幣として使用したことで，日本でも貨幣経済が発展した。

イ　肥後国の御家人であった竹崎季長は，蒙古襲来絵詞に自分が戦う姿を描かせた。その中で元軍が火薬を使った「てつはう」を用いている様子が描かれている。

ウ　室町幕府の征夷大将軍であった足利義満は，安定した国内の政情を背景に，中国の清と交易した。足利義満が発出した朱印状をもち，交易していたことから，朱印船貿易と呼ばれた。

エ　豊臣秀吉は，面積や枡の単位を統一し，獲得した領地で検地を行い，検地帳をつくらせた。京都付近で使われた1升枡を基準の枡として採用した。

	ア	イ	ウ	エ
①	正	正	誤	正
②	正	誤	誤	正
③	誤	正	誤	正
④	誤	誤	正	誤
⑤	誤	正	正	誤

‖ 2024年度 ‖ 岐阜県 ‖ 難易度 ▮▮▮▮▮▯▯

【5】次の【年表】について，以下の(1)～(3)の問いに答えよ。

【年表】

年	主な出来事
1万数千年前	縄文土器を使うようになった。　…　A
710年	平城京に遷都した。 ↑ B ↓
794年	平安京に遷都した。 ↑ C ↓
1192年	源頼朝が征夷大将軍に任命される。

(1)　【年表】中のAの道具を利用していた縄文時代のことがらとして適切でないものを，次のア～エから一つ選んで，その記号を書け。
　　ア　貝塚　　イ　土偶　　ウ　たてあな式住居　　エ　埴輪

(2)　【年表】中のBの時期に作られた書物として誤っているものを，次のア～エから一つ選んで，その記号を書け。
　　ア　日本書紀　　イ　古今和歌集　　ウ　万葉集　　エ　風土記

(3)　次の文は，【年表】中のCの時期に日本で新しい仏教を始めた2人の人物に関わるものである。文中の（　a　）の人物名と（　b　）の中国

の王朝名にあてはまる名称をそれぞれ書け。

> 9世紀の初め（　a　）と空海は（　b　）に渡った。その後，
> （　a　）は天台宗を，空海は真言宗を始めた。

| 2024年度 | 香川県 | 難易度 ■■■■■□□

【6】鎌倉幕府による支配の確立について述べた次の文中の（　①　），
（　②　）にあてはまる語句を，以下のア〜カから一つずつ選び，その
記号を書きなさい。

> 源頼朝は，鎌倉を拠点に政治のしくみを整えると，1192年に
> 朝廷から（　①　）に任命され，全国の武士を従える地位に就いた。
> 　朝廷の力を再び強めようとしていた後鳥羽上皇は，源氏の将
> 軍が絶えると，1221年に兵を挙げた。頼朝の妻政子らを中心と
> する幕府は，これを退けると，京都に（　②　）をおいて，朝廷を
> 監視し，京都の内外の警備，および西国の統轄に当たらせた。

ア　関白　　　　　イ　六波羅探題　　ウ　摂政　　エ　京都所司代
オ　京都守護職　　カ　征夷大将軍

| 2024年度 | 岩手県 | 難易度 ■■■■□□□

【7】次の文は，江戸幕府について述べたものである。文中の（　A　）〜
（　C　）にあてはまる語句の組合せとして正しいものを，以下の1〜5の
中から1つ選べ。

> 　幕府は大坂の陣直後の1615(元和元)年に，大名の居城を1つに
> 限る一国一城令，さらに（　A　）を制定して大名をきびしく統制
> した。
> 　徳川家光は1635(寛永12)年，新たな（　A　）を発布し，諸大名
> に遵守を厳命した。その中で，大名には国元と江戸とを1年交代
> で往復する（　B　）を義務づけ，大名の妻子には江戸に住むこと
> を強制した。こうして，3代将軍家光の頃までに，将軍と諸大名
> との主従関係は確立した。軍事力を独占した将軍と大名が，土
> 地と人民を統治する支配体制を（　C　）という。

1. A 地方知行制 B 軍役 C 俸禄制度
2. A 禁中並公家諸法度 B 参勤交代 C 地方知行制
3. A 武家諸法度 B 参勤交代 C 幕藩体制
4. A 地方知行制 B 参勤交代 C 幕藩体制
5. A 武家諸法度 B 軍役 C 俸禄制度

┃ 2024年度 ┃ 和歌山県 ┃ 難易度 ▖▖▖▗▗

【8】元禄文化についての記述として最も適切なものを，次の①〜⑤のうちから選びなさい。

① 19世紀初めの文化・文政期を中心に花開いた，江戸の庶民による文化を元禄文化という。

② 民衆が「読み・書き・そろばん」を学ぶための藩校が，町や村に多く設立された。

③ 松尾芭蕉は，俳諧(俳句)の芸術性を高め，各地を旅して「おくのほそ道」を書いた。

④ 浮世絵では，錦絵とよばれる多色刷りの版画が人気を集め，喜多川歌麿は美人画，東洲斎写楽は歌舞伎の役者絵，葛飾北斎や歌川広重は風景画に優れた作品を残した。

⑤ 千利休は，目まぐるしい戦乱のなかで質素で静かな雰囲気を大切にするわび茶を完成させ，茶の湯を茶道へと高めた。

┃ 2024年度 ┃ 神奈川県・横浜市・川崎市・相模原市 ┃ 難易度 ▖▖▖▗▗

【9】次の文を読み，以下の(1)・(2)の各問いに答えなさい。

> 1603年，徳川家康は朝廷から征夷大将軍に任じられ，江戸に幕府を開きました。江戸幕府はその後，様々な①政策を行ったり，②制度を取り決めたりしていきました。江戸時代には，社会が安定するに伴って，武士以外の人々の中にも，③文化や学問に親しむ人が現れるようになりました。

(1) 江戸幕府が行った①政策や取り決めた②制度とその影響として，適していないものを次の1〜4から1つ選び，番号で書きなさい。

1 鎖国を行い，外国との貿易や交渉を行う場所を厳しく制限した

　　　ことで，貿易で得られる利益を一部の商人がほぼ独占することになった。

2　村のまとまりを利用して五人組の仕組みをつくり，収穫の半分にもあたる重い年貢を納めさせたり，いろいろな役(力仕事)をさせたりしたことで，農民は苦しい生活を強いられた。

3　全国の大名が自分の領地と江戸との間を行き来する参勤交代が制度化されたことで，街道や宿場町が整備されたり，江戸の文化が各地に広まったりした一方，大名にとっては多くの費用がかかりとても負担になった。

4　武家諸法度に反したという理由で多くの大名が取り潰されたことで，将軍の力はますます強くなった。

(2)　江戸時代の③文化や学問に関連しているものの組み合わせとして，適するものを次の1～6から1つ選び，番号で書きなさい。

1　人形浄瑠璃－近松門左衛門　　浮世絵－高価な絵画
　　国学－古事記伝

2　人形浄瑠璃－近松門左衛門　　浮世絵－高価な絵画
　　蘭学－解体新書

3　人形浄瑠璃－芝居小屋　　　　浮世絵－東海道五十三次
　　国学－解体新書

4　人形浄瑠璃－武士の姿が中心　浮世絵－東海道五十三次
　　蘭学－古事記伝

5　人形浄瑠璃－芝居小屋　　　　浮世絵－世界の絵画に影響
　　国学－古事記伝

6　人形浄瑠璃－武士の姿が中心　浮世絵－世界の絵画に影響
　　蘭学－解体新書

‖ 2024年度 ‖ 名古屋市 ‖ 難易度 ▉▉▉▉▉□□□

【10】次の略年表を見て，以下の(1)～(3)の問いに答えよ。

年代	出来事
672年	壬申の乱
	↕ ①
710年	平城京遷都
1685年	生類憐みの令の発布
	↕ ②
1742年	公事方御定書の制定
1868年	五箇条の御誓文の発布
	↕ ③
1925年	普通選挙法の公布

(1) 年表中の①の期間に起こった出来事を次のA～Dから一つ選び，その記号を書け。

A 改新の詔の発布

B 大宝律令の制定

C 冠位十二階の制定

D 大仏建立の詔の発布

(2) 年表中の②の期間に栄えた元禄文化の特色について説明したものを次のA，Bから，代表する作品を以下のC，Dからそれぞれ一つ選び，その記号を書け。

【特色】

A 上方を中心に，裕福な町人を担い手とする文化

B 江戸を中心に，裕福な町人だけでなく庶民も担い手とする文化

【作品】

C 『見返り美人図』(菱川師宣)

D 『富嶽三十六景』(葛飾北斎)

(3) 年表中の③の期間に起こった次のア〜エの出来事を，年代が古い順に左から右へ並べたものとして正しいものを以下のA〜Dから一つ選び，その記号を書け。

> ア 八幡製鉄所が北九州に設立された。
> イ 官営模範工場として富岡製糸場が設立された。
> ウ 南満州鉄道株式会社が大連に設立された。
> エ 渋沢栄一らにより大阪紡績会社が設立された。

A イ → エ → ア → ウ　　B エ → イ → ウ → ア
C イ → エ → ウ → ア　　D エ → イ → ア → ウ

║ 2024年度 ║ 愛媛県 ║ 難易度 ▓▓▓▓▓░░

【11】明治期の外交について書かれた次の文のうち，誤っているものを一つ選び，番号で答えよ。

1 陸奥宗光は，日英通商航海条約を結び，領事裁判権の撤廃に成功した。

2 日清戦争後の講和条約で，清は日本に賠償金を支払うことが決められた。

3 ロシアは，ドイツ・イタリアとともに，遼東半島を清に返還するよう日本に勧告した。

4 日露戦争後の講和条約で，日本はロシアから賠償金を得ることができなかった。

5　日露戦争後，日本は韓国を併合し，強い権限を持つ朝鮮総督府を設置した。

┃ 2024年度 ┃ 愛知県 ┃ 難易度 ▮▮▮▮▮▮▯▯

【12】次のア～オは，1972年から2004年の間に起きた出来事である。年代の古いものから順に並べたものとして最も適切なものを，以下の①～⑤のうちから選びなさい。

ア　長野冬季オリンピックの開催

イ　沖縄の本土復帰

ウ　日韓共催サッカーワールドカップの開催

エ　日中平和友好条約の締結

オ　人道復興支援のための自衛隊のイラク派遣

①　イ　→　エ　→　ア　→　ウ　→　オ

②　イ　→　エ　→　ウ　→　ア　→　オ

③　イ　→　エ　→　オ　→　ウ　→　ア

④　エ　→　イ　→　ア　→　オ　→　ウ

⑤　エ　→　イ　→　ウ　→　ア　→　オ

┃ 2024年度 ┃ 神奈川県・横浜市・川崎市・相模原市 ┃ 難易度 ▮▮▮▮▮▮▯▯

【13】明治政府の政策に関する記述として正しいものを，次の1～5の中から一つ選びなさい。

1　政府は中央集権を進めるため，藩主が支配していた土地と人民を天皇に返上させた。これを廃藩置県という。

2　政府は歳入を安定させるため，地価を定めて土地の所有者に地券を発行した上で，地租の税率を地価の3％とし，土地の所有者に米で納入させた。

3　政府は教育によって国民の知識を高め，人材を養成するため，1872年に学制を発布した。6歳以上の子どもに教育を受けさせることを国民の義務とし，授業料は無償で教育を行った。

4　政府は産業の近代化を図るため，欧米の進んだ技術や機械を取り入れ，各地に製糸・紡績などの官営工場を造った。富岡製糸場もその一つである。この政策を殖産興業という。

5 政府の新しい政策に対して，国民の強い抵抗があった。たとえば，徴兵令に対する代表的な抵抗に佐賀の乱がある。

┃ 2024年度 ┃ 鳥取県 ┃ 難易度 ■■■■■■□□□

【14】次の(1)～(4)に答えよ。

(1) 明治から昭和初期にかけて活躍した実業家であり，秩父鉄道や東洋紡績など多くの企業の設立に携わった人物の名前を，次のア～エから一つ選び，記号で記せ。

ア 小林一三　イ 根津嘉一郎　ウ 岩崎弥太郎
エ 渋沢栄一

(2) 次の①，②は鎌倉時代の仏教及び文化に関して述べたものである。その正誤の組み合わせとして正しいものを，以下のア～エから一つ選び，記号で記せ。

① 「南無阿弥陀仏」と念仏を唱えるだけで，だれでも極楽浄土に生まれ変わると説き，浄土宗を開いた人物は，日蓮である。

② 武士の活躍を描いた軍記物のなかでも，琵琶法師によって語られ，文字を読めない人々にも親しまれたものは，『方丈記』である。

ア ① 正　② 正　イ ① 正　② 誤
ウ ① 誤　② 正　エ ① 誤　② 誤

(3) 次の①，②は18世紀以降のアメリカについて述べたものである。文中のa，bにあてはまることばを，aはⅠ群のア～ウから，bはⅡ群のエ～キからそれぞれ一つ選び，記号で記せ。

① 17世紀にイギリス人の植民活動が本格化し，つくられた13植民地は，ワシントンを総司令官として本国に対して戦争を起こし，1776年に（ a ）を発表した。

② 黒人奴隷を使い，綿花などの栽培と輸出が盛んな州と，工業化が進み，奴隷制度に反対する州との間で1861年に（ b ）が起きた。

Ⅰ群 ア 人権宣言　イ 独立宣言　ウ 権利の章典
Ⅱ群 エ 米西戦争　オ 湾岸戦争　カ 南北戦争
　　　キ 米墨戦争

(4) 1918年にソビエト政府に対抗して,「十四か条の平和原則」を発表し,議会制民主主義が戦後の政治の基礎となるべきだと主張した人物の名前を,次のア～エから一つ選び,記号で記せ。

ア ウィルソン　イ ニクソン　ウ ルーズベルト
エ クリントン

‖ 2024年度 ‖ 山梨県 ‖ 難易度 ▮▮▮▯▯

【15】日本の歴史について,次の(1),(2)の問いに答えなさい。

(1) 次のア～ウのカードは,略年表中の(A)～(C)のいずれかの時期におきたできごとについて説明したものである。略年表中の(A)～(C)の時期にあてはまるカードの組合せとして最も適当なものを,あとの①～⑥のうちから一つ選びなさい。

ア

> 伊能忠敬が中心となって,全国を測量し,正確な日本地図を作成した。

イ

> 長州藩と薩摩藩が,坂本龍馬らの仲立ちにより,薩長同盟を結んだ。

ウ

> 明智光秀をたおした豊臣秀吉は,朝廷から関白に命じられ,天下統一をなしとげた。

年	できごと
1338	足利尊氏が征夷大将軍となる
	（A）
1603	徳川家康が征夷大将軍となる
	（B）
1854	日米和親条約を結ぶ
	（C）
1867	大政奉還を行う
	（D）

	①	②	③	④	⑤	⑥
（A）	ア	ウ	イ	イ	ウ	ア
（B）	ウ	ア	ア	ウ	イ	イ
（C）	イ	イ	ウ	ア	ア	ウ

(2) 次のア～カの文の中で，略年表中の(D)の時期におきたできごとに関する記述の組合せとして最も適当なものを，以下の①～⑥のうちから一つ選びなさい。

ア　商工業者らは，同業者ごとに座という団体を作り，公家や寺社等に税を納める代わりに，営業を独占する権利を認められた。

イ　領主による重い年貢の取り立てとキリスト教徒への厳しい弾圧に抵抗して，島原と天草の人々が一揆を起こした。

ウ　外国から進んだ技術を取り入れ，製糸・紡績などの官営工場(官営模範工場)が造られた。

エ　日本古来の精神を明らかにしようとする国学がおこり，尊王攘夷運動に影響を与えた。

オ　欧米の生活様式が取り入れられ，文明開化が進む中で，暦が太陰暦から太陽暦へと変更された。

カ　南蛮貿易によって，ヨーロッパから新たな文化が流入し，カステラやカルタ，時計などがもたらされた。

①　ウ・カ　　②　ア・イ　　③　オ・カ　　④　ウ・オ
⑤　ア・エ　　⑥　イ・エ

┃ 2024年度 ┃ 千葉県・千葉市 ┃ 難易度■■■■□□ ┃

【16】次の地図中のA～Dで示された場所と，日本の世界遺産の写真①～④の組合せとして正しいものを，以下の1～5の中から1つ選べ。

平泉－仏国土(浄土)を表す建築・
庭園及び考古学的遺跡群

日光の社寺

白神山地

知床

1. A－②　　B－③　　C－④　　D－①
2. A－③　　B－④　　C－①　　D－②
3. A－①　　B－②　　C－③　　D－④
4. A－④　　B－③　　C－①　　D－②
5. A－④　　B－③　　C－②　　D－①

▌2024年度 ▌和歌山県 ▌難易度 ▦▦▦▦▢▢

【17】軍拡・軍縮の歩みに関する次のA～Cを年代の古いものから順に並べたものとして最も適切なものを①～⑥の中から一つ選びなさい。

A　アメリカが，ビキニ環礁で水爆実験を行い，第五福竜丸が被爆した。

B　国連で包括的核実験禁止条約が採択された。

C　アメリカ・ソ連・イギリスが部分的核実験禁止条約に調印した。

①　A → B → C　　②　A → C → B
③　B → A → C　　④　B → C → A
⑤　C → A → B　　⑥　C → B → A

▌2024年度 ▌三重県 ▌難易度 ▦▦▦▦▢▢

【18】世界恐慌の発生の原因やそれに対する各国の対応についての説明として，正しいものを次のア〜エから一つ選び，その記号を書きなさい。

ア　1929年10月，ニューヨーク証券取引所で株価が大暴落し，銀行があいついで破綻したことをきっかけに，大恐慌が世界に広がった。

イ　ソ連では，レーニンが指導権を握り，1928年から五か年計画を開始し，農民を犠牲とする農業の集団化や重工業の建設を進めた。

ウ　日本は韓国皇帝を退位させて韓国併合を断行した。韓国を植民地化することにより，ブロック経済化を進め，景気の回復を図った。

エ　アメリカ合衆国では，大統領に就任したセオドア・ローズヴェルトが，ニューディールとよばれる新政策を推進し，雇用を生み出すために大規模な公共事業を行った。

‖ 2024年度 ‖ 岩手県 ‖ 難易度 ▩▩▩▩▩▢▢

解答・解説

【1】1　A　隋　　B　唐　　2　イ　　3　オ　　4　ウ

○**解説**○　1　6世紀の中国は南北朝時代が続いていたが，581年に隋が成立し国を統一した。その後内乱が起こると，7世紀初めの618年に，唐が成立した。7世紀から9世紀にかけては，日本から遣唐使が数多く派遣されている。　2　bについて，室町幕府3代将軍の足利義満が貿易を行った相手は，明である。1404年から明が日本へ勘合を発行し，勘合貿易が始まった。　3　遣唐使として留学した人物は，阿倍仲麻呂，吉備真備，玄昉，最澄，空海などである。　4　660年に百済が唐・新羅連合軍に滅ぼされた。その後百済は復興を目論み，663年に百済・日本連合軍と唐・新羅連合軍との間で白村江の戦いが行われたが，百済・日本軍が敗れた。日本は，唐・新羅の侵攻をおそれ，665年，九州北部に大野城や基肄城を築き，防衛体制をとった，という流れである。

【2】2

○**解説**○　農業に関連するテーマ史である。　1　地租改正を実施したの

は，明治時代の1873年である。　2　石高を基準にして体制原理を確立したのは，16世紀末の豊臣秀吉の太閤検地においてのことである。3　農地改革は，第二次世界大戦直後に連合国軍の占領政策の一環として実施された。　4　地頭を設置したのは源頼朝で，鎌倉時代の1185年のことである。　5　口分田は，大化の改新後班田収授法によって公民に割り当てられた田のことであり，飛鳥時代，奈良時代である。　よって，古い順に並べると，5→4→2→1→3となる。

【3】(1)　①　エ　　②　キ　　(2)　③　シルクロード　　④　万葉集
(3)　人口増加や自然災害によって不足した口分田を補うとともに税収を増やすため。
○**解説**○　(1)　①　聖武天皇と光明皇后は，唐にならって仏教の力により，伝染病や災害などの不安から国家を守ろうと考えた。これを鎮護国家という。　②　日本に渡ろうとして何度も遭難し，盲目になったが来日した唐の高僧とは，鑑真のことである。鑑真は，戒律を日本に伝えた。　(2)　③　正倉院の御物には，西アジアやインドから唐にもたらされ，それを遣唐使が持ち帰ったとみられるものが数多くある。それらの品は，シルクロードを通って伝わったと思われる。　④　日本最古の和歌集とは，8世紀後半に大伴家持がまとめた万葉集である。(3)　8世紀初頭には，人口が増加して口分田が不足し，過重な負担により班田農民が浮浪人化し，税収や財源が不足していた。そこで百万町歩の開墾計画，三世一身法などの政策がとられたが効果が上がらず，743年に墾田永年私財法が出された。目的は口分田が不足した分を補い，税収を増やすことである。指示通り「口分田」と「税収」の語句は必ず使うこと。

【4】③
○**解説**○　ア　平清盛が行ったのは日宋貿易である。日明貿易は室町幕府三代将軍，足利義満から始まった。　ウ　朱印船貿易は，江戸時代初期の貿易である。

【5】(1)　エ　　(2)　イ　　(3)　a　最澄　　b　唐

○**解説**○ (1)　エの埴輪は，古墳時代を代表する遺物で，その起源は弥生時代後期に吉備地方を中心とする地域の墓に供えた土の器にあるといわれている。　　(2)　Bの時期は奈良時代である。古今和歌集は，平安時代初期に成立した最初の勅撰和歌集である。　　(3)　Cの時期は平安時代である。平安時代初期に唐で仏教を学び，日本で新しい仏教を始めた人物は，空海と最澄である。最澄は天台宗を開き，空海は真言宗を開いた。

【6】①　カ　　②　イ

○**解説**○ ①　源頼朝は，1192年に朝廷から征夷大将軍に任命された。平安時代初期には，征夷大将軍は蝦夷征討のために任命されたが，頼朝の任命以降は武家の棟梁を意味するようになった。　　②　1221年の承久の乱後，鎌倉幕府は京都守護に変わり新たに六波羅探題を置いた。六波羅探題は朝廷を監視し，京都の内外の警備と西国の統轄に当たった。

【7】3

○**解説**○ A　江戸幕府の大名に対する統制法は，武家諸法度である。地方知行制とは，家臣に禄高にあたる一定の領地を分け与え，その土地と農民を直接支配させる制度である。禁中並公家諸法度とは，江戸幕府が朝廷や公家に対して直接的に統制を図った法令である。　B　江戸幕府が大名統制のため，一定期間大名を江戸に参勤させた制度を参勤交代という。徳川家光の改正した武家諸法度で定められ，国元と江戸の1年交代を原則とした。軍役とは，武士が主君に対して負う軍事的役負担のことである。　　C　江戸時代，軍事力を独占した将軍と大名が，土地と人民を統治する封建的支配体制を幕藩体制という。俸禄制度とは，知行地を持たない武士に俸禄を支給する制度のことである。

【8】③

○**解説**○ ①　19世紀初めの江戸時代後期の文化・文政期を最盛期として，江戸を中心に花開いた町人文化は，化政文化である。　　②　民衆のための「読み・書き・そろばん」を主とする簡易な教育機関は，寺

子屋である。藩校は，江戸時代に武家として相応しい文武の教養をつむために藩が設けた教育機関である。　④　喜多川歌麿，東洲斎写楽，葛飾北斎，歌川広重らが活躍したのは，化政文化の時期である。⑤　わび茶の大成者である千利休は，安土桃山時代の茶人である。

【9】(1)　1　　(2)　5

○**解説**○ (1)　1 「貿易で得られる利益を一部の商人がほぼ独占する」が誤りである。鎖国政策は，幕府が貿易の利益を独占するため，貿易を幕府の統制下においたという側面がある。　(2)　人形浄瑠璃は，義太夫節に合わせ人形遣いが動かす人形が演じるもので，芝居小屋で上演された。近松門左衛門は，主に現実の社会に生きる人々が義理と人情の板挟みとなり悩む姿を描いた。浮世絵は，版画であったため，安価に入手でき人気を博した。歌川広重による『東海道五十三次』は，風景画の傑作である。19世紀後半に欧米で起こった「ジャポニズム」という日本美術ブームにより，浮世絵はモネやセザンヌに大きな影響を与えた。『古事記伝』の著者は本居宣長で，古典を研究する国学者である。『解体新書』は，蘭学者の前野良沢と杉田玄白が『ターヘルアナトミア』を翻訳したものである。

【10】(1)　B　　(2)　特色…A　　作品…C　　(3)　A

○**解説**○ (1)　何年の出来事なのかを覚えるのも大切だが，関連人物からおおよその年代をつかむ練習も大切である。　A　大化改新の基本方針を示した改新の詔の発布は，646年の正月のことである。大化の改新は中大兄皇子や中臣鎌足が中心人物なので，①よりも前であると分かる。　B　大宝律令は藤原不比等らの編纂によって，701年に制定された。不比等は飛鳥から奈良時代の政治家であることから，①の期間に起こったことと分かる。　C　冠位十二階は日本最初の位階制度で，聖徳太子(厩戸皇子)が603年に制定した。聖徳太子が行ったことから，①よりも前のことと分かる。　D　大仏建立の詔は，743年に聖武天皇が廬舎那仏の大仏を造ろうとして発した詔である。聖武天皇が発したことから，①の後と分かる。　(2)　元禄文化は，江戸時代前期の元禄年間を中心に，上方の町人を中心に発展した。浮世絵師の菱川師宣の

ほか，浮世草子の井原西鶴，絵師の尾形光琳，浄瑠璃の近松門左衛門，俳諧の松尾芭蕉などが活躍した。一方化政文化は，江戸時代後期の文化・文政時代を中心に，江戸の町人を中心に発達した。浮世絵師の葛飾北斎や歌川広重，作家の滝沢馬琴，俳諧の小林一茶などが活躍した。

(3)　ア　八幡製鉄所は，1897年に設置された日本最初の本格的官営製鉄所である。　イ　富岡製糸場は，1872年に開業した日本最初の本格的な器械製糸による官営模範工場である。　ウ　南満州鉄道株式会社は，日露戦争後の講和条約によってロシアから譲渡された利権に基づき，1905年に設立された。　エ　大阪紡績会社は，渋沢栄一の主唱によって，1882年に設立された紡績会社である。

【11】3

○解説○　三国干渉についての記述であるが，その三国はロシア，フランス，ドイツである。日清戦争後の講和条約において，日本は遼東半島を中国に割譲させたが，この遼東半島分割に反対したのが，ロシア，フランス，ドイツで，日本に対してその領有の放棄を勧告してきた。

【12】①

○解説○　ア　長野冬季オリンピックは，1998年2月7日から2月22日まで，長野県長野市などで開催された。　イ　1972年5月15日に，沖縄は日本に復帰を果たした。　ウ　2002年5月31日から6月30日にかけて，日本と韓国との共同開催で，アジアで初めてのFIFAワールドカップが開催された。　エ　日中平和友好条約は，1978年8月12日に北京で締結された。　オ　自衛隊のイラク派遣は，イラク戦争初期の2004年1月から約5年にわたって行われた。　年代の古い順に並べると，イ→エ→ア→ウ→オとなる。

【13】4

○解説○　1　藩主が支配していた土地(版)と人民(籍)を天皇に返上させたのは，版籍奉還である。廃藩置県は，幕藩体制の旧態を解体して全国を新政府の直轄地とするため，藩を廃止して府県を設置したものである。　2　明治政府は，近代的土地所有制度の確立と，財政の安定を

目指して地租改正を行った。作物の出来不出来にかかわらず安定した歳入を得るため，地租は米ではなく金納とした。 3 はじめは授業料を支払わねばならず，就学率は高くなかった。無償化されたのは，1900年からである。 5 佐賀の乱は，1874年に起こった江藤新平らによる不平士族の乱であり，徴兵令に抵抗するものではない。徴兵令に抵抗する代表的な乱は，徴兵反対一揆(血税一揆)で，多くが1873年に起こった。

【14】 (1) エ (2) エ (3) a イ b カ (4) ア
○解説○ (1) 渋沢栄一(1840～1931年)は，明治新政府に登用され金融・財政制度の制定・改正に尽力，第一国立銀行を設立した後実業界に転身し，王子製紙，日本郵船，日本鉄道など数多くの近代企業の設立に参画し，実業界に指導的役割を果たした。アの小林一三は阪急東宝グループの創設者，イの根津嘉一郎は東武鉄道や南海鉄道など多くの鉄道経営に手腕を発揮した人物，ウの岩崎弥太郎は三菱財閥の創設者である。 (2) ① 浄土宗を開いたのは法然である。日蓮は，「南無妙法蓮華経」と題目を唱えることで救われると説き，日蓮宗を広めた。② 琵琶法師によって語られたのは，『平家物語』である。『方丈記』は軍記物ではなく，鴨長明による鎌倉時代前期の随筆である。
(3) a 13植民地が1776年に発表したのは，イギリス本国からの独立を宣言したアメリカ独立宣言である。トマス・ジェファソンが起草した。アの人権宣言は，1789年フランス革命のときに出された文書。アメリカ独立宣言の影響を受けている。ウの権利の章典は，1689年にイギリスで出された。名誉革命の結果，ウィリアム3世とメアリ2世が議会の議決した権利宣言を承認して公布した法律である。 b 1861年に南部の州と北部の州の間で起きた内戦は，南北戦争である。エの米西戦争は，1898年にスペインの植民地だったキューバを巡って起こったアメリカとスペインの戦争である。オの湾岸戦争は，イラクのクウェート侵攻を機に始まり，1991年1月～2月にかけてアメリカ軍を主体とする多国籍軍がイラクに攻撃を加えた戦争である。米墨戦争は，1846～1848年にアメリカが起こしたメキシコ領土への侵略戦争である。 (4) 第一次世界大戦後の1918年に「十四か条の平和原則」を発表したのは，

第28代アメリカ大統領のウィルソンである。「十四か条の平和原則」は,軍備縮小,民族自決の原則に基づく植民地問題の公正な解決,国際連盟の設立などを示したものであった。第一次世界大戦後の戦勝国によるパリ講和会議は,この十四か条を原則として開かれた。

【15】(1) ② (2) ④

○**解説**○ (1) ア 伊能忠敬が中心となって作成した正確な日本地図である『大日本沿海輿地全図』が完成したのは,1821年のことである。年表中の(B)に該当する。 イ 薩摩藩と長州藩が薩長同盟を結んだのは,1866年のことである。年表中の(C)に該当する。 ウ 豊臣秀吉が天下統一を成し遂げたのは,1590年のことである。年表中の(A)に該当する。(2) 年表中の(D)の時期とは,明治時代のことである。明治時代に起きたできごとは,ウとオである。アは中世,イは江戸時代初期の1637〜38年,エは江戸時代中期以降,カは16世紀中期から鎖国までのできごとである。

【16】4

○**解説**○ 地図中のAは知床,Bは白神山地,Cは平泉,Dは日光である。写真①は平泉にある中尊寺金色堂,写真②は日光東照宮,写真③は十二湖に映る白神山地,写真④は知床の流氷の様子である。

【17】②

○**解説**○ 戦後の核問題に関する問題で,Aは1954年,Bは1996年,Cは1963年の出来事である。軍縮に関係する条約としては他にも,1968年の核拡散防止条約や2017年の核兵器禁止条約などがある。

【18】ア

○**解説**○ イ ソ連で5か年計画を主導したのは,レーニンではなくスターリンである。 ウ 日本が韓国併合を断行したのは1910年のことであり,世界恐慌後には満州への進出を目論んだ。 エ ニューディール政策を推進したのは,セオドア・ローズヴェルトではなくフランクリン・ローズヴェルトである。

地理

【1】次の文章を読んで，以下の問いに答えなさい。

　　現在の日本では，仕事を持つ人の約7割が，①第三次産業に就労している。商業においては，②郊外に大型のショッピングセンターや専門店が進出したり，駅前の商店やスーパーマーケットが閉店したりするような例が増えた。その一方，③情報通信技術の発達により，高齢者や④過疎化が進む農山村で暮らす住民が，移動することなく買い物ができるようになった。

1　下線部①について，第三次産業として適切でないものを，次のア〜エから1つ選んで，その符号を書きなさい。

　　ア　運輸業　　イ　建設業　　ウ　小売業　　エ　金融業

2　下線部②について，このことが招いたこととして最も適切なものを，次のア〜エから1つ選んで，その符号を書きなさい。

　　ア　都市部の住民が生活必需品を購入しやすくなる。

　　イ　高速道路や鉄道など，交通網の発達を阻害する。

　　ウ　車を利用しない人々の買い物が不便になる。

　　エ　第3次産業の就業人口が減少する。

3　下線部③について，アメリカ合衆国のカリフォルニア州サンノゼ近郊にあり，大学を中心として高度な技術開発が進められている，情報通信技術関連企業の集積地を何というか書きなさい。

4　下線部④について，大都市圏に移住した大都市圏以外の出身者が，出身地に戻り就労することを何というか書きなさい。

5　次の表は，地図中 あ〜う で示したいずれかの県の産業別就業者の割合の変遷を示したものである。

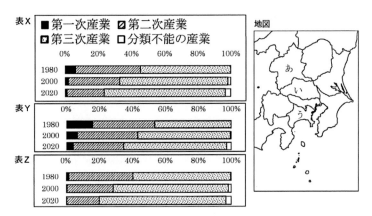

表X～Zのうち，群馬県にあたるものと，その地図中の位置との組合せとして適切なものを，次のア～ケから1つ選んで，その符号を書きなさい。

ア　X－あ　　イ　X－い　　ウ　X－う　　エ　Y－あ

オ　Y－い　　カ　Y－う　　キ　Z－あ　　ク　Z－い

ケ　Z－う

| 2024年度 | 兵庫県 | 難易度 ████████ ▓▓▓▓ |

【2】次のア～エは，以下の略地図中の地点A～Dのいずれかの，年平均気温と年降水量及び各月の平均気温と降水量をそれぞれ示したものである。ア～エと，A～Dとの組合せとして適切なものは，後の1～4のうちのどれか。

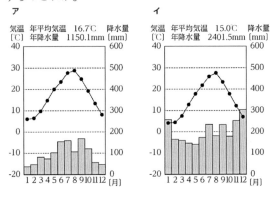

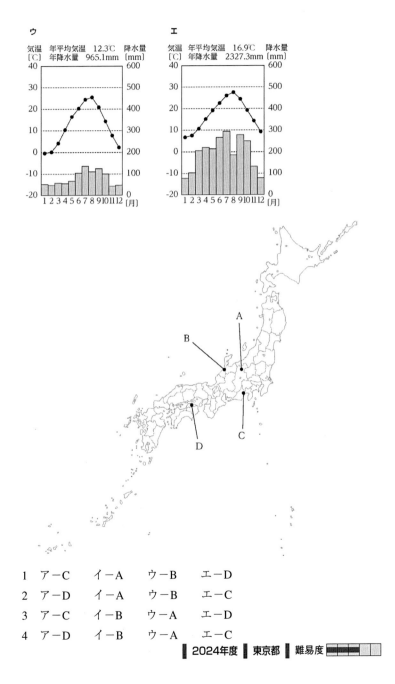

ウ
気温　年平均気温　12.3℃　降水量
[℃]　年降水量　965.1mm　[mm]

エ
気温　年平均気温　16.9℃　降水量
[℃]　年降水量　2327.3mm　[mm]

1　ア−C　　イ−A　　ウ−B　　エ−D

2　ア−D　　イ−A　　ウ−B　　エ−C

3　ア−C　　イ−B　　ウ−A　　エ−D

4　ア−D　　イ−B　　ウ−A　　エ−C

2024年度 ┃ **東京都** ┃ **難易度**

【3】 日本の産業に関して，次の(1)～(4)の各問いに答えよ。

(1) 資料1について述べた次の文中の(　　)に入る適切な語句を以下の語群から一つ選び，記号で答えよ。

> 　資料1のX，Y，Zは令和2年の米の収穫量，ばれいしょの収穫量，肉用牛の飼育頭数のいずれかの上位3都道府県およびその全国に占める割合を示したものであり，Xは(　　)を示している。

資料1

	1位（割合）	2位（割合）	3位（割合）
X	北海道 （78.6%）	鹿児島県 （3.9%）	長崎県 （3.8%）
Y	北海道 （20.5%）	鹿児島県 （13.3%）	宮崎県 （9.6%）
Z	新潟県 （8.6%）	北海道 （7.7%）	秋田県 （6.8%）

（「データで見る県勢　2021年版，2022年版」により作成）

語群　　ア　米の収穫量　　イ　ばれいしょの収穫量
　　　　ウ　肉用牛の飼育頭数

(2) 米の収穫量に影響が出ることがある風で，夏に北海道から関東地方にかけての太平洋側で吹く，東よりの冷たい湿った風の名称を答えよ。

(3) 図1のグラフ中のア～ウは，沿岸漁業，沖合漁業，海面養殖業のいずれかを示している。沖合漁業にあたるものをア～ウから一つ選び，記号で答えよ。また，日本の遠洋漁業が大きく減少した理由の一つは，世界の各国がある水域を設定したことによるものである。この水域の名称を漢字7文字で答えよ。

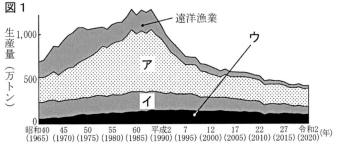

図1

（水産庁資料により作成）

148

(4) 漁業には，とる漁業と育てる漁業があるが，育てる漁業のうち，栽培漁業とはどのような漁業であるか，「卵」と「稚魚」の語句を用いて，説明せよ。

┃ 2024年度 ┃ 山口県 ┃ 難易度 ▓▓▓▓░░

【4】次の文は，中国の農業について述べたものである。文中の（ A ）～（ D ）にあてはまる語句の組合せとして正しいものを，以下の1～5の中から1つ選べ。

> 中国の農業は，ホワイ川(淮河)とチンリン(秦嶺)山脈を結ぶ線を境にして，北部では（ A ）が中心であり，華北平原では（ B ）栽培がさかんで，ここでは（ B ）粉を使った饅頭(マントウ)や麺類，餃子がよく食べられている。一方，南の地域では豊富な降水を生かした（ C ）がさかんである。この地域では，主食は（ D ）飯で，（ D ）粉からつくるビーフンもよく食べられる。
>
> 東北地方では乾燥に強いとうもろこしの栽培がさかんだが，（ C ）技術の向上によりジャポニカ種の（ D ）も多く生産されるようになった。

1. A 畑作　　B 小麦　　C 稲作　　D 米
2. A 稲作　　B 米　　　C 畑作　　D 小麦
3. A 畑作　　B 大豆　　C 稲作　　D 米
4. A 稲作　　B 小麦　　C 畑作　　D 米
5. A 畑作　　B 米　　　C 稲作　　D 大豆

┃ 2024年度 ┃ 和歌山県 ┃ 難易度 ▓▓▓▓░░

【5】世界の気候を，五つの気候帯に分けたとき，この五つの気候帯について述べた記述として適切ではないものを，次の①～⑤のうちから選びなさい。

① 熱帯は，赤道を中心に広がっていて，一年中暑くて四季の変化がなく，降水量の多い地域である。熱帯には，一年中雨が多い熱帯雨林気候と雨季と乾季がはっきりと分かれているサバナ気候がある。

② 乾燥帯は，雨がとても少ない地域である。乾燥帯には，砂や岩の砂漠が広がる砂漠気候と少しだけ雨の降るステップ気候がある。

● 社会科

③ 温帯は，四季の変化がはっきりしている。温帯には，気温と雨の降り方の違いから温暖湿潤気候，地中海性気候，西岸海洋性気候がある。

④ 亜寒帯(冷帯)は，短い夏と厳しい冬があり，夏と冬の気温差が大きく，広葉樹の森が広がる地域である。

⑤ 寒帯は，一年中寒さが厳しく，樹木が育たない地域である。寒帯には，夏の間だけ氷がとけてわずかにこけ類などが生えるツンドラ気候と一年中氷と雪に覆われる氷雪気候がある。

┃ 2024年度 ┃ 神奈川県・横浜市・川崎市・相模原市 ┃ 難易度 ┃

【6】次の(1)〜(3)の問いに答えよ。

(1) 以下のア〜エの文は，地図中①〜④のいずれかの都市の気候の特徴について述べたものである。地図中①〜④の都市に当てはまる気候の特徴の組合せとして正しいものをあとのA〜Dから一つ選び，その記号を書け。

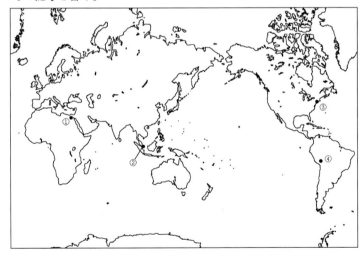

ア 同緯度の低地に比べて気温が低く，昼夜の気温差が大きい。

イ 年中高温多雨で，気温の年較差が小さく，四季の区別がない。

ウ 夏は高温多雨，冬は比較的気温が低く乾燥し，四季の変化が見られる。

エ 降水量が極端に少なく，オアシスの周辺を除いて植生はほとん

150

ど見られない。

```
A  ① イ    ② エ    ③ ア    ④ ウ
B  ① イ    ② エ    ③ ウ    ④ ア
C  ① エ    ② イ    ③ ア    ④ ウ
D  ① エ    ② イ    ③ ウ    ④ ア
```

(2) 次の(ア), (イ)のグラフは, ある農産物の国別の生産量の割合 (2020年)を表したものである。(ア), (イ)に当てはまる農産物の組合せとして正しいものを以下のA～Dから一つ選び, その記号を書け。

(ア)	中国 17.6%	インド 14.1	ロシア 11.3	アメリカ 6.5	カナダ 4.6	その他 45.9

(イ)	中国 18.9%	イタリア 10.5	スペイン 8.7	フランス 7.5	アメリカ 6.9	その他 47.5

(『データブック オブ・ザ・ワールド 2023年度版』より)

```
A  ア 米      イ ぶどう      B  ア 米      イ バナナ
C  ア 小麦    イ ぶどう      D  ア 小麦    イ バナナ
```

(3) 日本の自然環境について述べた, 次の文中の(ア)～(ウ)に当てはまる数字と言葉の組合せとして正しいものを以下のA～Dから一つ選び, その記号を書け。

> 　日本列島は, 北海道, 本州, 四国, 九州の4つの大きな島と, その周辺にある大小さまざまな島々から成り立っており, 2023年2月には, 国土地理院によりわが国の島の数は, (ア)と示された。また, 日本列島の中央部には, 標高3000m前後の山々が連なる3つの山脈があり, これらを合わせて(イ)と呼ぶ。東日本の太平洋の沖合いには, 日本列島の南岸を南西から北東に流れる暖流の(ウ)と, 千島列島から南下する寒流とがぶつかる潮目(潮境)があり, 豊かな漁場になっている。

```
A  ア 6,852     イ フォッサマグナ    ウ 黒潮
B  ア 6,852     イ 日本アルプス      ウ 親潮
C  ア 14,125    イ フォッサマグナ    ウ 親潮
D  ア 14,125    イ 日本アルプス      ウ 黒潮
```

■2024年度■ 愛媛県 ■難易度■■■■■□□□

【7】関東地方の県名と県庁所在地，伝統的工芸品，世界遺産の組合せとして最も適切なものを，次の①～⑤のうちから選びなさい。

	県名	県庁所在地	伝統的工芸品	世界遺産
①	栃木県	栃木市	益子焼	日光の社寺
②	群馬県	前橋市	桐生織	富岡製糸場と絹産業遺産群
③	茨城県	水戸市	笠間焼	偕楽園
④	神奈川県	横浜市	箱根寄木細工	国立西洋美術館
⑤	千葉県	千葉市	房州うちわ	伊能忠敬旧宅

▌2024年度▌神奈川県・横浜市・川崎市・相模原市▌難易度 ▦▦▦□□

【8】次の図1，図2を見て，以下の(1)～(4)に答えなさい。

(1) 図1のア～エは日本の東西南北の端にあたる島である。それぞれの島の名称を書きなさい。

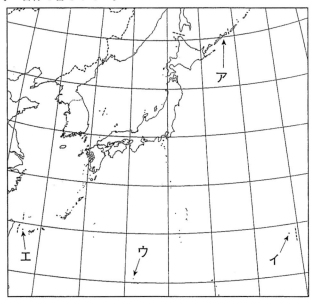

図 1

(2) 図2は，図1のウの島を波の浸食から守る護岸工事をした後の様子である。このように護岸工事をした理由を書きなさい。

図 2

(3) 北緯40度，東経140度が通る都道府県名を，漢字で書きなさい。

(4) 日本の国の時刻を定める，兵庫県明石市などを通る東経135度の
経線の名称を書きなさい。

▍2024年度 ▍青森県 ▍難易度 ▰▰▱▱▱

【9】次の資料を参考にして，以下の各問いに答えよ。

【資料1】

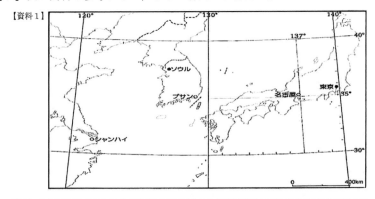

【資料2】

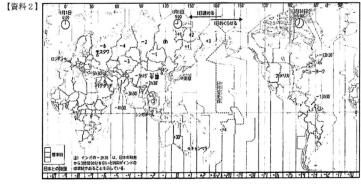

● 社会科

問1　名古屋市は，およそ「北緯35度　東経137度」に位置している。東京都(23区)，ソウル(韓国)の地図上における位置をそれぞれ答えよ。

問2　ロンドンが1月1日午前0時のとき，東京は1月1日午前9時である。このとき，モスクワ，ニューヨークの日時をそれぞれ答えよ。

┃ 2024年度 ┃ 長崎県 ┃ 難易度 ■■■■□□

【10】次の表A〜Cは，米，茶，綿花の生産量の上位5か国と世界全体の生産量に占める割合(%)を示したものである。A〜Cに当てはまる作物の名前の組み合わせとして最も適切なものを①〜⑥の中から一つ選びなさい。

A

国名	%
中国	42.3
インド	20.3
ケニア	8.1
アルゼンチン	4.8
スリランカ	4.0

B

国名	%
中国	28.0
インド	23.6
バングラデシュ	7.3
インドネシア	7.2
ベトナム	5.7

C

国名	%
インド	23.6
中国	19.2
アメリカ	17.0
ブラジル	10.5
パキスタン	6.1

統計年次は、米・茶は2020年、綿花は2019年。

(『データブック　オブ・ザ・ワールド　2023年版』より作成)

	A	B	C
①	米	茶	綿花
②	米	綿花	茶
③	茶	米	綿花
④	茶	綿花	米
⑤	綿花	米	茶
⑥	綿花	茶	米

┃ 2024年度 ┃ 三重県 ┃ 難易度 ■■■■■□

【11】第5学年の内容(1)「我が国の国土の様子と国民生活」について，次の問いに答えなさい。

(1)　次の文は，「小学校学習指導要領解説　社会編(平成29年7月)」における，本単元で育成を目指す資質・能力の一部を示している。

154

(　　)に当てはまる語句を，以下のア〜エから選び，記号で書きなさい。

> 我が国の国土の地形や気候の概要を理解するとともに，人々は（　　）に適応して生活していることを理解すること。

ア　交通　　イ　産業　　ウ　通信環境　　エ　自然環境

(2)　三つの大きな川の下流に位置し，日本を代表する低地の一つである岐阜県海津市には，資料Ⅱのような小屋が現在も残っている。昔，母屋とは別に，このような小屋が建てられた目的を説明しなさい。

資料Ⅱ

今も残る水屋とその内部

（東京書籍「新しい社会5」より）

(3)　川の流れや水路などを改良して水害を防ぎ，水をくらしや産業に利用できるようにすることを何というか，書きなさい。

(4)　北海道では，豊かな自然を生かし，乳牛を育て牛乳や乳製品を生産する農業が盛んに行われている。この農業を何というか，書きなさい。

(5)　次のア〜オは，北海道と沖縄県で見られる，それぞれの気候に合わせた伝統的，特徴的な家のつくりである。北海道で見られる伝統的，特徴的な家のつくりをすべて選び，記号で書きなさい。

ア　窓や玄関を二重にする。

イ　家の周りをさんごの石垣で囲んでいる。

ウ　戸を広くとり家の中の風通しをよくする。

エ　屋根のかわらを白いしっくいで固める。

オ　屋根を急な角度に傾けている。

‖ 2024年度 ‖ 静岡県・静岡市・浜松市 ‖ 難易度 ▆▆▆▆▆▆▆▆□□

【12】次の文を読み，以下の(1)・(2)の各問いに答えなさい。

> 日本は世界の中で森林の割合が(　ア　)国であり，国土のおよそ(　イ　)を占めている。土地利用の割合として，森林の次に多いのは(　ウ　)である。

(1)　(　ア　)～(　ウ　)に入る語句の組み合わせとして，適するものを次の1～6から1つ選び，番号で書きなさい。

1　ア　多い　　イ　2分の1　　ウ　住宅，工業用地

2　ア　多い　　イ　3分の2　　ウ　農地

3　ア　多い　　イ　3分の2　　ウ　住宅，工業用地

4　ア　少ない　イ　3分の2　　ウ　農地

5　ア　少ない　イ　2分の1　　ウ　住宅，工業用地

6　ア　少ない　イ　2分の1　　ウ　農地

(2)　日本の林業の説明について，適していないものを次の1～4から1つ選び，番号で書きなさい。

1　現在国産の木材のよさが見直されており，間伐された木を木材として使い，木材の自給率を上げることが求められている。

2　天然林は以前より面積は減少しているが，現在でも人工林より面積は多い。

3　なえ木を植えて育て，木を切って売ることを林業という。

4　林業で働く人が年々減ってきているので，木材の輸入量が年々増えてきている。

‖ 2024年度 ‖ 名古屋市 ‖ 難易度 ▆▆▆▆▆▆□□□□

【13】次の略地図中の①は，日本のある工業地帯を含む地域を示したものである。①の工業地帯の名称と特徴の組合せとして正しいものを，あとの選択肢から1つ選び，記号で答えなさい。

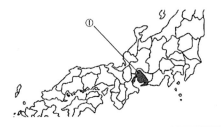

名称	X 阪神工業地帯　　Y 中京工業地帯
	Z 京浜工業地帯

特徴
A 化学工業が盛んで，工業生産額の割合が機械工業よりも多い。
B 機械工業が盛んで，日本で最も工業生産額が多い工業地帯である。
C 工業生産額に占める金属工業の割合が高く，日本で2位の工業生産額である。

ア X－A　　イ X－B　　ウ Y－B　　エ Y－C　　オ Z－C
カ Z－A

2024年度 宮崎県 難易度 ■■■□□□□

【14】次の(1)，(2)の問いに答えよ。

(1) 次の文は，北海道の様子について述べようとしたものである。以下の①，②の問いに答えよ。

> 北海道は，冬は寒く各地で雪がふる気候である。また，昔から先住民族である[　A　]の人たちが住み，自然とともに生きるくらしの中で，服装や料理など，独自の文化を築いてきた。
> 北海道は，動植物のすみかとして大切にしなくてはならない場所が多くある。そのため，鳥類の環境を保護する目的で，水鳥などのすみかとして大切な湿地を守るための国際的な取り決めに加わるなどの取り組みをしている。

① 文中の[　A　]にあてはまる語句は何か。書け。
② 下線部の国際的な取り決めを何というか。その名称を書け。

(2) 次の【資料1，2】を参考にして，日本の工業の変化についてまとめた以下の文の(①)，(②)にあてはまる最も適切な言葉をそれぞれ簡潔に書け。

【資料1】
国内の工場数と工場で働く人の数の変化

（出典：経済産業省）

【資料2】
外国にある日本の会社の数の変化

※工業にたずさわる会社のみ
（出典：経済産業省）

【資料1】を見ると，1990年以降は，(①)が分かる。
【資料2】を見ると，その理由として，(②)が考えられる。

▌ 2024年度 ▌ 香川県 ▌ 難易度 ▌

【15】次の(1)〜(4)の各問いに答えなさい。

(1) 東京(東経135度)を日本時間7月8日の11時35分に離陸した飛行機は，アメリカのニューヨーク(西経75度)に日本時間7月9日の0時30分に到着した。このときのニューヨークの現地時間として最も適切なものを，次のア〜エから1つ選び，記号で答えよ。ただし，時間の表記は24時間制とし，サマータイムは考慮しないものとする。

ア 7月8日 8時30分 　　イ 7月8日 10時30分
ウ 7月8日 12時30分 　　エ 7月8日 14時30分

(2) 日本の領域について，【資料1】の[　　]にあてはまる語句を答えよ。

【資料1】

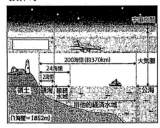

出典 中学生の地理（帝国書院）より一部改

158

(3)【資料2】は関東地方で生産が盛んな農産物の割合を示している。茨城県や千葉県などでは，野菜を新鮮な状態で大都市の消費者向けに届けられる利点を生かした農業が行われている。このような農業を何というか，答えよ。

【資料2】 関東地方で生産が盛んな農産物（2018年）

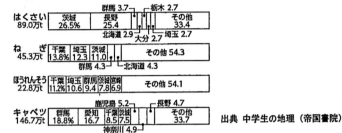

出典 中学生の地理（帝国書院）

(4)【資料3】のように人口50万人以上で，都道府県に準じた権限を行使することができる都市を何というか，漢字6字で答えよ。

【資料3】

都市名	人口（人）	都市名	人口（人）
大阪市	2,752,412	仙台市	1,096,704
名古屋市	2,332,176	千葉市	974,951
京都市	1,463,723	さいたま市	1,324,025
横浜市	3,777,491	静岡市	693,389
神戸市	1,525,152	堺市	826,161
北九州市	939,029	新潟市	789,275
札幌市	1,973,395	浜松市	790,718
川崎市	1,538,262	岡山市	724,691
福岡市	1,612,392	相模原市	725,493
広島市	1,200,754	熊本市	738,865

出典 総務省HPより作成

※令和4年7月5日現在（人口は令和2年国勢調査確定値）

‖ 2024年度 ‖ 佐賀県 ‖ 難易度 ▨▨▨▨▨□□

【16】日本と世界の産業について，次の(1)，(2)の問いに答えなさい。

(1) 次の資料Aは，ドイツ，カナダ，フランス，日本の2019年の発電エネルギー源別割合を示したものである。資料A中の(ア)～(ウ)にあてはまる発電エネルギー源の組合せとして最も適当なものを，以下の①～⑥のうちから一つ選びなさい。

資料A 各国の発電エネルギー源別割合(%)（2019年）

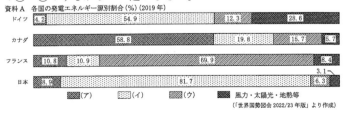

	①	②	③	④	⑤	⑥
(ア)	原子力	火力	火力	原子力	水力	水力
(イ)	火力	水力	原子力	水力	原子力	火力
(ウ)	水力	原子力	水力	火力	火力	原子力

(2)　次の文章は，ある県の農業の特色について述べたものであり，資料Bは，茨城県，長野県，静岡県の2021年のレタスの産地別卸売数量を示したものである。文章に該当する県名と資料B中の(ア)～(ウ)のグラフの組合せとして最も適当なものを，あとの①～⑥のうちから一つ選びなさい。

> 　県全域の標高が比較的高く，夏でも冷涼な気候を利用して，キャベツやレタスなどの高原野菜の抑制栽培を行っている。収穫を遅らせることで，他県の出荷量が少ない夏に卸売市場に出荷できるため高い価格で販売することができる。

資料B　レタスの産地別卸売数量（2021年）

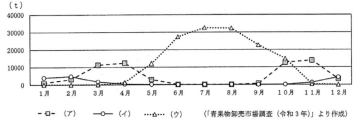

- ■ - （ア）　—○— （イ）　…△… （ウ）　（「青果物卸売市場調査（令和3年）」より作成）

	①	②	③	④	⑤	⑥
県　名	茨城県	長野県	静岡県	茨城県	長野県	静岡県
グラフ	(ア)	(イ)	(ウ)	(イ)	(ウ)	(ア)

2024年度 ▌千葉県・千葉市 ▌難易度 ▰▰▰▱▱

【17】次のグラフは，日本の工業地帯・工業地域の生産額と生産品の割合を示したものである。グラフから読み取れることとして適切でないものを，以下の1〜5の中から一つ選びなさい。

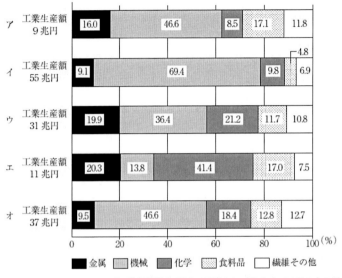

[工業統計調査 平成29年版より（数字は2016年のもの）]

1　5つのグラフのうち，食料品の割合が高く，最も工業生産額が少ないアは，北九州工業地域のものと考えられる。

2　機械の占める割合が最も高く，工業生産額も最も高いイは，中京工業地帯のものと考えられる。

3　金属の占める割合はウ・エともに高いが，工業生産額の合計がより多いウが阪神工業地帯のものと考えられる。

4　化学の占める割合が最も高いエは，石油コンビナートが多い瀬戸内工業地域のものと考えられる。

5　5つのグラフのうち工業生産額が2番目に高いオは，京浜工業地帯のものと考えられる。

┃ 2024年度 ┃ 鳥取県 ┃ 難易度

161

● 社会科

【18】現在の日本の工業について述べた次の文中の（ ① ），（ ② ）に
あてはまる語句を，以下のア～カから一つずつ選び，その記号を書き
なさい。

> 　関東地方の南部から九州地方の北部にかけて，工業のさかん
> な地域が海ぞいに広がっている。この地域は，（ ① ）と呼ばれ，
> 日本の工業生産の中心地となってきた。その中でも最大の生産
> 額を誇るのは，（ ② ）工業地帯で，その生産額の半分以上を自
> 動車等の機械工業が占めるという特徴がある。

ア　シリコンバレー　　イ　北九州　　ウ　中京　　エ　サンベルト
オ　太平洋ベルト　　　カ　京浜

‖ 2024年度 ‖ 岩手県 ‖ 難易度 ███████

解答・解説

【1】1　イ　　2　ウ　　3　シリコンバレー　　4　Uターン　　5　エ
○解説○　1　産業の分類は，第一次産業が農業，林業，漁業，第二次産
業が鉱業，建設業，製造業，第三次産業が運輸業，卸売・小売業，金
融・保険業，情報通信，医療・福祉などの産業で，非製造業ともい
われ，広義のサービス業である。イの建設業は，第二次産業に分類さ
れる。　　2　近くに店がなくなるとどうなるのかを考えてみるとよい。
ア，イ，エの選択肢については，下線部②の情報だけでは判別するこ
とができない。　　3　「カリフォルニア州」，「情報通信技術関連企業」
が手がかりである。サンフランシスコの南東，サンフランシスコ湾南
岸の渓谷地帯にある半導体・IT企業が集中する産業地域の通称であ
る。　　4　「出身地に戻り」が手がかり。Uターンのほか，大都市で生
まれ育った人が地方に移住するIターン，生まれ育った故郷から離れて
大都市で暮らしていた人が故郷に近い地方都市などに移住するJターン
がある。　　5　地図上の「あ」が群馬県，「い」が埼玉県，「う」が神
奈川県である。産業別就業者の割合のグラフで手がかりになるのは，

第一次産業の占める割合である。どの県も第一次産業の割合が急激に
減少しているが，3つのグラフの中で第一次産業の割合が最も多いグ
ラフが，群馬県に該当すると判断することができる。

【2】4

○**解説**○ ア 一年を通じて降水量が少なく，冬期も気温が高めで温暖で
あることから，瀬戸内の気候を示すものと考えられる。地図中のDの
高松市が該当する。 イ 冬期に降水量が多いため，日本海側の気候
を示すものと考えられる。地図中のBの金沢市が該当する。 ウ 一
年を通じて降水量が少なく気温の年較差が大きいため，中央高地の気
候を示すものと考えられる。地図中のAの長野市が該当する。 エ
夏期に降水量が多く冬期は降水量が少ないので，太平洋側の気候を示
すものと考えられる。地図中のCの静岡市が該当する。

【3】(1) イ (2) やませ (3) 記号…ア 名称…排他的経済水
域 (4) 卵から稚魚になるまでの時期を人の手で育て，その後，自
然の海に稚魚を放流し，成長したものをとる漁業のこと。

○**解説**○ (1) 資料1中のZは，1位が新潟県で3位に東北の秋田県が並ん
でいることから，米の収穫量と判断できる。X，Yは共に1位が北海道，
2位が鹿児島県だが，Xは北海道が全体の8割余りを占めていることか
ら，ばれいしょと分かる。肉用牛の産地は，北海道のほかに南九州の
鹿児島県，宮崎県や熊本県が盛んである。 (2) 夏に太平洋側に吹く
湿った冷たい北東風を，やませという。日照不足から冷害をもたらし，
米の収穫量に影響が出ることがある。 (3) 1980年代後半から1990年
代の最盛期よりは大きく生産量が減っているが，今日も生産量におけ
る割合が最も高いのは，沖合漁業である。アが沖合漁業に該当する。
ちなみにじわじわ割合が減少しているイが沿岸漁業，減り方が他に比
べて少なく，全体における割合が少しずつ増えているウが海面養殖業
である。 世界の各国が設けている海域とは，排他的経済水域のこと
である。各国の海岸線から200海里以内の領海から先の水域で，資源
の調査，発掘や漁業は沿岸国の主権下に置かれる。船の航行，海洋ケー
ブルの敷設は他の国も可能であるが，水産資源と鉱物資源は沿岸国

が独占することになる。　(4)　育てる漁業には，養殖漁業と栽培漁業がある。養殖漁業は，稚魚をいけすや人工の池で大きくなるまで育て，出荷する漁業である。栽培漁業は，卵から人工的に育てた稚魚を海や湖に放流し，自然の中で育った魚を大きくなった後で漁獲する漁業である。指示のある「卵」と「稚魚」の語句は必ず使うこと。

【4】1

○**解説**○　中国の農業は，北部では小麦や大豆などを生産し，温暖な華北地域では小麦ととうもろこしの生産が中心で，二毛作で行われている。一方，南部では水に恵まれた温暖な気候のため，小麦と水稲の二毛作や水稲の二期作がさかんに行われている。Bは「饅頭や麺類，餃子」から「小麦」，そこからAは「畑作」，Dは「ビーフン」から「米」，そこからCは「稲作」であることが，それぞれ分かる。東北地方では，稲作の栽培技術の革新・普及によって，1980年代以降稲作の作付面積が急増し，生産されるジャポニカ米は食糧作物の中で収益性が高い品目となっている。

【5】④

○**解説**○　亜寒帯(冷帯)は，夏が短く冬の寒さが厳しい気候帯で，タイガと呼ばれる針葉樹林が広がっている。広葉樹の森が広がる地域という記述は誤りである。

【6】(1)　D　　(2)　C　　(3)　D

○**解説**○　(1)　それぞれの説明文から，アは高山気候，イは熱帯，ウは温帯，エは乾燥帯と判断することができることから，該当する都市を選ぶ。　①　エジプトのカイロは砂漠気候で，雨がほとんど降らないことから，エが該当する。　②　シンガポールは赤道直下で，四季がない熱帯モンスーン気候であることから，イが該当する。　③　ニューヨークは，温暖湿潤気候で四季がみられることから，ウが該当する。　④　ペルーのクスコ付近なので高地で高山気候であり，日中の寒暖差が大きいことから，アが該当する。　(2)　(ア)　米も小麦も，1位中国，2位インドだが，3位以下の国で区別できる。米は，3位バングラディシュ，4位インドネシア，5位ベトナムと続き，1位から8位まですべて

アジアの国が占めている。一方小麦は，3位ロシア，4位アメリカ，5位カナダと続き，3位から6位までアジア以外の国となっている。(イ)　2位から4位まで，ワイン生産量の多いヨーロッパの国が並んでいることから，ぶどうである。バナナの生産量は，1位インド，2位中国，3位インドネシア，4位ブラジル，5位エクアドルで，10位までの国はアジアと中南米の国が多くなっているのが特徴である。(2020年度データ，「データブック・オブ・ザ・ワールド2023」より)

(3)　ア　測量技術の進歩もあって，海岸線などを詳細に把握できるようになったこともあり，数え直した結果，これまで広く用いられてきた6,852から14,125になったことが，令和5(2023)年2月に国土地理院から報じられた。　イ　飛騨山脈，木曽山脈，赤石山脈の3つの山脈をあわせて，日本アルプスという。フォッサマグナは，本州中央部を南北に縦断し，東・西日本を分ける大断裂帯のことである。　ウ「南岸」，「暖流」から，日本海流(黒潮)である。親潮は，千島列島に沿って南下して，日本の東まで達する寒流である。

【7】②

○**解説**○　①　栃木県の県庁所在地は，栃木市ではなく宇都宮市である。③　偕楽園は，世界遺産ではない。現在「近世の教育遺産」として，同じく茨城県の旧弘道館，栃木県の足利学校，岡山県の閑谷学校，大分県の咸宜園とともに，世界文化遺産への登録を目指している。④　国立西洋美術館は世界文化遺産として登録されているが，神奈川県ではなく東京都にある。　⑤　伊能忠敬旧宅は国の史跡に指定されているが，世界遺産には登録されていない。

【8】(1)　ア　択捉島　イ　南鳥島　ウ　沖ノ鳥島　エ　与那国島　(2)　日本の排他的経済水域を守るため。　(3)　秋田県
(4)　標準時子午線

○**解説**○　(1)　日本の北端は，北緯45度33分に位置する択捉島(北海道)，東端は東経153度59分に位置する南鳥島(東京都)，南端は北緯20度25分に位置する沖ノ鳥島(東京都)，西端は東経122度56分に位置する与那国島(沖縄県)である。　(2)　沖ノ鳥島は，満潮時には，サンゴ礁ででき

た二つの小さな島だけが海面上に残る。この島により，周辺の約40万km²の排他的経済水域が支えられている。波により島が侵食されてしまうと，排他的経済水域を失うことになるので，これを守るため護岸工事が行われた。　(3)　北緯40度の緯線は北東北を通る線，東経140度を通る経線は秋田県の男鹿半島や東京湾などを通る線である。それら2つの線が交わるのは，秋田県のかつての八郎潟，干拓された大潟のあたりで交わっている。　(4)　本初子午線(イギリスの旧グリニッジ天文台を通る子午線)の時刻を世界時といい，経度差15度おきに1時間ずつ時差をもつ時刻を世界各国の協定に基づき使用することが決められている。日本では，世界時と9時間差のある時刻を日本標準時として採用した。これは，兵庫県明石市などを通る東経135度子午線上での時刻である。

【9】　問1　東京都(23区)…北緯36度，東経140度　　ソウル(韓国)…北緯37度，東経127度　　問2　モスクワ…1月1日午前3時　　ニューヨーク…12月31日午後7時

○**解説**○　問1　資料1の目盛りと名古屋市の位置を目安にすると，東京都(23区)のおよその位置は北緯36度，東経140度，ソウルのおよその位置は北緯37度，東経127度である。なお，資料1掲載のほかの都市について，プサンのおよその位置は北緯34度，東経129度，シャンハイのおよその位置は北緯31度，東経121度である。　　問2　資料2の下部にある日本との時差に注目すると，モスクワと日本の時差は6時間，ニューヨークと日本の時差は14時間である。共に日本より西に位置するので，日本より6時間，14時間遅いことになる。よって，モスクワは1月1日午前9時の6時間前，つまり1月1日午前3時，ニューヨークは1月1日午前9時の14時間前，つまり12月31日午後7時である。

【10】　③

○**解説**○　農業の生産量に関する問題。どの選択肢も中国とインドが上位に来ているので，3位以下から類推する必要がある。Aは「スリランカ」に注目したい。インドとスリランカが上位に来ていることから，「茶」が導ける。Bはアジア地域に固まっていること，Cはアメリカが含まれていることが特徴的である。アメリカと「米」はつながらないので，

Bは「米」，Cは「綿花」とわかる。

【11】(1) エ　　(2) 川が氾濫したときに，避難するため。　　(3) 治水　(4) 酪農　(5) ア，オ

○解説○ (1)　第5学年の「我が国の国土の様子と国民生活」における知識に関する内容である。ここでは，我が国の国土の概要に関する内容と国土の自然環境に関する内容から構成されており，自然環境については，人々が自然条件の中で工夫しながら生活していることの理解を図ることをねらいとしている。第5学年の「我が国の国土の自然環境と国民生活との関連」でも自然環境を取り上げているが，ここでは自然災害への対応，森林資源の保護，公害の防止に関する内容となっている。　(2)　木曽川・長良川・揖斐川の下流域では，洪水を防ぐため周囲に堤防を巡らせた輪中がつくられた。輪中集落では，資料Ⅱのような水屋が，母屋よりも一段高い場所につくられた。これは，川が氾濫した場合に避難するための小屋である。　(3)　堤防を築く，川の流路を変更する，遊水池をつくるなどの方法で，治水を行う。　(4)　飼料作物を栽培して乳牛を飼育し，生乳・バター・チーズなどの乳製品を生産する農業を，酪農という。　(5)　冬の寒さが厳しい北海道では，窓や玄関を二重にして断熱効果を高め，屋根に雪が降り積もらないように急な角度で傾けている。イ～エは，台風の被害を防ぎ，夏の暑さをしのぐための沖縄県の家づくりの工夫である。さんごでできた石垣は，すき間が多く風通しがよいことから，強風でも崩れない。戸を広くとるのは，風通しをよくして暑さをしのぐ工夫である。また，屋根のかわらをしっくいで固めるのは，台風でかわらが飛ばされないための工夫である。

【12】(1) 2　　(2) 4

○解説○ (1)　総務省統計局の平成24年の資料によると，国土に占める森林の割合は66.3％，農地が12.0％，宅地が5.0％である。　(2)　2　林野庁の平成24年の資料によると，森林のうち天然林は6割，人工林は4割である。　4　2022データブック・オブ・ザ・ワールドによると，木材の輸入量は，1960年が7,705〔千m³〕，1990年が81,945〔千m³〕，2018年が49,505〔千m³〕となっている。以上から1～3は適しており，適し

ていないのは4と判断できる。木材の輸入量は，1990年をピークに減少している。

【13】ウ

○**解説**○ 略地図中の①は，愛知県に位置している。中京工業地帯は愛知県・三重県，阪神工業地帯は大阪府・兵庫県，京浜工業地帯は東京都・神奈川県に位置している。特徴Aは，2019年の工業統計表によると，化学工業の生産額割合が8.6％，機械工業の生産額割合が8.4％である京浜工業地帯のものである。特徴Bは，自動車生産が盛んな中京工業地帯のものである。特徴Cは，金属工業の生産額割合が15.8％を占める阪神工業地帯のものである。

【14】(1) ① アイヌ ② ラムサール条約 (2) ① 国内の工場で働く人の数と工場数が減少していること ② 外国にある日本の会社の数が増加していること

○**解説**○ (1) ① アイヌ民族は，日本列島北部に先住してきた独自の言語と文化を持つ民族である。平成31(2019)年4月に，アイヌ民族を先住民族と明記したアイヌ施策推進法が制定された。 ② ラムサール条約は，1971年にイランのラムサールで開催された国際会議で採択された，湿地に関する条約である。正式名は，「特に水鳥の生息地として国際的に重要な湿地に関する条約」である。日本では，阿寒湖，釧路湿原，尾瀬，琵琶湖など53か所(2021年現在)が登録されている。
(2) ① 資料1からは，国内の工場数は1985年をピークに，工場で働く人の数は1990年をピークに，それ以降は減り続けていることが読み取れる。 ② 資料2からは，1990年以降多少の変動はあっても，外国にある日本の会社の数が年々増加していることが読み取れる。日本の企業が海外に生産拠点を移すのは，人件費や材料費などを抑えることが理由として挙げられている。ただし，近年はコロナ禍で生産体制が不安定であることや円安などから，国内回帰の動きが目立つようになっている。

【15】(1) イ　　(2)　領空　　(3)　近郊農業　　(4)　政令指定都市

○**解説**○ (1)　東京とニューヨークの経度差は135＋75＝210〔度〕である。経度15度で1時間の差が生じるので，東京とニューヨークの時差は210÷15＝14〔時間〕，ニューヨークは東京より西にあるので，東京より14時間遅くなる。日本時間7月9日0時30分の14時間前とは，7月8日10時30分である。　　(2)　国の主権が及ぶ地域である領土と，領海の上の空間を領空という。領空は人工衛星の最低軌道あたりまでとする説などがある。　　(3)　野菜をより新鮮な状態のまま出荷できるよう，都市の近郊で行われる園芸農業(野菜や果物，花などを都市部向けに栽培する農業)を近郊農業という。関東地方では茨城県，千葉県などでさかんである。　　(4)　政令指定都市は全国で20あり，九州地方では福岡市，北九州市，熊本市があげられる。なお，鹿児島市や川口市(埼玉県)，八王子市(東京都)など，人口が50万人超でも政令指定都市になっていないところもある(令和5年9月)。

【16】(1)　⑥　　(2)　⑤

○**解説**○ (1)　日本は，圧倒的に火力発電でまかなわれていることから，イが火力である。また，フランスで約7割を占める発電エネルギーは，原子力発電である。したがって，ウは原子力である。残るアは水力となる。カナダでは，水力発電の割合が最も高くなっている。
(2)「県全域の標高が比較的高く」がポイントである。長野県の八ヶ岳や浅間山山麓の菅平など，標高800～1500mの高原では，夏でも冷涼な気候を利用し，レタスやキャベツなどの高原野菜の抑制栽培が行われている。レタスの都道府県別生産量は，1位が長野県，2位が茨城県，3位が群馬県の順で，この3つの県で全体の約60％を生産している。静岡県は6位となっている(農林水産省　2021年度作物調査より)。1位の長野県は高原野菜の栽培を行っており，夏の時期に集中して出荷が行われていることから，(ウ)が該当する。一方，2位の茨城県は，3～5月の春レタスと10～12月の秋レタスの年2回栽培で行われていることから，(ア)が該当する。静岡県では，レタスの出荷のピークは12月頃となっていることから，(イ)が当てはまる。

【17】 4

○**解説**○ 化学が全体の40％以上を占めるのは，京葉工業地域である。瀬戸内工業地域も化学工業が盛んだが，化学が占める割合は25％ほどとなっている。生産額が最も多いのは中京工業地帯で，機械の比率が全体の$\frac{2}{3}$以上を占めている。阪神工業地帯は，金属，機械，化学の生産バランスが良いことが特徴となっている。京浜工業地帯は，機械工業のほか印刷業が盛んである。北九州工業地帯は，主な工業地帯・工業地域の中で，最も生産額が少ない。各工業地帯・工業地域の主な特徴を押さえておく必要がある。

【18】 ① オ ② ウ

○**解説**○ ① 京浜工業地帯，中京工業地帯，阪神工業地帯，北九州工業地帯のかつて四大工業地帯と呼ばれた地帯と，その帯の中に位置する京葉工業地域，東海工業地域，瀬戸内工業地域など，太平洋側に工業が盛んな地域が集まっている。この地域を太平洋ベルトという。太平洋ベルトには交通機関や施設が整い，工業の集積とともに人口も集中している。 ② 現在最大の生産額を誇るのは，ウの中京工業地帯である。自動車生産を中心に，機械工業の工業出荷額が60％以上を占める。

公民

【1】 次の各問いに答えよ。

1 日本における国会と内閣の関係について説明した次の文について，( )に当てはまる語句を書け。

> 内閣は国会の信任に基づいて成立し，国会に対して連帯して責任を負う。これを( )制という。

2 次の資料は，衆議院と参議院の違いを表したものである。(ア)～(エ)に当てはまる数字をそれぞれ書け。

【衆議院】		【参議院】
465人	議員数	248人
(ア)年	任期	(イ)年
あり	解散	なし
18歳以上	選挙権	18歳以上
(ウ)歳以上	被選挙権	(エ)歳以上

3 次の(ア)～(オ)から，日本の国会の仕事として正しいものを全て選び，記号で答えよ。

(ア) 弾劾裁判所の設置 (イ) 条約の締結

(ウ) 国政調査権 (エ) 憲法改正の発議

(オ) 予算の作成

4 次の図は，法律ができるまでを表したものである。

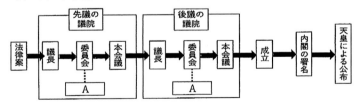

委員会において，専門家などの意見を聞くために開かれることのある，□ A □とは何か，当てはまる語句を書け。

5 「衆議院の優越」について説明した次の文の( )に当てはまる語句を書け。

171

> 　法律案が衆議院で可決され，参議院で否決された場合，衆議院の（　　）の3分の2以上の賛成で再可決すれば法律になる。

┃ 2024年度 ┃ 岡山市 ┃ 難易度 ▓▓▓▓▓░░

【2】次の文章を読んで，以下の問いに答えなさい。

　日本国憲法第41条には，「国会は，（　Ａ　）の最高機関であつて，国の唯一の①立法機関である。」と定められている。日本の国会は二院制で，議員の任期と②選挙制度は両院で異なるものとなっており，多様な意見を審議に反映できるしくみをとっている。予算の議決や条約の承認などについて，両院の議決が一致せず，（　Ｂ　）を開いても妥協が得られない場合，（　Ｃ　）の優越が認められている。

1　文中の（　Ａ　）～（　Ｃ　）に適する語句を書きなさい。

2　下線部①について，法案の提出に関する次の文中の（　Ｘ　），（　Ｙ　）にあてはまる語句の組合せとして適切なものを，以下のア～エから1つ選んで，その符号を書きなさい。

> 　国会議員は（　Ｘ　），国会は法律を制定する権限を有しているが，（　Ｙ　）の成立率は低い。

　　ア　Ｘ－特定の選挙区を代表し　　　　Ｙ－議員提出法案
　　イ　Ｘ－特定の選挙区を代表し　　　　Ｙ－内閣提出法案
　　ウ　Ｘ－主権者である国民を代表し　　Ｙ－議員提出法案
　　エ　Ｘ－主権者である国民を代表し　　Ｙ－内閣提出法案

3　下線部②について説明した文として適切でないものを，次のア～エから1つ選んで，その符号を書きなさい。

　　ア　国会議員や地方公共団体の首長や議員の選挙は，公職選挙法に基づいて行われる。

　　イ　選挙が正しく行われるように事務を管理するのは選挙管理委員会である。

　　ウ　「一票の格差」については，法の下の平等に反しているとの違憲判決が出されている。

　　エ　二大政党制は少数派の票が当選に結びつかない死票が少なくな

る。

■ 2024年度 ■ 兵庫県 ■ 難易度 ■■■□□□

【3】次の各問いに答えよ。

問1　次の表の(①)〜(③)にあてはまる数字を答えよ。

	衆議院	参議院
任期	（①）年 ただし任期途中の解散あり	6年 3年ごとに半数改選
被選挙権	満（②）歳以上	満（③）歳以上

問2　国会の働きとして，正しいものを次の中から1つ選び，記号で答えよ。

ア　内閣総理大臣の任命を行うことができる。

イ　予算は，参議院から先に審議を行い，その結果を受けて衆議院で審議する。

ウ　条約を結ぶことができる。

エ　国権の最高機関であり，国の唯一の立法機関である。

問3　内閣の働きではないものを次の中から1つ選び，記号で答えよ。

ア　国会の召集を決める。

イ　弾劾裁判所を設置する。

ウ　最高裁判所の長官を指名する。

エ　法律案や予算案を国会に提出する。

問4　次の文の[　　　]にあてはまる言葉を答えよ。

　　裁判は，第一審の判決に不服がある場合は，第二審の裁判所に控訴し，さらにその判決にも従えなければ，第三審の裁判所に上告することができる。このように1つの内容について3回まで裁判を受けられることを[　　　]という。

■ 2024年度 ■ 長崎県 ■ 難易度 ■■■□□□

【4】次の1，2，3の問いに答えよ。

1　日本の社会保障制度の四つの柱のうち，次の①，②の文で示したことがらに共通して関わるものはどれか。以下のアからエのうちから一つ選び，記号で答えよ。

> ①　私の父は，歯科医院で歯の治療を行ったが，かかった費
> 用の一部の負担で済んだ。
> ②　私の祖母は，公的年金である国民年金を受給している。

ア　公衆衛生　　イ　社会福祉　　ウ　社会保険　　エ　公的扶助

2　日本の裁判所のはたらきに関する記述として適切なものを，次の
アからエのうちから一つ選び，記号で答えよ。

ア　最高裁判所長官を指名することができるとともに，その他の裁
判官について任命することができる。

イ　法律や命令，規則，処分が憲法に違反していないかを，具体的
な裁判なしに，審査することができない。

ウ　弾劾裁判所を設けて裁判官を辞めさせたり，最高裁判所の裁判
官の審査を行ったりすることができる。

エ　法律案や予算の審議，行政の監視など，国の政治について調査
することができる国政調査権をもっている。

3　日本の防衛政策や自衛隊に関する記述として適切でないものを，
次のアからエのうちから一つ選び，記号で答えよ。

ア　日本は，核兵器を「持たず，作らず，持ち込ませず(持ち込ま
さず)」という非核三原則を掲げている。

イ　国際連合は集団的自衛権を認めているが，日本政府は，集団的
自衛権は一切行使できないとしている。

ウ　国際連合は紛争が起こった地域で選挙の監視などの平和維持活
動を行っており，これまでに日本も参加している。

エ　日本の領域に対する武力攻撃には，日本とアメリカが共同で対
処することが日米安全保障条約で定められている。

2024年度　栃木県　難易度

【5】次の(1)，(2)の問いに答えよ。

(1)　国際連合の機関について述べた文として誤っているものを次のA
〜Dから一つ選び，その記号を書け。

A　総会は，全加盟国の代表から構成され，総会での決定は，一国
一票の原則により，多数決で行われる。

B　安全保障理事会は，常任理事国5か国と非常任理事国10か国から

なり，日本は常任理事国の一つである。

C　経済社会理事会は，経済・社会・文化・教育・保健などに関する国際協力を進める機関である。

D　国際司法裁判所は，加盟国から依頼された，条約の解釈や国際法上の問題に関する紛争についての裁判を行う機関である。

(2)　日本国憲法の内容について述べた文として正しいものを次のA～Dから一つ選び，その記号を書け。

A　前文には，核兵器を「持たず，つくらず，持ち込ませず」と，非核三原則について明記されている。

B　第7条には，「天皇は国会の助言と承認により，国民のために，国事に関する行為を行う」と，天皇の国事行為について明記されている。

C　第13条には，「すべて国民は，個人として尊重される」と，基本的人権の保障について明記されている。

D　第25条には，「すべて国民は，健康で文化的な最低限度の生活を営む権利を有する」と，請求権について明記されている。

▌2024年度 ▌愛媛県 ▌難易度▐■■■■■□□▌

【6】次の文を読み，以下の(1)・(2)の各問いに答えなさい。

　　国際連合(国連)は，世界の平和と安全を守り，人々のくらしをよりよいものにするために51か国が参加して(ア)年に発足しました。日本は世界で(イ)に多くの分担金を出しています(2022年)。国連には目的に応じた機関があり，その中に(ウ)があります。(ウ)の活動は，民間の寄付金に支えられており，学校で集められた募金も，その活動に役立っています。国連は，地球が多くの環境問題を抱えているため，①持続可能な社会の実現に力を入れています。

(1)　(ア)～(ウ)に入る数字や語句の組み合わせとして，適するものを次の1～6から1つ選び，番号で書きなさい。

1　ア　1950　イ　2番目　ウ　ユネスコ

2　ア　1950　イ　1番目　ウ　ユニセフ

3　ア　1950　イ　3番目　ウ　ユネスコ

　　4　ア　1945　　イ　2番目　　ウ　ユニセフ

　　5　ア　1945　　イ　1番目　　ウ　ユネスコ

　　6　ア　1945　　イ　3番目　　ウ　ユニセフ

(2)　①持続可能な社会についての説明として，適していないものを次の1〜4から1つ選び，番号で書きなさい。

　1　2015年に開かれた，国連気候変動枠組条約を結んだ国々の会議では，温室効果ガスの削減目標などが定められた。

　2　2015年に国連本部で開かれた「持続可能な開発サミット」では，持続可能な社会を実現するための行動計画が立てられ，その中心としてSDGs(持続可能な開発目標)が示された。

　3　SDGsは，「だれひとり取り残さない」という理念のもと，課題の解決に向けて，2030年までに達成することを目指した目標(ゴール)である。

　4　SDGsでは，地球規模の課題を15の領域に分け，「貧困をなくそう」「エネルギーをみんなにそしてクリーンに」「人や国の不平等をなくそう」などの目標が示されている。

▌2024年度▐名古屋市▐難易度 ■■■□□

【7】次の図は，我が国の三権分立を模式的に表したものである。また，図中の空欄　ア　〜　ウ　には，内閣，国会，裁判所のいずれかの機関が当てはまる。　ア　〜　ウ　と，機関との組合せとして適切なものは，以下の1〜4のうちのどれか。

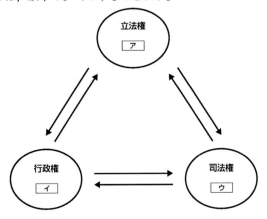

1 ア 国会 イ 内閣 ウ 裁判所
2 ア 裁判所 イ 内閣 ウ 国会
3 ア 内閣 イ 国会 ウ 裁判所
4 ア 裁判所 イ 国会 ウ 内閣

▊ 2024年度 ▊ 東京都 ▊ 難易度 ▊■■■■■■□□□

【8】裁判所のはたらきに関して，次の(1)，(2)の各問いに答えよ。

(1) 裁判員制度は，国民が裁判員として裁判に参加する制度である。この制度について説明したものとして適切なものを，次のア〜オから二つ選び，記号で答えよ。

ア 裁判員が参加するのは第一審と第二審である。

イ 裁判員は，満18歳以上の国民の中から，くじと面接で選ばれる。

ウ 一つの事件の裁判は，原則として3人の裁判員と6人の裁判官が協力して行う。

エ 殺人や強盗致死などの重大な犯罪についての刑事裁判が対象となる。

オ 裁判員は被告人が有罪か無罪かを決めるが，刑罰の内容を決めることはできない。

(2) 図2は裁判所の種類と仕組みを示したものである。次の文中の(①)，(②)に入る適切な語句をそれぞれ答えよ。

図2

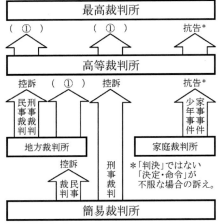

> 　図2のように，控訴，(　①　)ができるようになっている理由は，裁判を慎重に行って間違った判決を防ぎ，人権を守るためであり，一つの内容について3回まで裁判を受けられることを(　②　)という。

▌2024年度 ▌ 山口県 ▌ 難易度 ▰▰▰▰▱▱

【9】 第6学年「我が国の政治の働き」の学習を行うこととします。次の1・2に答えなさい。

1　次のグラフは，有権者数の推移を示しています。a～eの文のうち，選挙権の説明として適切でないものの組合せを以下の①～⑤の中から1つ選び，記号で答えなさい。

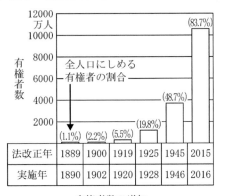

有権者数の増加

(『新版　日本長期統計総覧　第1巻，第5巻』(財)日本統計協会，総務省ホームページより作成)

a　1890年に実施された選挙で選挙権を与えられたのは，直接国税を15円以上納める満25歳以上の男子であった。

b　女性に初めて選挙権が与えられたのは，1946年に実施された選挙である。

c　2016年に実施された選挙では，20歳以上の男女に選挙権が与えられた。

d　1902年に実施された選挙で選挙権を与えられたのは，直接国税を20円以上納める満25歳以上の男子であった。

e　1925年，納税額による制限を廃止して，満25歳以上の男子に選挙権を与える普通選挙法が成立した。

　①　aとc　　②　bとe　　③　bとd　　④　cとd　　⑤　cとe

2　次の文章は，裁判員制度について説明したものです。空欄(　a　)～(　c　)にあてはまる言葉は何ですか。以下の①～⑤の中から，正しいものの組合せを1つ選び，記号で答えなさい。

　裁判員制度とは，国民が裁判員として(　a　)裁判に参加し，裁判官とともに，被告人が有罪か無罪か，有罪の場合は刑罰の内容を決める制度です。

　この制度は，(　b　)年から始まり，裁判員に選ばれた際には(　c　)の裁判に参加します。

---

　①　a　刑事　　b　2020(令和2)　　c　第一審から第三審
　②　a　刑事　　b　2009(平成21)　　c　第一審
　③　a　民事　　b　2009(平成21)　　c　第一審から第三審
　④　a　刑事　　b　2009(平成21)　　c　第一審から第三審
　⑤　a　民事　　b　2020(令和2)　　c　第一審

▌2024年度 ▌広島県・広島市 ▌難易度 ▭▭▭▭▭▭▯▯

【10】我が国の政治のはたらきについて，次の(1)～(5)に答えなさい。

(1)　政治に参加する権利を何というか，書きなさい。

(2)　次の図は国民主権の主な例を示している。(　①　)に適する語句を書きなさい。

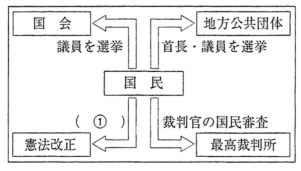

図

(3) 憲法で定められ，内閣の助言と承認に基づいて天皇が行う仕事を何というか，書きなさい。また，その仕事に適するものを次のA～Eからすべて選び，その記号を書きなさい。

A　最高裁判所長官の任命　　B　被災地の訪問
C　内閣総理大臣の指名　　　D　国会の召集
E　法律や条約の公布

(4) 国会が衆議院と参議院の二院制をとっている理由を書きなさい。

(5) 法律案の議決など，衆議院と参議院の議決が一致しない場合，衆議院の優越が認められている。その理由を書きなさい。

▎2024年度 ▎青森県 ▎難易度 ▉▉▉□□□

【11】次の図は，日本の裁判所のしくみを示したものである。図中の(X)～(Z)にあてはまる語句の組合せとして正しいものを，以下の1～5の中から1つ選べ。

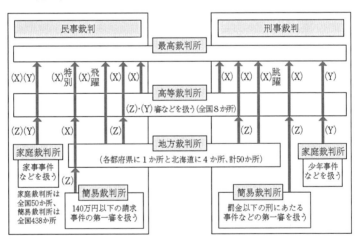

1.　X　控訴　　Y　抗告　　Z　再審
2.　X　抗告　　Y　控訴　　Z　上告
3.　X　控訴　　Y　再審　　Z　抗告
4.　X　再審　　Y　控訴　　Z　上告
5.　X　上告　　Y　抗告　　Z　控訴

▎2024年度 ▎和歌山県 ▎難易度 ▉▉▉□□

【12】令和5年7月現在の日本の選挙制度について述べているものとして，適切ではないものを，次の①～⑤のうちから選びなさい。

①　選挙区や議員定数などの選挙のしくみを選挙制度という。日本の選挙制度は，公職選挙法によって定められている。

②　日本の国民は満18歳以上が選挙権を持つ。国政選挙では2016年の参議院議員選挙から適用された。

③　期日前投票制度では，仕事や旅行，レジャー，冠婚葬祭などの理由で当日に投票できない場合，選挙期日前に投票できる。

④　衆議院議員の被選挙権は，25歳以上，参議院議員の被選挙権は，30歳以上である。

⑤　現在の日本の衆議院の選挙制度は，一つの選挙区から複数の国会議員を選ぶ中選挙区制が採られている。

‖ 2024年度 ‖ 神奈川県・横浜市・川崎市・相模原市 ‖ 難易度 ▰▰▰▰▱▱

【13】次の文章は，景気と金融政策および円高・円安に関するものである。文中の[　ア　]から[　オ　]にあてはまる語句の組み合わせとして最も適当なものを，以下の①から④までの中から一つ選び，記号で答えよ。

> 「1ドル＝100円」のように，異なる通貨間の交換比率のことを[　ア　]といい，[　ア　]は，各通貨への需要と供給の関係で刻一刻と変化している。例えば，日本の商品を買うために，多くの人がドルの代わりに円を必要とすると，円の価値が高まる。このとき，「1ドル＝100円」が「1ドル＝50円」のようになる場合，「[　イ　]」になる。「[　イ　]」の状態は，外国から原材料などを安く買えるので，輸入業者と外国製品を購入する消費者にとって[　ウ　]である。一方，「1ドル＝100円」から「1ドル＝200円」のようになる「[　エ　]」の場合には，日本の商品が外国で[　オ　]なり，輸出企業は価格競争力を増し，[　ウ　]である。

	ア	イ	ウ	エ	オ
①	自由貿易の原則	円安・ドル高	有利	円高・ドル安	安く
②	為替相場	円高・ドル安	有利	円安・ドル高	安く
③	自由貿易の原則	円安・ドル高	不利	円高・ドル安	高く
④	為替相場	円高・ドル安	不利	円安・ドル高	高く

‖ 2024年度 ‖ 沖縄県 ‖ 難易度 ▰▰▰▱▱▱

【14】 次の(1)～(3)の問いに答えよ。

(1) 2020年東京オリンピックより前にオリンピックが開催された国の説明について, 下線部の記述が適切でないものを, 次のア～エから一つ選んで, その記号を書け。

ア 2004年開催：ギリシャ(アテネ)…地中海に面しており, <u>地中海性気候</u>で, 夏は高温で乾燥し, 冬は温暖で雨が多い。1896年の第1回オリンピックが, ギリシャのアテネで開催されている。

イ 2008年開催：中国(北京)…世界最大級の国土面積と人口を有する国である。北部にある<u>万里の長城は世界遺産になっている</u>。日本とは, 隣国として歴史的に交流があり, 日本文化の形成に影響を与えた。

ウ 2012年開催：イギリス(ロンドン)…メキシコ湾流に由来する暖流の北大西洋海流の影響下にあるため, 日本よりも高緯度に位置しているが比較的温暖である。<u>18世紀後半には産業革命がはじまり</u>, 19世紀半ばには「世界の工場」と呼ばれた。

エ 2016年開催：ブラジル(リオデジャネイロ)…<u>世界最長のアマゾン川</u>を有し, 赤道付近を中心に1年を通じて高温多湿の気候に育まれた熱帯雨林が広がっている。

(2) 日本政府が, 支援を必要とする国々に対して, 社会の発展や福祉の向上のために資金や技術を提供して行う援助を何というか。次のア～エから一つ選んで, その記号を書け。

ア NGO   イ ODA   ウ UNESCO   エ UNHCR

(3) 次の【資料】は, (2)の一環である青年海外協力隊の地域別の派遣実績である。グラフ中の①, ②にあてはまる地域の組み合わせとして適切なものを, 以下のア～エから一つ選んで, その記号を書け。

【資料】青年海外協力隊の地域別の派遣実績

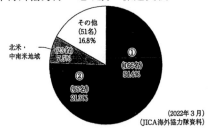

北米・中南米地域

(23名)
7.5%

②
(65名)
21.3%

その他
(51名)
16.8%

①
(166名)
54.4%

(2022年3月)
(JICA海外協力隊資料)

ア　①　アフリカ地域　　②　東南アジア

イ　①　東南アジア　　　②　中東地域

ウ　①　東南アジア　　　②　アフリカ地域

エ　①　アフリカ地域　　②　中東地域

‖ 2024年度 ‖ 香川県 ‖ 難易度 ▮▮▮▮▮▮▯▯▯

【15】日本の司法制度に関する記述として適当でないものを，次の①〜④のうちから一つ選びなさい。

①　裁判にあたって，裁判官は自らの良心に従い，憲法と法律にのみ拘束される。

②　心身の故障，弾劾裁判及び国民審査での罷免の場合などを除いて，裁判官の身分は保障されている。

③　裁判員制度の対象となる刑事裁判と民事裁判では，国民が裁判員として参加し，裁判官とともに評議し，被告人が有罪か無罪か，有罪の場合には刑罰の内容を決める。

④　裁判を慎重に行い，人権を守る仕組みとして，同一の事件について3回まで裁判を受けることができる三審制を取り入れている。

‖ 2024年度 ‖ 千葉県・千葉市 ‖ 難易度 ▮▮▮▮▮▯▯▯

【16】日本国憲法の説明として正しくないものを，次の1〜5の中から1つ選べ。

1.　連合国軍総司令部(GHQ)は，マッカーサー三原則にもとづいた草案(マッカーサー草案)を示した。この草案をもとにした政府案が帝国議会で審議・修正を経て可決されたのが，日本国憲法である。

2.　日本国憲法は，基本的人権が「侵すことのできない永久の権利」であることを宣言し，それが「人類の多年にわたる自由獲得の努力の成果」であり，「過去幾多の試錬に堪へ」て現在に伝えられた意味を明確にし，「国民の不断の努力によつて，これを保持しなければならない」と，その歴史的意味を示している。

3.　日本国憲法前文は「主権が国民に存する」ことを宣言し，「国政は，国民の厳粛な信託によるものであつて，その権威は国民に由来し，その権力は国民の代表者がこれを行使し，その福利は国民がこれを

享受する」という原則を，「人類普遍の原理」としている。

4.　日本国憲法は戦争の惨禍のなかから誕生したことから，戦争への強い反省を踏まえ，「恒久の平和を念願」するという立場から，第9条に「国権の発動たる戦争と，武力による威嚇又は武力の行使は，国際紛争を解決する手段としては，永久にこれを放棄する」としている。

5.　日本国憲法の改正は他の法律と同じような手続きによって行われる。日本国憲法は，その改正については各議院の総議員の2分の1以上の賛成で国会がこれを発議し，国民投票で3分の2以上の賛成を得なければならないとしている。

┃ 2024年度 ┃ 和歌山県 ┃ 難易度 ▰▰▰▱▱

【17】大日本帝国憲法と日本国憲法について比較した【資料4】について，以下の(1)〜(3)の各問いに答えなさい。

【資料4】

憲法名	大日本帝国憲法	日本国憲法
成立年月日	1889年2月11日発布	1946年11月3日公布 1947年5月3日施行
人　権	法律の範囲内	（　①　）の尊重が認められる
主　権	天皇主権	（　②　）主権
戦　力	天皇が陸海軍を統帥する	戦力は保持しない（　③　）主義をとる

(1)　【資料4】中の（　①　）〜（　③　）にあてはまる語句をそれぞれ答えよ。

(2)　天皇は大日本帝国憲法では主権者であったが，日本国憲法では日本国民にとって，どのような存在と位置付けられたか，答えよ。

(3)　日本国憲法で規定されている天皇の国事行為として，最も適切なものを，次のア〜エから1つ選び，記号で答えよ。

　　ア　内閣総理大臣を指名すること

　　イ　法律，政令及び条約を施行すること

　　ウ　内閣の指名に基づく最高裁判所の長たる裁判官を任命すること

　　エ　外国との条約を締結すること

┃ 2024年度 ┃ 佐賀県 ┃ 難易度 ▰▰▰▰▱

【18】社会保障に関する制度の記述ア～カは，どの分野に属するか。その組み合わせとして正しいものを，以下の1～5の中から一つ選びなさい。

ア　障がいのある人や高齢者が生活支援を受ける。

イ　失業したため，雇用保険の給付を受けた。

ウ　新型コロナウイルスのワクチン接種を受けた。

エ　地方公共団体が下水道の整備を行う。

オ　生活保護を受ける。

カ　年金を受給する。

	社会保険	公的扶助	社会福祉	公衆衛生
1	イ	ア・カ	オ・エ	ウ
2	イ・カ	オ	ア	ウ・エ
3	ア・カ	オ	イ・ウ	エ
4	イ・カ	ア・エ	オ	ウ
5	ウ	オ・カ	ア・イ	エ

▌2024年度 ▌鳥取県 ▌難易度■■■■■■

解答・解説

【1】1　議院内閣　2　ア 4　イ 6　ウ 25　エ 30　
3　(ア)，(ウ)，(エ)　4　公聴会　5　出席議員

○**解説**○ 1「信任」，「連帯して責任」という語句に注目して，「議院内閣制」を導いてほしい。内閣は，行政権の行使について，国会に対し連帯して責任を負うものとされており，衆議院で不信任を議決されたときは，衆議院を解散するか，総辞職をしなければならない。このように内閣の組織と存続の基礎を国会に置く制度を，議院内閣制という。2　衆議院と参議院の違いは，議員数や任期が異なるほか，衆議院には解散があり参議院にはないこと，被選挙権が衆議院は25歳以上，参議院は30歳以上と異なることを，確実に押さえておく必要がある。3　(イ)　条約の「締結」は内閣の仕事で，条約の「承認」が国会の仕事である。　(オ)　予算の作成は内閣の仕事で，国会の議決を経て，

予算として成立する。　国会と内閣の役割分担を，明確に区別してお
く必要がある。　4「専門家」が手がかりとなる。多くの人が関心を
持つような案件について，委員会が利害関係者や特定の分野で専門知
識を有する人などから意見を聴くために開くのが，公聴会である。両
院協議会ではないので注意すること。　5「出席議員」である。「総議
員」ではないことに注意すること。

【2】1　A　国権　　B　両院協議会　　C　衆議院　　2　ウ　　3　エ
○**解説**○　1　A　国会については，主権者である国民から選挙で選ばれ
た議員で構成されるため，三権の中で主権者の意思を最もよく反映し
ている機関であることから，日本国憲法において，国会は国権の最高
機関と位置付けられている。　B・C　両院協議会は，衆議院と参議院
から選ばれた10名ずつの協議委員で組織され，出席協議委員の3分の2
以上による議決で案が成立する。両院協議会は，予算の議決，条約締
結の承認，内閣総理大臣の指名で，両院の意思が異なった場合に開か
れる。両院協議会でも意見が一致しない場合は，衆議院の優越が認め
られている。　2　X　日本国憲法の前文に，「日本国民は，正当に選
挙された国会における代表者を通じて行動し」，「主権が国民に存する」
とある。国会における代表者とは国会議員のことであり，国会議員は
主権者である国民の代表者であることが示されている。　Y　法律案
を提出できるのは，国会議員(議員立法)と内閣(内閣立法)である。国会
審議では，主導権を握る内閣による内閣立法が優先されやすく，議員
立法で成立するのは，与野党の意思がほぼ一致したものに限られるた
め，少なくなっている。　3　二大政党制では，死票が多くなり少数
意見が反映されにくくなる。二大政党制としては，アメリカの共和党
と民主党，イギリスの保守党と労働党などの例がある。

【3】問1　①　4　　②　25　　③　30　　問2　エ　　問3　イ
問4　三審制
○**解説**○　問1　衆議院の任期は4年で解散があり，参議院の任期は6年で3
年ごとに半数が改選される。また，被選挙権は，衆議院が満25歳以上，
参議院は満30歳以上である。　問2　ア　国会は，内閣総理大臣の任

命ではなく，指名を行うことができる。　イ　予算の先議権は，参議院ではなく衆議院にある。　ウ　条約を結ぶのは，内閣の働きである。
問3　ア・ウ・エは内閣の働きであるが，イは国会の働きである。
問4　裁判を慎重に行い，間違いをなくして人権を守るため，1つの内容について3回まで裁判を受けられる制度を三審制という。

【4】1　ウ　　2　イ　　3　イ
○**解説**○　1　①は医療保険，②は年金についての記述である。社会保険には医療保険・年金保険・雇用保険・労災保険・介護保険が含まれる。保険に加入し，保険料を支払うことで，病気やけが，失業，高齢になったときに給付が受けられる制度である。　2　アは内閣，ウとエは国会のはたらきである。　3　イ　日本国憲法の趣旨から，日本が行使できるのは個別的自衛権だけと解釈されてきたが，2014年に集団的自衛権の限定的な行使を容認する閣議決定が行われた。

【5】(1)　B　　(2)　C
○**解説**○　(1)　日本は非常任理事国の常連だが，常任理事国ではない。常任理事国は，アメリカ・イギリス・フランス・中国・ロシアの5か国である。　(2)　A　非核三原則は，日本国憲法には明記されていない。B　日本国憲法第7条は，天皇の国事行為を定めている。助言と承認を行うのは，「国会」ではなく「内閣」である。　D　「請求権」ではなく，「生存権」である。なお，生存権は社会権の一つである。

【6】(1)　6　　(2)　4
○**解説**○　(1)　ア　国際連合は，第二次世界大戦終了直後，1945年に発足した。　イ　外務省の資料によると，2022年の分担金支出国は多い順にアメリカ，中国，日本，ドイツ，イギリス，フランス，イタリアとなっている。日本は3番目である。　ウ　ユニセフは総会により設立された機関で，国連児童基金の略称である。一方，ユネスコは専門機関の一つで，国連教育科学文化機関の略称である。　(2)　4　SDGsは，2030年までに達成すべき17の目標(領域)と169の達成基準で構成されている。

【7】1
○**解説**○ 三権分立で，立法権を担うのは国会，行政権を担うのは内閣，司法権を担うのは裁判所である。三権分立は，この3つの機関が相互に抑制し合い，均衡を保つことによって権力の乱用を防ぎ，国民の権利と自由を保障するという考え方である。

【8】(1) イ，エ　　(2) ① 上告　　② 三審制
○**解説**○ (1) 裁判員制度は，殺人，強盗致死などの重大な刑事事件の第一審について，6人の裁判員が3人の裁判官とともに，有罪か無罪かを判断し，有罪の場合の量刑などを評議するものである。　ア 裁判員が参加するのは，第一審のみである。　ウ 裁判員が6人，裁判官が3人である。　オ 量刑を決めることはできないは誤りである。
(2) ① 第一審判決に不服があり上級の裁判所に訴えることを控訴，控訴審判決に不服があり，さらに上級の裁判所に訴えることを上告という。　② 裁判は，原則として同じ事案について3回まで審理を受けることができる。これを三審制という。

【9】1 ④　　2 ②
○**解説**○ 1 c 2015(平成27)年に，公職選挙法等の一部を改正する法律が成立し，選挙権年齢が満20歳以上から満18歳以上に引き下げられた。d 1900(明治33)年の選挙法改正により，直接国税10円以上を納める満25歳以上の男子に，選挙権の資格が与えられた。　2 裁判員制度は平成21(2009)年に始まり，有権者から無作為に選ばれた6名の裁判員が，殺人や強盗致死などの重大な刑事事件の第一審に参加し，3名の裁判官とともに有罪か無罪かを判断し，有罪の場合は量刑を評議するというものである。

【10】(1) 参政権　　(2) 国民投票　　(3) 国事行為　　記号 A，D，E　　(4) 国民のさまざまな意見をより広く国会に反映させたり，慎重な審議によって一方の行き過ぎを押さえたりするため。　　(5) 衆議院の方が任期が短く，解散があるため，国民の意見とより強く結びついているから。

○**解説**○ (1) 国民がみずから政治に参加する権利を，参政権という。選挙権，被選挙権，公務員となる権利，公務員を罷免する権利，国民審査の権利などを含む。 (2) 憲法改正の際に国民が行うのは，国民投票である。日本国憲法第96条に，国会が各議院の総議員の3分の2以上の賛成で発議し，国民投票においてその過半数の賛成を必要とすることが定められている。 (3) 天皇の国事行為については，日本国憲法の第6条と第7条に定められている。A・D・E以外には，内閣総理大臣の任命，衆議院の解散，国会議員の総選挙施行の公布などがある。 (4) 二院制をとる理由としては，慎重な審査で一方の行き過ぎをチェックする，異なる選出方法・任期で多様な民意を反映する，衆議院解散時の緊急議事に参議院が対応するためなどがある。そのために，議員の任期，解散の有無，選挙制度，被選挙権の年齢などの点で差異が設けられている。 (5) 衆参両院が対等であると，両院の議決が一致せず国会運営が停滞した場合，国民生活に影響が生じてしまう。衆議院は，参議院より任期が短く解散もあり，選挙が頻繁であるため，国民の意思をより反映していると考えられる。そこで，衆議院の権限を少し強め，国会運営が停滞しないようにしている。

【11】5

○**解説**○ 日本の裁判制度は，刑事・民事の別なく三審制を採用している。最初に行われた裁判の判決(第1審)に対して不服がある場合，さらに上級の裁判所に申し立てるのが「控訴」である。第二審の判断に対して，さらに上級の裁判所に不服を申し立てるのが「上告」である。「抗告」も上訴の一種だが，最高裁判所以外の裁判所が下した「決定・命令」に対して行う簡易な不服申し立てである。「決定・命令」は，判決が下される裁判よりも簡易かつ迅速な裁判で下される。

【12】⑤

○**解説**○ ⑤ 現在の日本の衆議院の選挙制度は，全国を289の選挙区に分け一つの選挙区から1名の国会議員を選ぶ小選挙区制と，全国11ブロックから比例代表を選ぶ比例代表制を並立させた小選挙区制比例代表制である。

【13】 ②

○解説○ ア 各国で使用されている各通貨を交換する際の比率を，為替相場(為替レート)という。 イ ドルに対して円の価値が上がることを，円高・ドル安という。 ウ 円高になると，輸入業者や外国製品を購入する消費者は，外国から原材料や製品を安く買えるので有利である。一方，日本の製品を外国に売る際には価格競争力が下がるため，輸出業者にとっては不利となる。 エ ドルに対して円の価値が下がることを，円安・ドル高という。 オ 円安になると，日本の製品は外国で安くなるので，輸出企業は価格競争力を増し，有利である。一方，輸入業者や外国製品を購入する消費者にとっては不利となる。

【14】 (1) エ (2) イ (3) ア

○解説○ (1) エ アマゾン川は，世界最長ではない。世界最長はナイル川で，アマゾン川は世界第2位の長さである。アマゾン川は，流域面積が世界最大である。 (2) 日本政府が資金や技術を提供して行う援助を政府開発援助といい，その略称はODAである。他の略称の正式名は，アのNGOが非政府組織，ウのUNESCOが国連教育科学文化機関，エのUNHCRが国連難民高等弁務官事務所である。 (3) 青年海外協力隊の派遣先の累計を見ると，アフリカ地域，北米・中南米地域，東南アジア，南アジアの順となっている。ただし，資料は2022年3月現在のものであり，コロナ禍の影響で派遣人数が大きく落ち込んだ時期で，地理的に比較的近いことや，コロナウイルスの感染防止に関する諸般の事情などから，東南アジアへの派遣者の数の割合が多くなったものとみられる。

【15】 ③

○解説○ 裁判員制度は，国民から選ばれた6人の裁判員が刑事事件の第1審に参加し，3人の裁判官とともに被告人が有罪か無罪か，有罪の場合はどのような刑にするのかを決める制度である。裁判員制度の対象となるのは，刑事裁判のみである。民事裁判は対象とならない。

【16】5

○**解説**○ 日本国憲法の改正は，日本国憲法第96条において，各議院の総議員の3分の2以上の賛成で国会が発議し，国民投票で過半数の賛成を必要とすることが定められている。憲法の改正手続きは，他の法律の改正手続きよりも厳格である。このような憲法を，硬性憲法という。

【17】(1) ① 基本的人権 ② 国民 ③ 平和 (2) 象徴
(3) ウ

○**解説**○ (1) 日本国憲法の3つの基本原理は，国民主権・基本的人権の尊重・平和主義を述べればよい。 (2) 日本国憲法第1条に，「天皇は，日本国の象徴であり日本国民統合の象徴であって，この地位は，主権の存する日本国民の総意に基く。」と記されている。 (3) 天皇の国事行為については，日本国憲法の第6条と第7条に記されている。なお，アは国会，エは内閣が行う。

【18】2

○**解説**○ 日本の社会保障には，社会保険・公的扶助・社会福祉・公衆衛生の4つがある。 イ・カ 社会保険は，被保険者が病気やケガ，老齢，失業，労働災害，要介護などのときに，現金やサービスを給付し生活を保護するしくみである。医療保険・年金保険・雇用保険・労災保険・介護保険の5つがある。 オ 公的扶助は生活保護法に基づき，生活・教育・住宅・医療・出産・生業・葬祭・介護の8つの扶助が全額公費によって支給されるものである。 ア 社会福祉は福祉六法などの法律に基づき，児童や高齢者，障害者の福祉のために施設提供や在宅ケアなどを行う制度である。 ウ・エ 公衆衛生は国民の健康維持と環境の整備を図るもので，保健所などの感染症予防事業や地方公共団体の清掃，上下水道事業などがある。

【1】次の文は，小学校学習指導要領(平成29年3月告示「第2章　各教科　第2節　社会」の「第1　目標」の一部である。文中の[　ア　]と[　イ　]に当てはまることばを書きなさい。

> 　社会的な[　ア　]を働かせ，課題を追究したり解決したりする活動を通して，グローバル化する国際社会に主体的に生きる平和で民主的な国家及び社会の形成者に必要な公民としての[　イ　]の基礎を次のとおり育成することを目指す。

| 2024年度 | 福島県 | 難易度 ■■■■■□□ |

【2】次の文は，平成29年3月告示の小学校学習指導要領　社会　目標の一部を示したものです。空欄(　a　)・(　b　)にあてはまる言葉は何ですか。以下の①～⑤の中からそれぞれ1つ選び，記号で答えなさい。

> (2)　社会的事象の特色や相互の関連，意味を(　a　)に考えたり，社会に見られる課題を把握して，その解決に向けて社会への関わり方を(　b　)したりする力，考えたことや(　b　)したことを適切に表現する力を養う。

a　①　多角的　　　②　構造的　　　③　具体的
　　④　総合的　　　⑤　論理的
b　①　選択・分析　②　整理・分析　③　選択・判断
　　④　分析・判断　⑤　整理・判断

| 2024年度 | 広島県・広島市 | 難易度 ■■■■■□□ |

【3】次の小学校学習指導要領(平成29年3月)「社会」の第3学年の内容を読み，問1，問2に答えなさい。

> 2　内容
> 　(2)　地域に見られる生産や販売の仕事について，学習の問題を追究・解決する活動を通して，次の事項を身に付けることができるよう指導する。

　　　ア　次のような知識及び技能を身に付けること。

　　　　(ア)　生産の仕事は，[　1　]と密接な関わりをもって行わ
　　　　　　れていることを理解すること。

　　　　(イ)　販売の仕事は，[　2　]を踏まえ売り上げを高めるよ
　　　　　　う，工夫して行われていることを理解すること。

　　　　(ウ)　見学・調査したり地図などの資料で調べたりして，
　　　　　　[　3　]などにまとめること。

問1　空欄1，2に入る語句の組合せとして，正しいものを選びなさい。

　　ア　1－日本の地域的特色　　　2－消費者の多様な願い

　　イ　1－地域の人々の生活　　　2－輸送手段の違い

　　ウ　1－地域の人々の生活　　　2－複数の情報

　　エ　1－日本の地域的特色　　　2－輸送手段の違い

　　オ　1－地域の人々の生活　　　2－消費者の多様な願い

問2　空欄3に当てはまる語句として，正しいものを選びなさい。

　　ア　白地図　　イ　主題図　　ウ　地形図　　エ　年表

　　オ　ヒストグラム

‖ 2024年度 ‖ 北海道・札幌市 ‖ 難易度 ▓▓▓▓▓▓▓□□□

【4】小学校学習指導要領社会について，次の(1)，(2)の問いに答えなさ
い。

(1)　次の文は，「第1　目標」から抜粋したものである。(　ア　)～
　　(　エ　)にあてはまる語句の組合せとして最も適当なものを，以下
　　の①～④のうちから一つ選びなさい。

> (1)　地域や我が国の国土の(　ア　)，現代社会の(　イ　)，地
> 　　域や我が国の歴史や伝統と文化を通して(　ウ　)について理
> 　　解するとともに，様々な資料や調査活動を通して情報を適
> 　　切に(　エ　)技能を身に付けるようにする。

	①	②	③	④
(ア)	自然環境	地理的環境	自然環境	地理的環境
(イ)	仕組みや働き	仕組みや働き	構造	構造
(ウ)	国民の役割	社会生活	社会生活	国民の役割
(エ)	表現する	調べまとめる	表現する	調べまとめる

● 社会科

(2)　次の①～④の文は，「第2　各学年の目標及び内容」から各学年の内容を抜粋したものである。第5学年に関するものはどれか。最も適当なものを，次の①～④のうちから一つ選びなさい。

① 情報の種類，情報の活用の仕方などに着目して，産業における情報活用の現状を捉え，情報を生かして発展する産業が国民生活に果たす役割を考え，表現すること。

② 消費者の願い，販売の仕方，他地域や外国との関わりなどに着目して，販売に携わっている人々の仕事の様子を捉え，それらの仕事に見られる工夫を考え，表現すること。

③ 供給の仕組みや経路，県内外の人々の協力などに着目して，飲料水，電気，ガスの供給のための事業の様子を捉え，それらの事業が果たす役割を考え，表現すること。

④ 外国の人々の生活の様子などに着目して，日本の文化や習慣との違いを捉え，国際交流の果たす役割を考え，表現すること。

┃ 2024年度 ┃ 千葉県・千葉市 ┃ 難易度 ┃

【5】次の文章は，「小学校学習指導要領(平成29年3月告示)」の「第2章　各教科」「第2節　社会」「第1　目標」の一部である。文中の[　ア　]から[　エ　]にあてはまる語句の組み合わせとして最も適当なものを，以下の①から④までの中から一つ選び，記号で答えよ。

(1)　地域や我が国の国土の[　ア　]的環境，現代社会の仕組みや働き，地域や我が国の[　イ　]や伝統と文化を通して社会生活について理解するとともに，様々な[　ウ　]や調査活動を通して情報を適切に調べまとめる[　エ　]を身に付けるようにする。

① ア　歴史　イ　地理　ウ　資料　エ　技能
② ア　地理　イ　歴史　ウ　書籍　エ　知識
③ ア　歴史　イ　地理　ウ　書籍　エ　知識
④ ア　地理　イ　歴史　ウ　資料　エ　技能

┃ 2024年度 ┃ 沖縄県 ┃ 難易度 ┃

194

【6】次のA～Eは，小学校学習指導要領「社会」の「各学年の目標及び
内容」の「内容」の一部である。(①)～(⑤)にあてはまる語句
を以下のア～ソの中から1つずつ選び，その記号を書きなさい。

A 特色ある地域の位置や自然環境，人々の活動や(①)の歴
史的背景，人々の協力関係などに着目して，地域の様子を捉
え，それらの特色を考え，表現すること。

B 我が国と(②)や文化などの面でつながりが深い国の人々
の生活は，多様であることを理解するとともに，スポーツや
文化などを通して他国と交流し，異なる文化や習慣を尊重し
合うことが大切であることを理解すること。

C 災害の種類や発生の位置や時期，(③)対策などに着目し
て，国土の自然災害の状況を捉え，自然条件との関連を考え，
表現すること。

D 交通網の広がり，外国との関わりなどに着目して，貿易や
(④)の様子を捉え，それらの役割を考え，表現すること。

E 関係機関や地域の人々の様々な努力により(⑤)の防止や
生活環境の改善が図られてきたことを理解するとともに，
(⑤)から国土の環境や国民の健康な生活を守る大切さを理
解すること。

ア 運輸	イ 環境破壊	ウ 観光	エ 公害	オ 減災
カ 危機	キ 政治	ク 防災	ケ 汚染	コ 経済
サ 農業	シ 産業	ス 伝統	セ 物流	ソ 教育

2024年度 ▌**青森県** ▌難易度 ■■■□□□

【7】次の文は，小学校学習指導要領「社会」の「指導計画の作成と内容
の取扱い」の一部である。下線部について，身に付け活用できるよう
にするためにどのような指導が考えられるか。第5学年の学習内容と
関連付けた指導例を考え，書きなさい。

---

1 指導計画の作成に当たっては，次の事項に配慮するものとす
る。
(3) 我が国の<u>47都道府県の名称と位置</u>，世界の大陸と主な海

洋の名称と位置については，学習内容と関連付けながら，その都度，地図帳や地球儀などを使って確認するなどして，小学校卒業までに身に付け活用できるように工夫して指導すること。

▌2024年度 ▌青森県 ▌難易度 ▮▮▮▮▮▯▯

【8】小学校学習指導要領(平成29年3月)第2章「第2節　社会」について，(1)，(2)の問いに答えなさい。

(1)　次の文は，社会科の目標の一部です。(　①　)，(　②　)にあてはまる語句の組み合わせとして正しいものを，以下のア～エから一つ選び，その記号を書きなさい。

　　社会的な見方・考え方を働かせ，課題を追究したり(　①　)する活動を通して，(　②　)する国際社会に主体的に生きる平和で民主的な国家及び社会の形成者に必要な公民としての資質・能力の基礎を次のとおり育成することを目指す。

ア　①　発見したり　　②　多様化
イ　①　発見したり　　②　グローバル化
ウ　①　解決したり　　②　多様化
エ　①　解決したり　　②　グローバル化

(2)　次の①～③の文は，第3学年～第6学年のいずれかの学年における「知識及び技能」に関する目標を示したものです。それぞれ，どの学年のものか，あてはまる数字を書きなさい。

①	身近な地域や市区町村の地理的環境，地域の安全を守るための諸活動や地域の産業と消費生活の様子，地域の様子の移り変わりについて，人々の生活との関連を踏まえて理解するとともに，調査活動，地図帳や各種の具体的資料を通して，必要な情報を調べまとめる技能を身に付けるようにする。
②	我が国の国土の地理的環境の特色や産業の現状，社会の情報化と産業の関わりについて，国民生活との関連を踏まえて理解するとともに，地図帳や地球儀，統計などの各種の基礎的資料を通して，情報を適切に調べまとめる技能を身に付けるようにする。
③	自分たちの都道府県の地理的環境の特色，地域の人々の健康と生活環境を支える働きや自然災害から地域の安全を守るための諸活動，地域の伝統と文化や地域の発展に尽くした先人の働きなどについて，人々の生活との関連を踏まえて理解するとともに，調査活動，地図帳や各種の具体的資料を通して，必要な情報を調べまとめる技能を身に付けるようにする。

▌2024年度 ▌岩手県 ▌難易度 ▮▮▮▮▮▯▯

【9】 小学校学習指導要領(平成29年告示 文部科学省)の「第2章 各教科 第2節 社会 第2 各学年の目標及び内容」についての説明として正しくないものを，次の1〜5の中から1つ選べ。

1. 第3学年の目標では，身近な地域や市区町村の地理的環境，地域の安全を守るための諸活動や地域の産業と消費生活の様子，地域の様子の移り変わりについて，人々の生活との関連を踏まえて理解するとともに，調査活動，地図帳や各種の具体的資料を通して，必要な情報を調べまとめる技能を身に付けるようにするとある。

2. 第3学年の目標では，社会的事象の特色や相互の関連，意味を考える力，社会に見られる課題を把握して，その解決に向けて社会への関わり方を選択・判断する力，考えたことや選択・判断したことを表現する力を養うとある。

3. 第4学年の目標では，社会的事象について，主体的に学習の問題を解決しようとする態度や，よりよい社会を考え学習したことを社会生活に生かそうとする態度を養うとともに，思考や理解を通して，地域社会に対する誇りと愛情，地域社会の一員としての自覚を養うとある。

4. 第5学年の目標では，我が国の国土の地理的環境の特色や産業の現状，社会の情報化と産業の関わりについて，国民生活との関連を踏まえて理解するとある。

5. 第5学年の目標では，社会的事象について，主体的に学習の問題を解決しようとする態度や，よりよい社会を考え学習したことを社会生活に生かそうとする態度を養うとともに，多角的な思考や理解を通して，我が国の歴史や伝統を大切にして国を愛する心情，我が国の将来を担う国民としての自覚や平和を願う日本人として世界の国々の人々と共に生きることの大切さについての自覚を養うとある。

▌2024年度▌ 和歌山県 ▌難易度▐■■■□□□▐

【10】 次の文は，小学校学習指導要領解説 社会編(平成29年7月)第4章「1 指導計画作成上の配慮事項」から抜粋したものです。文中の（ ① ），（ ② ）にあてはまる語句の組み合わせとして正しいものを，

以下のア～エから一つ選び，その記号を書きなさい。

> (3) 我が国の47都道府県の名称と位置，世界の大陸と主な海洋の名称と位置については，学習内容と(①)，その都度，地図帳や地球儀などを使って確認するなどして，(②)までに身に付け活用できるように工夫して指導すること。

ア ① 関連付けながら　② 第5学年修了
イ ① 関連付けながら　② 小学校卒業
ウ ① 区別しながら　② 第5学年修了
エ ① 区別しながら　② 小学校卒業

┃ 2024年度 ┃ 岩手県 ┃ 難易度 ■■■■□□

【11】次の文は，小学校学習指導要領解説　社会編(平成29年7月)第4章「2　内容の取扱いについての配慮事項」から抜粋したものです。文中の(①)，(②)にあてはまる語句の組み合わせとして正しいものを，以下のア～エから一つ選び，その記号を書きなさい。

> (1) 各学校においては，地域の実態を生かし，児童が興味・関心をもって学習に取り組めるようにするとともに，観察や見学，聞き取りなどの調査活動を含む(①)な体験を伴う学習やそれに基づく表現活動の一層の充実を図ること。また，社会的事象の特色や意味，社会に見られる課題などについて，多角的に考えたことや選択・判断したことを論理的に説明したり，(②)を明確にして議論したりするなど言語活動に関わる学習を一層重視すること。

ア ① 具体的　② 役割や意味
イ ① 具体的　② 立場や根拠
ウ ① 疑似的　② 役割や意味
エ ① 疑似的　② 立場や根拠

┃ 2024年度 ┃ 岩手県 ┃ 難易度 ■■■■■□

【12】次は，小学校学習指導要領に示されている社会科の「第2　各学年の目標及び内容」の一部です。第4学年と第5学年の「2　内容」について（　①　），（　②　）にあてはまる言葉を以下のア～ウの中からそれぞれ1つ選び，その記号を答えなさい。

第4学年	第5学年
(1)　都道府県の様子	(1)　我が国の国土の様子と国民生活
(2)　人々の健康や生活環境を支える事業	(2)　我が国の農業や水産業における食料生産
(3)　自然災害から人々を守る活動	(3)　我が国の工業生産
(4)　県内の伝統や文化，（　①　）の働き	(4)　我が国の産業と（　②　）との関わり
(5)　県内の特色ある地域の様子	(5)　我が国の国土の自然環境と国民生活との関連

①　ア　先人　　イ　農業　　ウ　政治
②　ア　自然　　イ　情報　　ウ　世界

‖ 2024年度 ‖ 佐賀県 ‖ 難易度 ▮▮▮▮▮▮▮▮

【13】次は，小学校学習指導要領に示されている社会科の第3学年における「2　内容」の一部です。この指導内容について，地域の商店を見学する場合，どのような活動を仕組みますか。調査内容と方法を答えなさい。

> (2)　地域に見られる生産や販売の仕事について，学習の問題を追究・解決する活動を通して，次の事項を身に付けることができるよう指導する。
> ア　次のような知識及び技能を身に付けること。
> （イ）　販売の仕事は，消費者の多様な願いを踏まえ売り上げを高めるよう，工夫して行われていることを理解すること。

‖ 2024年度 ‖ 佐賀県 ‖ 難易度 ▮▮▮▮▮▮▮▮

【14】 小学校「社会」の第6学年「日本とつながりの深い国々」の学習において，日本と経済や文化などの面でつながりの深いアメリカ・中国・サウジアラビア・ブラジルの4か国の中から，児童一人一人が興味・関心等に基づき1か国を選択して，人々の生活について調べる活動を設定した。次の表は，サウジアラビアを選択した児童のワークシートである。以下の(1)～(5)の問いに答えなさい。

【児童のワークシート】

国名		サウジアラビア
国旗		・真ん中にはイスラム教の聖典である（ ア ）の言葉が書かれている。 ・剣は、新月刀というアラブ民族のシンボル。 ・旗の色の緑は、イスラム教の聖なる色。
くらし	衣服	・男性はトーブという白い服、女性はアバヤという黒い服を着る。
	食事の習慣	・ぶた肉を食べたり、お酒を飲んだりしない。
	宗教	・1日5回、聖地である（ イ ）に向かっていのりをささげる。
学校	授業風景	・男女別々に勉強する。
	授業料	・公立学校では大学まで無料。

(1) 教師が，アメリカ・中国・サウジアラビア・ブラジルの4か国を取り上げた意図を，「小学校学習指導要領(平成29年告示)解説 社会編」の第6学年「内容の取扱い」(3)を踏まえて書きなさい。

(2) 地球儀を用いて，日本とサウジアラビアとの関係について調べる活動において，児童に読み取らせたいことを1つ書きなさい。

(3) （ ア ），（ イ ）に当てはまる言葉を書きなさい。

(4) 本単元において，4か国の人々の生活の様子について理解するために，考えられる体験的な活動を1つ書きなさい。

(5) 本単元のまとめる過程において，児童のワークシートの記述を基に，日本と4か国の人々の生活の違いを捉える活動を設定した。その活動を通して，児童に気付かせたいことを2つ書きなさい。

2024年度 ▎群馬県▎ 難易度

【15】小学校第5学年では，「わたしたちの生活と情報」について学習する。次の4つの【資料】を見て，以下の(1)～(3)の問いに答えよ。

【資料1】
インターネット利用者数のうつり変わり

（万人）

| 12000 |
| 10000 |
| 8000 |
| 6000 |
| 4000 |
| 2000 |

1997 2001 05 09 13 16年
（通信利用動向調査ほか）

【資料2】
情報通信機器の世帯保有率のうつり変わり

％
携帯電話・PHS
固定電話
パソコン
スマートフォン
タブレット端末

2002 04 06 08 10 12 14 16年
（各年版情報通信白書ほか）

【資料3】
インターネットを使った犯罪件数のうつり変わり

（件）

| 10000 |
| 8000 |
| 6000 |
| 4000 |
| 2000 |

2000 05 10 15 16年
（2017年刊 日本国勢図会2017/18年版）

【資料4】
インターネットの利用をめぐるさまざまな問題

(1) 単元のはじめに【資料1～3】から読み取ったことをもとに学習問題を設定する場合，学習問題として不適切なものを次のア～エから一つ選んで，その記号を書け。

ア　増えているインターネット犯罪にはどのようなものがあるのだろう。

イ　どうして，インターネットショッピングの売り上げは急に増えているのだろう。

ウ　インターネットの利用者が急に増えたのはなぜだろう。

エ　急にスマートフォンが増えたことでわたしたちの生活はどう変わったのだろう。

(2) 【資料4】を使ってインターネット利用の問題点について調べる際，指導者が留意すべき点として不適切なものを次のア～エから一つ選んで，その記号を書け。

ア　情報を受け取る側と発信する側の両方の立場から考えるように促す。

イ　問題点を調べながら，その対応をどうすればよいかも考えるように促す。

　ウ　扱う情報を守るシステムを端末などに入れていれば，犯罪には
　　まきこまれないことをあわせて教える。

　エ　インターネット端末は，適切に扱えば安全で便利なツールであ
　　ることをあわせて教える。

(3)　この単元を通して，児童は情報化社会の現状を学び，便利さと課
　題について考えた。これから気をつけることとして適切でないもの
　を，次のア～エから一つ選んで，その記号を書け。

　ア　送られてきたメッセージ等はできるだけ早く開封し，見落とし
　　がないように内容を確認する。

　イ　SNS等で情報を発信するときは，正確な情報を送るようにする。

　ウ　何か問題が起きたら，家の人や学校に相談するようにする。

　エ　自分や他人の個人情報を流さないように気をつける。

‖ 2024年度 ‖ 香川県 ‖ 難易度 ■■■■□□

解答・解説

【1】ア　見方・考え方　　イ　資質・能力

○**解説**○　ア　各教科等の「見方・考え方」は，その教科等ならではの物
　事を捉える視点や考え方であり，各教科等を学ぶ本質的な意義の中核
　をなすものである。社会科の特質を踏まえて示された「社会的な見
　方・考え方」は，社会的事象の特色や意味などを考えたり，課題を把
　握し解決に向けて選択・判断したりする際の視点や方法である。
　イ　「グローバル化する国際社会に主体的に生きる平和で民主的な国家
　及び社会の形成者に必要な公民としての資質・能力の基礎を次のとお
　り育成することを目指す」とは，小学校及び中学校の社会科の共通の
　ねらいであり，小学校及び中学校における社会科の指導を通して，そ
　の実現を目指す究極的なねらいを示している。

【2】a　1　　b　3

○**解説**○　目標(2)は，思考力，判断力，表現力等に関するものである。小

学校社会科における「思考力，判断力」は，社会的事象の特色や相互の関連，意味を多角的に考える力，社会に見られる課題を把握して，その解決に向けて，学習したことを基に，社会への関わり方を選択・判断する力である。小学校社会科では，学年が上がるにつれて徐々に多角的に考えることができるようになることを求めており，高学年の目標(2)には，「多角的に考える力」を養うことが掲げられている。

【3】問1　オ　　問2　ア

○**解説**○　問1　社会科の第3学年の内容は，市を中心とする地域社会に関するものであり，出題の内容(2)は，「現代社会の仕組みや働きと人々の生活」に区分される「地域に見られる生産や販売の仕事」についての学習内容である。販売の仕事は，消費者の需要(消費者の多様な願い)を踏まえて売り上げを高めるよう工夫していることを学習する。問2　第3学年及び第4学年においては，調べたことをまとめる際に主に用いられるのは，白地図である。年表は，主に「歴史と人々の生活」の学習において用いられ，特に歴史を主なテーマにもつ第6学年においては頻繁に用いられる。主題図や地形図は，中学校において扱われるものである。

【4】(1)　②　　(2)　①

○**解説**○　(1)　目標(1)は知識及び技能に関するものであり，前半の知識に関する内容としては，社会の内容である①地理的環境と人々の生活，②歴史と人々の生活，③現代社会の仕組みや働きと人々の生活について，小学校の社会科全体を通して表した表現で示されている。後半の技能の目標については，情報を調べてまとめる技能を，内容に応じて繰り返し身に付けるようにすることが示されている。　(2)　いずれも，思考力，判断力，表現力等に関する内容である。　①「情報」に関する学習から，第5学年と分かる。「我が国の産業と情報との関わり」の単元の内容である。　②「販売」の仕事の学習は第3学年である。「地域に見られる生産や販売の仕事」の単元の内容である。　③「県内外の人々の協力など」とあることから，第4学年の内容である。「人々の健康や生活環境を支える事業」の単元の内容である。　④「国際交流

の果たす役割」から，国際理解を学習する第6学年である。「グローバル化する世界と日本の役割」の単元の内容である。

【5】④

○**解説**○ 目標(1)は知識及び技能に関するもので，前半は知識の目標である。社会科の学習内容は，地域や我が国の地理的環境，地域や我が国の歴史や伝統と文化，現代社会の仕組みや働きであり，知識の目標には社会科の学習内容の概要が列挙されている。社会科における技能は，さまざまな資料の活用や調査活動などの手段を考えて，社会的事象についての情報を集め，読み取り，調べまとめることをねらいとしている。

【6】① シ ② コ ③ ク ④ ア ⑤ エ

○**解説**○ ① Aは，第4学年の「県内の特色ある地域の様子」における思考力，判断力，表現力等に関する内容で，特色のある地域の人々の活動や産業はどのような経緯で始まったかなどを調べ考え，表現することなどが含まれる。 ② Bは，第6学年の「グローバル化する世界と日本の役割」の内容で，我が国とつながりの深い国の人々の生活に関する内容などから構成されている。日本と諸外国との間では，経済や文化で多くのつながりをもっている。 ③ Cは，第5学年の「我が国の国土の自然環境と国民生活との関連」の内容で，特に国土の自然災害についての思考力，判断力，表現力等に関する内容が示されている。災害においては，防災対策が欠かせないテーマである。 ④ Dは，第5学年の「我が国の工業生産」の内容で，特に交通網の広がり，外国との関わりに着目した思考力，判断力，表現力等に関する内容である。貿易や運輸と工業生産を関連付けて考え，調べ，表現することが示されている。 ⑤ Eは，第5学年の「我が国の国土の自然環境と国民生活との関連」の内容で，公害の防止や生活環境の改善が図られてきたことについての指導事項である。各学年の内容は，キーワードを中心に一通り押さえておきたい。

【7】水産業の盛んな地域の学習の際，主な漁港のある都道府県の位置を
地図帳等で調べ，白地図に整理させるなどして，都道府県の名称と位
置を身に付け活用できるようにさせる。

○**解説**○ 47都道府県の名称と位置は，第4学年の「都道府県の様子」に
おいて学習する。第5学年の農業について学習する際には，特定の農
産物の生産量が多い都道府県，工業であれば自動車の生産量が多い都
道府県，第6学年の歴史学習においては，古墳が発見された都道府県
の場所，外国と関わりのある港がある都道府県などについて，位置を
地図で調べ，白地図に整理させるなどして，都道府県の名称と位置を
身に付け活用できるように指導する。

【8】(1) エ (2) ① 第3学年 ② 第5学年 ③ 第4学年
○**解説**○ (1) ① 空欄の前に「追究したり」とあることから，「発見し
たり」ではなく，「解決したり」であると分かる。三つの柱に沿った
資質・能力を育成するためには，児童生徒が課題を追究したり解決し
たりする活動の一層の充実が求められる。 ② 「国際社会」にかかる
語句としては，第6学年の主な内容の一つとして，「グローバル化する
世界と日本の役割」があることから判断できるはずである。 (2) 「地
理的環境と人々の生活」の区分では，学びの対象は，身近な地域から
学年を追うごとに広がっている。最初に社会科を学ぶ第3学年では
「身近な地域や市区町村」，第4学年では「自分たちの都道府県」，第5
学年では「我が国の国土」となる。

【9】5
○**解説**○ 5は，第5学年の目標ではなく，第6学年の目標である。後半に
示された「我が国の歴史や伝統」や「世界の国々の人々と共に生きる」
という表現から，第6学年と特定することができる。

【10】イ
○**解説**○ 47都道府県の名称や位置は第4学年で，世界の大陸と主な海洋
の名称と位置は第5学年で学習するが，それらは該当学年以降の学年
における学習の中でもたびたび扱われるものであり，学習内容と関連

付けながら，小学校卒業までに確実に身に付け活用できるようにすることを目指すこととされている。

【11】 イ

○**解説**○ ① 「観察や見学，聞き取りなどの調査活動」とは，「具体的な体験を伴う学習」である。具体的な体験については，児童が実物や本物を直接見たり触れたりすることを通して社会的事象を適切に把握し，具体的，実感的に捉えることができるようにすることが大切である。 ② 議論するときに明確にするものなので，「立場や根拠」があてはまる。考え，選択・判断した根拠や理由を明確にして論理的に説明したり，他者の主張を踏まえて議論したりするなど，言語活動の一層の充実を図るようにすることが大切である。

【12】 ① ア ② イ

○**解説**○ ① 「先人の働き」については地域の発展に尽くした先人について，さまざまな苦心や努力を重ねて業績を成し遂げたこと，その苦心や努力が当時の人々の生活の向上や地域の発展に大きく貢献したこと等を基にして理解すること，とされている。 ② 我が国の産業と情報との関わりについて，学習指導要領解説では「放送，新聞などの産業が多種多様な情報を収集・選択・加工して提供していることや，販売，運輸，観光，医療，福祉などに関わる産業が，販売情報や交通情報等の大量の情報やインターネットなどで情報を瞬時に伝える情報通信技術などを活用していること」としている。

【13】 ・店が消費者の願いをどのような方法で収集しているかについて，店内を探す活動を仕組む。 ・商品の品質や並べ方の工夫について，商品のラベルや陳列棚の写真を撮る活動を仕組む。 ・どのように値段を付けているのかについて，店員にインタビューする場を仕組む。

○**解説**○ 地域の商店を見学する際，家族がよく買い物をする店，買い物をする際の工夫，販売に携わっている人々の工夫などを調べる活動が必要である。商品の品質管理，売り場での並べ方，値段の付け方，宣伝の仕方，消費者の要望の調査方法などを，探索したり，写真を撮っ

たり，店舗で働く人に話を聞いたりする活動が考えられる。

【14】(1)　・特定の地域に偏らないようにするため。　　・文化や習慣に多様性が見られるようにするため。　　・調べる資料の量に大きな違いが生じないようにするため。　　(2)　・日本との位置関係・日本からの距離　　・国の大きさ　　(3)　ア　コーラン　　イ　メッカ　　(4)　・衣服を着る。　　・料理を作る，食べる。　　・人気の遊びをする。　　(5)　・日本とつながりが深い国の人々の生活は多様であること。　　・異なる文化や習慣を尊重し合うこと。

○**解説**○　(1)　学習指導要領解説(平成29年7月)の内容の取扱いの解説には，3か国程度を取り上げ，そこから児童に1か国を選択させて主体的に調べることができるようにすることとある。その際，文化や習慣には多様性が見られることなどを理解できるように，取り上げる国が特定の地域に偏らないように配慮することが大切であると記述されている。また，選択した国によって調べる資料の量などに大きな違いが生じないよう，個に応じた適切な指導の必要性が示されている。　(2)地球儀を用いて，日本とサウジアラビアとの関係について調べる活動では，サウジアラビアの名称，位置，日本との位置関係，日本との距離，サウジアラビアの国の大きさなどを読み取ることができる。
(3)　(ア)　イスラム教の聖典は，コーランである。　(イ)　イスラム教の聖地は，メッカである。　(4)　外国の人々の生活の様子に着目することの具体例として，衣服，料理，食事の習慣，住居，挨拶の仕方やマナー，子供たちの遊びや学校生活，気候や地形の特色に合わせたくらしの様子，娯楽，国民に親しまれている行事などが挙げられる。これらのうちで，比較的容易に体験できることとして，その国特有の衣服を着る，その国特有の料理を作ったり食べたりする，その国でよく行われる子供の遊びや娯楽を体験してみることなどがある。
(5)　「日本と4か国の人々の生活の違いを捉える」がポイントである。それぞれの国の文化，習慣には多様性があること，日本の文化との違いを理解した上で，多様な文化を適切に理解し，お互いの伝統，文化，習慣を尊重し合うという点に気付かせたい。

● 社会科

【15】(1)　イ　　(2)　ウ　　(3)　ア

○**解説**○ (1)　アは資料3から，ウは資料1から，エは資料2から読み取ったことをもとに，考察することができる。しかし，イのインターネットショッピングの売上は，どの資料からも読み取ることはできない。(2)　ウ　個人情報の流出やでたらめなうわさを流すといったことから，セキュリティ対策が課題の一つに挙げられることは間違っていない。ただし，セキュリティ対策といってもさまざまなものがあり，どのような脅威があるのかを把握し，それらに合わせた対策をとる必要があり，情報端末に一つのセキュリティソフトを入れたとしても，万全であるとはいえないことを教える必要がある。　(3)　ア　送られてきたメッセージが本物なのか，添付されたファイルを不用意に開きウイルスに感染したり，フィッシング詐欺にあう危険性もあるため，開封する際には慎重に行う必要がある。

算数科

要点整理

●学習のポイント

　内容的には，高校入試程度の問題が多い。高校入試といってもその対象は，小学校高学年の内容を含めたものが多く，全領域に渡って算数・数学の基礎的な知識を確実に理解しておくことが肝要である。数式領域では，ルートを含めて工夫する力や十進数とP進数の互換を問いかける問題が多い。また求積では，相似比を利用して求める面積や回転体の体積が多く，図形では中学校レベルで解く証明問題が主。その他パターンを見つける問題，確率，関数が頻出している。そして，学習指導要領の目標及び各学年の内容と関連させ子どもの不備な考えを基にそれをどう生かすかという指導法の問題も多い。

●数と式

自然数：物の個数や順番を表すのに用いられる数1，2，3，4，…を自然数という。○加法…任意の2つの自然数x，yに対して，第3の自然数$x+y$を求める演算を加法といい，$x+y$をxとyの和という。○乗法…任意の2つの自然数x，yに対して，第3の自然数$x×y$を求める演算を乗法といい，$x×y$をxとyの積という。

整数：小学校では0と自然数を整数といい，負の数を学習する中学校では0，$±1$，$±2$，$±3$…を整数という。

解の公式：

$$ax^2+bx+c=0 \ (a≠0) → x=\frac{-b±\sqrt{b^2-4ac}}{2a}$$

解の公式の導き方は，$ax^2+bx+c=0$の左辺を次のように変形する。

$$ax^2+bx+c=a\left(x^2+\frac{b}{a}x\right)+c=a\left(x+\frac{b}{2a}\right)^2-\frac{b^2}{4a}+c \quad …①$$

①＝0より

$$x=-\frac{b}{2a}±\frac{\sqrt{b^2-4ac}}{4a^2}=\frac{-b±\sqrt{b^2-4ac}}{2a}$$

判別式$D=b^2-4ac$とすると

$D>0 \longleftrightarrow$ 異なる2つの実数解をもつ

$D=0 \longleftrightarrow$ 重解をもつ

$D<0 \longleftrightarrow$ 異なる2つの虚数解をもつ

解と係数の関係：

二次方程式 $ax^2+bx+c=0$ の2つの解を α，β とすると

$$\alpha+\beta=-\frac{b}{a}, \quad \alpha\beta=\frac{c}{a}$$

不等式：

$ax>b\ (a\neq0)$ の解は　$a>0$ のとき　$x>\dfrac{b}{a}$，$a<0$ のとき　$x<\dfrac{b}{a}$

二次不等式の解：

$\alpha<\beta$ のとき　$(x-\alpha)(x-\beta)>0 \longrightarrow x<\alpha$，$\beta<x$

$(x-\alpha)(x-\beta)<0 \longrightarrow \alpha<x<\beta$

●関数

(1) 線分の長さ：2点 $P(x_1,\ y_1)$，$Q(x_2,\ y_2)$ を結ぶ線分の長さ

$$PQ=\sqrt{(x_2-x_1)^2+(y_2-y_1)^2}$$

(2) 線分の分点：2点 $P(x_1,\ y_1)$，$Q(x_2,\ y_2)$ を $m:n$ の比に内分する点を R，外分する点をTとすると

$$R\left(\frac{nx_1+mx_2}{m+n},\ \frac{ny_1+my_2}{m+n}\right) \qquad T\left(\frac{-nx_1+mx_2}{m-n},\ \frac{-ny_1+my_2}{m-n}\right)$$

(3) 直線の方程式

① 傾き m，y 切片 b の直線：$y=mx+b$

② 2点 $A(x_1,\ y_1)$，$B(x_2,\ y_2)$ を通る直線

$$y-y_1=\frac{y_2-y_1}{x_2-x_1}(x-x_1) \quad (x_1\neq x_2)$$

$$x=x_1 \qquad\qquad\qquad (x_1=x_2)$$

③ $(a,\ 0)$，$(0,\ b)$ を通る直線

$$\frac{x}{a}+\frac{y}{b}=1 \qquad\qquad (ab\neq0)$$

●二次関数

二次関数のグラフと x 軸の共有点の関数は次表のとおり。

$y=ax^2+bx+c$ のグラフ	$a>0$　　　$a<0$	$a>0$　　$a<0$	$a>0$　　　$a<0$
x 軸との交点	2点	1点	0
判別式 D	$D>0$	$D=0$	$D<0$

● 算数科

図のような二次関数$y=ax^2+bx+c$ $(\neq0)$の式を

$$y=a(x^2+\frac{b}{a}x)+c=a\left(x+\frac{b}{2a}\right)^2-\frac{b^2-4ac}{4a}$$

のように変形すると頂点の座標は

$$\left(-\frac{b}{2a},\ -\frac{b^2-4ac}{4a}\right),\ 軸はx=-\frac{b}{2a}$$

この関数とy軸との交点の座標は$(0,\ c)$，x軸との交点α，β $(\alpha<\beta)$の座標は　二次方程式の$ax^2+bx+c=0$の2つの解になるので，点αの座標は

$$\left(\frac{-b-\sqrt{b^2-4ac}}{2a},\ 0\right),\ 点\betaの座標は\left(\frac{-b+\sqrt{b^2-4ac}}{2a},\ 0\right)$$

二次方程式の判別式Dが$D=b^2-4ac<0$ならx軸との交点なし，$D=0$ならx軸に接する。

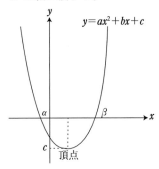

● 図形

円の性質

後の図アについて，次の式がなりたつ。

∠AOD＝2∠ACD

∠ABD＝∠ACD

∠AODを中心角，また，∠ABD，∠ACDなどを円周角という。

図イについては，次の式がなりたつ。

∠a＋∠c＝∠b＋∠d＝2∠R

∠e＝∠b

図ウについては，接弦定理により，∠a＝∠ABD＝∠ACDである。

図ア　　　　　図イ　　　　　図ウ

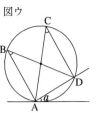

接線

n角形

n角形の内角の和は$2(n-2)\angle R$，外角の和は$4\angle R$。

また，n角形の対角線の数は，$\dfrac{n(n-3)}{2}$本である。

●面積

◎三角形の面積：$S=\dfrac{1}{2}ah=\dfrac{1}{2}ac\sin\theta$

または，

$S=\sqrt{s(s-a)(s-b)(s-c)}$ (ヘロンの公式)

ただし　$s=\dfrac{1}{2}(a+b+c)$

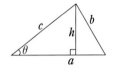

◎四角形の面積：正方形　$S=a^2=\dfrac{1}{2}m^2$

◎ひし形の面積：$S=\dfrac{1}{2}mn$

◎円の面積：$S=\pi r^2$

◎扇形の面積：$S=\dfrac{\theta}{360}\pi r^2$

◎球の表面積：$S=4\pi r^2$

213

● 体積

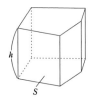

角柱の体積：$V = Sh$

円柱の体積：$V = \pi r^2 h$

円すいの体積：$V = \dfrac{1}{3}\pi r^2 h$

$\qquad\qquad\quad = \dfrac{1}{3}Sh\ (S = \pi r^2)$

球の体積：$V = \dfrac{4}{3}\pi r^3$

● 順列・組合せ

　相異なる n 個のものから r 個取り出し，一列に並べたものを順列といい，その総数を $_n\mathrm{P}_r$ で表す。

$$_n\mathrm{P}_r = \underbrace{n(n-1)(n-2)\cdots(n-r+1)}_{r\,個} = \dfrac{n!}{(n-r)!}$$

　相異なる n 個から順序を無視して r 個取る組合せの総数を $_n\mathrm{C}_r$ で表す。

$$_n\mathrm{C}_r = \dfrac{n(n-1)(n-2)\cdots(n-r+1)}{1\cdot2\cdot3\cdots r} = \dfrac{n!}{r!(n-r)!} = \dfrac{_n\mathrm{P}_r}{r!}$$

① 相異なる n 個のものから，n 個を取り出す順列の総数は，

$_n\mathrm{P}_n = n! = n(n-1)\cdots\cdots 1$ （n は自然数），$0! = 1$

② 相異なる n 個のものから，r 個を取り出す順列の総数は，

$_n\mathrm{P}_r = \dfrac{n!}{(n-r)!}$

③ n 個のもののうち，p 個は同じもの，q 個は別の同じもの，r 個はまた別の同じもの，$\cdots\cdots$ であるとき，これら n 個のものを全部使ってできる同じものを含む順列の総数は，

$\dfrac{n!}{p!q!r!\cdots}$ 　ただし $p+q+r+\cdots = n$

④ どの2つも異なる n 個のものから重複を許して r 個を取り出す順列の数は，n^r（重複順列）

⑤ 相異なる n 個から r 個を取り出す組合せの総数は，

$$_nC_r = \frac{_nP_r}{r!} = {_nC_{n-r}} \quad _nC_r = {_{n-1}C_{r-1}} + {_{n-1}C_r}$$

⑥　相異なる n 個から重複を許して r 個を取り出す組合せの総数は，$_{n+r-1}C_r$(重複組合せ)

⑦　$(a+b)^n = \displaystyle\sum_{k=0}^{n} {_nC_k} a^{n-k} \cdot b^k$ (二項定理)

$$_nC_0 + {_nC_1} + \cdots + {_nC_n} = 2^n \quad (a=1,\ b=1 \text{のとき})$$

●確率

N個の排反する事象のどれかが起こることが同じ程度に期待されるとき，このうちAの起こる場合がn個あるならば，$\dfrac{n}{N}$を事象Aの起こる確率といい，$P(A)$で表す。

$$P(A) = \frac{n}{N} \ [0 \leq P(A) \leq 1]$$

1回の試行で，事象Aの起こる確率がpならばその試行を独立に n 回くり返すとき，Aが r 回起こる確率は $_nC_r p^r q^{n-r}$ となる(反復試行の確率，$q=1-p$)。

●平成29年告示学習指導要領　改訂の要点

(1)　目標の改善について

①教科の目標

算数科において育成を目指す資質・能力については，中央教育審議会答申(平成28年12月21日)にて「知識・技能」，「思考力・判断力・表現力等」，「学びに向かう力・人間性等」の3つの柱に沿った整理が行われた。これを受け，教科の目標は次のように示された。

> 数学的な見方・考え方を働かせ，数学的活動を通して，数学的に考える資質・能力を次のとおり育成することを目指す。
> (1)　数量や図形などについての基礎的・基本的な概念や性質などを理解するとともに，日常の事象を数理的に処理する技能を身に付けるようにする。

(2)　日常の事象を数理的に捉え見通しをもち筋道を立てて考察する力，基礎的・基本的な数量や図形の性質などを見いだし統合的・発展的に考察する力，数学的な表現を用いて事象を簡潔・明瞭・的確に表したり目的に応じて柔軟に表したりする力を養う。

(3)　数学的活動の楽しさや数学のよさに気付き，学習を振り返ってよりよく問題解決しようとする態度，算数で学んだことを生活や学習に活用しようとする態度を養う。

　従前より示し方が変更され，先述の3つの柱に対応して(1)〜(3)の目標が示された。それぞれ(1)が「知識・技能」，(2)が「思考力・判断力・表現力等」，(3)が「学びに向かう力・人間性等」による。

　また，「数学的な見方・考え方」とは，中央教育審議会答申では「事象を数量や図形及びそれらの関係などに着目して捉え，論理的，統合的・発展的に考えること」として示している。

②各学年の目標

〔第1学年〕

(1)　数の概念とその表し方及び計算の意味を理解し，量，図形及び数量の関係についての理解の基礎となる経験を重ね，数量や図形についての感覚を豊かにするとともに，加法及び減法の計算をしたり，形を構成したり，身の回りにある量の大きさを比べたり，簡単な絵や図などに表したりすることなどについての技能を身に付けるようにする。

(2)　ものの数に着目し，具体物や図などを用いて数の数え方や計算の仕方を考える力，ものの形に着目して特徴を捉えたり，具体的な操作を通して形の構成について考えたりする力，身の回りにあるものの特徴を量に着目して捉え，量の大きさの比べ方を考える力，データの個数に着目して身の回りの事象の特徴を捉える力などを養う。

(3)　数量や図形に親しみ，算数で学んだことのよさや楽しさを感じながら学ぶ態度を養う。

〔第2学年〕

(1)　数の概念についての理解を深め，計算の意味と性質，基本的な
図形の概念，量の概念，簡単な表とグラフなどについて理解し，
数量や図形についての感覚を豊かにするとともに，加法，減法及
び乗法の計算をしたり，図形を構成したり，長さやかさなどを測
定したり，表やグラフに表したりすることなどについての技能を
身に付けるようにする。

(2)　数とその表現や数量の関係に着目し，必要に応じて具体物や図
などを用いて数の表し方や計算の仕方などを考察する力，平面図
形の特徴を図形を構成する要素に着目して捉えたり，身の回りの
事象を図形の性質から考察したりする力，身の回りにあるものの
特徴を量に着目して捉え，量の単位を用いて的確に表現する力，
身の回りの事象をデータの特徴に着目して捉え，簡潔に表現した
り考察したりする力などを養う。

(3)　数量や図形に進んで関わり，数学的に表現・処理したことを振
り返り，数理的な処理のよさに気付き生活や学習に活用しようと
する態度を養う。

〔第3学年〕

(1)　数の表し方，整数の計算の意味と性質，小数及び分数の意味と
表し方，基本的な図形の概念，量の概念，棒グラフなどについて
理解し，数量や図形についての感覚を豊かにするとともに，整数
などの計算をしたり，図形を構成したり，長さや重さなどを測定
したり，表やグラフに表したりすることなどについての技能を身
に付けるようにする。

(2)　数とその表現や数量の関係に着目し，必要に応じて具体物や図
などを用いて数の表し方や計算の仕方などを考察する力，平面図
形の特徴を図形を構成する要素に着目して捉えたり，身の回りの
事象を図形の性質から考察したりする力，身の回りにあるものの
特徴を量に着目して捉え，量の単位を用いて的確に表現する力，
身の回りの事象をデータの特徴に着目して捉え，簡潔に表現した
り適切に判断したりする力などを養う。

(3) 数量や図形に進んで関わり，数学的に表現・処理したことを振り返り，数理的な処理のよさに気付き生活や学習に活用しようとする態度を養う。

〔第4学年〕

(1) 小数及び分数の意味と表し方，四則の関係，平面図形と立体図形，面積，角の大きさ，折れ線グラフなどについて理解するとともに，整数，小数及び分数の計算をしたり，図形を構成したり，図形の面積や角の大きさを求めたり，表やグラフに表したりすることなどについての技能を身に付けるようにする。

(2) 数とその表現や数量の関係に着目し，目的に合った表現方法を用いて計算の仕方などを考察する力，図形を構成する要素及びそれらの位置関係に着目し，図形の性質や図形の計量について考察する力，伴って変わる二つの数量やそれらの関係に着目し，変化や対応の特徴を見いだして，二つの数量の関係を表や式を用いて考察する力，目的に応じてデータを収集し，データの特徴や傾向に着目して表やグラフに的確に表現し，それらを用いて問題解決したり，解決の過程や結果を多面的に捉え考察したりする力などを養う。

(3) 数学的に表現・処理したことを振り返り，多面的に捉え検討してよりよいものを求めて粘り強く考える態度，数学のよさに気付き学習したことを生活や学習に活用しようとする態度を養う。

〔第5学年〕

(1) 整数の性質，分数の意味，小数と分数の計算の意味，面積の公式，図形の意味と性質，図形の体積，速さ，割合，帯グラフなどについて理解するとともに，小数や分数の計算をしたり，図形の性質を調べたり，図形の面積や体積を求めたり，表やグラフに表したりすることなどについての技能を身に付けるようにする。

(2) 数とその表現や計算の意味に着目し，目的に合った表現方法を用いて数の性質や計算の仕方などを考察する力，図形を構成する

　　要素や図形間の関係などに着目し，図形の性質や図形の計量について考察する力，伴って変わる二つの数量やそれらの関係に着目し，変化や対応の特徴を見いだして，二つの数量の関係を表や式を用いて考察する力，目的に応じてデータを収集し，データの特徴や傾向に着目して表やグラフに的確に表現し，それらを用いて問題解決したり，解決の過程や結果を多面的に捉え考察したりする力などを養う。

(3)　数学的に表現・処理したことを振り返り，多面的に捉え検討してよりよいものを求めて粘り強く考える態度，数学のよさに気付き学習したことを生活や学習に活用しようとする態度を養う。

〔第6学年〕

(1)　分数の計算の意味，文字を用いた式，図形の意味，図形の体積，比例，度数分布を表す表などについて理解するとともに，分数の計算をしたり，図形を構成したり，図形の面積や体積を求めたり，表やグラフに表したりすることなどについての技能を身に付けるようにする。

(2)　数とその表現や計算の意味に着目し，発展的に考察して問題を見いだすとともに，目的に応じて多様な表現方法を用いながら数の表し方や計算の仕方などを考察する力，図形を構成する要素や図形間の関係などに着目し，図形の性質や図形の計量について考察する力，伴って変わる二つの数量やそれらの関係に着目し，変化や対応の特徴を見いだして，二つの数量の関係を表や式，グラフを用いて考察する力，身の回りの事象から設定した問題について，目的に応じてデータを収集し，データの特徴や傾向に着目して適切な手法を選択して分析を行い，それらを用いて問題解決したり，解決の過程や結果を批判的に考察したりする力などを養う。

(3)　数学的に表現・処理したことを振り返り，多面的に捉え検討してよりよいものを求めて粘り強く考える態度，数学のよさに気付き学習したことを生活や学習に活用しようとする態度を養う。

● 算数科

各学年の(1)は答申で示された「知識・技能」の内容を，(2)は「思考力・判断力・表現力等」の，(3)は「学びに向かう力・人間性等」の内容を反映している。

(2) 内容の改善について

内容について，従前のものは「A 数と計算」「B 量と測定」「C 図形」「D 数量関係」の4領域及び〔算数的活動〕〔用語・記号〕で構成されていた。今回の改訂ではこれを一新し，「A 数と計算」「B 図形」「C 測定(第4学年以降は「変化と関係」)」「D データの活用」の4領域及び〔数学的活動〕〔用語・記号〕に再編された。A～Dの各領域ごとに，〔知識及び技能〕〔思考力・判断力・表現力等〕に関する事項がそれぞれ示されている。

● 学習指導法

指導法に関する問題で第一に押さえておきたいことは，学習指導要領に示されている算数科の目標である。今回の改訂では「知識・技能」，「思考力・判断力・表現力等」，「学びに向かう力・人間性等」の三つの柱に則して目標が示されたが，解答するべき指導法がどの目標に関連するかについては常に意識し，逸脱することのないようにしたい。

また，教科の目標に「日常の事象を数理的に捉え見通しをもち筋道を立てて考察する力」や「算数で学んだことを生活や学習に活用しようとする態度」を養うとあるように，算数が児童の身の回りの事象と密接に結びついていることを指導を通して伝えることも肝要である。算数科の内容は，児童にとって時に抽象的で分かりにくいということもあるため，具体物を用いた指導法については日頃より意識し，例を収集しておくとよい。各学年の内容それぞれについて，最低一つは具体的な指導法が述べられると心強い。

最後に，算数科における問題解決は，結果が同じでも思考の手続きが異なるものが多く，そうした局面では独特の算数用語が用いられていることに留意したい。例えば，くりさがりのある引き算における「減加法」「減減法」，わり算における「包含除」「等分除」などがある。そうした算数用語とその意味についてもう一度チェックし，採用試験に臨んでほしい。

実施問題

数と式・文章題

【1】次の問いに答えなさい。

1　$4 \div (-2)^2 - (-1)$ を計算しなさい。

2　27にもっとも近い素数を答えなさい。

3　$x = 1 - \sqrt{3}$ のとき，$(x+1)^2 - 2(x+1)$ の値を求めなさい。

2024年度　山形県　難易度 ■■■■■□□□

【2】2次不等式$x^2 + kx + 2k - 3 > 0$の解が，すべての実数であるときの定数kの値の範囲を，次の①〜⑤の中から一つ選べ。

①　$-3 < k < 1$　　②　$k < -3, 1 < k$　　③　$2 < k < 6$

④　$k < 2, 6 < k$　　⑤　$-3 < k < 5$

2024年度　岐阜県　難易度 ■■■□□□□□

【3】$\dfrac{5}{6} - 0.5 \div \dfrac{3}{4}$ を計算せよ。

2024年度　鹿児島県　難易度 ■■■■■□□□

【4】$10 + (-19 + 3) \div 2 \times (-4)$の値として適切なものは，次の1〜4のうちのどれか。

1　12　　2　20　　3　42　　4　320

2024年度　東京都　難易度 ■■■■□□□□

【5】ある商品が定価の3割引きにあたる840円で売られているとき，次の文章の空欄（　A　），（　B　）にあてはまる数の組み合わせとして適切なものを，以下のア〜カの中から一つ選び，記号で答えなさい。

・この商品の定価は，（　A　）円である。

・この商品がさらに割引きされ420円になった。これは定価の（　B　）倍の価格である。

ア　A　1200　　B　$\dfrac{1}{2}$　　イ　A　1200　　B　$\dfrac{2}{5}$

　　ウ　A　1200　　B　$\dfrac{7}{20}$　　エ　A　1400　　B　$\dfrac{1}{2}$

　　オ　A　1400　　B　$\dfrac{2}{5}$　　カ　A　1400　　B　$\dfrac{7}{20}$

‖ 2024年度 ‖ 山形県 ‖ 難易度 ‖

【6】次の因数分解をしたときの，[①][②]に入る数字を答えなさい。

$(x+2)^2-5(x+2)-6=(x-[①])(x+[②])$

‖ 2024年度 ‖ 三重県 ‖ 難易度 ‖

【7】四捨五入で，百の位までの概数にしたとき，15000になる整数の範囲はどれですか，適するものを次の1〜4から1つ選び，番号で書きなさい。

1　14500以上　15400以下　　2　14950以上　15049以下
3　14999以上　15499以下　　4　14599以上　15099以下

‖ 2024年度 ‖ 名古屋市 ‖ 難易度 ‖

【8】次の(1)〜(4)の問いに答えなさい。

(1)　$5-3\times(2-4)$を計算しなさい。

(2)　次の数量の間の関係を等式で表しなさい。

> x個あるオレンジを1人3個ずつy人に配ったところ，5個残った。

(3)　$\sqrt{8}+3\sqrt{2}$を計算しなさい。

(4)　2次方程式$x^2-3x-4=0$を解きなさい。

‖ 2024年度 ‖ 福島県 ‖ 難易度 ‖

【9】$a+b=8$，$a-b=-2$のとき，a^2+b^2の値は，[(1)][(2)]である。[(1)][(2)]に入る数字を答えよ。

‖ 2024年度 ‖ 愛知県 ‖ 難易度 ‖

【10】$\sqrt{27}=5.196$としたとき，$\dfrac{3}{2\sqrt{3}}$の値として最も適切なものを，次の①〜⑤のうちから選びなさい。

① 0.288 ② 0.866 ③ 1.154 ④ 2.598 ⑤ 3.464

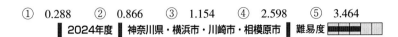

【11】整数360の正の約数の個数を，次のア〜オの中から一つ選び，その記号を書きなさい。

ア 22個 イ 23個 ウ 24個 エ 25個 オ 26個

‖ 2024年度 ‖ 岩手県 ‖ 難易度 ▪▪▪▪▪▫▫

【12】x^2+4x-2を$x-1$で割ったときの商と余りの組み合わせとして正しいものを，次のア〜エの中から一つ選び，その記号を書きなさい。

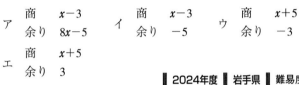

ア 商 $x-3$　余り $8x-5$　イ 商 $x-3$　余り -5　ウ 商 $x+5$　余り -3

エ 商 $x+5$　余り 3

‖ 2024年度 ‖ 岩手県 ‖ 難易度 ▪▪▪▪▫▫▫

【13】6本のうち，当たりが2本はいっているくじがある。Aさん，Bさん，Cさんがそれぞれ1本ずつくじを引くとき，次の問いに答えなさい。ただし，引いたくじは，もとにもどさないこととする。

1 Aさん，Bさん，Cさんがこの順でくじを引くとき，Aさんが当たり，Bさんがはずれ，Cさんがはずれを引く確率を求めなさい。

2 Aさん，Bさん，Cさんがこの順でくじを引くとき，Aさんが当たりを引く確率を求めなさい。

3 Cさん，Bさん，Aさんがこの順でくじを引くとき，Aさんが当たりを引く確率を求めなさい。

‖ 2024年度 ‖ 兵庫県 ‖ 難易度 ▪▪▪▪▫▫▫

【14】ある博物館では，小学生1人あたりの入館料が大人1人あたりの入館料よりも150円安い。小学生3人と大人2人の入館料の合計は1,800円であった。大人1人あたりの入館料を求めよ。

‖ 2024年度 ‖ 栃木県 ‖ 難易度 ▪▪▪▪▫▫▫

【15】Aさんを含めた5人の児童に10点満点のテストを行ったところ，点数は次のようになった。

3, 4, 5, 8, 10

答案の返却後，Aさんの点数に誤りがあることが分かり，点数を修正すると，平均点が6.4点になった。Aさんの点数は，修正前の点数と比べて何点上がったか。

┃ **2024年度** ┃ 鹿児島県 ┃ 難易度 ▉▉▉▉▉▉▉▉□□□

【16】あるパン屋では，原価の5割増しで定価を決めている。ある日，定価150円のパンを100個用意したところ，夕方売れ残っていたため，残りのパンを定価の20％引きで販売したところ，全部売れた。その結果，売り上げから原価を引いた利益は，4100円であった。このとき，定価で売れたパンの個数を求めなさい。

┃ **2024年度** ┃ 静岡県・静岡市・浜松市 ┃ 難易度 ▉▉▉▉▉▉▉▉□□□

【17】縦が64m，横が112mの長方形の土地がある。その土地の四すみに桜の木を植え，次に，長方形の周上に等しい間隔で木を植えることとします。この条件で最も少ない本数で木を植えるとすると，木の本数は全部で何本必要となるか。次の①から④までの中から一つ選び，記号で答えよ。

① 10本　　② 16本　　③ 22本　　④ 26本

┃ **2024年度** ┃ 沖縄県 ┃ 難易度 ▉▉▉▉▉▉▉▉▉□□

【18】Aが2km離れた駅に向かって家を出発した。それから10分たって，Bが自転車で同じ道を追いかけた。Aは分速70m，Bは分速210mで進むとすると，Bは出発してから[　　]分後にAに追いつくことができる。[　　]に入る数字を答えなさい。

┃ **2024年度** ┃ 三重県 ┃ 難易度 ▉▉▉▉▉▉▉▉▉□□

【19】姉と弟の最初の所持金を比較すると，比が3：2である。弟が姉に450円を渡すと，姉と弟の所持金の比が3：1になるとき，姉の最初の所持金を，次の①から④までの中から一つ選び，記号で答えよ。

① 750円　　② 1200円　　③ 1800円　　④ 2250円

┃ **2024年度** ┃ 沖縄県 ┃ 難易度 ▉▉▉▉▉▉▉▉▉□□

【20】赤色の花か黄色の花のどちらかが咲く花の苗がある。同じ条件で20本の苗を植えて，それぞれの色の花が咲いた苗の本数を調べる調査を5回したところ，次のような結果になった。赤色の花を300本咲かせるのに，およそ何本の苗を植えればよいと考えられるか。以下の1～5の中から1つ選べ。

	1回	2回	3回	4回	5回
赤色の花をつけた苗（本）	8	10	6	7	9
黄色の花をつけた苗（本）	12	10	14	13	11

1. 500本　　2. 750本　　3. 1000本　　4. 1250本　　5. 1500本

┃ **2024年度** ┃ 和歌山県 ┃ 難易度 ▉▉▉▉□□

解答・解説

【1】 1　2　　2　29　　3　$3-2\sqrt{3}$

○**解説**○　1　$4÷(-2)^2-(-1)=4÷4+1=1+1=2$　　2　27前後の素数は23か29であり，27にもっとも近い素数は29である。　　3　$x=1-\sqrt{3}$ のとき，$(x+1)^2-2(x+1)=(x+1)\{(x+1)-2\}=(x+1)(x-1)=\{(1-\sqrt{3})+1\}\{(1-\sqrt{3})-1\}=(2-\sqrt{3})×(-\sqrt{3})=3-2\sqrt{3}$

【2】③

○**解説**○　2次不等式$x^2+kx+2k-3>0$の解がすべての実数　⇔　2次方程式$x^2+kx+2k-3=0$が実数解をもたない　⇔　2次方程式$x^2+kx+2k-3=0$の判別式をDとしたとき，$D<0$　以上より，定数kの値の範囲は，$D=k^2-4・1・(2k-3)=k^2-8k+12=(k-2)(k-6)<0$より，$2<k<6$

【3】 $\dfrac{1}{6}$

○**解説**○　$\dfrac{5}{6}-0.5÷\dfrac{3}{4}=\dfrac{5}{6}-\dfrac{1}{2}÷\dfrac{3}{4}=\dfrac{5}{6}-\dfrac{1}{2}×\dfrac{4}{3}=\dfrac{5}{6}-\dfrac{4}{6}=\dfrac{1}{6}$

● **算数科**

【4】 3

○**解説**○ $10+(-19+3)\div2\times(-4)=10+(-16)\div2\times(-4)=10+(-8)\times(-4)=10+32=42$

【5】 ウ

○**解説**○ この商品の定価は$840\div(1-0.3)=840\div0.7=1200$〔円〕である。この商品がさらに割引され420円になったとき，これは定価の$420\div1200=\frac{420}{1200}=\frac{7}{20}$〔倍〕の価格である。

【6】 ① 4　② 3

○**解説**○ $x+2=$Aとおくと，$(x+2)^2-5(x+2)-6=A^2-5A-6=(A-6)(A+1)=(x+2-6)(x+2+1)=(x-4)(x+3)$

【7】 2

○**解説**○ 四捨五入で百の位までの概数にしたとき，つまり十の位を四捨五入したとき15000になる整数は，14950以上15050未満の整数だから，14950以上15049以下の整数である。

【8】 (1) 11　(2) $x-3y=5$　(3) $5\sqrt{2}$　(4) $x=4,\ x=-1$

○**解説**○ (1) $5-3\times(2-4)=5-3\times(-2)=5-(-6)=5+6=11$　(2) 配ったオレンジの数は$3\times y$〔個〕だから，(初めにあったオレンジの数)－(配ったオレンジの数)=(残ったオレンジの数)より，数量の間の関係はx〔個〕-3〔個〕$\times y$〔人〕$=5$〔個〕　つまり，$x-3y=5$　と表される。別の表し方としては，$3y+5=x,\ x-5=3y$　などがある。
(3) $\sqrt{8}+3\sqrt{2}=2\sqrt{2}+3\sqrt{2}=5\sqrt{2}$　(4) $x^2-3x-4=0$ ⇔ $(x-4)(x+1)=0$　よって，$x=4,\ x=-1$

【9】 (1) 3　(2) 4

○**解説**○ 連立方程式　$a+b=8,\ a-b=-2$　を解いて，$a=3,\ b=5$　よって，$a^2+b^2=3^2+5^2=9+25=34$

【10】②

○**解説**○ $\dfrac{3}{2\sqrt{3}}=\dfrac{3\times\sqrt{3}}{2\sqrt{3}\times\sqrt{3}}=\dfrac{\sqrt{27}}{6}=\dfrac{5.196}{6}=0.866$

【11】ウ

○**解説**○ $360=2^3\times3^2\times5$ より，整数360の正の約数の個数は，$(3+1)\times(2+1)\times(1+1)=4\times3\times2=24$〔個〕である。

【12】エ

○**解説**○ $P(x)=x^2+4x-2$…① とし，x^2+4x-2を$x-1$で割ったときの商を$Q(x)$，余りをRとすると，$P(x)=(x-1)Q(x)+R$…② これより，$R=P(x)-(x-1)Q(x)$ Rは一定なので，$x=1$のとき，$R=P(1)-(1-1)Q(x)=P(1)=1^2+4\cdot1-2=3$ より$R=3$…③ ①，②，③より，$(x-1)Q(x)=P(x)-R=x^2+4x-2-3=x^2+4x-5=(x-1)(x+5)$ これより，$Q(x)=x+5$である。

【13】1 $\dfrac{1}{5}$ 　2 $\dfrac{1}{3}$ 　3 $\dfrac{1}{3}$

○**解説**○ 1 $\dfrac{2}{6}\times\dfrac{4}{6-1}\times\dfrac{4-1}{6-2}=\dfrac{2}{6}\times\dfrac{4}{5}\times\dfrac{3}{4}=\dfrac{1}{5}$ 　2 $\dfrac{2}{6}=\dfrac{1}{3}$ 　3 例えば，Cさんが当たり，Bさんがはずれ，Aさんが当たりであることを[当たり，はずれ，当たり]と表すことにすると，(Aさんが当たりを引く確率)=([当たり，はずれ，当たり]の確率)+([はずれ，当たり，当たり]の確率)+([はずれ，はずれ，当たり]の確率)=$\dfrac{2}{6}\times\dfrac{4}{5}\times\dfrac{1}{4}+\dfrac{4}{6}\times\dfrac{2}{5}\times\dfrac{1}{4}+\dfrac{4}{6}\times\dfrac{3}{5}\times\dfrac{2}{4}=\dfrac{1}{3}$

【14】450〔円〕

○**解説**○ 大人1人あたりの入館料をx円とすると，小学生1人あたりの入館料は$(x-150)$円と表せる。問題の数量の関係を方程式に表すと，$3(x-150)+2x=1800$ これを解いて，$x=450$ 大人1人あたりの入館料は450円である。

【15】2点

○**解説**○ 修正前の点数の合計は$3+4+5+8+10=30$〔点〕，修正後の点

数の合計は6.4×5＝32〔点〕だから，Aさんの点数は，修正前の点数と比べて，32－30＝2で，2点上がった。

【16】70個

○**解説**○ 定価で売れたパンの個数をx個として，問題の数量の関係を式に表すと，$150×x＋150×(1－0.2)×(100－x)－150÷(1＋0.5)×100＝4100$　整理して，$150x＋120(100－x)－100×100＝4100$　これを解いて，$x＝70$　よって，定価で売れたパンの個数は70個である。

【17】③

○**解説**○ 最も少ない本数で木を植えるときの木と木の間隔は，64mと112mの最大公約数の16mである。そのときの木の本数は，$(64＋112)×2÷16＝22$　で，全部で22本必要となる。

【18】5

○**解説**○ Bが出発したとき，Aはすでに$70×10＝700$〔m〕歩いている。この700mの差を，Bは$210－70＝140$〔m/分〕ずつ縮めるから，Bは出発してから$700÷140＝5$分後にAに追いつくことができる。

【19】③

○**解説**○ 姉の最初の所持金をx円とすると，弟の最初の所持金は$\frac{2}{3}x$円と表される。弟が姉に450円渡すと，姉と弟の所持金の比が3：1になるから，$(x＋450)：\left(\frac{2}{3}x－450\right)＝3：1$　$\Leftrightarrow$　$x＋450＝3\left(\frac{2}{3}x－450\right)$　$\Leftrightarrow$　$x＋450＝2x－1350$　$x＝1800$　姉の最初の所持金は1800円である。

【20】2

○**解説**○ 調査した5回の結果から，植えた$20×5＝100$〔本〕の苗から，赤色の花をつけたのは$8＋10＋6＋7＋9＝40$〔本〕の苗だから，赤色の花を300本咲かせるには，$300÷\frac{40}{100}＝300×\frac{100}{40}＝750$〔本〕の苗を植えればよいと考えられる。

確率・場合の数・関数

【1】大小2つのさいころを同時に投げる場合について，次の各問いに答えよ。

問1　出る目の積が18以上になる確率を求めよ。

問2　出る目の積が奇数になる確率を求めよ。

▌ 2024年度 ▌ 長崎県 ▌ 難易度 ▌▌▌▌▌

【2】第6学年「場合を順序よく整理して」の学習において，次の問いの答えとして正しいものを以下の選択肢から1つ選び，記号で答えなさい。

> 赤色，青色，黄色，緑色，紫色の5種類のビー玉がそれぞれ1つずつあります。
> このうち3種類を選んでふくろに入れます。ビー玉の組合せは，全部で何通りありますか。

ア　8通り　　イ　10通り　　ウ　15通り　　エ　20通り

▌ 2024年度 ▌ 宮崎県 ▌ 難易度 ▌▌▌▌▌

【3】5本のうち，当たりが2本入っているくじがあります。このくじを同時に2本引くとき，少なくとも1本が当たりである確率を求めます。適するものを次の1〜4から1つ選び，番号で書きなさい。

1　$\frac{1}{4}$　　2　$\frac{2}{5}$　　3　$\frac{5}{7}$　　4　$\frac{7}{10}$

▌ 2024年度 ▌ 名古屋市 ▌ 難易度 ▌▌▌▌▌

【4】1，2，3，4，5の数字を1つずつ書いた5枚のカードがある。この5枚のカードから同時に3枚のカードを取り出すとき，取り出した3枚のカードに書いてある数の積が3の倍数になる確率として最も適切なものを，次の①〜⑥のうちから選びなさい。

①　$\frac{3}{20}$　　②　$\frac{1}{5}$　　③　$\frac{3}{10}$　　④　$\frac{2}{5}$　　⑤　$\frac{1}{2}$　　⑥　$\frac{3}{5}$

▌ 2024年度 ▌ 神奈川県・横浜市・川崎市・相模原市 ▌ 難易度 ▌▌▌▌▌

【5】 大人3人と，子ども3人が，横一列に並ぶとき，大人と子どもが交互
に並ぶ並び方は何通りあるか。次の1〜5の中から1つ選べ。

1. 36通り　　2. 72通り　　3. 144通り　　4. 720通り

5. 1440通り

▌2024年度▌和歌山県▌難易度 ■■■■■□□

【6】 直線$2x-y-3=0$をlとする。直線lに関して，点P(1, 4)と対称な点Q
の座標を，次の①〜⑤の中から一つ選べ。

①　(7, 0)　　②　(6, 1)　　③　(5, 2)　　④　(4, 3)　　⑤　(3, 4)

▌2024年度▌岐阜県▌難易度 ■■■■□□□

【7】 次の図のように，2つの直線$y=\frac{1}{2}x+5\cdots$①，$y=-x+2\cdots$②がある。
①，②とx軸との交点をそれぞれA，Bとし，y軸との交点をそれぞれC，
Dとする。また，①と②との交点をEとする。このとき，四角形AODE
の面積を求めよ。

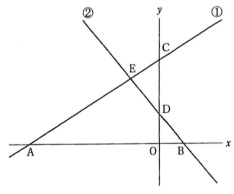

▌2024年度▌栃木県▌難易度 ■■■■■□□

【8】 次の図で，直線①の式は，$y=2x+a$，直線②の式は$y=-x+10$で，
点Cは2つの直線の交点である。また，点A，Bはそれぞれ直線①，②
とx軸との交点で，Aのx座標は-2である。このとき，点Cを通り，
△ABCの面積を2等分する直線の式を求めなさい。ただし計算の過程
も書くこと。

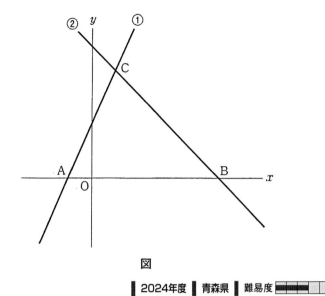

図

| 2024年度 | 青森県 | 難易度 |

【9】 次の図のように，2点A(−2, 3)，B(4, 6)をとり，x軸上に点Pをとる。

このとき，以下の(1)，(2)の問いに答えなさい。

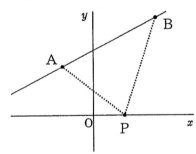

(1) 直線ABの式を求めなさい。

(2) AP＋BPの長さが最も短くなるとき，点Pの座標を求めなさい。

| 2024年度 | 福島県 | 難易度 |

【10】 次の図の直線①は，一次関数$y=3x+5$のグラフである。x軸との交点のx座標が-3，y軸との交点のy座標が-3となる直線を直線②とするとき，次の(1)，(2)の問いに答えよ。

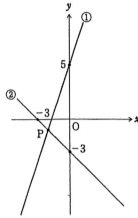

(1)　直線②の式を求めよ。

(2)　直線①，②の交点Pの座標を求めよ。

▍2024年度 ▍香川県 ▍難易度

【11】 曲線$y=\dfrac{2}{x}$のグラフ上の2点A，Bのx座標をそれぞれ1，4とし，2点A，Bを通る直線とx軸との交点をC，原点をOとするとき，次の(1)，(2)の各問いに答えなさい。

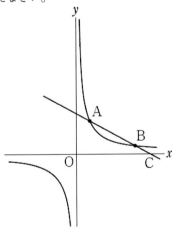

(1) 2点A，Bを通る直線の式を，次の①～⑤の中から一つ選びなさい。

① $y=-x+3$　　② $y=-\dfrac{1}{2}x+3$　　③ $y=-x+\dfrac{5}{2}$

④ $y=-\dfrac{1}{2}x+\dfrac{5}{2}$　　⑤ $y=-\dfrac{2}{3}x+2$

(2) △AOB：△BOCを，次の①～⑤の中から一つ選びなさい。

① 3：1　　② 5：2　　③ 2：1　　④ 3：2　　⑤ 4：3

‖ 2024年度 ‖ 鳥取県 ‖ 難易度 ▮▮▮▮▯▯

【12】　次の各問いに答えよ。

問1　yはxに反比例し，$x=7$のとき$y=9$である。yをxの式で表せ。

問2　関数$y=-\dfrac{3}{4}x^2$についてxの変域が$-6\leqq x\leqq 3$のときのyの変域を求めよ。

‖ 2024年度 ‖ 長崎県 ‖ 難易度 ▮▮▮▯▯▯

【13】次の図のように原点をOとする座標平面上に$y=\dfrac{1}{2}x^2$のグラフがある。$y=\dfrac{1}{2}x^2$のグラフ上にある2点A，Bのx座標はそれぞれ-4，6であり，2点A，Bを通る直線がx軸と交わる点をCとする。2点BOを直線で結ぶとき，△BCOの面積として，最も適切なものを，以下の①～⑥のうちから選びなさい。なお，座標軸の単位の長さを1cmとする。

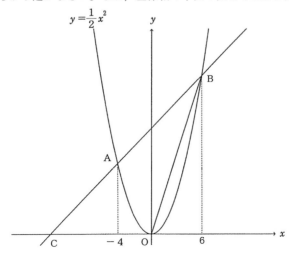

① 25cm²　　② 36$\sqrt{2}$ cm²　　③ 81cm²　　④ 108cm²

⑤　162cm²　⑥　216cm²

▎ 2024年度 ▎ 神奈川県・横浜市・川崎市・相模原市 ▎ 難易度 ■■■■■■□□□

【14】次の図のように，放物線$y=ax^2$と直線$\ell：y=4x+15$が2点A，Bで交わっている。点Aのx座標を$-\dfrac{3}{2}$，直線ℓとy軸の交点をC，原点をOとするとき，△AOC：△COBを，以下の1〜5の中から1つ選べ。

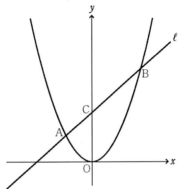

1. 2：3　　2. 3：4　　3. 3：5　　4. 4：5　　5. 4：7

▎ 2024年度 ▎ 和歌山県 ▎ 難易度 ■■■■□□□

【15】次の図のように，直線$\ell：y=x+2$と放物線$y=x^2$との交点をx座標の小さい方から順にA，B，直線ℓと放物線$y=3x^2$との交点をx座標の小さい方から順にC，Dとする。このとき，AC：CBを，以下の①から④までの中から一つ選び，記号で答えよ。

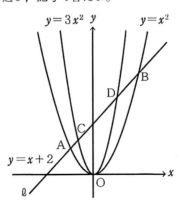

① 1：5　　② 1：6　　③ 1：7　　④ 1：8

■ 2024年度 ■ 沖縄県 ■ 難易度 ▨▨▨▨▨

解答・解説

【1】問1 $\dfrac{5}{18}$　　問2 $\dfrac{1}{4}$

○**解説**○　問1　大小2つのさいころを同時に投げるとき，全ての目の出方は6×6＝36〔通り〕である。このうち，出る目の積が18以上になるのは，大きいさいころの出た目の数をa，小さいさいころの出た目の数をbとしたとき，(a, b)＝(3, 6), (4, 5), (4, 6), (5, 4), (5, 5), (5, 6), (6, 3), (6, 4), (6, 5), (6, 6)の10通り。よって，求める確率は，$\dfrac{10}{36}＝\dfrac{5}{18}$　問2　出る目の積が奇数になるのは，どちらのさいころも奇数の目が出るときで，3×3＝9〔通り〕である。よって，求める確率は，$\dfrac{9}{36}＝\dfrac{1}{4}$

【2】イ

○**解説**○　5種類の中から3種類を選ぶので，${}_5C_3＝{}_5C_2＝\dfrac{{}_5P_2}{2!}＝\dfrac{5\cdot4}{2\cdot1}＝10$〔通り〕である。

【3】4

○**解説**○　5本のくじから同時に2本引くとき，全ての引き方は${}_5C_2＝\dfrac{5\cdot4}{2\cdot1}＝10$〔通り〕である。このうち，2本ともはずれである引き方は${}_3C_2＝{}_3C_1＝3$〔通り〕である。よって，少なくとも1本が当たりである確率は$\dfrac{10-3}{10}＝\dfrac{7}{10}$

【4】⑥

○**解説**○　5枚のカードから同時に3枚のカード取り出すとき，すべての取り出し方は${}_5C_3＝\dfrac{5\cdot4\cdot3}{3\cdot2\cdot1}＝10$〔通り〕。このうち，取り出した3枚のカードに書いてある数の積が3の倍数になるのは，3の数字を書いたカー

ドを取り出す場合だから，その取り出し方は$_4C_2=\dfrac{4\cdot3}{2\cdot1}=6$〔通り〕。よって，求める確率は$\dfrac{6}{10}=\dfrac{3}{5}$

【5】2

○**解説**○ 大人が左端にくる並び方が$3!\times3!=36$〔通り〕，子どもが左端にくる並び方が$3!\times3!=36$〔通り〕あるから，大人と子どもが交互に並ぶ並び方は$36+36=72$〔通り〕ある。

【6】③

○**解説**○ $2x-y-3=0\ \Leftrightarrow\ y=2x-3$より，直線$l$の傾きは2　点Qの座標をQ$(s,\ t)$とすると，線分PQの傾きは$\dfrac{t-4}{s-1}$　PQ⊥直線lより，$\dfrac{t-4}{s-1}\times2=-1$　整理して，$s+2t=9\cdots$(ア)　また，線分PQの中点$\left(\dfrac{1+s}{2},\ \dfrac{4+t}{2}\right)$は直線$l$上にあるから，$2\times\dfrac{1+s}{2}-\dfrac{4+t}{2}-3=0$　整理して，$2s-t=8\cdots$(イ)　(ア)，(イ)の連立方程式を解いて，$s=5,\ t=2$　よって，Q$(5,\ 2)$

【7】22

○**解説**○ 直線①に$y=0$を代入して，$0=\dfrac{1}{2}x+5$　$x=-10$　よって，A$(-10,\ 0)$　直線①，②の切片より，C$(0,\ 5)$, D$(0,\ 2)$　交点Eの座標は，連立方程式$\begin{cases}y=\dfrac{1}{2}x+5\\y=-x+2\end{cases}$の解　これを解いて，$x=-2,\ y=4$

よって，E$(-2,\ 4)$　以上より，(四角形AODEの面積)=△AOC-△CDE$=\dfrac{1}{2}\times$AO$\times$CO$-\dfrac{1}{2}\times$CD$\times$|点Eのx座標|$=\dfrac{1}{2}\times10\times5-\dfrac{1}{2}\times(5-2)\times|-2|=25-3=22$

【8】求め方…直線①の式は点A$(-2,\ 0)$を通るから，直線①の式は$y=2x+4$　直線①と直線②を連立方程式として解くと，点C$(2,\ 8)$　求める1次関数の式を$y=ax+b$とする。△ABCの底辺ABが2等分されればよいので，2点$(4,\ 0)$, $(2,\ 8)$を通る式は$y=-4x+16$　答…$y=-4x+$

16

○**解説**○ 三角形の頂点を通る場合は，底辺を2等分すれば面積を2等分することができる。他の例では，点Aを通り面積を2等分する直線を求める場合は，点Cと点Bの中点と点Aを通る直線を求めればよい。

【9】 (1) $y=\dfrac{1}{2}x+4$ 　　(2) P(0, 0)

○**解説**○ (1) $y-3=\dfrac{6-3}{4-(-2)}\{x-(-2)\}\Leftrightarrow y=\dfrac{1}{2}x+4$ 　(2) x軸に関して点Aと対称な点を点A′(−2, −3)としたとき，AP＋BPの長さが最も短くなるのは，直線A′B上に点Pがあるとき，つまり，点Pは直線A′Bとx軸との交点である。直線A′Bの式は，$y-(-3)=\dfrac{6-(-3)}{4-(-2)}\{x-(-2)\}\Leftrightarrow y=\dfrac{3}{2}x$ これは，原点を通る直線だから，点Pの座標は(0, 0)

【10】 (1) $y=-x-3$ 　　(2) P(−2, −1)

○**解説**○ (1) 直線②は2点(−3, 0), (0, −3)を通る直線だから，その式は$y-0=\dfrac{-3-0}{0-(-3)}\{x-(-3)\}$ 整理して，$y=-x-3$ 　(2) 直線①，②の交点Pの座標は，直線①の式と直線②の式を連立させた $y=3x+5$ と $y=-x-3$ の解 これを解いて，$x=-2$, $y=-1$ よって，P(−2, −1)

【11】 (1) ④ 　　(2) ①

○**解説**○ (1) 点A，Bは$y=\dfrac{2}{x}$上にあるから，そのy座標はそれぞれ $y=\dfrac{2}{1}=2$, $y=\dfrac{2}{4}=\dfrac{1}{2}$ よって，A(1, 2)，B$\left(4, \dfrac{1}{2}\right)$ 直線ABの傾き$=\dfrac{\dfrac{1}{2}-2}{4-1}=-\dfrac{1}{2}$ よって，直線ABの式は$y-2=-\dfrac{1}{2}(x-1)$より，$y=-\dfrac{1}{2}x+\dfrac{5}{2}$…① 　(2) Cの座標は，①に$y=0$を代入して，$0=-\dfrac{1}{2}x+\dfrac{5}{2}$ $x=5$ よって，C(5, 0) 点A，Bからx軸へそれぞれ垂線AP，BQを引く。△AOBと△BOCで，底辺をそれぞれAB，BCとすると，高さが等しい。高さが等しい三角形の面積比は，底辺の長さの比に等しいから，△AOB：△BOC＝AB：BC＝PQ：QC＝(4−1)：(5−4)＝3：1

【12】問1　$y=\dfrac{63}{x}$　　問2　$-27\leqq y\leqq 0$

○**解説**○　問1　yはxに反比例するから，xとyの関係は$y=\dfrac{a}{x}$と表せる。

$x=7$のとき，$y=9$であるから，$9=\dfrac{a}{7}$より，$a=9\times 7=63$　　よって，

このときのxとyの関係は，$y=\dfrac{63}{x}$と表せる。　　問2　この関数の頂点は

原点である。また，$x=-6$のとき，$y=-\dfrac{3}{4}\times(-6)^2=-27$，$x=3$のと

き，$y=-\dfrac{3}{4}\times 3^2=-\dfrac{27}{4}$より，グラフは次図のようになる。よって，

yの変域は，$-27\leqq y\leqq 0$

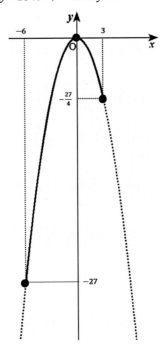

【13】④

○**解説**○　点Aのy座標は$y=\dfrac{1}{2}\times(-4)^2=8$より，A$(-4,\ 8)$，点Bの$y$座標

は$y=\dfrac{1}{2}\times 6^2=18$より，B$(6,\ 18)$　だから，直線ABの式は$y-$

$8=\dfrac{18-8}{6-(-4)}\{x-(-4)\}$　整理して$y=x+12$…①　点Cのx座標は，①に

$y=0$を代入して，$0=x+12$　$x=-12$　C$(-12, 0)$　以上より，　△

BCO$=\dfrac{1}{2}\times$CO$\times$|点Bのy座標$|=\dfrac{1}{2}\times\{0-(-12)\}\times|18|=108$〔cm²〕

【14】3

○**解説**○ 点Aは直線$y=4x+15$上にあるから，そのy座標は$y=4\times\left(-\dfrac{3}{2}\right)+$

$15=9$　よって，A$\left(-\dfrac{3}{2}, 9\right)$　$y=ax^2$は点Aを通るから，$9=a\times\left(-\dfrac{3}{2}\right)^2$

$=\dfrac{9}{4}a$　$a=4$　よって，放物線の式は$y=4x^2$　点Aと点Bでは放物線と

直線のy座標がそれぞれ等しいので，$4x^2=4x+15$　⇔　$4x^2-4x-15=0$

⇔　$x^2-x-\dfrac{15}{4}=0$　点Bのx座標をtとすると，$-\dfrac{15}{4}=\left(-\dfrac{3}{2}\right)t$　が成り立

つことから，$t=\left(-\dfrac{15}{4}\right)\times\left(-\dfrac{2}{3}\right)=\dfrac{5}{2}$　△AOCと△COBで，底辺の長さ

が等しい三角形の面積比は，高さの比に等しいから，|点Aのx座標|：|

点Bのx座標$|=\left|-\dfrac{3}{2}\right|:\left|\dfrac{5}{2}\right|=3:5$

【15】④

○**解説**○ 4点A，B，C，Dからx軸へそれぞれ垂線AA′，BB′，CC″，DD′を

引く。$y=x+2$と$y=x^2$の交点A，Bのx座標は，方程式$x^2=x+2$の解。

これを解いて，$x=-1, 2$　よって，A′$(-1, 0)$，B′$(2, 0)$　同様にし

て，$y=x+2$と$y=3x^2$の交点C，Dのx座標は，方程式$3x^2=x+2$の解

これを解いて，$x=-\dfrac{2}{3}, 1$　よって，C′$\left(-\dfrac{2}{3}, 0\right)$，D′$(1, 0)$　以上

より，AC：CB$=$A′C′：C′B′$=\left\{-\dfrac{2}{3}-(-1)\right\}:\left\{2-\left(-\dfrac{2}{3}\right)\right\}=\dfrac{1}{3}:\dfrac{8}{3}=$

$1:8$

表・グラフ・平均値・図形

【1】 次の表は，ある小学校の児童8人の通学時間である。この8人の通学時間の中央値を求めよ。

児童	A	B	C	D	E	F	G	H
通学時間(分)	21	11	18	9	25	16	11	19

▌ 2024年度 ▌ 栃木県 ▌ 難易度 ▊▊▊▊▊▊

【2】 次のグラフは，ある小学校の5年生女子32人のソフトボール投げの記録をまとめたものである。以下の(1)，(2)に答えよ。

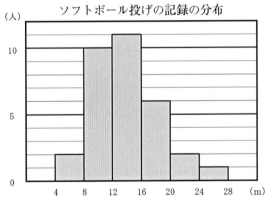

ソフトボール投げの記録の分布

(1) このグラフの名称を記せ。

(2) このグラフから，5年生女子32人のソフトボール投げの平均値を，四捨五入して小数第1位まで求めよ。

▌ 2024年度 ▌ 山梨県 ▌ 難易度 ▊▊▊▊▊▊

【3】 ある学級の15人がどんぐり拾いをした結果を調べ，拾ったどんぐりの数を少ない順に並べると，次のようになりました。

拾ったどんぐりの数
10 20 20 25 25 28 30 35 45 45 45 55 65 74
78   (個)

　このデータを次のヒストグラムに表しました。ア～ウの値として，適するものを以下の1～4から1つ選び，番号で書きなさい。

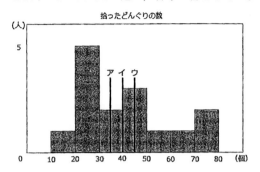

1　ア　最頻値　　　イ　中央値　　　ウ　平均値
2　ア　平均値　　　イ　中央値　　　ウ　最頻値
3　ア　中央値　　　イ　平均値　　　ウ　最頻値
4　ア　最頻値　　　イ　平均値　　　ウ　中央値

‖ 2024年度 ‖ 名古屋市 ‖ 難易度 ▓▓▓▓▓░░

【4】次の表は，ある小学校の児童50人が受けたテストの得点を度数分布表にまとめたものである。

　　この児童50人の得点の平均値，中央値，最頻値をそれぞれ求めよ。

テストの得点

得点（点）	度数（人）	累積度数（人）
0	0	0
1	2	2
2	3	5
3	5	10
4	7	17
5	8	25
6	12	37
7	6	43
8	4	47
9	2	49
10	1	50
計	50	

‖ 2024年度 ‖ 愛媛県 ‖ 難易度 ▓▓▓▓▓░░

● 算数科

【5】ある図書館で本を借りた人の数から来館者を推定するために，20日間にわたって，図書館に来た人から無作為に15人抽出し，そのうち何人の人が本を借りたかを調査した。次の表は，本を借りた人の数とその人数が20日間で何日あったかを相対度数としてまとめたものである。このとき，以下の(1)，(2)の各問いに答えなさい。

本を借りた人の数（人）	相対度数
2	0.05
3	0.05
4	0.1
5	0.2
6	0.2
7	0.15
8	0.15
9	0.1
計	1.00

(1) 本を借りた人の数の平均を，次の①〜⑤の中から一つ選びなさい。
① 5 ② 5.5 ③ 6 ④ 6.5 ⑤ 7

(2) 調査終了後のある日の本を借りた人の数は1536人であった。この日，図書館に来た人は何人と推定されるか。正しいものを，次の①〜⑤の中から一つ選びなさい。
① 2560 ② 2792 ③ 3072 ④ 3413 ⑤ 3840

2024年度 ▌鳥取県 ▌難易度 ▐▐▐▐▐

【6】2直線 $y=\frac{1}{2}x+1$, $y=3x-1$ のなす鋭角 θ を，次の①〜⑤の中から一つ選べ。
① $\frac{\pi}{6}$ ② $\frac{\pi}{3}$ ③ $\frac{\pi}{5}$ ④ $\frac{\pi}{8}$ ⑤ $\frac{\pi}{4}$

2024年度 ▌岐阜県 ▌難易度 ▐▐▐▐▐

【7】縦54cm，横72cmの長方形の厚紙がある。これを余りが出ないように，同じ大きさの正方形に切り分けたい。正方形をできるだけ大きくするには，正方形の1辺の長さを何cmにすればよいか答えよ。

2024年度 ▌栃木県 ▌難易度 ▐▐▐▐▐

【8】方眼紙にA～Fの三角形がある。面積が，Aの三角形の2倍になって
いる三角形を，B～Fからすべて選び，記号で記せ。

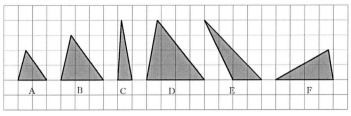

■ 2024年度 ■ 山梨県 ■ 難易度 ■■■■■□

【9】次の図のように，平行四辺形ABCDの辺AD上に点Eがあり，ED＝
DC，EB＝ECである。∠EAB＝98°のとき，∠xの大きさを求めよ。

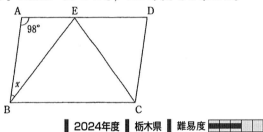

■ 2024年度 ■ 栃木県 ■ 難易度 ■■■□□□

【10】次の図の△ABCにおいて，∠Aの二等分線と辺BCとの交点をDとし，
点Cを通りDAに平行な直線とBAを延長した直線との交点をEとする。
このときのDCの長さは[　　]cmである。[　　]に入る数字を答えな
さい。

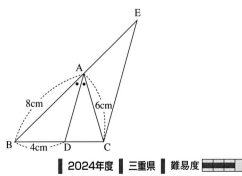

■ 2024年度 ■ 三重県 ■ 難易度 ■■■■□□

【11】 BC＝12cm，AC＝5cm，∠C＝90°の直角三角形ABCにおいて，点P
はBを出発し，秒速1cmで△ABCの辺上を，Cを通ってAまで動きます。
点PがBを出発して，x秒後の△ABPの面積を$y$cm²とするとき，以下の1
～3に答えなさい。

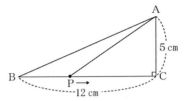

1　点PがBC上を動くとき，yをxの式で正しく表したものはどれですか。
　次の①～⑤の中から1つ選び，記号で答えなさい。

　① $y＝\dfrac{5}{2}x$ $(0≦x≦5)$　　　　　② $y＝\dfrac{5}{2}x$ $(0≦x≦12)$

　③ $y＝-\dfrac{5}{2}x＋30$ $(0≦x≦12)$　　④ $y＝5x$ $(0≦x≦5)$

　⑤ $y＝5x$ $(0≦x≦12)$

2　点PがCA上を動くとき，yをxの式で正しく表したものはどれですか。
　次の①～⑤の中から1つ選び，記号で答えなさい。

　① $y＝6x-72$ $(12≦x≦17)$　　　② $y＝12x＋204$ $(12≦x≦17)$

　③ $y＝-6x＋102$ $(12≦x≦17)$　　④ $y＝-\dfrac{5}{2}x＋\dfrac{85}{2}$ $(5≦x≦17)$

　⑤ $y＝6x-\dfrac{35}{2}$ $(5≦x≦17)$

3　点PがBからCを通ってAまで動くときのxとyの関係を表すグラフと
　して正しいものを，次の①～⑤の中から1つ選び，記号で答えなさ
　い。

　　　　①　　　　　　　　　　②　　　　　　　　　　③

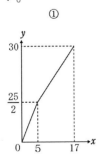　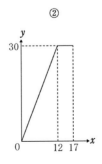　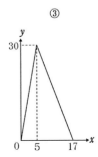

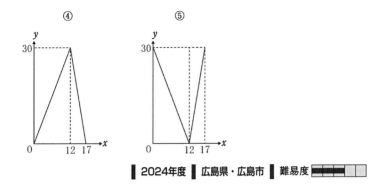

┃ 2024年度 ┃ 広島県・広島市 ┃ 難易度 ┃

【12】次の各問いに答えよ。

問1　次の図の直角三角形で，辺BCの長さを求めよ。

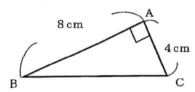

問2　直径8cmの球を，中心を通る平面で切った半球の表面積を求めよ。

問3　次の直線Aと直線Bは平行である。∠xの大きさを求めよ。

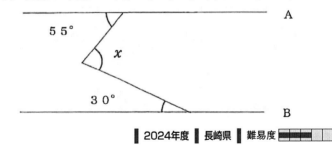

┃ 2024年度 ┃ 長崎県 ┃ 難易度 ┃

【13】第5学年「円と正多角形」の学習において，円に内接する正六角形を使って，円の直径と円周の長さの関係を調べています。文中の(　　)に当てはまる語句として正しい組合せを以下の選択肢から1つ選び，記号で答えなさい。ただし，同じ番号には，同じ語句が入るものとする。

次の図のように，正六角形の1辺の長さは，円の半径と等しいです。

また，円の(①)は，正六角形の辺(②)の長さと等しいので，正六角形のまわりの長さは，(①)の(③)です。

円周の長さは，正六角形のまわりの長さより大きいので，円周の長さは，(①)の(③)より大きいです。

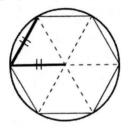

ア ① 半径 ② 1つ分 ③ 3倍
イ ① 直径 ② 2つ分 ③ 3倍
ウ ① 直径 ② 1つ分 ③ 6倍
エ ① 半径 ② 2つ分 ③ 6倍

┃ 2024年度 ┃ 宮崎県 ┃ 難易度 ■■■■□□

【14】次の(1)，(2)の問いに答えなさい。

(1) 次の図で，点A，B，C，Dは円Oの周上の点であり，線分ADは円Oの直径である。

このとき，∠xの大きさを求めなさい。

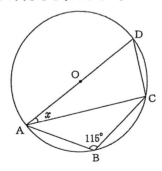

(2)　次の図のように，底面の半径が3cm，母線の長さが5cmの円錐が
ある。
　　この円錐の体積を求めなさい。ただし，円周率はπとする。

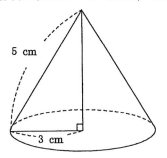

5 cm

3 cm

┃ 2024年度 ┃ 福島県 ┃ 難易度 ┃

【15】次の図のように，正方形ABCDを半分に折り，折り目の線をEFとす
る。点CをEFに重なるように折るとき，⑦と④の角の大きさを求めな
さい。

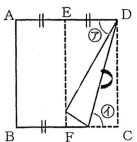

A　　E　　　D

B　　F　　C

┃ 2024年度 ┃ 静岡県・静岡市・浜松市 ┃ 難易度 ┃

【16】次の図は，1辺が6cmの立方体ABCDEFGHである。Pは辺DC上の点
で，PC＝2cmである。
　　A，B，C，P，Fを頂点とする立体の体積として最も適切なものを，
以下の①～⑤のうちから選びなさい。

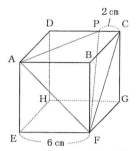

① 36cm³ ② 48cm³ ③ 60cm³ ④ 72cm³ ⑤ 96cm³

▌2024年度 ▌神奈川県・横浜市・川崎市・相模原市 ▌難易度

【17】1辺が8cmの正方形ABCDの各辺の中点をE, F, G, Hとしたとき, 色を塗った部分の面積が, (8π＋8)cm²となる図はどれですか。適するものを次の1～4から1つ選び, 番号で書きなさい。

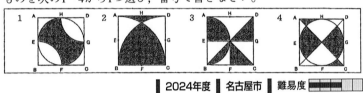

▌2024年度 ▌名古屋市 ▌難易度

【18】次の図のように, 深さが20cmの円錐の形をした容器がある。この容器に100cm³の水を入れたところ, 水面の高さが10cmになった。あと何cm³の水を入れると, この容器はいっぱいになるか求めなさい。ただし, 求める式と計算の過程も書くこと。なお, 容器の厚さは考えないものとする。

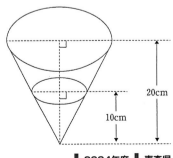

▌2024年度 ▌青森県 ▌難易度

【19】液体が3.6L入る立方体の容器がある。この容器に次のように水を入れたとき，何Lの水が入っているか。以下の①から④までの中から一つ選び，記号で答えよ。

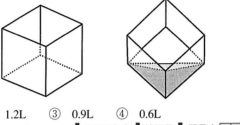

① 1.8L ② 1.2L ③ 0.9L ④ 0.6L

┃ 2024年度 ┃ 沖縄県 ┃ 難易度 ┃ ■■■□□

【20】次の図のように直径13cmの円Oに内接する△ABCがある。∠BCAの二等分線と円Oとの交点をD，線分ABと線分CDの交点をEとし，BC＝5cmとするとき，△AECと△DEBの面積比を，以下の①から④までの中から一つ選び，記号で答えよ。

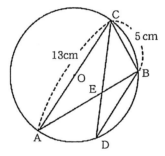

① 13：2 ② 13：4 ③ 13：5 ④ 13：6

┃ 2024年度 ┃ 沖縄県 ┃ 難易度 ┃ ■■■□□

【21】次の図のように，AB＝30cm，BC＝20cm，∠B＝90°の直角三角形がある。点Pは，辺AB上を毎秒2cmの速さでAからBまで動き，点Qは辺BC上を毎秒1cmの速さでBからCまで動く。このとき，以下の問いに答えなさい。

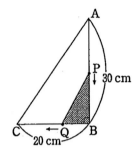

(1) 点P，点Qが同時に出発してから3秒後の△PBQの面積を求めよ。

(2) △PBQの面積が初めて56cm²になるのは，点P，点Qが同時に出発してから何秒後か求めよ。

┃ 2024年度 ┃ 佐賀県 ┃ 難易度 ▇▇▇▇▇□□

【22】各問いに答えよ。

1 正多角形の対角線について，次の問いに答えよ。例えば，正五角形の対角線の本数は5本である。

(1) 正七角形の対角線の本数を求めよ。

(2) 対角線の本数が27本となる正多角形は，正何角形かを答えよ。

(3) 図1の線分ACは正方形の対角線の一つである。線分ACが対角線となるような正方形ABCDを定規とコンパスを用いて作図せよ。ただし，定規は2点を通る直線をひく道具とし，コンパスは，円をかいたり，長さを写し取ったりする道具とする。

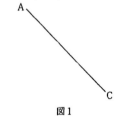

図1

2 図2のように，∠A＝90°，原点Oを一つの頂点とする直角二等辺三角形OABがあり，点Aの座標を(5,1)とする。

(1) 3点O，A，Bを通る円Pをかくと，点O以外にy軸と円Pの交点ができる。この点をCとするとき，点Cの座標を求めよ。

(2) △OABの内部および周上には，x座標，y座標がいずれも整数で

ある点は何個あるかを答えよ。

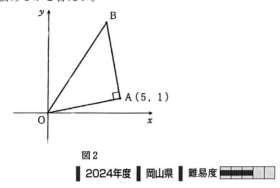

図2

▌2024年度 ▌ 岡山県 ▌ 難易度 ▰▰▰▰▱▱▱

【23】次の図のような半径3cmの扇形の面積が5πcm²であるとき，この扇形の中心角を，以下の1〜5の中から1つ選べ。

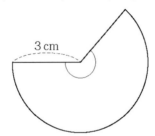

1. 190° 　2. 195° 　3. 200° 　4. 205° 　5. 216°

▌2024年度 ▌ 和歌山県 ▌ 難易度 ▰▰▰▰▱▱▱

【24】右の図のようなAB＝5cm，AC＝3cm，∠BCA＝90°の直角三角形ABCを，ℓを軸として1回転させてできる立体の体積を求めよ。

ただし，円周率はπを用いること。

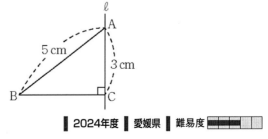

▌2024年度 ▌ 愛媛県 ▌ 難易度 ▰▰▰▰▱▱▱

【25】 次の図で、AB//DCです。△OBCの面積が6cm²のとき、四角形
ABCDの面積を求め、答えを数字で書きなさい。

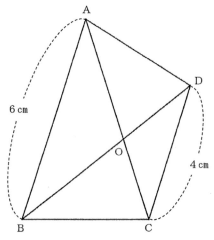

■ 2024年度 ■ 岩手県 ■ 難易度 ■■■■□□

解答・解説

【1】17〔分〕

○**解説**○ 中央値は資料の値を大きさの順に並べたときの中央の値。児童
8人の通学時間を短い順に並べると9，11，11，16，18，19，21，25
〔分〕となる。よって、中央値は通学時間の短い方から4番目と5番目
の平均値$\frac{16+18}{2}$＝17〔分〕である。

【2】(1) ヒストグラム(柱状グラフ) (2) 13.9m

○**解説**○ (1) データをある範囲ごとに区切って、その範囲に入る数をま
とめた度数分布表を柱状のグラフで表したものを、ヒストグラムとい
う。 (2) (平均値)＝$\frac{\{(階級値)×(度数)の合計\}}{(度数の合計)}$だから、平均値＝(6×
2＋10×10＋14×11＋18×6＋22×2＋26×1)÷32＝444÷32＝13.875≒
13.9〔m〕である。

【3】3

○**解説**○ 中央値は，資料の値を大きさの順に並べたときの中央の値である。生徒の人数は15人だから，個数の少ない方から8番目の35個が中央値である。平均値は，

$$\frac{10+20\times2+25\times2+28+30+35+45\times3+55+65+74+78}{15}=\frac{600}{15}=$$

40[個]である。最頻値は，資料の値の中で最も頻繁に現れる値だから，3回で最も多く現れる45個が最頻値である。

【4】平均値…5.3〔点〕　　中央値…5.5〔点〕　　最頻値…6〔点〕

○**解説**○ 平均値は，$(0\times0+1\times2+2\times3+3\times5+4\times7+5\times8+6\times12+7\times6+8\times4+9\times2+10\times1)\div50=265\div50=5.3$〔点〕　　中央値は，資料の値を大きさの順に並べたときの中央の値。児童の人数は50人で偶数だから，得点の低い方から25番目の5点と26番目の6点の平均値$\frac{5+6}{2}=5.5$〔点〕が中央値。最頻値は，資料の値の中で最も頻繁に現れる値だから，度数が12人で最も多い6点が最頻値。

【5】(1)　③　　(2)　⑤

○**解説**○ (1)　$2\times0.05+3\times0.05+4\times0.1+5\times0.2+6\times0.2+7\times0.15+8\times0.15+9\times0.1=6$で，6人である。　　(2)　標本における無作為に抽出した15人と，そのうちの本を借りた人の数の比率は$6:15=2:5$。よって，母集団における図書館に来た人の人数と，そのうちの本を借りた人の数の比率も$2:5$と推測できる。よって，この日，図書館に来た人の数は$1536\times\frac{5}{2}=3840$〔人〕と推定される。

【6】⑤

○**解説**○ 2直線$y=\frac{1}{2}x+1$と$y=3x-1$のx軸の正の向きとのなす角をそれぞれθ_1，θ_2とすると，$\tan\theta_1=\frac{1}{2}$，$\tan\theta_2=3$　また，$\theta=\theta_2-\theta_1$より，

$$\tan\theta=\tan(\theta_2-\theta_1)=\frac{\tan\theta_2-\tan\theta_1}{1+\tan\theta_2\cdot\tan\theta_1}=\frac{3-\frac{1}{2}}{1+3\cdot\frac{1}{2}}=1\quad 0<\theta<\pi$$

より，$\theta=\frac{\pi}{4}$

【7】18〔cm〕

○**解説**○ 問題の条件を満たす正方形の1辺の長さは，54と72の公約数であり，その中で一番大きい正方形の1辺の長さは，54と72の最大公約数である。$54＝2×3^3$，$72＝2^3×3^2$より，54と72の最大公約数は$2×3^2＝18$だから，一番大きい正方形の1辺の長さは18cmである。

【8】E，F

○**解説**○ Aの三角形の底辺の長さを$2a$，高さを$2h$，面積をSとすると，$S＝\dfrac{1}{2}×2a×2h＝2ah$である。また，B〜Fの三角形の面積はそれぞれ，B：$\dfrac{1}{2}×3a×3h＝\dfrac{9}{2}ah＝\dfrac{9}{4}×2ah＝\dfrac{9}{4}S$，C：$\dfrac{1}{2}×a×4h＝2ah＝S$，D：$\dfrac{1}{2}×4a×4h＝8ah＝4×2ah＝4S$，E：$\dfrac{1}{2}×2a×4h＝4ah＝2×2ah＝2S$，F：$\dfrac{1}{2}×4a×2h＝4ah＝2×2ah＝2S$だから，面積が，Aの三角形の2倍になっている三角形はEとFである。

【9】33〔°〕

○**解説**○ △EBCと△DECがそれぞれEB＝EC，ED＝DCの二等辺三角形であることと，平行線の錯角が等しいことから，∠EBC＝∠ECB＝∠DEC＝∠DCE　これより，∠BAD＝∠BCD＝∠ECB＋∠DCE＝2∠EBC＝98°　∠EBC＝98÷2＝49〔°〕　平行四辺形の隣り合う内角の和は180°だから，∠ABC＝180°−∠BAD＝180−98……①　また，∠ABC＝∠x＋∠EBC＝∠x＋49〔°〕……②　①，②より，∠x＋49＝82〔°〕　∠x＝33〔°〕

【10】3

○**解説**○ 角の二等分線と線分の比の定理より，BD：DC＝AB：AC＝8：6＝4：3であるから，DC＝BD×$\dfrac{3}{4}$＝4×$\dfrac{3}{4}$＝3〔cm〕

【11】1　②　　2　③　　3　④

○**解説**○ 1　点PがBC上を動くとき，即ち，$0≦x≦12$のとき，xとyの関係は$y＝\dfrac{1}{2}×BP×AC＝\dfrac{1}{2}×x×5＝\dfrac{5}{2}x$と表される。　2　点PがCA上を動

くとき，即ち，$12 \leqq x \leqq 17$のとき，xとyの関係は$y = \frac{1}{2} \times BC \times AP = \frac{1}{2} \times 12 \times (12+5-x) = -6x+102$と表される。　3　点Pが点Cに達したときの面積は，$\frac{1}{2} \times 12 \times 5 = 30$　で，30cm²。前問1，2より，点PがBからCを通ってAまで動くときのxとyの関係を表すグラフは，点(0, 0)，(12, 30)，(17, 0)を線分で結んだ折れ線のグラフとなる。

【12】問1　$4\sqrt{5}$〔cm〕　　　問2　48π〔cm²〕　　　問3　85〔°〕
○**解説**○　問1　三平方の定理より，$BC = \sqrt{(AB^2+AC^2)} = \sqrt{(8^2+4^2)} = \sqrt{80} = 4\sqrt{5}$〔cm〕　問2　球の表面積は，半径×半径×$\pi$×4で求められる。よって，求めたい中心を通る平面で切った半球の表面積は，$\left(\frac{8}{2}\right)^2 \times 4\pi \div 2 + \pi \times \left(\frac{8}{2}\right)^2 = 32\pi + 16\pi = 48\pi$ [cm²]　問3　$\angle x$の頂点を通り，直線Aと平行な直線を引くと，平行線の錯角は等しいことから，$\angle x = 55+30 = 85$〔°〕

【13】イ
○**解説**○　正六角形は，向かい合う頂点を結んだ3本の対角線によって6つの合同な正三角形に分割されるから，正六角形の1辺の長さと円の半径は等しい。これより，円の直径は正六角形の辺2つ分の長さと等しいので，正六角形のまわりの長さは，(正六角形のまわりの長さ)=(正六角形の1辺の長さ)×6=(正六角形の1辺の長さ×2)×3=(円の直径)×3より，直径の3倍である。円周の長さは，正六角形のまわりの長さより大きいので，(円周の長さ)＞(正六角形のまわりの長さ)　⇔　(円周の長さ)＞(円の直径)×3より，円周の長さは直径の3倍より大きい。

【14】(1)　25〔°〕　　　(2)　12π〔cm³〕
○**解説**○　(1)　円に内接する四角形では，対角の和は180°だから，$\angle ADC = 180 - \angle ABC = 180 - 115 = 65$〔°〕　直径に対する円周角は90°であることと，三角形の内角の和は180°であることから，$\angle x = 180 - (\angle ACD + \angle ADC) = 180 - (90+65) = 25$〔°〕　(2)　三平方の定理を用いて，

(円錐の高さ)＝$\sqrt{(母線の長さ)^2-(底面の半径)^2}$＝$\sqrt{5^2-3^2}$＝4〔cm〕

よって，円錐の体積は，$\frac{1}{3}×(\pi×3^2)×4=12\pi$〔cm³〕

【15】 ⑦　60度　　④　75度

○**解説**○ △DEHは，∠DEH＝90°でDE：DH＝1：2だから，3つの内角が
30°，60°，90°の直角三角形である。よって，⑦＝60°　∠GDH＝
(90－⑦)÷2＝(90－60)÷2＝15〔°〕　　よって，平行線の錯角は等しい
ことから，④＝∠EDG＝⑦＋∠GDH＝60＋15＝75〔°〕

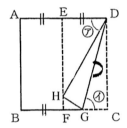

【16】 ②

○**解説**○ A，B，C，P，Fを頂点とする立体は，台形ABCPを底面，辺BF
を高さとする四角錐だから，その体積は$\frac{1}{3}×\left\{\frac{1}{2}×(PC+AB)×BC\right\}×$
BF＝$\frac{1}{3}×\left\{\frac{1}{2}×(2+6)×6\right\}×6＝48$〔cm³〕

【17】 3

○**解説**○ それぞれの色を塗った部分の面積は，次の通りである。

1　$8×8-\left(4×4×\frac{1}{2}\right)×4＝32$〔cm²〕　　2　$\left\{\left(8^2×\frac{1}{6}×\pi\right)×2-8×4\sqrt{3}\right.$
$\left.×\frac{1}{2}\right\}+\left(8×8-8^2×\pi×\frac{1}{12}×2-8×4\sqrt{3}×\frac{1}{2}\right)＝\left(\frac{64}{3}\pi-16\sqrt{3}\right)+$
$\left(64-\frac{32}{3}\pi-16\sqrt{3}\right)＝\left(\frac{32}{3}\pi+64-32\sqrt{3}\right)$〔cm²〕　　3　$4^2×\pi×\frac{1}{2}+$
$4×4×\frac{1}{2}＝(8\pi+8)$〔cm²〕　　4　$4^2×\pi×\frac{1}{4}+8×8×\frac{1}{4}＝(4\pi+16)$
〔cm²〕

【18】求め方…容器の立体をm，水が入った部分の立体をnとする。mとnは相似で，相似比は2：1だから，体積比は2^3：1^3＝8：1となる。容器に加える水をXcm³だとすると　$(X+100)$：100＝8：1　$X+100=800$　$X=700$　　答…700〔cm³〕

○**解説**○　角錐や円錐などの錐体を底面に平行な平面で切断すると，切断によってできた錐体ともとの錐体は相似になる。また，相似な立体では，体積比は相似比の3乗に等しい。この場合の求め方としては，高さ20cmの円錐と高さ10cmの円錐は，高さの比が2：1だから，体積比は2^3：1^3＝8：1。高さ10cmの円錐の体積が100cm³だから，高さ20cmの体積は100×8＝800〔cm³〕　すでに100cm³入っているので，800－100＝700で，700cm³入れればいっぱいになる。

【19】④

○**解説**○　容器に入れた水の形は，底面積が立方体の容器の底面積の$\dfrac{1}{2}$で，高さが立方体の容器の高さと等しい三角錐だから，その体積は立方体の容器の容積の$\dfrac{1}{3}\times\dfrac{1}{2}\times1=\dfrac{1}{6}$である。よって，立方体の容器には，$3.6\times\dfrac{1}{6}=0.6$〔L〕の水が入っている。

【20】②

○**解説**○　直径に対する円周角は90°だから，△ABCは∠ABC＝90°の直角三角形　△ABCに三平方の定理を用いて，$AB=\sqrt{AC^2-BC^2}=\sqrt{13^2-5^2}=12$〔cm〕　角の二等分線と線分の比の定理より，$AE=AB\times\dfrac{AC}{AC+BC}=12\times\dfrac{13}{13+5}=\dfrac{26}{3}$〔cm〕　$BE=AB-AE=12-\dfrac{26}{3}=\dfrac{10}{3}$〔cm〕　△CEBに三平方の定理を用いて，$CE=\sqrt{BC^2+BE^2}=\sqrt{5^2+\left(\dfrac{10}{3}\right)^2}=\dfrac{5\sqrt{13}}{3}$〔cm〕　△AECと△DEBで，弧ADに対する円周角の大きさは等しいから，∠ACE＝∠DBE…①　弧BCに対する円周角の大きさは等しいから，∠CAE＝∠BDE…②　①，②より，2組の角がそれぞれ等しいので，△AEC∽△DEB　相似な図形では，面積比は相似比の2乗に等しいから，△AEC：△DEB＝CE^2：$BE^2=\left(\dfrac{5\sqrt{13}}{3}\right)^2:\left(\dfrac{10}{3}\right)^2$＝13：4

● 算数科

【21】(1) 36cm²　　(2) 7秒後

○**解説**○ (1) 点P，点Qが同時に出発してから3秒後において，AP＝毎秒 2cm×3秒＝6cm，BQ＝毎秒1cm×3秒＝3cmだから，△PBQ＝$\frac{1}{2}$×BP ×BQ＝$\frac{1}{2}$×(AB－AP)×BQ＝$\frac{1}{2}$×(30－6)×3＝36cm²となる。

(2) (1)と同様に考えると，点P，点Qが同時に出発してからx秒後において，AP＝毎秒2cm×x秒＝2$x$cm，BQ＝毎秒1cm×x秒＝$x$cmだから，△PBQ＝$\frac{1}{2}$×(30－2x)×x＝(15x－x^2)cm²　ただし，0＜x＜15　これより，△PBQの面積が56cm²になるのは，15x－x^2＝56より，x^2－15x＋56＝0 ⇔　(x－7)(x－8)＝0　x＝7，8　よって，△PBQの面積が初めて56cm² になるのは，点P，点Qが同時に出発してから7秒後である。

【22】1　(1)　14〔本〕　　(2)　正九角形

(3)

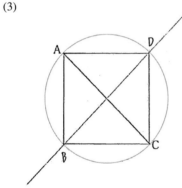

2　(1)　C(0, 6)　　(2)　16〔個〕

○**解説**○ 1　(1)　正n角形において，1つの頂点から引ける対角線の数は n－3〔本〕。頂点が7つあるので，(n－3)×n〔本〕。ただし，どれも2度 数えたものだから，全部の対角線の数は，2で割って，(n－3)×n÷2 の式で求められる。正七角形の場合は，(7－4)×7÷2＝14〔本〕

(2)　対角線が27本の場合は，(n－3)×n÷2＝27　より，n＝9，－6 n＞0より，n＝9　で，正九角形である。　　(3)　(着眼点)　対角線AC， BDの交点をOとすると，AO＝BO＝CO＝DOかつAC⊥BDである。 (作図手順)　次の①〜③の手順で作図する。　①　線分ACの垂直二等 分線を引き，線分ACとの交点をOとする。　②　点Oを中心として，

258

線分AOを半径とする円を描き，線分ACの垂直二等分線との交点をB，Dとする。　③　辺AB，BC，CD，DAを作図する。　2　(1)　円周角の定理の逆より，円Pは辺OBを直径とする円である。これより，直径に対する円周角は90°だから，∠OCB＝90°である。次図のように，点Aを通りy軸に平行な直線と，点Bを通りx軸に平行な直線を引き，2点D，Eを定める。△OAE≡△OBDより，(点Bのx座標)＝OE－BD＝OE－AE＝5－1＝4，(点Bのy座標)＝AE＋AD＝AE＋OE＝1＋5＝6で，B(4，6)だから，C(0，6)である。　(2)　x座標，y座標がいずれも整数である点を格子点という。直線OA，OBの式はそれぞれ$y=\frac{1}{5}x$，$y=\frac{3}{2}x$だから，△OABの内部および周上で$x=k$ (kは0≦k≦5の整数)上の格子点の個数をそれぞれ求めると，$k=0$のとき(0，0)の1個，$k=1$のとき$\frac{1}{5}\times1\leqq y\leqq\frac{3}{2}\times1$ ⇔ $\frac{1}{5}\leqq y\leqq1\frac{1}{2}$より1－1＋1＝1〔個〕，$k=2$のとき$\frac{1}{5}\times2\leqq y\leqq\frac{3}{2}\times2$ ⇔ $\frac{2}{5}\leqq y\leqq3$より3－1＋1＝3〔個〕，$k=3$のとき$\frac{1}{5}\times3\leqq y\leqq\frac{3}{2}\times3$ ⇔ $\frac{3}{5}\leqq y\leqq4\frac{1}{2}$より4－1＋1＝4〔個〕，$k=4$のとき$\frac{1}{5}\times4\leqq y\leqq\frac{3}{2}\times4$ ⇔ $\frac{4}{5}\leqq y\leqq6$より6－1＋1＝6〔個〕，$k=5$のとき(5，1)の1個だから，求める格子点の個数は1＋1＋3＋4＋6＋1＝16〔個〕である。

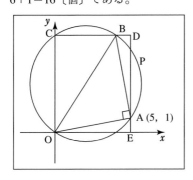

【23】3

○**解説**○　扇形の中心角をx°とすると，$\pi\times3^2\times\frac{x}{360}=5\pi$より，$x=\frac{5\pi\times360}{\pi\times3^2}=200$〔°〕

● 算数科

【24】 16π 〔cm³〕

○**解説**○ 三平方の定理を用いて，$BC=\sqrt{AB^2-AC^2}=\sqrt{5^2-3^2}=4$ 〔cm〕 これより，できる立体は，底面の円の半径BCが4cm，高さACが3cmの 円錐だから，その体積は，$\frac{1}{3}\times(\pi\times BC^2)\times AC=\frac{1}{3}\times(\pi\times4^2)\times3=16$ π 〔cm³〕である。

【25】 25cm²

○**解説**○ AB//DCより，平行線と線分の比についての定理を用いると， $AO:CO=BO:DO=AB:CD=6:4=3:2$だから，$\triangle OCD=\triangle OBC\times\frac{DO}{BO}=6\times\frac{2}{3}=4$ 〔cm²〕 $\triangle ABD=\triangle BCD\times\frac{AO}{CO}=(\triangle OBC+\triangle OCD)\times\frac{AO}{CO}=(6+4)\times\frac{3}{2}=15$ 〔cm²〕 以上より，(四角形ABCDの面積)$=\triangle ABD+\triangle BCD=15+10=25$ 〔cm²〕

【1】 次の文章は，小学校学習指導要領(平成29年3月)「算数」の一部です。空欄①～③に当てはまる語句の組合せとして，正しいものを選びなさい。

第3　指導計画の作成と内容の取扱い

(略)

3　数学的活動の取組においては，次の事項に配慮するものとする。

(1)　数学的活動は，基礎的・基本的な知識及び技能を確実に身に付けたり，思考力，判断力，表現力等を高めたり，算数を学ぶことの楽しさや意義を実感したりするために，重要な役割を果たすものであることから，各学年の内容の「A数と計算」，「B図形」，「C測定」，「C変化と関係」及び「Dデータの活用」に示す事項については，数学的活動を通して指導するようにすること。

(2)　数学的活動を[　①　]機会を設けること。

(3)　算数の問題を解決する方法を理解するとともに，自ら問題を見いだし，[　②　]を立て，実践し，その結果を評価・改善する機会を設けること。

(4)　具体物，図，数，式，表，グラフ相互の関連を図る機会を設けること。

(5)　友達と考えを伝え合うことで学び合ったり，学習の過程と成果を振り返り，[　③　]したりする機会を設けること。

ア　①　領域の内容と別に指導する
　　②　学習計画
　　③　よりよく問題解決できたことを実感
イ　①　領域の内容と別に指導する
　　②　解決するための構想
　　③　誤りや矛盾はないか考察

　ウ　①　楽しめるようにする
　　　②　学習計画
　　　③　誤りや矛盾はないか考察
　エ　①　楽しめるようにする
　　　②　解決するための構想
　　　③　誤りや矛盾はないか考察
　オ　①　楽しめるようにする
　　　②　解決するための構想
　　　③　よりよく問題解決できたことを実感

▎2024年度 ▎北海道・札幌市 ▎難易度 ■■■■■□□□

【2】次の(1)，(2)の問いに答えなさい。

(1)　次の文は，小学校学習指導要領(平成29年3月告示)「第2章　各教科　第3節　算数　第1　目標」の一部である。文中の[　ア　]，[　イ　]に当てはまることばを書きなさい。

> 　数学的な見方・考え方を働かせ，数学的活動を通して，数学的に考える資質・能力を次のとおり育成することを目指す。
> 　(2)　[　ア　]の事象を数理的に捉え見通しをもち筋道を立てて考察する力，基礎的・基本的な数量や図形の性質などを見いだし[　イ　]・発展的に考察する力，数学的な表現を用いて事象を簡潔・明瞭・的確に表したり目的に応じて柔軟に表したりする力を養う。

(2)　次の文は，小学校学習指導要領(平成29年3月告示)「第2章　各教科　第3節　算数　第3　指導計画の作成と内容の取扱い」の一部である。文中の[　ア　]，[　イ　]に当てはまることばを書きなさい。

> 　3　数学的活動の取組においては，次の事項に配慮するものとする。
> 　(1)　数学的活動は，基礎的・基本的な知識及び技能を確実に身に付けたり，思考力，判断力，表現力等を高めたり，算数を[　ア　]ことの楽しさや意義を実感したりするために，重要な役割を果たすものであることから，各学年の

> 内容の「A数と計算」,「B図形」,「C測定」,「C変化と関係」及び「D[イ]」に示す事項については,数学的活動を通して指導するようにすること。

┃ 2024年度 ┃ 福島県 ┃ 難易度 ▪▪▪□□

【3】次の文は,小学校学習指導要領解説算数編(平成29年7月)「第3章 各学年の目標及び内容 第6節 2 第6学年の内容」の〔C 変化と関係〕の「C (1)比例」の一部である。文中の[ア],[イ]に当てはまることばを書きなさい。

> イ 次のような思考力,判断力,表現力等を身に付けること。
> (ア) 伴って変わる[ア]の数量を見いだして,それらの関係に着目し,目的に応じて表や式,グラフを用いてそれらの関係を表現して,変化や[イ]の特徴を見いだすとともに,それらを日常生活に生かすこと。

┃ 2024年度 ┃ 福島県 ┃ 難易度 ▪▪▪□□

【4】次は,小学校学習指導要領「算数」の「第1 目標」の一部である。[ア],[イ]にあてはまることばを,それぞれ記せ。

> (2) 日常の事象を数理的に捉え見通しをもち筋道を立てて考察する力,基礎的・基本的な数量や図形の性質などを[ア]統合的・発展的に考察する力,数学的な表現を用いて事象を簡潔・明瞭・的確に表したり目的に応じて柔軟に表したりする力を養う。
> (3) 数学的活動の楽しさや数学のよさに気付き,学習を振り返ってよりよく[イ]しようとする態度,算数で学んだことを生活や学習に活用しようとする態度を養う。

┃ 2024年度 ┃ 山梨県 ┃ 難易度 ▪▪▪▪□

【5】次の文章は,平成29年3月告示の小学校学習指導要領 算数 各学年の目標及び内容 〔第6学年〕内容 の一部を示したものです。空欄

(a)～(d)にあてはまる言葉は何ですか。以下の①～⑤の中から，正しい組合せを1つ選び，記号で答えなさい。

D　データの活用

(1)　データの収集とその分析に関わる数学的活動を通して，次の事項を身に付けることができるよう指導する。

ア　次のような知識及び技能を身に付けること。

(ア)　(a)の意味や求め方を理解すること。

(イ)　(b)を表す表やグラフの特徴及びそれらの用い方を理解すること。

(ウ)　目的に応じてデータを収集したり適切な手法を選択したりするなど，(c)な問題解決の方法を知ること。

イ　次のような思考力，判断力，表現力等を身に付けること。

(ア)　目的に応じてデータを集めて分類整理し，データの特徴や傾向に着目し，(a)などを用いて問題の結論について判断するとともに，その妥当性について(d)に考察すること。

---

① a　代表値　　b　度数分布　　c　統計的　　d　批判的
② a　期待値　　b　度数分布　　c　統計的　　d　多面的
③ a　代表値　　b　正規分布　　c　科学的　　d　批判的
④ a　期待値　　b　正規分布　　c　統計的　　d　多面的
⑤ a　代表値　　b　度数分布　　c　科学的　　d　多面的

▌2024年度▌広島県・広島市▌難易度▌■■■□□

【6】小学校学習指導要領算数について，次の(1)，(2)の問いに答えなさい。

(1)　次の文は，「第3　指導計画の作成と内容の取扱い」から抜粋したものである。(ア)，(イ)にあてはまる最も適当な語句を以下の解答群からそれぞれ一つずつ選びなさい。

3　数学的活動の取組においては，次の事項に配慮するものとする。

---

(4) 具体物，図，数，式，表，グラフ相互の（　ア　）機会を設けること。

(5) 友達と考えを伝え合うことで学び合ったり，学習の過程と成果を振り返り，（　イ　）を実感したりする機会を設けること。

〈解答群〉

① 関係を表現する

② 特徴や傾向に着目する

③ 関連を図る

④ よりよく問題解決できたこと

⑤ 算数を学ぶことの楽しさや意義

⑥ 数理的な処理のよさ

(2) 次の四つの文や文章は，「第2　各学年の目標及び内容」で示された各学年の「2　内容」のうち「B　図形」から抜粋したものである。第6学年の記述として最も適当なものを次の①～④のうちから一つ選びなさい。

① 平行四辺形，ひし形，台形について知ること。

② 円と関連させて正多角形の基本的な性質を知ること。

③ 円について，中心，半径，直径を知ること。また，円に関連して，球についても直径などを知ること。

④ 身の回りにある形について，その概形を捉え，およその面積などを求めること。

▎2024年度 ▎千葉県・千葉市 ▎難易度 ▰▰▰▰▱▱

【7】次の文は，小学校学習指導要領(平成29年告示　文部科学省)における「第2章　各教科　第3節　算数　第3　指導計画の作成と内容の取扱い　1」の一部である。文中の（　A　）～（　C　）にあてはまる語句の組合せとして正しいものを，以下の1～5の中から1つ選べ。

(1) 単元など内容や時間のまとまりを見通して，その中で育む資質・能力の育成に向けて，数学的活動を通して，児童の主体的・対話的で深い学びの実現を図るようにすること。その

際，数学的な見方・考え方を働かせながら，日常の事象を（　A　）に捉え，算数の問題を見いだし，問題を自立的，協働的に解決し，（　B　）を振り返り，（　C　）を形成するなどの学習の充実を図ること。

1. A　数理的　　　B　解決の過程　　　　　　C　知識
2. A　数理的　　　B　学習の過程　　　　　　C　概念
3. A　多面的　　　B　学習の過程　　　　　　C　知識
4. A　多面的　　　B　表現・処理したこと　　C　知識
5. A　数理的　　　B　解決の過程　　　　　　C　概念

┃ 2024年度 ┃ 和歌山県 ┃ 難易度 ■■■□□

【8】「小学校学習指導要領解説　算数編(平成29年7月)第1章　2算数科改訂の趣旨及び要点」では，次のように示されている。

　事象を数量や図形及びそれらの関係などに着目して捉え，根拠を基に筋道を立てて考え，[　　]・発展的に考えること。

[　]に適する言葉を次の語句の中から一つ選び，記号で答えなさい。
①　協働的　　　②　論理的　　　③　統合的　　　④　多面的
⑤　数学的

┃ 2024年度 ┃ 静岡県・静岡市・浜松市 ┃ 難易度 ■■■□□

【9】次の文は，小学校学習指導要領「算数」の「各学年の目標及び内容」の「内容」の一部である。A～Eは，それぞれどの学年の内容か，以下のア～カから1つずつ選び，その記号を書きなさい。

　A　速さなど単位量当たりの大きさの意味及び表し方について理解し，それを求めること。
　B　長さ及びかさについて，およその見当を付け，単位を適切に選択して測定すること。
　C　変化の様子を表や式，折れ線グラフを用いて表したり，変化の特徴を読み取ったりすること。
　D　比の意味や表し方を理解し，数量の関係を比で表したり，等

しい比をつくったりすること。

E　長さや重さについて，適切な単位で表したり，およその見当
　を付け計器を適切に選んで測定したりすること。

ア　第1学年　　イ　第2学年　　ウ　第3学年　　エ　第4学年
オ　第5学年　　カ　第6学年

┃ 2024年度 ┃ 青森県 ┃ 難易度 ▮▮▮▮▯▯

【10】次の文は，小学校学習指導要領解説　算数編(平成29年7月)第2章
「算数科の目標及び内容」「第1節　算数科の目標」の「1　教科の目標」
に示された，「数学的な見方・考え方を働かせ」についての一部を抜
粋したものです。文中の(①)，(②)にあてはまる語句を以下の
ア～カから一つずつ選び，その記号を書きなさい。

> 　「数学的な見方・考え方」は，数学的に考える資質・能力を支
> え，方向付けるものであり，算数の学習が(①)に行われるた
> めに欠かせないものである。また，児童一人一人が(②)をも
> って問題解決に取り組む際に積極的に働かせていくものである。
> その意味で「数学的な見方・考え方」は，数学的に考える資
> 質・能力の三つの柱である「知識及び技能」，「思考力，判断力，
> 表現力等」及び「学びに向かう力，人間性等」の全てに対して
> 働かせるものとしている。そして，算数の学習を通じて，「数学
> 的な見方・考え方」が更に豊かで確かなものとなっていくと考
> えられる。

ア　発展的　　イ　創造的　　ウ　意欲的　　エ　問い
オ　目的意識　　カ　興味・関心

┃ 2024年度 ┃ 岩手県 ┃ 難易度 ▮▮▮▮▯▯

【11】次は，小学校学習指導要領に示されている算数科の「第2　各学年
の目標及び内容」の一部です。第5学年「B　図形」について(①)，
(②)にあてはまる言葉を以下のア～ウの中からそれぞれ1つ選び，
その記号を答えなさい。

> (1) 平面図形に関わる数学的活動を通して，次の事項を身に付けることができるよう指導する。
>
> ア 次のような知識及び技能を身に付けること。
>
> (ア) 図形の形や大きさが決まる要素について理解するとともに，図形の(①)について理解すること。
>
> (イ) 三角形や四角形など多角形についての簡単な性質を理解すること。
>
> (ウ) 円と関連させて正多角形の基本的な性質を知ること。
>
> (エ) (②)の意味について理解し，それを用いること。

① ア 作図　イ 合同　ウ 違い
② ア 公式　イ 面積　ウ 円周率

‖ 2024年度 ‖ 佐賀県 ‖ 難易度 ▮▮▮▮▯▯▯

【12】小学校「算数」について，次の(1)，(2)の問いに答えなさい。

(1) 第2学年「かけ算」の学習において，図1のように箱に入っているチョコレートの個数を工夫して求める活動を行った。以下の①，②の問いに答えなさい。

【図1】

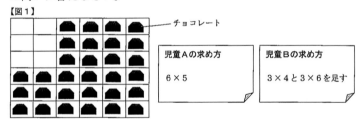

児童Aの求め方

6×5

児童Bの求め方

3×4 と 3×6 を足す

① 児童Aの求め方のように，乗法が使えるかどうかを判断する際に意識させたいことを書きなさい。

② 学級で求め方を共有する場面の最後に，教師は「3×10で求める」という考え方を取り上げた。一位数と二位数の乗法が未習である児童たちに説明するよう，児童Bの求め方と関連付けて，3×10の求め方を書きなさい。

(2) 第6学年「データの活用」の学習において，「クラスリレーの作戦を平均値だけで考えてよいだろうか」という課題を設定し，新体力

テストにおける男子の「50m走の得点」をドットプロットに表し，
分析する活動を行った。後の①〜③の問いに答えなさい。

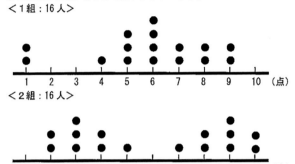

【「50m走の得点」をまとめたドットプロット】

＜1組：16人＞

＜2組：16人＞

【得点表】

得点	50m走の記録
10	8.0秒以下
9	8.1〜8.4
8	8.5〜8.8
7	8.9〜9.3
6	9.4〜9.9
5	10.0〜10.6
4	10.7〜11.4
3	11.5〜12.2
2	12.3〜13.0
1	13.1秒以上

① ドットプロットに表すよさを書きなさい。

② 課題の解決に向けて交流する中で，児童Cが中央値に言及した
際，児童Dは「2組は6点の人がいないのに中央値が6点なのはおか
しい」と発言した。児童Dに理解させたい中央値の求め方を，デー
タの個数に着目して書きなさい。

③ 次時以降，度数分布表と柱状グラフを学ぶ必要感を高めるため
に，教師は，扱うデータを「50m走の得点」から「50m走の記録」
に変えた。「50m走の記録」がドットプロットでは分析しにくい
理由を簡潔に書きなさい。

▌ **2024年度** ▌ **群馬県** ▌ **難易度** ▌

【13】 第5学年「割合」において，百分率の学習を行うこととします。その際，どのようなことに配慮して指導することが望ましいですか。次の①〜⑤の中から，最も適切なものを1つ選び，記号で答えなさい。

① □などを数をかく場所としてはじめに扱い，次第に未知の数量を表す記号などとしても扱い，文字としての役割をもつ□などについての理解が深まるよう配慮する。

② 実際の問題の場面などでは，必要に応じて電卓等を用いて，適切に処理できるように配慮する。

③ 機械的に処理したり表を考察したりするだけではなく，児童自身が課題を明確に捉え，それに沿って資料を積極的に集め，観点を決めて分類整理していこうとする態度や能力を伸ばすよう配慮する。

④ 数学的活動を通して，数量の関係を一般的に捉えることができる公式のよさに気付くことができるように配慮する。

⑤ □，△などの記号を用いると，数量の関係や計算の法則を簡潔，明瞭，的確に，また，一般的に表すことができるというよさに気付くことができるよう配慮する。

‖ 2024年度 ‖ 広島県・広島市 ‖ 難易度 ▰▰▰▱▱

【14】 次の図のような，2mを4等分したテープがあるとする。テープの色が付いた部分の長さについて$\frac{1}{4}$mと誤答した児童に対して，どのような指導をするか，小学校学習指導要領解説算数編の「第3学年の内容」を踏まえて書きなさい。

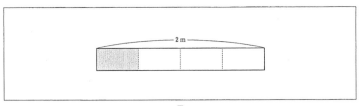

図

‖ 2024年度 ‖ 青森県 ‖ 難易度 ▰▰▰▰▱

【15】 小学校第4学年では，長方形や正方形の面積，第5学年では，三角形や平行四辺形，ひし形及び台形の面積について学習する。次の(1)，(2)

の問いに答えよ。

(1) 三角形の面積の求め方を学習した後，次の平行四辺形の面積の求め方を，はじめさんとわかばさんは，それぞれ考えた。

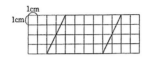

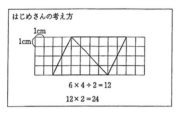

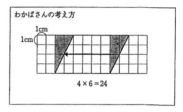

　はじめさんとわかばさんは，それぞれどのように考えたのか，これまでの学習とのつながりが分かるように書け。

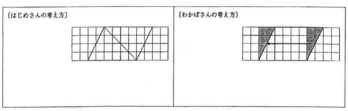

(2) 平行四辺形の面積の求め方を学習した後，台形の面積の求め方を考える時間にはじめさんとわかばさんは，次のように考えた。

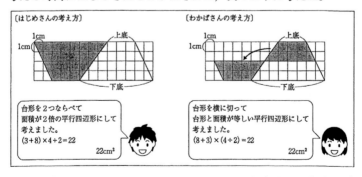

　台形の面積の公式を書け。また，上の2人の考えを見た児童が自ら台形の面積の公式を見いだせるようにするために，あなたは担当

271

教師としてどのようなことに留意して指導するか書け。

‖ **2024年度** ‖ 香川県 ‖ 難易度 ‖▇▇▇▇▇□□‖

解答・解説

【1】オ

○**解説**○ ① 算数科においては，教科の目標の柱書に「数学的活動を通して，数学的に考える資質・能力を次のとおり育成することを目指す」とある通り，数学的活動は大変重要な役割を担うものとして示されている。さらに目標(3)には，「数学的活動の楽しさ」に気付くことが目標として示されている。教師は，児童がこのように数学的活動を楽しめるようにする機会を設けることが大切であるとしている。

② 配慮事項の(3)では，見通しをもって数学的活動に取り組み，振り返る機会を設けることが示されている。自ら問題を見いだす機会を設け，その解決の過程では，問題を解決するための構想を立てられるようにすることが重要である。 ③ 配慮事項の(5)では，考えを学び合うことやよりよく問題解決できたことを実感する機会を設けることが示されている。

【2】(1) ア 日常 イ 統合的 (2) ア 学ぶ イ データの活用

○**解説**○ (1) 平成29年に改訂された小学校学習指導要領においては，数学的に考える資質・能力の育成を目指す観点から，実社会との関わりと算数・数学を統合的・発展的に構成していくことを意識して，数学的活動の充実等が図られている。教科の目標にある「数学的な見方・考え方」については，「事象を数量や図形及びそれらの関係などに着目して捉え，根拠を基に筋道を立てて考え，統合的・発展的に考えること」を示している。 (2) ア 数学的活動の役割については，育成を目指す力の三つの柱のいずれにも重要な役割を果たすことを，少し表現を変えて示しており，「算数を学ぶことの楽しさや意義を実感す

272

る」は，三つの柱のうちの「学びに向かう力，人間性等」に役割を果たすことを，別の表現で表したものである。　イ　算数科の内容は，第1～3学年(下学年)が「A数と計算」，「B図形」，「C測定」，「Dデータの活用」の4つの領域，第4～6学年(上学年)が「A数と計算」，「B図形」，「C変化と関係」，「Dデータの活用」の4つの領域で，それぞれ構成されている。

【3】ア　二つ　　イ　対応
○**解説**○　第6学年では，比例の関係の意味や性質，比例や反比例について学習するとともに，日常の事象における伴って変わる二つの数量の関係に着目し，目的に応じて表や式，グラフを用いて変化や対応の特徴を考察することを学ぶ。二つの数量の関係の考察は，中学校数学の「関数」につながるものであり，小学校と中学校の学習の円滑な接続も意図している。

【4】ア　見いだし　　イ　問題解決
○**解説**○　ア　教科の目標(2)は，思考力，判断力，表現力等に関するものである。ここでは，「日常の事象を数理的に捉え見通しをもち筋道を立てて考察する力」，「基礎的・基本的な数量や図形の性質などを見いだし統合的・発展的に考察する力」，「数学的な表現を用いて事象を簡潔・明瞭・的確に表したり目的に応じて柔軟に表したりする力」の3つの力が示されていることを，押さえておく必要がある。　イ　目標(3)は，学びに向かう力，人間性等に関するものである。ここでは，算数の学習に粘り強く取り組み，よりよい問題解決に最後まで取り組もうとする態度の育成を目指すというねらいが示されている。

【5】①
○**解説**○　「Dデータの活用」領域では，知識及び技能として，データを集めて分類整理し，適切なグラフに表したり，代表値などを求めたりするとともに，統計的な問題解決の方法について知ることをねらいとする。第3学年は棒グラフなど，第4学年が折れ線グラフなど，第5学年が円グラフや帯グラフなど，第6学年が代表値，度数分布を表す表

やグラフ，ドットプロットなどを学習する。また，思考力，判断力，表現力等としては，データの持つ特徴や傾向を把握し，問題に対して結論を出し，その結論に対して，第5学年では「多面的」に捉え考察し，第6学年においては結論の妥当性について「批判的」に考察することをねらいとしている。算数科は系統的な内容によって構成されており，学年ごとの学習内容を区別して押さえておくようにしたい。

【6】(1)　ア　③　　イ　④　　(2)　④

○**解説**○ (1)　数学的活動の取組における配慮事項である。　ア　教科の目標には，「数学的な表現を用いて事象を簡潔・明瞭・的確に表したり，目的に応じて柔軟に表したりする力を養う」ことが示されている。数や式で表したことを具体物や図，表などで説明したり，伴って変わる2量の関係がある場合に，表と式とグラフの相互の関連を図ったりするなど，相互の関連を図る機会を設けることは，数学的活動を遂行する上で重要となる。　イ　今回の学習指導要領改訂では，学習指導の過程において，数学的に問題発見・解決する過程が重視された。よりよく問題解決できたことを実感するには，問題発見・解決を繰り返すことで，少しずつよりよい方法を用いることができるようにすることが大切である。　(2)　図形領域の内容は，第2学年で正方形，長方形，直角三角形，第3学年で二等辺三角形，正三角形，円，球，第4学年で平行四辺形，ひし形，台形，立方体，直方体等，第5学年で正多角形，角柱，円柱，第6学年で対称な図形，縮図・拡大図，概形とおよその面積である。領域別の学年ごとの内容は，確実に押さえておくこと。

【7】2

○**解説**○ 指導計画の作成に当たって，今回の学習指導要領改訂における基本的な考え方の一つである「主体的・対話的で深い学び」の実現に向けた授業改善の推進に関する配慮事項である。算数科においては，中央教育審議会答申(平成28年12月)に示された「事象を数理的に捉え，数学の問題を見いだし，問題を自立的，協働的に解決し，解決過程を振り返って概念を形成したり体系化したりする過程」といった算数・

数学の問題発見・解決の過程が重要である。それを，今回の改訂の基本的考え方に立って指導計画を立てる際のポイントとして示したものである。

【8】③

○**解説**○ 今回の学習指導要領改訂において，算数科の学習における「数学的な見方・考え方」については，「事象を数量や図形及びそれらの関係などに着目して捉え，根拠を基に筋道を立てて考え，統合的・発展的に考えること」として整理されている。また，算数科における問題発見・解決の過程として，「問題解決の過程や結果を振り返って統合的・発展的に考える」ことがあると示されており，算数科において「統合的・発展的に考える」ことは重要なキーワードである。

【9】A　オ　　B　イ　　C　エ　　D　カ　　E　ウ

○**解説**○ 算数の内容は，系統的に構成されている。各学年の領域別の内容を押さえておく必要がある。　A　速さなど単位量当たりの大きさは，第5学年の「C変化と関係」の内容。　B　長さ，かさの単位と測定は，第2学年の「C測定」の内容。　C　折れ線グラフは，第4学年の「Dデータの活用」の内容。　D　比は，第6学年の「C変化と関係」の内容。　E　重さは，第3学年の「C測定」の内容。

【10】①　イ　　②　オ

○**解説**○「数学的な見方・考え方」は，算数の学習において，どのような視点で物事を捉え，どのような考え方で思考をしていくのかという，物事の特徴や本質を捉える視点や，思考の進め方や方向性を意味するものとして示されている。「数学的な見方・考え方」は，資質・能力の三つの柱である「知識及び技能」，「思考力，判断力，表現力等」，「学びに向かう力，人間性等」の全てに働くものである。したがって，「数学的な見方・考え方」は，算数の学習が創造的に行われるために欠かせないものであり，児童一人一人の目的意識をもった問題解決への取組に積極的に働くものでもある。

【11】 ① イ ② ウ

○**解説**○ 円については第3学年で中心，半径，直径を学習しており，第5学年ではその知識を踏まえて正多角形や円周率を学習するとしている。円周率については「直径の長さから円周の長さを，また，逆に円周の長さから直径の長さを計算によって求めることができるなど，直径の長さ，円周の長さ，円周率の関係について理解できるようにする」としている。

【12】 (1) ① 同じ数のまとまりが複数あるかどうかを考える。
② 児童Bは上と下に分けて3×4と3×6の足し算で求めたが，下のチョコレートを上のチョコレートの右に動かすと3のまとまりが10個あることになるので，3×10と同じだと考えられる。 (2) ① ・データの散らばりの様子が捉えやすくなる。 ・代表値の意味が捉えやすくなる。 ② ・2組はデータの個数が偶数なので，真ん中にある2つの値の平均を求める。 ・2組はデータの個数が偶数なので，(5＋7)÷2で求める。 ③ 扱うデータが小数で細かくなるため，各点が積みあがることが少なく，まばらに広がってしまうから分析しにくい。

○**解説**○ (1) ① 児童Aは，次図のように6個のチョコレートのまとまりが5つあると考えて，6×5と立式した。

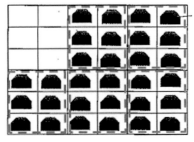

② 公開解答を踏まえて，3×4と3×6は3の4個分と3の6個分であり，それらを足した答えは，3の(4＋6)個分，つまり3の10個分である3×10の答えと同じになるといえる。 (2) ① データをドットプロットに表すことで，ドットプロットからデータの特徴や傾向を読み取ったり，最頻値や中央値を見付けたりできるようにすることが，学習のねらい

となっている。　②　中央値は，データを大きさの順に並べたときの中央の値である。データの個数が偶数のときは，真ん中の2つの値の平均が中央値となる。今回の場合は，真ん中の2つの値が5と7なので，(5＋7)÷2＝6で，中央値は6点となる。　③　扱うデータが小数点など，刻みが細かくなっていたり，最小値と最大値の差が著しく開いていたりする場合などには，ドットプロットより柱状グラフを用いることで，全体の形，左右の広がりの範囲，山の頂上の位置，対称性などが直観的に考察しやすくなる。

【13】②

○**解説**○　①は第3学年「数量の関係を表す式」において，□を用いた式の指導の際に配慮することである。③は第3学年「表と棒グラフ」において，データの分類整理と表の指導の際に配慮することである。④は第4学年「数量の関係を表す式」において，問題場面の数量の関係に着目し，数量の関係を簡潔に，また一般的に式に表すことの指導の際に配慮することである。⑤は第4学年「数量の関係を表す式」において，□，△などを用いた式の指導の際に配慮することである。

【14】1mを4等分した1個分の長さが$\frac{1}{4}$mである。この図では1mを2等分しているので，$\frac{1}{2}$mであることを指導する。

○**解説**○　2mを4等分した場合の1つ分は，2mの$\frac{1}{4}$である。その1つ分の長さは何mかを考える。1つ分の長さが$\frac{1}{4}$mなら，全体の長さは1mになることを確認したあと，図の中で1mはどのような長さかを調べさせる。実際の長さは1mの$\frac{1}{2}$なので，1つ分の長さは$\frac{1}{2}$mになることを指導する。

【15】(1)

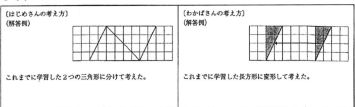

[はじめさんの考え方]
(解答例)

これまでに学習した2つの三角形に分けて考えた。

[わかばさんの考え方]
(解答例)

これまでに学習した長方形に変形して考えた。

(2)　台形の面積の公式…(上底＋下底)×高さ÷2　　指導上の留意点…・面積を求めるために使った長さがもとの台形の何に当たるか捉えられるようにする。　　・数値を用語に置き換え，ことばの式に表すことができるようにする。　　・2つの考え方の共通点に気付けるようにする。

○**解説**○ 図形の面積の学習では，既習の面積の求め方の考えを活用することを繰り返すことにより，そのよさを実感することができるようにすることが大切である。既習の三角形や長方形に分けて求める別の求め方の例を挙げる。　　(1)　別の求め方①…頂点から底辺に垂線を2本引き，2つの三角形と1つの長方形に分けて考える。2×4÷2＋4×4＋2×4÷2＝24　　別の求め方②…大きな長方形から，三角形の部分を引いて考える。8×4－2×4÷2×2＝24　(2)　別の求め方：2つの三角形に分けて考える。8×4÷2＋3×4÷2　式を変形すると，(8＋3)×4÷2＝22　などがある。

理科

要点整理

●学習のポイント

　専門教養の出題は，物理，化学，生物，地学，環境問題，学習指導と広範囲であるから，十分な対策を講じておかないといけない。一般教養，教職教養と比べて，専門教養の得点が占める割合が高いので，採用試験に合格するかどうかは専門教養の成否にかかっているとさえいえる。1年間を通して，自分の不得意分野がどれだけマスターできるかが大きなポイントとなる。この要点整理はそのためのものであるが，紙数の関係から説明が十分とはいい難いので，自分の弱点発見の手がかりと考えてほしい。学習指導要領は必ず出題されるものと考えて，教科の目標だけでなく，各分野の目標や指導計画の作成と内容の取扱いについても，完全に理解しておこう。

●物理

▼力のつりあい・物体の運動・仕事とエネルギー

1. 2力のつり合いの条件－①2力の大きさが等しい，②2力の向きが反対。
2. 慣性の法則と物体の運動－物体に外力が作用しなければ，静止している物体は静止の状態を続け，運動している物体は等速直線運動をする。
3. 仕事とエネルギー－物体が外力を受けて動くとき仕事をされたという。

　　仕事量＝(力の大きさ)×(力の向きに動いた距離)

　他の物体に仕事をすることができる能力をエネルギーといい，位置エネルギー，運動エネルギー，熱エネルギーなどがある。

●化学

▼気体の法則

　○ボイルの法則：一定温度で，一定量の気体の圧力は体積に反比例する。

○**シャルルの法則**：圧力が一定の状態で，温度を1℃だけ上昇させると，気体の体積は0℃のときの体積の$\frac{1}{273}$だけ増加する。

○**ボイル・シャルルの法則**：$\frac{PV}{T}=\frac{P'V'}{T'}$ ($P,\ P'$；圧力，$V,\ V'$；体積，$T,\ T'$：温度)

○**気体分圧(ドルトンの分圧)の法則**：混合気体の全圧は成分気体の分圧の和に等しい。

▼電気分解

電解質の水溶液中に2枚の極板を電極として浸すと，イオンの移動により電気分解が行われる。水の電気分解では，$2H_2O \rightarrow 2H+O_2$ の反応が起こり，陽極では酸素O_2，陰極では水素H_2が発生する。純粋な水では電気が流れないため，水酸化ナトリウムをわずかに加えて反応を起こす。

▼薬品の使用と保管

化学実験で薬品を使用する際には，必要最低量にとどめるべきである。また，劇物を使用することも多いので，事故防止のために細心の注意を払わなければならない。そして，薬品は定められた方法に従って整理し，厳重に保管しなければならない。

●生物

▼細胞の構造とはたらき

細胞の構成

```
                         ┌核膜
                   ┌核  ├染色糸
                   │    ├仁
                   │    └核液
             ┌原形質┤    ┌細胞膜(半透性)
             │    │    ├ミトコンドリア
             │    │    ├小胞体          ┐
             │    └細胞質├リボソーム      ┘……動物・植物
             │         ├ゴルジ体         ┐
             │         ├中心体          ┘……主に動物
             │         └色素体(葉緑体，白色体，有色体)……植物
             │    ┌細胞壁：セルロース(全透性) ┐
             └後形質┤液胞：無機塩類，有機酸，糖類├……植物
                   └細胞含有物             ┘
```

植物細胞　　　動物細胞

細胞壁
細胞膜
小胞体
中心体
ゴルジ体
仁
染色質
核膜
ミトコンドリア
リボソーム

○細胞の生命活動をいとなんでいる部分で，核と細胞質からなっている。……原形質

○核の中にあり，DNAとタンパク質からなり，塩基性色素でよく染色される。次代に形質を伝えるのに重要な役割をしている。……染色糸

○二層の脂質分子の中に，タンパク質分子が介在している膜で，細胞と外界との境をなしている。……細胞膜

○あらゆる細胞にみられる棒状や球形の粒子で，酸素呼吸にはたらく酵素をもち，生命活動に必要なエネルギー源となるATPを作る。……ミトコンドリア

○光合成を行う植物細胞に多くみられ，葉緑体，有色体，白色体の3種がある。……色素体

○扁平な袋をつみ重ねたような形で，分泌顆粒の合成，および貯蔵に関与している。……ゴルジ体

○3本ずつの細い管の束が9組並んでいる構造で，細胞分裂の際に，2つに分かれて核分裂をたすけるほか，べん毛の形成にも関与する。…中心体

○核の中の遺伝子(DNA)から写し取った遺伝情報(m-RNA)にしたがって，タンパク質をアミノ酸から合成する。……リボソーム

▼遺伝

○メンデルの遺伝の法則には，優性の法則，分離の法則，そして独立の法則がある。

○優性の法則…対立性質をもつ2個体間で交配するとき，雑種第一代では，一方の形質のみが現れ，他方は現れない。この現れる方の形質を優性の形質，現れない方を劣性の形質という。

○分離の法則…雑種第一代どうしの交配で生ずる雑種第二代は，優性形質をもつものと劣性形質をもつものが3：1の割合で現れる。

○独立の法則…2対以上の対立形質について雑種を考えるとき，各対立形質は，全く独立に行動し，それぞれが優性の法則，分離の法則にのっとっている。

○ABO式血液型の遺伝では，A，B，Oの3つの遺伝子がそれぞれ対立関係にあるので，これらを複対立遺伝子という。

○ヒトの血液型で，AB型の遺伝子型はABのみだが，A型の遺伝子型はAAとAOの2種類ある。

▼ホルモン

○生体内で微量で効果をあらわす物質に，酵素，ビタミンとホルモンがある。

○ホルモンは，抗原としての作用がないので，抗体ができない。

○ホルモンは，その種類によって作用が異なるが(下表)，動物の種類が異なっても同じ内分泌腺から出たホルモンの作用は同じ。器官特異性はあるが，種特異性はない。

内分泌腺	ホルモン	作　　　用
脳下垂体	成長ホルモン 刺激ホルモン	成長促進，内分泌促進
甲状腺	チロキシン	物質交代促進，両生類の変態
副甲状腺	パラトルモン	Ca，Pの代謝調節
副じん	アドレナリン コルチコイド	物質交代促進
すい臓	インシュリン	糖の変化，グリコーゲン合成
卵　巣	雌性ホルモン 黄体ホルモン	第2次性徴の発現，妊娠維持
精　巣	雄性ホルモン	第2次性徴の発現

● 地学

▼気象

○気団の分類

日本付近の主な気団……シベリア気団(寒気，乾燥)，オホーツク海気団(寒気，湿潤)，小笠原気団(暖気，湿潤)

○前線の分類

寒冷前線……寒気が暖気を押し上げながら進む。

温暖前線……暖気が寒気の上にのり上がりながら進む。

停滞前線……寒気と暖気の勢力がほぼ等しく，ほとんど移動しない。

閉塞前線……寒冷前線が温暖前線に追いつき，両側が寒気である。

▼天体

○太陽系の惑星

● 理科

　　太陽に近いものから順に水星，金星，地球，火星，木星，土星，
　　天王星，海王星の8つ。
　○惑星の分類
　　地球型惑星……水星，金星，地球，火星。半径が小さく密度が大
　　　　　　　　　きい。
　　木星型惑星……木星，土星，天王星，海王星。半径が大きく密度
　　　　　　　　　が小さい。
▼地質
　○地層
　　整合……地層が連続して重なっている地層。
　　不整合……堆積が一時中断するなど，連続していない状態。
　○断層の分類
　　正断層……上盤が下盤に対して下がったもの。
　　逆断層……上盤が下盤に対して押し上げられたもの。
　　垂直断層……断層面が垂直なもの。
　　横ずれ断層……水平方向にずれているもの。

●平成29年告示学習指導要領　改訂の要点
(1)　目標の改善について
　①教科の目標
　　理科において育成を目指す資質・能力については，中央教育審議会
　答申(平成28年12月21日)にて「知識・技能」，「思考力・判断力・表現
　力等」，「学びに向かう力・人間性等」の3つの柱に沿った整理が行わ
　れた。これを受け，教科の目標は次のように示された。

> 　自然に親しみ，理科の見方・考え方を働かせ，見通しをもって観
> 察，実験を行うことなどを通して，自然の事物・現象についての問
> 題を科学的に解決するために必要な資質・能力を次のとおり育成す
> ることを目指す。
> (1)　自然の事物・現象についての理解を図り，観察，実験などに関
> 　する基本的な技能を身に付けるようにする。
> (2)　観察，実験などを行い，問題解決の力を養う。
> (3)　自然を愛する心情や主体的に問題解決しようとする態度を養う。

　従前より示し方が変更され，先述の3つの柱に対応して(1)〜(3)の目標が示された。それぞれ(1)が「知識・技能」，(2)が「思考力・判断力・表現力等」，(3)が「学びに向かう力・人間性等」による。

　また，「理科の見方・考え方」とは，中央教育審議会答申では「自然の事物・現象を，質的・量的な関係や時間的・空間的な関係などの科学的な視点で捉え，比較したり，関係付けたりするなどの科学的に探究する方法を用いて考えること」(中学校の例)として示している。

②各学年の目標

〔第3学年〕

(1)　物質・エネルギー
①　物の性質，風とゴムの力の働き，光と音の性質，磁石の性質及び電気の回路についての理解を図り，観察，実験などに関する基本的な技能を身に付けるようにする。
②　物の性質，風とゴムの力の働き，光と音の性質，磁石の性質及び電気の回路について追究する中で，主に差異点や共通点を基に，問題を見いだす力を養う。
③　物の性質，風とゴムの力の働き，光と音の性質，磁石の性質及び電気の回路について追究する中で，主体的に問題解決しようとする態度を養う。
(2)　生命・地球
①　身の回りの生物，太陽と地面の様子についての理解を図り，観察，実験などに関する基本的な技能を身に付けるようにする。
②　身の回りの生物，太陽と地面の様子について追究する中で，主に差異点や共通点を基に，問題を見いだす力を養う。
③　身の回りの生物，太陽と地面の様子について追究する中で，生物を愛護する態度や主体的に問題解決しようとする態度を養う。

● 理科

〔第4学年〕

(1) 物質・エネルギー
　① 空気，水及び金属の性質，電流の働きについての理解を図り，
　観察，実験などに関する基本的な技能を身に付けるようにする。
　② 空気，水及び金属の性質，電流の働きについて追究する中で，
　主に既習の内容や生活経験を基に，根拠のある予想や仮説を発
　想する力を養う。
　③ 空気，水及び金属の性質，電流の働きについて追究する中で，
　主体的に問題解決しようとする態度を養う。
(2) 生命・地球
　① 人の体のつくりと運動，動物の活動や植物の成長と環境との
　関わり，雨水の行方と地面の様子，気象現象，月や星について
　の理解を図り，観察，実験などに関する基本的な技能を身に付
　けるようにする。
　② 人の体のつくりと運動，動物の活動や植物の成長と環境との
　関わり，雨水の行方と地面の様子，気象現象，月や星について
　追究する中で，主に既習の内容や生活経験を基に，根拠のある
　予想や仮説を発想する力を養う。
　③ 人の体のつくりと運動，動物の活動や植物の成長と環境との
　関わり，雨水の行方と地面の様子，気象現象，月や星について
　追究する中で，生物を愛護する態度や主体的に問題解決しよう
　とする態度を養う。

〔第5学年〕

(1) 物質・エネルギー
　① 物の溶け方，振り子の運動，電流がつくる磁力についての理
　解を図り，観察，実験などに関する基本的な技能を身に付ける
　ようにする。
　② 物の溶け方，振り子の運動，電流がつくる磁力について追究
　する中で，主に予想や仮説を基に，解決の方法を発想する力を
　養う。

③ 物の溶け方，振り子の運動，電流がつくる磁力について追究する中で，主体的に問題解決しようとする態度を養う。

(2) 生命・地球

① 生命の連続性，流れる水の働き，気象現象の規則性についての理解を図り，観察，実験などに関する基本的な技能を身に付けるようにする。

② 生命の連続性，流れる水の働き，気象現象の規則性について追究する中で，主に予想や仮説を基に，解決の方法を発想する力を養う。

③ 生命の連続性，流れる水の働き，気象現象の規則性について追究する中で，生命を尊重する態度や主体的に問題解決しようとする態度を養う。

〔第6学年〕

(1) 物質・エネルギー

① 燃焼の仕組み，水溶液の性質，てこの規則性及び電気の性質や働きについての理解を図り，観察，実験などに関する基本的な技能を身に付けるようにする。

② 燃焼の仕組み，水溶液の性質，てこの規則性及び電気の性質や働きについて追究する中で，主にそれらの仕組みや性質，規則性及び働きについて，より妥当な考えをつくりだす力を養う。

③ 燃焼の仕組み，水溶液の性質，てこの規則性及び電気の性質や働きについて追究する中で，主体的に問題解決しようとする態度を養う。

(2) 生命・地球

① 生物の体のつくりと働き，生物と環境との関わり，土地のつくりと変化，月の形の見え方と太陽との位置関係についての理解を図り，観察，実験などに関する基本的な技能を身に付けるようにする。

② 生物の体のつくりと働き，生物と環境との関わり，土地のつくりと変化，月の形の見え方と太陽との位置関係について追究

287

● 理科

> する中で，主にそれらの働きや関わり，変化及び関係について，
> より妥当な考えをつくりだす力を養う。
>
> ③　生物の体のつくりと働き，生物と環境との関わり，土地のつ
> くりと変化，月の形の見え方と太陽との位置関係について追究
> する中で，生命を尊重する態度や主体的に問題解決しようとす
> る態度を養う。

　全学年「(1)物質・エネルギー」，「(2)生命・地球」の領域ごとに，3
項目の目標が設定された。各学年各領域の①は答申で示された「知
識・技能」の内容を，②は「思考力・判断力・表現力等」を，③は
「学びに向かう力・人間性等」を反映している。

(2)　内容の改善について

　内容について，従前のもの同様「A　物質・エネルギー」，「B　生
命・地球」，に大別されているが，それぞれの領域の中で新たに〔知
識及び技能〕〔思考力・判断力・表現力等〕を反映した指導事項が設
定されている。

●学習指導法

　今回の学習指導要領改訂における趣旨の一つに，「主体的な学び」「対
話的な学び」「深い学び」の視点から学習過程の改善を図ることがある。
中央教育審議会答申(平成28年12月21日)によると，それぞれの学びを実
現するための視点として，次のようなものが挙げられている。
「主体的な学び」
・自然の事物・現象から問題を見いだし，見通しをもって課題や仮説の
　設定や観察・実験の計画を立案したりする学習場面を設けること
・観察・実験の結果を分析・解釈して仮説の妥当性を検討したり，全体
　を振り返って改善策を考えたりする学習場面を設けること
・得られた知識や技能を基に，次の課題を発見したり，新たな視点で自
　然の事物・現象を把握したりする学習場面を設けること
「対話的な学び」
・課題の設定や検証計画の立案，観察・実験の結果の処理，考察・推論
　する場面などでは，あらかじめ個人で考え，その後，意見交換したり，

　議論したりして，自分の考えをより妥当なものにする学習場面を設けること

「深い学び」

・自然の事物・現象について，「理科の見方・考え方」を働かせて，探究の過程を通して学ぶことにより，資質・能力を獲得するとともに，「見方・考え方」も豊かで確かなものとなると考えられる

・次の学習や日常生活などにおける問題発見・解決の場面において，獲得した資質・能力に支えられた「見方・考え方」を働かせることによって「深い学び」につながっていくものと考えられる

　指導計画の作成や指導法に関する設問では，これらの視点が相互に関連し合うことや，学年の目標との結びつきを念頭に置いて解答を作成したい。

　また，今回の改訂では第3学年に「音の性質」，第4学年に「雨水の行方と地面の様子」についての指導事項が新たに加わった他，「第3　指導計画の作成と内容の取扱い」の2(2)ではプログラミングを体験しながら論理的思考力を身に付けるための学習活動について新たに言及している。主要な改訂に関わる部分は出題されやすい傾向にあるので，自分なりに学習指導要領を熟読し，想定できる観察や実験について整理しておくと良いだろう。

　なお，観察・実験などの指導について学習する際は，事故防止や環境整備，使用薬品について配慮すべき事項を確認し，安全面・環境保全面で問題がないように注意する。

物理

【1】次の図は，抵抗器Aと抵抗器Bを電源につないだ回路図である。以下の問いに答えなさい。ただし，電源の電圧は6V，抵抗器Aと抵抗器Bの抵抗値は，それぞれ30Ωとする。

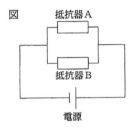

図　　抵抗器A

抵抗器B

電源

1　抵抗器Aで消費される電力は何Wか，求めなさい。

2　図の回路から抵抗器Bを外して実験を行った。このとき，抵抗器Aで消費される電力は，抵抗器Bを外す前とくらべてどうなるか，最も適切なものを，次のア～ウの中から一つ選び，記号で答えなさい。
　　ア　大きくなる　　イ　小さくなる　　ウ　変わらない

| 2024年度 | 山形県 | 難易度 |

【2】次の(1)，(2)の各問いに答えよ。

(1)　図1は，棒を用いてロッカーを持ち上げる様子を表したものである。図1について述べた次の文中の(①)～(③)に入る適切な語句をそれぞれ答えよ。

図1

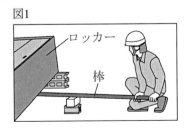

> 　図1のように，棒を1点で支え，力を加えてものを持ち上げたり動かしたりする仕組みを(①)という。
>
> 　(①)には，支点，(②)，(③)がある。棒を支えている位置を支点，棒に力を加えている位置を(②)，棒がロッカーに触れて力をはたらかせている位置を(③)という。

(2)　図2は，ピンセットでものをつかむ様子を表している。ピンセットの支点にあたる部分はどこか。適切なものを，図2のア〜ウから一つ選び，記号で答えよ。

図2

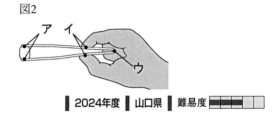

┃ 2024年度 ┃ 山口県 ┃ 難易度 ▎▎▎▎▎▎

【3】図のように，ある物体を「手で持ち上げた場合」「定滑車を使った場合」「動滑車を使った場合」の3つの方法で持ち上げた。いずれの方法においても，物体は上向きに100Nの力を受け，1m持ち上げられた。以下の各問いに答えよ。ただし，定滑車および動滑車とひもとの摩擦や，動滑車とひもの質量は考えないものとする。

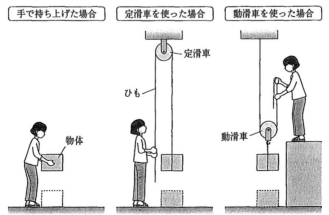

(1) 「手で持ち上げた場合」について，人がした仕事の大きさは何Jか。最も適切なものを，次の1〜5から1つ選べ。

    1 0J　　2 1J　　3 10J　　4 100J　　5 1000J

(2) 「定滑車を使った場合」について，物体を1m持ち上げるのに20秒かかった。このときの人の仕事率は何J/sか。最も適切なものを，次の1〜5から1つ選べ。

    1 1J/s　　2 5J/s　　3 20J/s　　4 100J/s　　5 2000J/s

(3) 「動滑車を使った場合」について，人がひもを引く力の大きさは何Nか。最も適切なものを，次の1〜5から1つ選べ。

    1 1N　　2 10N　　3 50N　　4 100N　　5 200N

||2024年度 | 奈良県 | 難易度 ▮▮▮▮▮▯▯▯▯▯

【4】次の図は，縦が10cm，高さが6cmで，質量が1200gの直方体である。この直方体の面Aを下にして机上に置いたとき，直方体が机に及ぼす圧力の大きさは1500N/m²であった。この直方体の面Bを下にして机上に置いたとき，直方体が机に及ぼす圧力の大きさ〔N/m²〕として適切なものは，以下の1〜4のうちのどれか。ただし，質量100gの物体にはたらく重力の大きさを1Nとする。

図

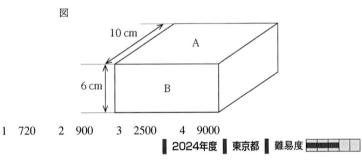

    1 720　　2 900　　3 2500　　4 9000

||2024年度 | 東京都 | 難易度 ▮▮▮▮▮▮▯▯▯▯

【5】磁石と磁界について，次の問いに答えなさい。

1 磁石につかないものを，次のア〜エからすべて選んで，その符号を書きなさい。

    ア　10円玉　　イ　輪ゴム　　ウ　1円玉　　エ　鉄くぎ

2 地球の磁界について述べた次の文中の(①)，(②)に入る適切な語句を，それぞれ選んで書きなさい。

　　地球上では，(① 北極から南極・南極から北極)に向かって磁力線が出ているため，方位磁針のN極は北を指し，S極は南を指す。地球を大きな磁石とすると，北極付近は(② N・S)極になっていると考えることができる。

3　図1のように，磁石AのN極についたゼムクリップの下端に磁石BのN極を近づけたとき，ゼムクリップはどうなるか。最も適切なものを，以下のア〜エから1つ選んで，その符号を書きなさい。

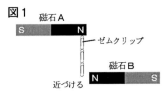

図1

ア　磁石BのN極に引きつけられる

イ　磁石BのN極から離れる

ウ　磁石AのN極についたゼムクリップはすべて落ちる

エ　変化はない

4　図2のように，ゼムクリップを磁石Aのa，bの位置と磁石Bのc，dの位置にそれぞれつけ，磁石AのN極と磁石BのS極を静かにくっつけたとき，落ちたゼムクリップがあった。落ちたゼムクリップが初めに磁石についていた位置として最も適切なものを，以下のア〜エから1つ選んで，その符号を書きなさい。

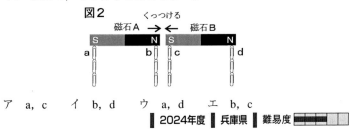

図2

ア　a，c　　イ　b，d　　ウ　a，d　　エ　b，c

┃ 2024年度 ┃ 兵庫県 ┃ 難易度 ┃

【6】ばねにいろいろな質量のおもりをつるして，ばねののびを測定した。図は，測定した結果をもとに，ばねののびとばねを引く力の大きさを表したものである。以下の(1)，(2)に答えよ。

　　ただし，質量100gの物体にはたらく重力の大きさを1.0Nとする。

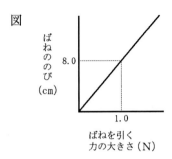

図

(1) ばねののびが，ばねを引く力の大きさに比例する関係を表す法則を何というか記せ。

(2) ばねののびが2.8cmのとき，つるしたおもりの質量は何gか求めよ。

║ 2024年度 ║ 山梨県 ║ 難易度 ▮▮▮▮▮▮▮▯▯

【7】第5学年「ふりこ」の学習において，ふりこの1往復する時間は，おもりの重さによって変わるのかを調べるには，次の①〜⑤のどの実験を比較すればよいか。正しい組合せを以下の選択肢から1つ選び，記号で答えなさい。

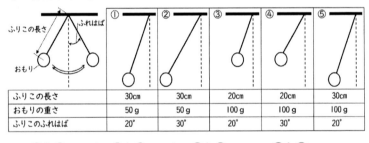

	①	②	③	④	⑤
ふりこの長さ	30cm	30cm	20cm	20cm	30cm
おもりの重さ	50 g	50 g	100 g	100 g	100 g
ふりこのふれはば	20°	30°	20°	30°	20°

ア ①と② イ ③と⑤ ウ ①と⑤ エ ②と⑤

║ 2024年度 ║ 宮崎県 ║ 難易度 ▮▮▮▮▮▮▮▯▯

【8】第4学年「電流の働き」の学習を行うこととします。次の1・2に答えなさい。

1 次の図の回路において，回路を流れる電流I_1及び電圧V_1として正しい組合せを，以下の①〜⑥の中から1つ選び，記号で答えなさい。なお，回路で使用する電球はどれも同じものとします。

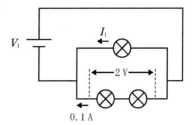

① $I_1 = 10$mA $V_1 = 3$V   ② $I_1 = 100$mA $V_1 = 2$V

③ $I_1 = 200$mA $V_1 = 2$V   ④ $I_1 = 20$mA $V_1 = 3$V

⑤ $I_1 = 10$mA $V_1 = 4$V   ⑥ $I_1 = 200$mA $V_1 = 4$V

2　電流や電圧に関する説明として適切でないものを，次の①〜⑤の中から1つ選び，記号で答えなさい。

①　回路を流れる電流の向きは，電源の＋極から出て−極に入る向きと決められている。

②　電流を流そうとするはたらきの大きさを表す量を電圧という。

③　電流が流れやすい物質を導体といい，電流がほとんど流れない物質を不導体，または絶縁体という。

④　金属線や抵抗器などを流れる電流は，それらに加える電圧に反比例する。

⑤　電圧をはかるときは，電圧をはかりたい区間に電圧計を並列につないで調べる。

| 2024年度 | 広島県・広島市 | 難易度 ■■■■■□□ |

【9】太郎さんは2個の乾電池のつなぎ方とモーターの回る速さの関係を調べた。次は結果の表である。以下の問いに答えなさい。

	乾電池1個	乾電池2個 直列つなぎ	乾電池2個 並列つなぎ
モーターの回る速さの比較 （乾電池1個のときを基準）		ア	イ
モーターを流れる 電流の大きさ（A）	0.6	ウ	エ

(1)　表のア〜エにあてはまる実験結果として妥当な数値や言葉を，次の中から選び書きなさい。

〔　同じ　　速い　　おそい　　0.3　　0.6　　1.2　〕

(2) この実験で太郎さんは，電流の大きさと同時に電流の向きについても調べられる器具を使用した。この器具は何か，書きなさい。

(3) 実験後，太郎さんは次図のように，プロペラを回して動くおもちゃを作った。このときの回路図を電気用図記号を使って書きなさい。ただし，モーターの記号は Ⓜ とする。

出典：「未来をひらく小学理科」教育出版

(4) (3)のおもちゃを動かしたところ，太郎さんの予想とは反対方向に進んだ。プロペラは変えずに，このおもちゃを太郎さんが予想した方向に動かすためには，どうすればよいか書きなさい。

(5) 安全上，乾電池と導線だけの回路を組み立てないように児童に指導する。理由を書きなさい。

┃ 2024年度 ┃ 静岡県・静岡市・浜松市 ┃ 難易度 ▓▓▓▓▓░░ ┃

【10】 次の図は全ての棒が水平に保たれているモビールである。図の空欄 ア ～ ウ に当てはまる数値の組合せとして最も適切なものを，以下の①～⑥のうちから選びなさい。ただし，棒及びひもの重さは考えないものとする。

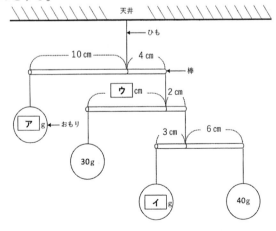

296

	ア	イ	ウ
①	80	60	9
②	80	60	8
③	70	60	9
④	70	80	8
⑤	60	80	9
⑥	60	80	8

▌2024年度 ▌神奈川県・横浜市・川崎市・相模原市 ▌難易度

解答・解説

【1】1 1.2〔W〕 2 ウ

○**解説**○ 1 抵抗器Aを流れる電流は，抵抗器Aの抵抗が30Ω，電源電圧が6Vだから，オームの法則より，$I=\dfrac{V}{R}=\dfrac{6}{30}=0.2$〔A〕である。抵抗器Aで消費される電力は，電圧×電流で求められるから，$6×0.2=1.2$〔W〕とわかる。 2 抵抗器Bを外すと，抵抗器Aのみの回路になる。抵抗器Aに流れる電流，電圧，抵抗の値は変わらないため，抵抗器Bを外す前と比べて，抵抗器Aの消費電力は変わらない。

【2】(1) ① てこ ② 力点 ③ 作用点 (2) ウ

○**解説**○ (1) てこは，支点から力点までの距離が長いほど，また，支点から作用点までの距離が短いほど，小さい力でものを持ち上げることができる。 (2) アは作用点，イは力点，ウは支点である。ピンセットは，力点が支点と作用点の間にあるてこであり，支点から力点までの距離が，支点から作用点までの距離よりも短いため，力点での力が小さくなる。そのため，力が調整しやすく，細かい作業に適している。

● 理科

【3】(1) 4　　(2) 2　　(3) 3

○**解説**○ (1)　(仕事〔J〕)＝(力の大きさ〔N〕)×(力の向きに動いた距離〔m〕)で求められるから，100×1＝100〔J〕。　(2)　定滑車を使った場合，物体を持ち上げるのに必要な力の大きさも力を加える距離も変わらないため，仕事の大きさは変わらない。(1)より，仕事の大きさは100Jだから，(仕事率〔J/s〕)＝(仕事の大きさ〔J〕)/(かかった時間〔s〕)より，$\frac{100}{20}$＝5〔J/s〕。　(3)　動滑車を使った場合，物体を引き上げるのに必要な力は$\frac{1}{2}$になる。100×$\frac{1}{2}$＝50〔N〕。

【4】3

○**解説**○ 圧力は，(物体が面に及ぼす力)÷(物体と面の接触面積)で求められる。面Bの面Aの面積に対する比は$\frac{6}{10}$＝$\frac{3}{5}$〔倍〕なので，面Bを下にして机上に置いたときの圧力は，面Aを下にしたときの$\frac{5}{3}$倍となる。したがって，1500×$\frac{5}{3}$＝2500〔N/m²〕となる。

【5】1　ア，イ，ウ　　2　①　南極から北極　　②　S　　3　イ
4　エ

○**解説**○ 1　アの10円玉は，銅と亜鉛とスズを混ぜた青銅と呼ばれる合金でできている。イの輪ゴムはラテックスと呼ばれるゴムの木の樹液，ウの1円玉はアルミニウムでできている。磁石につくものは，鉄，コバルト，ニッケルの3種類の金属である。　2　地球を大きな磁石と見立てたときのS極とN極の向きを地磁気極性という。　3　磁石AについたゼムクリップはA側がS極になっており，磁石Bを近づけた部分は，N極になっている。よって，N極どうしはしりぞけあうため，イが正しい。　4　磁石AのN極についているゼムクリップbは，すべて上がS極になっている。また，磁石BのS極についているゼムクリップcは，すべて上がN極になっている。そのため，磁石AのN極と磁石BのS極を静かにくっつけたとき，bとcのゼムクリップは，異なる極どうし引き付けあうため，ゼムクリップはすべてくっついたあと，磁石Aと磁石Bがくっついて一つの磁石と同じものとなるため，bとcのゼムクリップは落ちると考えられる。

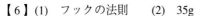

【6】(1) フックの法則　(2) 35g

○**解説**○ (1)　ばねののびが，ばねを引く力に比例するという法則をフックの法則といい，ばねを引く力をF〔N〕，ばねののびをx〔cm〕とすると，$F=kx$ (kは比例定数)という関係式で表される。　(2)　グラフより，ばねを引く力が1.0Nのとき，8.0cmのびているので，のびが2.8cmのときの引く力は，$\dfrac{1.0}{8.0}×2.8=0.35$〔N〕となる。質量100gの物体にはたらく重力の大きさが1.0Nなので，つるしたおもりは35gとなる。

【7】ウ

○**解説**○　ふりこが1往復する時間がおもりの重さによって変わるかを調べるときは，おもりの重さのみを変え，他の条件は変えずに調べる。このような実験を，対照実験という。

【8】1　③　　2　④

○**解説**○　1　並列つなぎの場合，各抵抗にかかる電圧は電源の電圧と等しくなるので，$V_1=2$〔V〕となる。電球が2個直列につながった場合の抵抗は$\dfrac{2}{0.1}=20$〔Ω〕より，電球1個の抵抗は10〔Ω〕である。よって$I_1=\dfrac{2}{10}=0.2$ で，0.2A＝200mAとなる。　2　④　オームの法則より，抵抗を流れる電流は，それらに加える電圧に比例する。

【9】(1) ア　速い　イ　同じ　ウ　1.2　エ　0.6　(2) 検流計
(3)　回路図

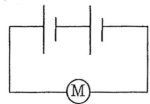

(4)　電池の極を入れ替える。　(5)　発熱して危険なため。

○**解説**○ (1)　ア　乾電池1個をモーターにつないだときに比べて，乾電池2個を直列つなぎにすると電圧が2倍になるので，電流も2倍になり，モーターの回る速さは速くなる。　イ　乾電池2個を並列つなぎにし

ても，乾電池1個をモーターにつないだ場合と電圧の大きさは変わらないので，電流も同じでモーターの回る速さは変わらない。　ウ　電流の大きさは2倍になるから，0.6×2＝1.2〔A〕　エ　電流の大きさが変わらないことから，乾電池1個のときと同じく0.6Aである。

(2)　検流計は，回路を流れる電流の強さと向きを調べることができる計測器である。　(3)　モーターに乾電池2つが直列につながっている回路図となる。　(4)　電気は乾電池の＋極を出てモーターを通って，乾電池の－極に流れる。乾電池の＋極と－極の向きを入れ替えることで，プロペラが回る向きが逆になるため，おもちゃが進む向きを変えることができる。　(5)　乾電池の＋極と－極の間に，抵抗が大きいモーターや豆電球などをつながないで，直接導線と乾電池をつなぐことをショート回路という。ショート回路は，回路全体の抵抗が小さいため，非常に大きな電流が流れてしまう。大きな電流が流れると，導線が発熱し高温になったり，感電したりするため危険である。

【10】⑥

○解説○　条件がそろっているイから求める。　イ　(イ)×3＝40×6　より，(イ)＝80〔g〕　ウ　30×(ウ)＝(80＋40)×2　より，(ウ)＝8〔cm〕　ア　(ア)×10＝(30＋80＋40)×4　より，(ア)＝60

化学

【1】次の図のような電解装置にうすい塩酸を入れ，電源装置とつなぎ，5Vの電圧を加えた。一方の電極で気体が装置の半分くらいまで集まったら，電圧を加えるのをやめた。それぞれの電極で発生した気体を調べたところ，陰極から発生する気体は，マッチの炎を近づけると音を立てて燃えた。陽極から発生する気体に水性ペンで色をつけたろ紙を近づけると色が消えた。この電気分解の化学反応式として最も適切なものを，以下の①～⑤の中から一つ選べ。

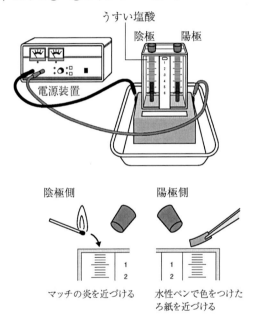

① $2HCl \rightarrow H_2 + 2Cl$

② $H_2Cl_2 \rightarrow H_2 + Cl_2$

③ $HCl \rightarrow H + Cl$

④ $2HCl \rightarrow 2H + 2Cl$

⑤ $2HCl \rightarrow H_2 + Cl_2$

▌2024年度 ▌岐阜県 ▌難易度

【2】塩化ナトリウム，ミョウバン，硝酸カリウムを用いて，次の操作1
〜3を行った。表は，塩化ナトリウム，ミョウバン，硝酸カリウムが
水100gにとける質量と温度の関係を表したものである。あとの問いに
答えなさい。

操作1　ビーカーA，B，Cを用意し，それぞれに60℃の水100gを入れ，
　　　ビーカーAには塩化ナトリウムを，ビーカーBにはミョウバン
　　　を，ビーカーCには硝酸カリウムを，それぞれ35.0gずつ入れて
　　　混ぜたところ，いずれのビーカーともすべての物質がとけた。

操作2　ビーカーA，B，Cの水溶液を観察しながらゆっくり20℃まで
　　　冷やした後，水溶液の温度を20℃に保った。

操作3　結晶が出てきたビーカーは，水溶液をろ過して結晶を取り出
　　　し，結晶の質量をはかった。

表

水の温度〔℃〕	塩化ナトリウム〔g〕	ミョウバン〔g〕	硝酸カリウム〔g〕
20	35.8	11.4	31.6
40	36.3	23.8	63.9
60	37.1	63.9	109.2

1　操作1で，それぞれの物質を水にとかしたことに関して述べた文a
　とbの正誤の組合せとして適切なものを，以下のア〜エから1つ選ん
　で，その符号を書きなさい。
　a　ビーカーA，B，Cの水溶液はすべて透明である
　b　質量パーセント濃度はビーカーA，B，Cの水溶液でそれぞれ異
　　なる
　ア　a−正　b−正　　　イ　a−正　b−誤
　ウ　a−誤　b−正　　　エ　a−誤　b−誤

2　操作1で，物質が水にとけて陽イオンと陰イオンに分かれることを
　何というか，漢字2字で書きなさい。

3　操作3で，ビーカーA，B，Cのうち，出てきた結晶の質量が最も大
　きいビーカーの，結晶の質量は何gか，求めなさい。

4　操作3で，質量が最も大きい結晶を取り出した後のビーカーの水溶
　液の質量パーセント濃度は何％か，小数第1位まで求めなさい。

▌2024年度 ▌兵庫県 ▌難易度■■■□□□

【3】図1のような七輪を用いて炭を燃やした。以下の(1), (2)の各問いに
答えよ。

図1

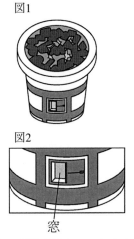

図2

窓

(1) 図2のように，七輪には開け閉めのできる窓がついている。七輪
に窓がついている主な理由を述べよ。

(2) 炭を燃やすと，石灰水を白く濁らせる性質をもつ気体が発生した。
この気体が発生したときの化学変化を化学反応式で表せ。

▍2024年度 ▍山口県 ▍難易度 ▊▊▊▊▊▊

【4】次の各問いに答えよ。

(1) 図は，氷を加熱したときの温度変化を示したものである。この図
において，氷と水が混ざった状態になっている時間帯として最も適
切なものを，以下の1〜5から1つ選べ。

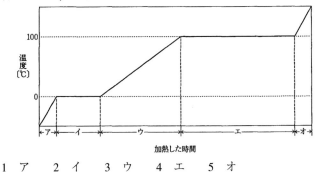

1 ア　　2 イ　　3 ウ　　4 エ　　5 オ

● 理科

(2) 液体のエタノールが気体になると，エタノールの粒子の様子はどのようになるか。最も適切なものを，次の1〜4から1つ選べ。

1 エタノールの粒子の運動が激しくなり，粒子どうしの距離が大きくなる。

2 エタノールの粒子の運動が激しくなり，粒子どうしの距離が小さくなる。

3 エタノールの粒子の運動が穏やかになり，粒子どうしの距離が大きくなる。

4 エタノールの粒子の運動が穏やかになり，粒子どうしの距離が小さくなる。

(3) 水のように，融点や沸点が決まった温度になるものとして最も適切なものを，次の1〜5から1つ選べ。

1 砂糖水　2 海水　3 しょうゆ　4 空気　5 金

┃ 2024年度 ┃ 奈良県 ┃ 難易度 ┃

【5】次の問に答えよ。

問1 次のア〜オの水溶液を，青色のリトマス紙と赤色のリトマス紙につけた。どちらのリトマス紙も変色させない水溶液はどれか，次のア〜オから一つ選び，記号で答えよ。

ア 塩酸　イ アンモニア水　ウ 食塩水　エ 石灰水
オ 食酢

問2 原子は，陽子と中性子，電子から構成されており，原子中の陽子の数を原子番号，陽子の数と中性子の数の和を質量数という。原子番号が15，質量数が31であるリン原子1個に含まれる中性子の数は何個か。

問3 酸化銅(Ⅱ)CuOと炭素を反応させると，銅と二酸化炭素が生じる。この反応を化学反応式で表せ。

┃ 2024年度 ┃ 鹿児島県 ┃ 難易度 ┃

【6】塩酸，炭酸水，石灰水，水酸化ナトリウム水溶液の4種類の水溶液があり，それぞれの水溶液の性質を調べるため，次の実験①〜③を行った。以下の表は，実験の結果をまとめたものであり，表中のア〜エ

は，それぞれ4種類の水溶液のいずれかが当てはまる。ア～エに当てはまる水溶液の組合せとして適切なものは，後の1～4のうちのどれか。

(実験)

① それぞれの水溶液を蒸発皿に取り，加熱して蒸発させた後の様子を調べる。

② それぞれの水溶液に，二酸化炭素を吹き込んだときの変化を調べる。

③ それぞれの水溶液に，鉄片を入れたときの変化を調べる。

(実験の結果)

	①	②	③
ア	固体が残った	白く濁った	変化しなかった
イ	固体が残った	変化しなかった	変化しなかった
ウ	何も残らなかった	変化しなかった	気体が発生して溶けた
エ	何も残らなかった	変化しなかった	変化しなかった

1　ア　炭酸水　　　　　　　　　　イ　塩酸
　　ウ　水酸化ナトリウム水溶液　　エ　石灰水
2　ア　炭酸水　　　　　　　　　　イ　水酸化ナトリウム水溶液
　　ウ　塩酸　　　　　　　　　　　エ　石灰水
3　ア　石灰水　　　　　　　　　　イ　塩酸
　　ウ　水酸化ナトリウム水溶液　　エ　炭酸水
4　ア　石灰水　　　　　　　　　　イ　水酸化ナトリウム水溶液
　　ウ　塩酸　　　　　　　　　　　エ　炭酸水

‖ 2024年度 ‖ 東京都 ‖ 難易度 ▗▚▚▚▚▖

【7】次の表は，白砂糖，デンプン，食塩のいずれかである白い粉末A～Cを区別するために行った実験の結果である。以下の各問いに答えよ。

	見た目や手ざわり	水に入れてよく混ぜた	弱火で熱した
粉末A	さらさらしていた	白くにごった	こげた
粉末B	粒の大きさがばらばら	とけた	とけて液体になりこげた
粉末C	粒が立方体のような形	とけた	変化しなかった

● 理科

問1　白い粉末A〜Cはそれぞれ何か答えよ。

問2　こげた粉末Bをさらに強く熱すると，炎を出して燃え，2つの気体が発生した。1つは水蒸気である。もう1つは何か，漢字で答えよ。

問3　白砂糖，デンプン，食塩は，有機物と無機物のどちらか，それぞれ答えよ。

▌2024年度 ▌長崎県 ▌難易度 ■■■■■

【8】鉄原子の質量は，アルミニウム原子の質量のおよそ2倍である。同じ質量の鉄とアルミニウムをそれぞれ塩酸に溶かしたとき，アルミニウムを溶かした際に発生する気体の体積は，鉄を溶かした際に発生する気体の体積の約何倍になるか。また，鉄とアルミニウムを塩酸に溶かしたときの様子を化学反応式で表すとき，（　ア　）と（　イ　）に入る整数は何か。適当な組合せを一つ選び，番号で答えよ。

（鉄を塩酸に溶かしたとき）　$Fe + 2HCl \rightarrow FeCl_2 + H_2$

（アルミニウムを塩酸に溶かしたとき）　$2Al + （　ア　）HCl \rightarrow 2AlCl_3 + （　イ　）H_2$

	約何倍か	ア	イ
1	2倍	4	2
2	2倍	4	3
3	2倍	6	2
4	2倍	6	3
5	3倍	4	2
6	3倍	4	3
7	3倍	6	2
8	3倍	6	3

▌2024年度 ▌愛知県 ▌難易度 ■■■■■

【9】次の(1)〜(3)に答えなさい。

(1)　以下の図は，二酸化炭素を作るための方法を示したものである。A，Bに適する語句を書きなさい。

① 保護眼鏡をつける。

② フラスコに(A)を入れ，以下のような装置を組み立てる。

③ うすい(B)をろうとから少しずつ注ぐ。

④ 泡が出始めて，しばらくしてから集気びんに集め，ふたをして取り出す。

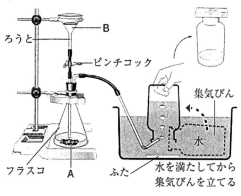

図

(2) 次の写真1のように，酸素と二酸化炭素を半分ずつ入れた集気びんの中に，火のついたろうそくを入れてふたをすると，ろうそくの燃え方はどうなるか，書きなさい。また，その理由を「空気中」という語句を使って書きなさい。

写真1

(3) 次の写真2のように積んでいるまきを，どのようにするとよく燃えるか，その方法と理由を書きなさい。

307

● 理科

写真2
┃ 2024年度 ┃ 青森県 ┃ 難易度 ▩▩▩▩□

【10】容器に12％の食塩水200gが入っている。この食塩水に水を加えて8％の食塩水を作る場合，加える水の量として最も適切なものを次の①～⑤のうちから選びなさい。

① 100g ② 150g ③ 200g ④ 250g ⑤ 300g

┃ 2024年度 ┃ 神奈川県・横浜市・川崎市・相模原市 ┃ 難易度 ▩▩▩▩□

解答・解説

【1】⑤

○**解説**○ 塩酸の電気分解では，塩酸中の陽イオンである水素イオン(H^+)と陰イオンである塩化物イオン(Cl^-)がそれぞれ反応し，陰極から水素(H_2)，陽極から塩素(Cl_2)が発生する。この化学反応式は，$2HCl \rightarrow H_2 + Cl_2$である。なお，陰極から発生する気体は，マッチの炎を近づけると音を立てて燃えることから，気体は水素である。また，陽極から発生する気体は，水性ペンの色が消えることから，気体は塩素であることが判断できる。

【2】1 イ 2 電離 3 23.6g 4 10.2％

○**解説**○ 1 bについて，ビーカーA，B，Cの水溶液は，水(溶媒)100gに対して，同じ量の溶質35.0gをとかしているため，質量パーセント濃度は同じになる。 2 水に溶かしたとき，電離する物質を電解質，電

308

離しない物質を非電解質という。　3　水の温度が20℃のときの溶解度は，表より，塩化ナトリウムが35.8g，ミョウバンが11.4g，硝酸カリウムが31.6g。どれも35.0gずつとけていたことから，20℃で析出する量は，塩化ナトリウム：0g，ミョウバン：35.0－11.4＝23.6〔g〕，硝酸カリウム：35.0－31.6＝3.4〔g〕となり，ミョウバンの23.6gが最も大きい量である。　4　3より，ミョウバンの水溶液中には11.4gのミョウバンがとけているから，質量パーセント濃度は，$11.4 \div \dfrac{11.4+100}{100} =$ 10.23…≒10.2〔％〕。

【3】(1)　七輪に取り込む酸素の量を調節するため。

(2)　C　＋　O_2　→　CO_2

○**解説**○ (1)　七輪についている窓が開いていると，新しい空気にふれて，火が強くなる。また，火を弱くするには，窓を閉めて，新しい空気にふれないようにすればよい。　(2)　木炭(炭)が空気中で燃えると，木炭の表面で炭素の酸化反応がおこり，二酸化炭素が発生する。二酸化炭素は石灰水を白く濁らせる性質がある。化学反応式は「C(炭素)＋O_2(酸素)→CO_2(二酸化炭素)」と表せる。

【4】(1)　2　　(2)　1　　(3)　5

○**解説**○ (1)　水(氷)の融点は0℃，沸点は100℃である。水などの1種類の物質のみでできた純物質では，固体(氷)が溶けはじめてからすべて液体になるまでの融点では，温度は変化しない。　(2)　エタノールが液体から気体になると，エタノールの粒子はばらばらになって，空気中を自由に飛び回るようになる。気体では粒子どうしの間隔が広がるため，体積が増える。　(3)　純物質の沸点や融点は，物質の量には関係なく，物質の種類によって決まっている。選択肢のうち，純物質は金のみで，ほかは2種類以上の純物質が混じった混合物である。

【5】問1　ウ　　問2　16個　　問3　$2CuO＋C→2Cu＋CO_2$

○**解説**○ 問1　食塩水は中性である。中性の場合，どちらのリトマス紙も変色させない。なお，ア，オは酸性なので，青のリトマス紙を赤に変色させ，イ，エはアルカリ性なので，赤のリトマス紙を青に変色さ

せる。　問2　陽子の数は原子番号に等しい。よって，中性子の数は，
(質量数)−(原子番号)で求められるので，31−15＝16で，16個である。
問3　酸化銅(Ⅱ)から酸素が失われて銅が生じ，その酸素が炭素と化合
し二酸化炭素ができる。化学反応式に表す際には，式の左右の原子の
数を合わせる。

【6】4
○**解説**○　水溶液を加熱して蒸発させたときに固体が残るのは，溶質が固
　体の場合である。4種類の水溶液のうち，溶質が固体であるのは石灰
　水と水酸化ナトリウム水溶液である。アは二酸化炭素を吹き込んだと
　きに白濁したので，石灰水である。したがって，固体が残ったイが，
　水酸化ナトリウム水溶液である。ウは鉄片を入れると気体を発生して
　溶けたので，塩酸であり，エは炭酸水となる。

【7】問1　A　デンプン　　B　白砂糖　　C　食塩　　問2　二酸化炭
　素　　問3　白砂糖…有機物　　　デンプン…有機物　　食塩…無機物
○**解説**○　問1　デンプンは水に溶けにくいので，水に入れると白く濁る。
　白砂糖は水に溶け，熱すると焦げる。食塩は熱しても変化しない。
　問2　白砂糖を構成する元素は，炭素，水素，酸素である。炭素や水
　素を含む物質を熱して完全燃焼させると，炭素は二酸化炭素になり，
　水素は水になる。なお，デンプンの構成元素も炭素，水素，酸素から
　なるため，同様に完全燃焼させると二酸化炭素と水ができる。
　問3　熱したときに焦げて炭化する物質は有機物で，変化がない物質
　は無機物である。これは，構成物質に炭素を含んでいるかどうかで決
　まる。

【8】8
○**解説**○　$AlCl_3$の係数が2であることから，Cl原子の数は6となるのでHCl
　分子は6となり，アには6が当てはまる。これによりH原子の数が6とな
　ったのでH_2分子は3となり，イには3が当てはまる。反応式より，鉄の
　原子1に対し発生する水素は1体積，アルミニウムの原子2に対し発生
　する水素は3体積である。アルミニウムと鉄の質量が同じなら発生す

る気体(H_2)の量は，アルミニウムは鉄の$\frac{3}{2}$倍だが，同じ質量の鉄とアルミニウムにそれぞれ含まれる原子の数は，アルミニウムが鉄の2倍になることから，発生する気体の量は，$\frac{3}{2} \times 2 = 3$　で，アルミニウムのほうが鉄の3倍となる。

【9】(1)　A　石灰石　　B　塩酸　　(2)　燃え方…激しく燃える。理由…空気中でろうそくに火をつけるときより，物を燃やす働きがある酸素が多いから。　　(3)　方法…まきとまきの間にすき間を空けてまきを組んだり，うちわであおいだりする。　　理由…まきを燃やすために必要な酸素をたくさん送ることができるから。

○**解説**○　(1)　石灰石にうすい塩酸を加えると，$CaCO_3 + 2HCl \rightarrow CaCl_2 + H_2O + CO_2$のように反応して，二酸化炭素が発生する。石灰石の代わりに，炭酸カルシウムが主成分である大理石や貝殻などを用いてもよい。

(2)　空気中に含まれる酸素は全体の約20％である。酸素と二酸化炭素を半分ずつ入れた混合気体中の酸素の割合は全体の50％で，混合気体の方が空気中より酸素の割合が大きいので，空気中よりもよく燃える。

(3)　まきに酸素がよく触れるように，まきとまきの間にすき間を空けて積むようにする。

【10】①

○**解説**○　12％の食塩水200gに含まれる食塩は，$200 \times \frac{12}{100} = 24$〔g〕である。この食塩水を8％にする際に加える水の量をx〔g〕とすると，$\frac{24}{200 + x} \times 100 = 8$，$x = 100$〔g〕となる。

生物

【1】タマネギの根の成長を調べるために，60℃にあたためたうすい塩酸に根の先端を1分間浸した後，水の中で静かにゆすぎ，染色液で染色した。その後，染色した根の先端でプレパラートを作成して，観察した。次の問いに答えなさい。

1 うすい塩酸に浸したのはなぜか，簡潔に書きなさい。

2 次の文は，根の成長について述べたものである。文章中の空欄（ ① ）にあてはまる最も適切な語句を書きなさい。

　　根の先端付近では（ ① ）によって細胞の数がふえる。さらにそれぞれの細胞が大きくなることで根が成長することがわかる。

▌2024年度 ▌山形県 ▌難易度 ▚▚▚▚▚▚▚▚

【2】植物の蒸散について調べるために，次の実験を行った。以下の(1)，(2)の各問いに答えよ。

　【実験】
　　同じ量の水が入ったA～Eのメスシリンダーを用意した。図5のように，A～Dのメスシリンダーには，葉の枚数が同じで葉の大きさや茎の太さがほぼ同じホウセンカにそれぞれ処理を行ったものを入れ，メスシリンダーEには，ホウセンカとほぼ同じ太さのガラス棒を入れた。12時間後，A～Eのメスシリンダーの水位の変化から，水の減少量(cm³)は以下の表のとおりであった。

　　図5

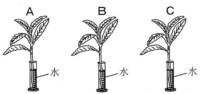

A	B	C
そのまま何も処理をしないホウセンカ	すべての葉の表側にワセリンをぬったホウセンカ	すべての葉の裏側にワセリンをぬったホウセンカ

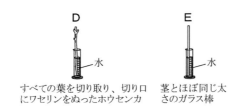

D　すべての葉を切り取り、切り口にワセリンをぬったホウセンカ

E　茎とほぼ同じ太さのガラス棒

【実験結果】

メスシリンダー	ホウセンカ等の具体的な処理等	水の減少量(cm³)
A	そのまま何も処理をしない	5.2
B	すべての葉の表側にワセリンをぬる	4.0
C	すべての葉の裏側にワセリンをぬる	2.0
D	すべての葉を切り取り、切り口にワセリンをぬる	0.8
E	茎とほぼ同じ太さのガラス棒を入れる	0.4

(1)　メスシリンダーEの水の減少量は何を表しているか，答えよ。

(2)　ホウセンカの次の①と②の部分から蒸散した水の量(cm³)を答えよ。ただし，実験で用いたワセリンは，粘り気のある油の一種で，水や水蒸気を通さないものとする。

①　葉の表側

②　茎

▌2024年度 ▌山口県 ▌難易度 ▍▍▍▍▍▍□□

【3】オオカナダモの葉の細胞とヒトの頬の内側の粘膜の細胞を酢酸オルセイン溶液で染色してプレパラートをつくり，図のような顕微鏡を用いて観察した。以下の各問いに答えよ。

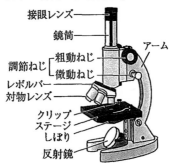

接眼レンズ
鏡筒
アーム
調節ねじ［粗動ねじ／微動ねじ］
レボルバー
対物レンズ
クリップ
ステージ
しぼり
反射鏡

● 理科

(1) 次のア～オを，顕微鏡を使う手順が正しくなるように並べ替えたものとして最も適切なものを，以下の1～6から1つ選べ。

ア　プレパラートをステージにのせ，クリップでとめる。

イ　接眼レンズをのぞき，対物レンズとプレパラートを離しながらピントを合わせる。

ウ　接眼レンズ，対物レンズの順に取り付ける。

エ　反射鏡を調節し，視野全体を明るくする。

オ　調節ねじを回し，プレパラートと対物レンズを近づける。

1　ウ→エ→ア→イ→オ　　2　ウ→ア→イ→オ→エ

3　ウ→ア→エ→イ→オ　　4　ウ→エ→オ→ア→イ

5　ウ→ア→オ→イ→エ　　6　ウ→エ→ア→オ→イ

(2) 10倍の接眼レンズと40倍の対物レンズを用いて観察したときの拡大倍率として最も適切なものを，次の1～4から1つ選べ。

1　10倍　　2　40倍　　3　50倍　　4　400倍

(3) オオカナダモの葉の細胞とヒトの頬の内側の粘膜の細胞に共通して存在するものの組合せとして最も適切なものを，次の1～6から1つ選べ。

1　核と細胞膜　　　2　核と細胞壁　　　3　核と葉緑体

4　細胞壁と葉緑体　　5　細胞膜と細胞壁　　6　細胞膜と葉緑体

▌2024年度 ▌奈良県 ▌難易度 ▌■■■■■□□□

【4】次の図は，被子植物の花のつくりを模式的に表したものである。また，図中のア～エはそれぞれ花の部分を示している。受粉が起こる部分として適切なものは，以下の1～4のうちのどれか。

図

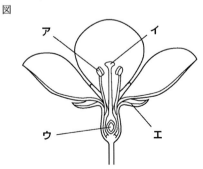

1 ア　　2 イ　　3 ウ　　4 エ

┃2024年度┃東京都┃難易度┃

【5】次の図は，いろいろな特徴をもとに，5つの動物を分類したもので
ある。以下の各問いに答えよ。

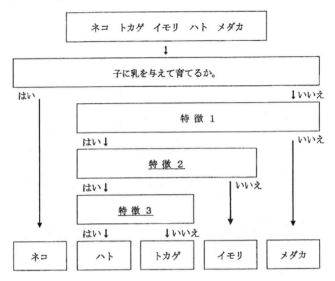

問1　図の，特徴2にあてはまるものを，次の中から1つ選び，記号で答
えよ。

ア　親は肺で呼吸するか。

イ　体の胴部が外とう膜でくるまれているか。

ウ　陸上に殻のある卵を産むか。

エ　体が外骨格で覆われているか。

問2　特徴3にあてはまる文を2つ考えた。（　　　）にあてはまる語句を答
えよ。

・体の表面が（　　）で覆われているか。

・くちばしや翼があるか。

問3　カブトムシやタコのような背骨のない動物は，図の5つの動物と
は別の仲間に分類される。背骨のない動物を何というか答えよ。

┃2024年度┃長崎県┃難易度┃

【6】次の(1), (2)に答えよ。

(1) まわりの温度が変化しても, 体温をほぼ一定に保つしくみをもつ動物を何というか記せ。

(2) ハチュウ類のからだの表面のようすと卵の特徴について説明したものとして, 最も適当なものを, 次のア～エから一つ選び, 記号で記せ。

ア からだの表面はうろこでおおわれており, 殻がある卵をうむ。

イ からだの表面はうろこでおおわれており, 殻がない卵をうむ。

ウ からだの表面はしめった皮ふでおおわれており, 殻がある卵をうむ。

エ からだの表面はしめった皮ふでおおわれており, 殻がない卵をうむ。

▌2024年度 ▌山梨県 ▌難易度 ████████░░

【7】第6学年「空気や水を通した生物のつながり」の学習において, 空気や水, 生物のつながりを図にまとめた。(　　)に当てはまる語句として正しい組合せを以下の選択肢から1つ選び, 記号で答えなさい。

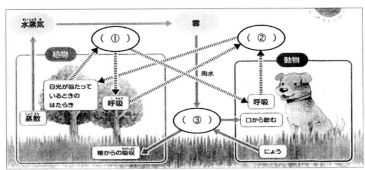

ア ① 二酸化炭素 ② 水 ③ 酸素
イ ① 二酸化炭素 ② 酸素 ③ 水
ウ ① 酸素 ② 水 ③ 二酸化炭素
エ ① 酸素 ② 二酸化炭素 ③ 水

▌2024年度 ▌宮崎県 ▌難易度 ██████░░░░

【8】 アサガオを用いて，光合成に必要な条件を明らかにする実験を行った。次の(1)，(2)の問いに答えなさい。

(1) ふ(緑色でない部分)入りの葉(図A)をもつアサガオを暗室に一日置いた。翌日，図Aの葉の一部を，図Bのように，アルミニウムはくで覆い十分に光を当てた。その後，図Bの葉を切り取ってアルミニウムはくを外して，熱湯につけてから，90℃くらいの湯であたためたエタノールを使って脱色し，水で洗い，その葉をヨウ素溶液につけた。図Cは，ヨウ素溶液から取り出した葉の様子を表したものである。以下の表は，図Cの葉の様子をまとめたものである。この結果を考察したあとの文章中の(ア)，(イ)にあてはまる葉の部分の組合せとして最も適当なものを，あとの①～⑥のうちから一つ選びなさい。

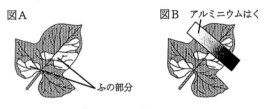

図A　　　　　　　　図B　アルミニウムはく

ふの部分

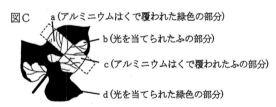

図C　a(アルミニウムはくで覆われた緑色の部分)

b(光を当てられたふの部分)

c(アルミニウムはくで覆われたふの部分)

d(光を当てられた緑色の部分)

表

葉の部分	ヨウ素溶液による色の変化
a	変化しなかった
b	変化しなかった
c	変化しなかった
d	青紫色になった

[考察]
・葉の部分(ア)から，葉の緑色の部分で，でんぷんが作られていることがわかる。

以上のことから，葉の緑色の部分が光を受けることで，でんぷんが作られると考えられる。

① ア：aとd　イ：bとd　　② ア：aとd　イ：cとd
③ ア：bとd　イ：aとd　　④ ア：bとd　イ：cとd
⑤ ア：cとd　イ：aとd　　⑥ ア：cとd　イ：bとd

(2) (1)の文章中の下線部について，暗室に一日置くかわりに，光合成に適した明るさの部屋に一日置き，下線部以外の操作を(1)同様に行った。このとき，(1)の表とは違う結果となった。違う結果となったのはどの部分か，最も適当なものを，次の①～④のうちから一つ選びなさい。

① 葉のaの部分　　② 葉のbの部分　　③ 葉のcの部分
④ 葉のdの部分

┃ 2024年度 ┃ 千葉県・千葉市 ┃ 難易度 ■■■■■■□□

【9】次郎さんは，インゲンマメの発芽には，空気，水，光の要因が関係していると予想した。次は，実験で使用した装置の一部である。以下の問いに答えなさい。

装置①	湿らせた脱脂綿の上にインゲンマメの種子を置いたもの(室温約20℃)
装置②	乾いた脱脂綿の上にインゲンマメの種子を置いたもの(室温約20℃)
装置③	水の底にインゲンマメの種子を沈めて置いたもの(室温約20℃)

(1) 発芽に水が必要であるかを調べるためには，上の装置①～③のどれを用いるか2つ選んで，丸数字で書きなさい。

(2) 発芽に空気が必要であるかを調べるためには，上の装置①～③のどれを用いるか2つ選んで，丸数字で書きなさい。

(3) 次郎さんは，すべての実験を同じ室温で行った。このことは，学習指導要領に示されている理科の「見方・考え方」のうち，どの要因が影響を与えるかを調べる際に，変化させる要因と変化させない

要因を区別する考え方を働かせている。どのような「考え方」を働かせているか，書きなさい。

(4)　次郎さんは，発芽に光が必要であるかを調べるために，光が当たる窓際に置いた装置①と新たな装置④を準備した。装置④として教室の中で実現可能な装置を，装置①～③の示し方の表現にならい説明しなさい。

(5)　インゲンマメの発芽に必要な要因として正しいものを，光，空気，水の中から，すべて選んで書きなさい。

(6)　実験後，次郎さんは「どうして発芽に肥料は必要ないのか。」という疑問をもち調べたところ，インゲンマメの種子には発芽に必要な養分が含まれていることが分かった。この養分とは何か，また調べるために用いる試薬を書きなさい。

┃2024年度┃ 静岡県・静岡市・浜松市 ┃ 難易度 ■■■■■□□

【10】次の文は，人の体のつくりや働きについてまとめたものです。文中の(　①　)～(　④　)に入る語句の組み合わせとして，適するものを以下の1～6から1つ選び，番号で書きなさい。

> 　人は体を動かすときには，(　①　)の働きが必要となります。無意識に行われている(　②　)の動きも(　①　)の働きです。体は，関節の部分で，曲げることができます。(　①　)の両端は，別の(　③　)にそれぞれついており，そこは(　④　)という丈夫なつくりになっています。

1　①　腱（けん）　②　心臓　③　骨　④　関節
2　①　筋肉　②　胃　③　腱　④　関節
3　①　臓器　②　筋肉　③　関節　④　骨
4　①　筋肉　②　心臓　③　骨　④　腱
5　①　腱　②　筋肉　③　皮膚　④　骨
6　①　関節　②　肺　③　皮膚　④　腱

┃2024年度┃ 名古屋市 ┃ 難易度 ■■■■□□

解答・解説

【1】1　細胞同士を離れやすくするため。　　2　細胞分裂

○**解説**○　1　塩酸処理によって，植物の細胞壁同士を結びつけている物質を溶かすことができる。　　2　タマネギの根の先端部分で細胞分裂が起こり，細胞の数が増えることで成長する。

【2】(1)　水面から蒸発した水の量　　(2)　①　1.2〔cm³〕　②　0.4〔cm³〕

○**解説**○　(1)　メスシリンダーEには，ホウセンカが入っていないため，水の減少はメスシリンダーの水面から蒸発したことによるもので，水面から蒸発した水の量を表している。　　(2)　各メスシリンダーにおける水の減少の構成を式に表すと，A＝(葉の表側からの分)＋(葉の裏側からの分)＋(茎からの分)＋(水面からの分)，B＝(葉の裏側からの分)＋(茎からの分)＋(水面からの分)，C＝(葉の表側からの分)＋(茎からの分)＋(水面からの分)，D＝(茎からの分)＋(水面からの分)，E＝(水面からの分)と，それぞれ表せる。　　①　葉の表側から蒸散した水の量は，(Cの水の減少量)－(Dの水の減少量)で求められることから，2.0－0.8＝1.2〔cm³〕。または，(Aの水の減少量)－(Bの水の減少量)からも，5.2－4.0＝1.2〔cm³〕と求められる。　　②　茎から蒸散した水の量は，(Dの水の減少量)－(Eの水の減少量)で求められることから，0.8－0.4＝0.4〔cm³〕。

【3】(1)　6　　(2)　4　　(3)　1

○**解説**○　(1)　ウ　鏡筒の中にほこりなどが入らないように，上の接眼レンズ，下の対物レンズの順に取り付ける。対物レンズは，最初はいちばん低い倍率のものを取り付ける。　　エ　全体に明るくなるように，反射鏡の傾きを調節する。　　ア　プレパラートをステージの上に置き，観察したい部分が穴の中央にくるようにして，クリップでとめる。　　オ　対物レンズをプレパラートに近づけるときには，必ず真横から対物レンズとプレパラートの距離を見ながら調節ねじを回す。対物レン

ズとプレパラートがぶつかると，プレパラートが割れることがあるか
らである。　イ　見たいものが小さいときには，見たいものが真ん中
にあることを確認してから，倍率の高い対物レンズに替える。

(2)　(顕微鏡の倍率)＝(接眼レンズの倍率)×(対物レンズの倍率)より，
10×40＝400〔倍〕。　(3)　植物細胞(オオカナダモの葉の細胞)と動物
細胞(ヒトの頬の内側の粘膜の細胞)に共通するものは，核，細胞膜，
細胞質などである。葉緑体，細胞壁，液胞は植物細胞だけに存在して
いる。

【4】2
○**解説**○　イは柱頭で，ここに花粉がついて受粉が起こる。花粉管が胚珠
に達すると受精が起こる。アは「やく」，ウは「胚珠」，エは「がく」
である。

【5】問1　ウ　　　問2　羽毛　　　問3　無脊椎動物
○**解説**○　ネコはほ乳類，ハトは鳥類，トカゲはは虫類，イモリは両生類，
メダカは魚類である。　　問1　両生類は水中に殻のない卵を産むが，
鳥類やは虫類は陸上に殻のある卵を産む。　　問2　鳥類の体は羽毛で
おおわれている。ほかにも見分ける特徴として，恒温動物かどうかな
どがある。　　問3　図中の動物は，背骨を持つ脊椎動物である。それ
に対し，背骨を持たない動物を無脊椎動物という。

【6】(1)　恒温動物　　　(2)　ア
○**解説**○ (1)　恒温動物は哺乳類と鳥類で，ハチュウ類，両生類，魚類は
周りの温度が変化すると体温も変化する変温動物である。　　(2)　ハチ
ュウ類は，陸上に殻のある卵を産む。体の表面は，かたいうろこやこ
うらでおおわれている。からだの表面がしめった皮膚でおおわれてい
るのは，両生類である。また，殻がない卵を産むのは魚類と両生類で
ある。

【7】エ

○**解説**○ 植物は，光合成により二酸化炭素を取り入れ，酸素を放出する。また，生物はすべて呼吸を行い，その際は酸素を取り入れ，二酸化炭素を放出する。

【8】(1) ③　　(2) ①

○**解説**○ (1) ア　光を当てるという条件は変えずに，葉の緑の部分とふの部分とで比べると，葉のどの部分で光合成が行われるかがわかる。この実験では，bとdの比較から，葉の緑色の部分ででんぷんが作られたことが分かる。　イ　葉の色の部分は同じで光を当てるか当てないかで比べると，光合成に光が必要かどうかが分かる。この実験では，aとdの比較から，葉が光を受けるとでんぷんが作られることが分かる。(2)　実験前に葉を暗室に1日置くのは，葉に残っているでんぷんを消費させるためである。この操作を行わないと，光を当てない緑色の部分でも，残っているでんぷんにヨウ素溶液が反応してしまうので，正確な実験結果にならなくなってしまうことになる。

【9】(1) ①，②　　(2) ①，③　　(3) 条件を制御する　　(4) 箱の中の湿らせた脱脂綿の上にインゲンマメの種子を置いたもの(室温約20℃)　　(5) 空気，水　　(6) 養分…でんぷん　　試薬…ヨウ素(溶)液

○**解説**○ (1)～(3)　調べたい要因以外の条件を同じにして比較することで，結果が違っていれば条件の違いが原因であると考えることができる。どの要因が影響を与えるかを調べる際に，変化させる要因と変化させない要因を区別することを，条件を制御するという。また，条件を制御して行う実験を，対照実験という。　(4)　インゲンマメの種子の発芽に光が必要かどうかを調べるには，装置①に光を当てないものを装置④として用意して実験し，装置①と比較することで確かめることができる。　(5)　インゲンマメの種子が発芽するためには，空気，水，適当な温度(発芽に適した温度)が必要である。光は，植物の成長に必要な条件である。　(6)　水にひたしてやわらかくしたインゲンマメの種子を半分に切って，切り口にヨウ素(溶)液を垂らすと，青紫色

に変化する。これにより，養分であるでんぷんが種子に含まれている
ことが分かる。

【10】4
○**解説**○ 心臓等の内臓は筋肉によって動いている。筋肉を骨につないで
いる部分を，腱という。

●理科

地学

【1】図1は，ある地点での川と川岸のようすを表したものであり，図2は，川が山から海へ流れ出るようすを模式的に表したものである。以下の問いに答えなさい。

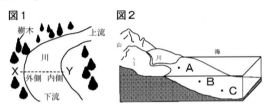

図1　　　　　図2

1　図1で，川の内側と外側の水の流れの速さの比較として適切なものを，次のア～ウから1つ選んで，その符号を書きなさい。
　ア　内側より外側の方が速い　　イ　外側より内側の方が速い
　ウ　どちらも同じ
2　図1について，XとYの地点を結んだ川底と石のようすを模式的に表したものとして最も適切なものを，次のア～エから1つ選んで，その符号を書きなさい。

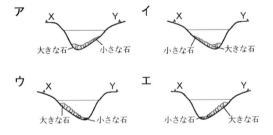

3　砂，泥，れきが図2のA～C地点のいずれかに堆積するものとして，これらはA～Cのどの地点に堆積するか，それぞれ符号を書きなさい。

┃2024年度┃兵庫県┃難易度▉▉▉▉▉▉□□

【2】次の図は，太陽の周りを地球が自転しながら公転する様子の複式図である。以下の各問いに答えよ。

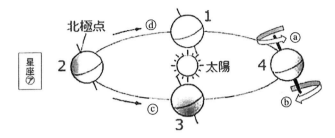

問1　地球の自転の向きを ⓐ, ⓑ から, 公転の向きを ⓒ, ⓓ から選び, 記号で答えよ。

問2　日本が夏至のとき, 地球はどの位置か, 図の1～4から1つ選び, 番号で答えよ。

問3　日本で, 明け方に星座⑦が真南に見えるとき, 地球はどの位置か, 図の1～4から1つ選び, 番号で答えよ。

2024年度 ▎長崎県 ▎難易度 ■■■■□□

【3】太陽系の天体について, 次の問いに答えなさい。

1　地球が太陽のまわりを1年で1回転しているように, 天体が他の天体のまわりを回ることを何というか, 書きなさい。

2　山形県で観察した太陽の動きについて適切でないものを, 次のア～エの中から一つ選び, 記号で答えなさい。

ア　地球が東から西に自転しているので, 太陽は東から西へ動いているように見える。

イ　太陽を観察する季節が変わると, 太陽の南中高度は変化する。

ウ　夏至は一年中で昼が最も長く, 夜が最も短くなる。

エ　冬至のころは「日の出」と「日の入り」の位置が, どちらも南寄りになる。

2024年度 ▎山形県 ▎難易度 ■■■■□□

【4】図は, 地球の公転と星座の移り変わりを表したものであり, 矢印は公転の向きを示している。以下の各問いに答えよ。

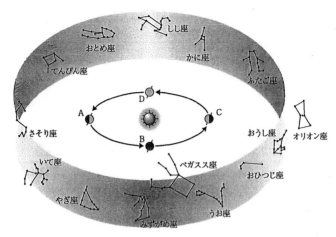

(1) 地球がAの位置にあるとき，日本のある地点で真夜中に南の方角に見える星座として最も適切なものを，次の1〜5から1つ選べ。

1 みずがめ座　　2 うお座　　3 さそり座　　4 オリオン座
5 しし座

(2) 日本のある地点で，秋分の日に太陽の方向にある星座は何か。最も適切なものを，次の1〜5から1つ選べ。

1 みずがめ座　　2 うお座　　3 さそり座　　4 オリオン座
5 しし座

(3) 日本のある地点で，ある日の午後9時に南の空に見えていた星座は，1か月後の同じ時刻にはどの方角に移動して見えるか。また，その星座は，1か月後に観察したときには何時頃に南の空に見えるか。最も適切なものの組合せを，次の1〜4から1つ選べ。

1 西・午後7時頃　　2 西・午後11時頃　　3 東・午後7時頃
4 東・午後11時頃

▍2024年度▍奈良県▍難易度 ■■■■□□□

【5】次の問に答えよ。

問1 鹿児島で水平な地面に対して垂直に棒を立て，太陽が最も高い位置となる前後2時間の間，太陽によってできる棒の影の動きを観察した。太陽によってできる棒の影が移動していく方角の変化として最も適当なものを，次のア〜エから一つ選び，記号で答えよ。

ア　北東から北西　　イ　北西から北東　　ウ　南東から南西

エ　南西から南東

問2　氷水を入れた金属製のコップをしばらく放置すると，コップの表面に水滴がつくことがある。このようにコップの表面に水滴がつく過程を，状態変化が明確になるように説明せよ。

問3　フズリナやサンゴなどの遺骸が堆積して形成される岩石を何というか。

┃ 2024年度 ┃ 鹿児島県 ┃ 難易度 ▐▐▐▐▐▐▐▐▐▐▐▐

【6】金星に関する記述として適切なものは，次の1～4のうちのどれか。

1　厚い雲に覆われているので，可視光領域では地表面の模様を見ることができない。「明けの明星」，「宵の明星」と呼ばれ，肉眼で観察することが容易である。

2　ガス惑星として知られるように地球の固体地面に対応する層がなく，厚い大気に覆われている。また，表面には大赤斑という模様が見えるが，これは大気の対流の渦である。

3　大気はほとんどないので，昼間は350℃になるが，夜は−100℃以下にまで下がる厳しい環境である。日の出直前，日没後の短時間にしか肉眼で観察することはできない。

4　太陽系で最大の火山であるオリンポス山を含め，標高が20kmを超える火山が複数ある。標高が高く衝突クレーターに覆われた南半球と，相対的に標高が低く，クレーター密度が低い北半球という二分性がある。

┃ 2024年度 ┃ 東京都 ┃ 難易度 ▐▐▐▐▐▐▐▐▐▐▐▐

【7】図は，温帯低気圧にともなう2つの前線を示したものである。以下の(1)，(2)に答えよ。

図

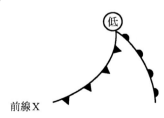

前線X

(1) 前線Xを何というか記せ。

(2) 前線Xが通過するとき，前線X付近の天気の変化として最も適当なものを，次のア～エから一つ選び，記号で記せ。

ア　広い範囲で強い雨が降る。

イ　広い範囲で弱い雨が降る。

ウ　せまい範囲で強い雨が降る。

エ　せまい範囲で弱い雨が降る。

‖ 2024年度 ‖ 山梨県 ‖ 難易度 ■■■■■■□□

【8】第6学年「月と太陽」の学習を行うこととします。その際，どのようなことに留意して指導しますか。次の①～⑤の中から，最も適切なものを1つ選び，記号で答えなさい。

① 月や太陽から自然の美しさを感じるために，直接空にある月を観察する必要はないため，月の映像や資料などを活用するようにする。

② 月の形と位置の観察は，例えば上弦と下弦など太陽と月の位置関係が同じになるときに行い，児童が位置関係を整理しやすくなるようにする。

③ 月が約1ヶ月周期で満ち欠けし，同じ時刻に見える位置が毎日移り変わっていくことを，月が地球の周りを公転していることと関連付けて理解できるようにする。

④ 太陽の位置を確認する際には，安全に配慮して，遮光板や双眼鏡を用いるようにする。

⑤ 月に見たてたボールに光を当てるなどのモデル実験で，太陽と月の位置関係で月の形が変わって見えることを捉える際には，地球の外から月や太陽を見る見方は扱わないようにする。

‖ 2024年度 ‖ 広島県・広島市 ‖ 難易度 ■■■■■□□

【9】花子さんは「時間がたつと，影の向きや長さはどのように変わるのか。」という問いを見いだし，日光の当たる場所で記録用紙にストローを立てて影を調べた。次の問いに答えなさい。

(1) 次図のA～Dを示している方位を書きなさい。

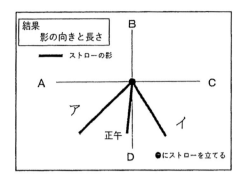

(2) 花子さんは，影の向きや長さが変わったのは，太陽の位置が変わったからだと考え，太陽について調べた。

① 正午の影が短い理由を太陽の見かけの動きを根拠に書きなさい。

② 太陽を観察する際，目をいためないように使う道具は何か，書きなさい。

(3) 上図のアとイはそれぞれ午前10時，午後2時のいずれかの影の記録である。どちらが午前10時の影の記録か，記号で書きなさい。

(4) 花子さんは，太陽の位置とできる影を利用して，昔の人は時刻を知る道具を作ったことを調べた。この道具を何というか，書きなさい。

┃ **2024年度** ┃ 静岡県・静岡市・浜松市 ┃ 難易度 ▆▆▆▆▆ ▢▢

【10】水蒸気が関係する事象について，次の(1)，(2)の問いに答えなさい。

(1) 次の文章は，自然界での雲ができるしくみについて説明したものである。(ア)～(ウ)にあてはまる語句の組合せとして最も適当なものを，以下の①～⑥のうちから一つ選びなさい。

> 地表近くの空気のかたまりが上昇すると，上空に行くほど周囲の気圧が(ア)なり，(イ)して温度は下がる。温度が下がり，(ウ)に達すると，空気中の水蒸気の一部が小さな水滴になり始める。これが雲となる。やがて水滴が集まって重くなり，雨となって落ちてくる。

理科

① ア：低く　イ：収縮　ウ：露点
② ア：高く　イ：膨張　ウ：凝固点
③ ア：高く　イ：収縮　ウ：沸点
④ ア：低く　イ：膨張　ウ：凝固点
⑤ ア：低く　イ：膨張　ウ：露点
⑥ ア：高く　イ：膨張　ウ：沸点

(2) 空気中に含まれている水蒸気の量を，そのときの気温の飽和水蒸気量に対する百分率で表したものを湿度という。湿度61％の実験室内で，熱を伝えやすい金属製のコップに，くみ置きして室温と同じ温度にした水を，3分の1ほど入れた。その後，次図のように氷水を金属製のコップに少量ずつ加え，ガラス棒でかき混ぜつつ，くみ置きした水の水温を下げていったところ，水温が10℃になったときにコップの表面がくもり始めた。次表をもとに，この時の部屋の気温として最も適当なものを，以下の①〜⑥のうちから一つ選びなさい。ただし，実験中の室内の気温及び湿度は均一で，変化はないものとする。

図

表　それぞれの気温に対する飽和水蒸気量

気温〔℃〕	飽和水蒸気量〔g／㎥〕
10	9.4
12	10.7
14	12.1
16	13.6
18	15.4
20	17.3
22	19.4

① 12℃　② 14℃　③ 16℃　④ 18℃　⑤ 20℃
⑥ 22℃

2024年度 ▌ 千葉県・千葉市 ▌ 難易度 ■■■■□□

解答・解説

【1】1 ア　　2 ア　　3 砂…B　　泥…C　　れき…A

○**解説**○ 1 川が曲がって流れているところでは，外側は流れが速く，地面が削られ，内側は流れが遅く，地面には土が積もる。　2 川の流れの外側であるXの方が削られていて，川の流れの内側のYでは，堆積作用のため，川底には石が積もっている。流れの速いところでは，粒の大きな石が堆積し，流れが遅くなる内側になるにつれて粒の大きさが小さくなる。　3 粒の大きなものは重いので，流されにくく，海岸に近いところに堆積する。粒の大きさは，れき(A)＞砂(B)＞泥(C)の順である。

【2】問1　自転の向き…ⓐ　　公転の向き…ⓒ　　問2　4　　問3　1

○**解説**○ 問1　自転の向きも公転の向きも反時計回りである。　問2　日本が夏至のとき，地球は北半球が太陽の方向に傾いている位置にある。問3　1の位置では，太陽が東にあるときに星座⑦が南にあるという位置関係になる。

【3】1　公転　　2　ア

○**解説**○ 1　地球は太陽を中心に1年に一回転している。これを公転という。太陽系にある8つの惑星も太陽の周りを公転している。　2　地球が西から東に自転しているため，地球から見た太陽の見かけの動きは，東から西に運動しているように見える。

【4】(1)　3　　(2)　5　　(3)　1

○**解説**○ (1)　地球がAの位置にあるときは，地軸の北極側が太陽の方向に傾いている夏至の時期である。日本のある地点で真夜中に南の方角に見える星座は，Aの位置で太陽と反対の方角にある星座であり，図よりさそり座である。　(2)　Aが夏至の時期であることから，Bが秋分の日の地球の位置を表している。Bの位置から太陽の方向をみると，しし座が位置している。　(3)　地球から同時刻に見える星座は，1か

月後には約30°西に動く。1周は360°より，30°動くのは $\dfrac{30}{360} \times 24 = 2$ で，2時間。つまり，1か月で2時間早くなるため，午後9時の2時間前の午後7時頃に，西の空に見える。

【5】問1　イ　　問2　温度が下がったことで，水が気体から液体に変化した。　　問3　石灰岩

○**解説**○　問1　影は太陽の方向の逆方向にできる。太陽が最も高い位置となる(南中)時刻の2時間前は，太陽は南東の方向にあるので影は北西にできる。南中時刻の2時間後は，太陽は南西の位置にあるので影は北東にできる。　　問2　気温が低くなると，飽和水蒸気量が減る。コップの表面に水滴がつくのは，空気中の飽和水蒸気量を超えた分の水蒸気が液体になったことによる現象である。　　問3　フズリナの殻やサンゴの骨格は石灰質で，これらの化石の遺骸などが堆積して形成された岩石が石灰岩である。石灰岩の主成分は，炭酸カルシウムである。

【6】1

○**解説**○　1の「明けの明星」，「宵の明星」と呼ばれる惑星が，金星である。2は木星，3は水星，4は火星に関する記述である。

【7】(1)　寒冷前線　　(2)　ウ

○**解説**○　(1)　Xは寒冷前線で，もう一方の前線は温暖前線である。前線は低気圧の中心から伸びていることが多く，温暖前線が進行方向に，寒冷前線が進行方向の後ろに発生する。寒冷前線の進行が速く，前にある温暖前線に追いつくと，閉塞前線が発生する。　　(2)　寒冷前線が通過するとき，狭い範囲に強い雨が降る。通過後は気温が下がる。

【8】⑤

○**解説**○　①　学習指導要領解説(平成29年7月)には，「実際に観察した月の形の見え方を，モデルや図によって表現するなど」というように，月を実際に観察した上での学習活動や，夜間の観察の際の注意事項が記載されている。　　②　月の形の見え方は，太陽と月との位置関係によって変わることを身に付ける必要があることから，不適切。

③　月が地球の周りを公転していることは，中学校で学習するため，不適切。　④　太陽の位置を確認する際には，太陽を直接見ないように指導する。　⑤　地球の外から月や太陽の位置関係を捉えることについては，中学校で学習する内容であり，小学校では扱わないとする内容は適切である。

【9】(1) A　東　　B　南　　C　西　　D　北　　(2) ①　正午の太陽が高いところを通るから　　②　遮光板　　(3) イ　　(4) 日時計

○**解説**○ (1)　太陽は東から出て，南の空を通り，西に沈むため，影はその反対にできる。正午にできた影が伸びている方向Dが北であることから，Aは東，Bは南，Cは西と分かる。　(2) ①　太陽が真南にきて，いちばん高く上がったときの地平線との間の角度を南中高度という。南中はだいたい正午ごろであり，正午の太陽が高いところを通るため，棒は高いところから照らされる。高いところから照らされた影は，短くなる。　②　太陽を直接観察すると目を痛めるため，観察の際は遮光板や日食グラスを用いる。　(3)　太陽は，東から出て，南の空を通り，西に沈む。午前10時には東の空にあることから，棒の影は西に伸びる。　(4)　太陽の日周運動を利用して，地面に垂直に立てられた棒の影の位置から今の時刻を知ることができる。

【10】(1) ⑤　　(2) ④

○**解説**○ (1)　上昇気流のあるところで空気のかたまりが上昇すると，周囲の気圧が低くなり膨張する。膨張すると温度が下がり，露点に達すると水蒸気が水滴や氷の粒になり，水滴の集まりが雲となる。雲の中の水滴や氷の粒がくっつくと，重くなり，雨や雪となって落ちてくる。(2)　露点が10℃なので，空気1m³に含まれる水蒸気の量は9.4gである。湿度が61％であることから，実験中の室内の気温における飽和水蒸気量は，$9.4×\dfrac{100}{61}=15.4…$〔g/m³〕である。表で調べると，気温は18℃と分かる。

【1】次の文章は，小学校学習指導要領(平成29年3月告示)の「第2章　各教科　第4節　理科　第1　目標」である。(①)～(③)にあてはまる語句の組み合わせとして正しいものを，以下の1～5の中から一つ選びなさい。

> 　自然に親しみ，理科の見方・考え方を働かせ，(①)観察，実験を行うことなどを通して，自然の事物・現象についての問題を(②)に解決するために必要な資質・能力を次のとおり育成することを目指す。
> (1) 自然の事物・現象についての理解を図り，観察，実験などに関する基本的な(③)を身に付けるようにする。
> (2) 観察，実験などを行い，問題解決の力を養う。
> (3) 自然を愛する心情や主体的に問題解決しようとする態度を養う。

1　① 予測しながら　　② 実証的　　③ 操作
2　① 予測しながら　　② 科学的　　③ 技能
3　① 見通しをもって　② 実証的　　③ 操作
4　① 見通しをもって　② 科学的　　③ 技能
5　① 見通しをもって　② 実証的　　③ 技能

┃ 2024年度 ┃ 鳥取県 ┃ 難易度 ┃

【2】次の図は，「小学校学習指導要領(平成29年告示)解説　理科編　第2章　理科の目標及び内容　第2節　理科の内容構成」に示された「思考力，判断力，表現力等及び学びに向かう力，人間性等に関する学習指導要領の主な記載」の一部である。

　　文中の( )に当てはまる語句として正しい組合せを以下の選択肢から1つ選び，記号で答えなさい。

資質・能力	学年	エネルギー	粒子	生命	地球
思考力、判断力、表現力等	第3学年	「（ ① ）調べる活動を通して」自然の事物・現象について追究する中で，差異点や共通点を基に，問題を見いだし，表現すること。			
思考力、判断力、表現力等	第4学年	「（ ② ）調べる活動を通して」自然の事物・現象について追究する中で，既習の内容や生活経験を基に，根拠のある予想や仮説を発想し，表現すること。			

ア　①　関係付けて　　②　比較しながら
イ　①　比較しながら　②　関係付けて
ウ　①　比較しながら　②　多面的に
エ　①　関係付けて　　②　条件を制御しながら

2024年度　宮崎県　難易度

【3】次の文は，小学校学習指導要領(平成29年3月告示)「第2章　各教科　第4節　理科」の「第3　指導計画の作成と内容の取扱い」の一部である。文中の[　ア　]～[　ウ　]に当てはまることばは何か。答えなさい。

> (2)　観察，実験などの指導に当たっては，指導内容に応じてコンピュータや情報通信ネットワークなどを適切に活用できるようにすること。また，第1章総則の第3の1の(3)のイに掲げるプログラミングを体験しながら[　ア　]を身に付けるための学習活動を行う場合には，児童の負担に配慮しつつ，例えば第2の各学年の内容の〔第6学年〕の「A物質・エネルギー」の(4)における電気の性質や働きを利用した道具があることを捉える学習など，与えた条件に応じて動作していることを考察し，更に条件を変えることにより，動作が変化することについて考える場面で取り扱うものとする。
>
> (4)　天気，川，土地などの指導に当たっては，[　イ　]に関する基礎的な理解が図られるようにすること。
>
> (5)　個々の児童が主体的に問題解決の活動を進めるとともに，[　ウ　]や他教科等との関連を図った学習活動，目的を設定し，計測して制御するという考え方に基づいた学習活動が充実するようにすること。

2024年度　福島県　難易度

● 理科

【4】次の文章は，平成29年3月告示の小学校学習指導要領　理科　各学年の目標及び内容　〔第3学年〕　内容　の一部を示したものです。空欄(a)・(b)にあてはまる言葉は何ですか。以下の①～⑤の中からそれぞれ1つ選び，記号で答えなさい。

A　物質・エネルギー

(1)　物と重さ

　　物の性質について，形や体積に着目して，(a)調べる活動を通して，次の事項を身に付けることができるよう指導する。

ア　次のことを理解するとともに，観察，実験などに関する技能を身に付けること。

(ア)　物は，形が変わっても重さは変わらないこと。

(イ)　物は，体積が同じでも重さは違うことがあること。

イ　物の形や体積と重さとの関係について追究する中で，(b)，表現すること。

---

a　①　重さを予想しながら

　　②　重さを比較しながら

　　③　重さについて多面的に考えながら

　　④　重さの見当を付けながら

　　⑤　重さと関係付けながら

b　①　物の性質についての問題を見いだし見通しをもって観察，実験などを行い，関係性を見いだし

　　②　既習の内容や生活経験を基に，物の性質について，根拠のある予想や仮説を発想し

　　③　差異点や共通点を基に，物の性質についての問題を見いだし

　　④　物の性質について見通しをもって観察，実験などを行い，その結果を分析して解釈し，関係性を見いだし

　　⑤　物の性質についての予想や仮説を基に，解決の方法を発想し

2024年度 ▌ 広島県・広島市 ▌ 難易度

336

【5】次の記述は,「小学校学習指導要領(平成29年告示)解説　理科編」「第2章　理科の目標及び内容　第1節　教科の目標」の一部である。空欄[　ア　]~[　ウ　]に当てはまる言葉の組合せとして最も適切なものを,以下の①~⑥のうちから選びなさい。

> (2)　観察,実験などを行い,問題解決の力を養うこと
>
> 　児童が自然の事物・現象に親しむ中で興味・関心をもち,そこから問題を見いだし,予想や仮説を基に観察,実験などを行い,結果を整理し,その結果を基に結論を導きだすといった問題解決の過程の中で,問題解決の力が育成される。小学校では,学年を通して育成を目指す問題解決の力を示している。
>
> 　第3学年では,主に[　ア　]を基に,問題を見いだすといった問題解決の力の育成を目指している。この力を育成するためには,複数の自然の事物・現象を比較し,その[　ア　]を捉えることが大切である。第4学年では,主に[　イ　]を基に,根拠のある予想や仮説を発想するといった問題解決の力の育成を目指している。この力を育成するためには,自然の事物・現象同士を関係付けたり,自然の事物・現象と[　イ　]と関係付けたりすることが大切である。第5学年では,主に[　ウ　]を基に,解決の方法を発想するといった問題解決の力の育成を目指している。この力を育成するためには,自然の事物・現象に影響を与えると考える要因を予想し,どの要因が影響を与えるかを調べる際に,これらの条件を制御するといった考え方を用いることが大切である。第6学年では,主により妥当な考えをつくりだすといった問題解決の力の育成を目指している。より妥当な考えをつくりだすとは,自分が既にもっている考えを検討し,より科学的なものに変容させることである。この力を育成するためには,自然の事物・現象を多面的に考えることが大切である。

	ア	イ	ウ
①	予想や仮説	既習の内容や生活経験	差異点や共通点
②	予想や仮説	差異点や共通点	既習の内容や生活経験
③	既習の内容や生活経験	予想や仮説	差異点や共通点
④	既習の内容や生活経験	差異点や共通点	予想や仮説
⑤	差異点や共通点	予想や仮説	既習の内容や生活経験
⑥	差異点や共通点	既習の内容や生活経験	予想や仮説

▌**2024年度** ▌神奈川県・横浜市・川崎市・相模原市 ▌ 難易度 ▰▰▰▱▱▱

【6】小学校学習指導要領(平成29年告示)の「第2章　第4節　理科」について，次の(1)，(2)の問いに答えよ。

(1) 次の文は，「第1　目標」の一部を示そうとしたものである。文中のa，bの(　　)にあてはまる語句を，以下の⑦～⑦から一つずつ選んで，その記号を書け。

> 　自然に親しみ，理科の見方・考え方を働かせ，(　a　)をもって観察，実験を行うことなどを通して，自然の事物・現象についての問題を(　b　)に解決するために必要な資質・能力を次のとおり育成することを目指す。

⑦　予想　　　　④　根拠　　　　⑨　見通し　　　⑤　仮説
⑦　主体的　　　⑦　科学的　　　⑦　理科的　　　⑦　客観的

(2) 次の文は，「第2　各学年の目標及び内容」の一部を示そうとしたものである。文中のa～cの(　　)にあてはまる語句を，以下の⑦～⑦から一つずつ選んで，その記号を書け。

> 〔第3学年〕
> (1)　②　物の性質，風とゴムの力の働き，光と音の性質，磁石の性質及び電気の回路について追究する中で，主に差異点や共通点を基に，(　a　)を見いだす力を養う。
>
> 〔第5学年〕
> (2)　③　生命の(　b　)，流れる水の働き，気象現象の(　c　)について追究する中で，生命を尊重する態度や主体的に問題解決しようとする態度を養う。

338

⑦　系統性　　④　規則性　　⑦　問題　　④　変則性
⑦　課題　　⑦　連続性

2024年度 ▌ 香川県 ▌ 難易度 ▌

【7】次の文は，小学校学習指導要領(平成29年告示　文部科学省)におけ
　る「第2章　各教科　第4節　理科　第2　各学年の目標および内容
　〔第6学年〕　2　内容」の一部である。文中の(A)〜(C)にあて
　はまる語句の組合せとして正しいものを，以下の1〜5の中から1つ選
　べ。

> (4)　土地のつくりと変化
>
> 　土地のつくりと変化について，土地やその中に含まれる物に
> 着目して，土地のつくりやでき方を(A)に調べる活動を通し
> て，次の事項を身に付けることができるよう指導する。
> ア　次のことを理解するとともに，観察，実験などに関する技
> 　能を身に付けること。
> 　(ア)　土地は，礫，砂，泥，火山灰などからできており，層を
> 　　つくって広がっているものがあること。また，層には化石
> 　　が含まれているものがあること。
> 　(イ)　地層は，流れる水の働きや火山の噴火によってできるこ
> 　　と。
> 　(ウ)　土地は，火山の噴火や地震によって変化すること。
> イ　土地のつくりと変化について追究する中で，土地のつくり
> 　やでき方について，より(B)考えをつくりだし，(C)す
> 　ること。

1．A　主体的　　　B　妥当な　　　C　表現
2．A　主体的　　　B　規則的な　　C　表現
3．A　主体的　　　B　妥当な　　　C　探究
4．A　多面的　　　B　妥当な　　　C　表現
5．A　多面的　　　B　規則的な　　C　探究

2024年度 ▌ 和歌山県 ▌ 難易度 ▌

【8】次の文は，小学校学習指導要領解説　理科編(平成29年7月　文部科学省)における「第4章　指導計画の作成と内容の取扱い　2　内容の取扱いについての配慮事項」の一部である。文中の(　A　)にあてはまる語句として正しいものを，以下の1〜5の中から1つ選べ。

> 　野外での学習活動では，自然の事物・現象を断片的に捉えるのではなく，これらの相互の関係を一体的に捉えるようにすることが大切である。そのことが，(　A　)や態度などを養うことにもつながる。また，野外に出掛け，地域の自然に直接触れることは，学習したことを実際の生活環境と結び付けて考えるよい機会になるとともに，自分の生活している地域を見直し理解を深め，地域の自然への関心を高めることにもなりうる。

1.　問題解決能力　　　2.　科学的思考力　　　3.　自然を愛する心情
4.　興味・関心　　　　5.　環境倫理意識

| 2024年度 | 和歌山県 | 難易度 |

【9】次は，小学校学習指導要領に示されている理科の「第2　各学年の目標及び内容」の一部です。「A　物質・エネルギー」について，第4学年と第5学年の内容を次のア〜エの中からそれぞれ1つ選び，その記号を答えなさい。

ア	金属，水及び空気の性質について，体積や状態の変化，熱の伝わり方に着目して，それらと温度の変化とを関係付けて調べる活動を通して，次の事項を身に付けることができるよう指導する。
イ	水溶液について，溶けている物に着目して，それらによる水溶液の性質や働きの違いを多面的に調べる活動を通して，次の事項を身に付けることができるよう指導する。
ウ	物の溶け方について，溶ける量や様子に着目して，水の温度や量などの条件を制御しながら調べる活動を通して，次の事項を身に付けることができるよう指導する。
エ	物の性質について，形や体積に着目して，重さを比較しながら調べる活動を通して，次の事項を身に付けることができるよう指導する。

| 2024年度 | 佐賀県 | 難易度 |

【10】次は，小学校学習指導要領に示されている理科の第3学年における
「A　物質・エネルギー」の一部です。下線部について豆電球と乾電池
と導線を使用して実験を行う際に，安全面に配慮する必要があります。
どのような危険を予測してどのような事前指導をしますか。予測され
る危険とその指導を答えなさい。

> (5)　電気の通り道
>   ア　次のことを理解するとともに，観察，実験などに関する
>   技能を身に付けること。
>   (ア)　電気を通すつなぎ方と通さないつなぎ方があること。

┃ 2024年度 ┃ 佐賀県 ┃ 難易度 ▪▪▪▪▪▫▫▫

【11】次の文は，小学校学習指導要領解説　理科編(平成29年7月)第1章
「3　理科改訂の要点」の一部を抜粋したものです。文中の(　①　)～
(　③　)にあてはまる語句の組み合わせとして正しいものを，以下の
ア～クから一つ選び，その記号を書きなさい。

> 　今回の改訂は，小学校理科で育成を目指す資質・能力を育む
> 観点から，(　①　)，見通しをもって観察，実験などを行い，そ
> の結果を基に(　②　)し，結論を導きだすなどの問題解決の活動
> を充実した。また，理科を学ぶことの意義や有用性の実感及び
> 理科への関心を高める観点から，(　③　)や社会との関連を重視
> する方向で検討した。

ア　①　自然に関わり　　②　考察　　③　日常生活
イ　①　自然に関わり　　②　考察　　③　自然環境
ウ　①　自然に関わり　　②　議論　　③　日常生活
エ　①　自然に関わり　　②　議論　　③　自然環境
オ　①　自然に親しみ　　②　考察　　③　日常生活
カ　①　自然に親しみ　　②　考察　　③　自然環境
キ　①　自然に親しみ　　②　議論　　③　日常生活
ク　①　自然に親しみ　　②　議論　　③　自然環境

┃ 2024年度 ┃ 岩手県 ┃ 難易度 ▪▪▪▪▪▪▫▫

● 理科

【12】 次の文は，小学校学習指導要領解説　理科編(平成29年7月)第2章「第1節　教科の目標」に示された，「(2)観察，実験などを行い，問題解決の力を養うこと」の一部を抜粋したものです。文中の（　①　）～（　④　）にあてはまる語句を，以下のア～クからそれぞれ一つずつ選び，その記号を書きなさい。

> 　小学校では，学年を通して育成を目指す問題解決の力を示している。
> 　第3学年では，主に差異点や共通点を基に，（　①　）といった問題解決の力の育成を目指している。(中略)第4学年では，主に既習の内容や生活経験を基に，（　②　）といった問題解決の力の育成を目指している。(中略)第5学年では，主に予想や仮説を基に，（　③　）といった問題解決の力の育成を目指している。(中略)第6学年では，主に（　④　）といった問題解決の力の育成を目指している。

ア	比較しながら調べる	イ	根拠のある予想や仮説を発想する
ウ	解決の方法を発想する	エ	推論しながら調べる
オ	関係付けながら調べる	カ	より妥当な考えをつくりだす
キ	問題を見いだす	ク	条件に目をむけながら調べる

‖2024年度‖　岩手県‖　難易度▆▆▆▆▅▫

【13】 次の文は，小学校学習指導要領解説　理科編(平成29年7月)第2章「第1節　教科の目標」に示された，『「見通しをもって観察，実験を行うことなどを通して」について』の一部を抜粋したものです。文中の（　①　）～（　③　）にあてはまる語句の組み合わせとして正しいものを，以下のア～クから一つ選び，その記号を書きなさい。

> 　「観察，実験を行うことなど」については，以下のような意義が考えられる。
> 　理科の観察，実験などの活動は，児童が自ら（　①　），問題意識をもって（　②　）自然の事物・現象に働きかけていく活動である。そこでは，児童は自らの（　③　）に基づいて，観察，実験などの計画や方法を工夫して考えることになる。観察，実験など

の計画や方法は，(③)を自然の事物・現象で検討するための手続き・手段であり，理科における重要な検討の形式として考えることができる。

ア　①　目的　　　　②　主体的に　　③　問題
イ　①　目的　　　　②　主体的に　　③　予想や仮説
ウ　①　目的　　　　②　意図的に　　③　問題
エ　①　目的　　　　②　意図的に　　③　予想や仮説
オ　①　関心や意欲　②　主体的に　　③　問題
カ　①　関心や意欲　②　主体的に　　③　予想や仮説
キ　①　関心や意欲　②　意図的に　　③　問題
ク　①　関心や意欲　②　意図的に　　③　予想や仮説

▌2024年度 ▌岩手県 ▌難易度 ▰▰▰▱▱

【14】小学校「理科」の第3学年「物と重さ」の学習について，次の(1)～(3)の問いに答えなさい。

(1)　単元の導入において，見た目や手で持った感じで，身の回りにある物の重さを比較する活動を設定した。物の重さを比較する際に，初めから電子てんびんを使わずに，このような活動を設定した教師の意図を書きなさい。

(2)　次に，「物は形が変わると重さは変わるのだろうか」という問題を設定し，図1のように電子てんびんを用いて粘土を様々な形に変えたときの重さを比較した。児童が考えた方法で実験する際，正確に重さをはかるために注意することを2つ書きなさい。

【図1】

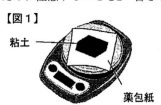

粘土

薬包紙

【児童が考えた方法】

> 1　はじめの形(四角)のまま，ねん土の重さをはかる。
> 2　形を変えて，ねん土の重さをはかる。
> 　ア　丸くしたとき　　　　　　イ　細長くのばしたとき
> 　ウ　平たくのばしたとき　　　エ　小さく分けたとき

(3)　さらに，「同じ体積でも，物の種類が違うと重さは違うのだろうか」という問題を設定し，次の2つの実験を行った。以下の①，②の問いに答えなさい。

> 実験1
> 　砂糖と食塩を，計量スプーンで1杯ずつとり，それぞれカップに入れて電子てんびんで重さを
> はかる。
> 実験2
> 　同形，同体積の鉄・アルミニウム・銅・木・ゴムを用意し，電子てんびんで重さをはかる。

①　実験1の下線部の操作で，砂糖と食塩の体積をそろえるには，どうしたらよいか書きなさい。

②　実験2で用意した物のうち，最も重いのはどれか書きなさい。

▊ 2024年度 ▊ 群馬県 ▊ 難易度 ▉▉▉▉▉□□

【15】小学校学習指導要領「理科」の「指導計画の作成と内容の取扱い」では，「天気，川，土地などの指導に当たっては，災害に関する基礎的な理解が図られるようにすること。」とあるが，どのような指導が考えられるか。第5学年の学習内容と関連付けた指導例を考え，書きなさい。

▊ 2024年度 ▊ 青森県 ▊ 難易度 ▉▉▉▉□□□

解答・解説

【1】4

○**解説**○ ① 理科において「見通しをもつ」とは，児童が自然に親しむことによって見いだした問題に対して，予想や仮説をもち，それらを基にして観察，実験などの解決の方法を発想することである。総則における「主体的・対話的で深い学びの実現に向けた授業改善」の事項においても，「児童が学習の見通しを立てる」などの活動を，計画的に取り入れるように工夫することが示されている。理科のほかに算数が，「見通しをもつ」ことを教科の目標に掲げている。 ② 問題を科学的に解決することによって，一つの問題を解決するだけに留まらず，獲得した知識を適用して，「理科の見方・考え方」を働かせ，新たな問題を見いだし，その問題の解決に向かおうとするという営みが行われる。理科においては問題を解決していく際，「科学的に解決する」ことが重要となるのである。 ③ 目標(1)は，知識及び技能に関する資質・能力を示したものであり，前半部分が「知識」，後半部分が「技能」に関する目標を表している。

【2】イ

○**解説**○「比較しながら調べる活動を通して」は第3学年，「関係付けて調べる活動を通して」は第4学年，「条件を制御しながら調べる活動を通して」は第5学年，「多面的に調べる活動を通して」は第6学年の内容である。これらの文言は，各学年の内容にも記載されている。

【3】ア 論理的思考力 イ 災害 ウ 日常生活

○**解説**○ ア 問題文の(2)の事項は，コンピュータや情報ネットワークなどの活用に関する項目である。総則の「第3 教育課程の実施と学習評価」の1の(3)には，各教科等の特質に応じて実施することとして，「児童がプログラミングを体験しながら，コンピュータに意図した処理を行わせるために必要な論理的思考力を身に付けるための学習活動」が示されている。 イ 問題文の(4)の事項は，自然災害との関連

345

を図ることが示されている。　ウ　問題文の(5)の事項は，児童が主体的に問題解決の活動を行う中で，既習の内容や生活経験を基に，根拠のある予想や仮説を発想したり，学習の成果を日常生活との関わりの中で捉え直したり，他教科等で学習した内容と関連付けて考えたりすることなどによって，学習内容を深く理解することができるようになることなどが示されている。

【4】a　②　　b　③

○**解説**○　a　小学校理科における「見方・考え方」のうち，問題解決の過程においてどのような考え方で思考していくかという「考え方」については，第3学年が「比較しながら調べる活動を通して」，第4学年が「関係付けて調べる活動を通して」，第5学年が「条件を制御しながら調べる活動を通して」，第6学年が「多面的に調べる活動を通して」として整理されている。　b　また，学年を通して育成を目指す問題解決の力も，学年ごとに整理して示されている。第3学年は，「主に差異点や共通点を基に」問題を見いだす力を養うこととして示されている。

【5】⑥

○**解説**○　小学校理科においては，学年を通して育成を目指す問題解決の力が，学年ごとに整理して示されている。第3学年では主に「差異点や共通点」を基に，第4学年では主に「既習の内容や生活経験」を基に，第5学年では主に「予想や仮説」を基に，第6学年では主に「より妥当な考え」をつくりだすとして，それぞれ示されている。これらの学年ごとの問題解決の力は，学年別の目標及び内容に示されているので，確実に押さえておく必要がある。

【6】(1)　a　⑦　　b　⑪　　(2)　a　⑦　　b　⑪　　c　①

○**解説**○　(1)　a　「見通しをもつ」ことは，問題に対して予想や仮説をもち，観察・実験などの解決の方法を発想することであり，予想や仮説または解決の方法の妥当性を検討したという意味で価値がある活動といえる。　b　理科では，児童が見いだした問題を解決していく際，

「科学的に解決する」ということが重要である。　(2)　a　第3学年の
(1)②は，物質・エネルギー区分の思考力，判断力，表現力等に関する
指導内容である。小学校理科においては，学年を通して育成を目指す
問題解決の力を学年ごとに示している。第3学年においては，主に差
異点や共通点を基に問題を見いだす力の育成を目指している。　b・c
第5学年の(2)③は，生命・地球区分の学びに向かう力，人間性等に関
する指導内容である。前半には，該当学年で理解を図る内容の，生命
の連続性，流れる水の働き，気象現象の規則性が列挙されている。

【7】4
〇**解説**〇　小学校理科では，学年を通して育成を目指す問題解決の力が，
学年ごとに示されている。第6学年では，主により妥当な考えをつく
りだす力の育成を目指している。より妥当な考えをつくりだす力を育
成するために大切とされるのは，自然の事物・現象を多面的に考える
ことであるとしている。

【8】3
〇**解説**〇　生物，天気，川，土地などの指導に当たっては，体験的な学習
活動を多く取り入れることが重要である。生命を尊重し，自然環境の
保全に寄与する態度の育成につながるものである。教科の目標(3)では，
「自然を愛する心情や主体的に問題解決しようとする態度を養う。」こ
とが示されている。

【9】第4学年…ア　　第5学年…ウ
〇**解説**〇　なお，イは第6学年，エは第3学年の内容である。

【10】・豆電球を使わないで乾電池の2つの極を直接導線でつなぐと乾電
池が発熱するため，実験前につないではいけないつなぎ方を児童に示
す。　・ショート回路にすると乾電池が熱くなるので，実験前に長い
間電流を流さないように指導する。　・乾電池の2つの極を導線でつ
なぐと液漏れを起こす可能性があるので，マンガン電池を使うよう指
導する。

● 理科

○**解説**○ 乾電池に豆電球などを使わず導線のみを直接つなぐと(ショート回路)，抵抗が小さいため多くの電流が流れて発熱し，危険である。また，アルカリ電池の方がマンガン電池より内部抵抗が小さく大きな電流が流れやすい。

【11】オ
○**解説**○ ① 理科の学習は，児童が自然に親しむことから始まる。教科の目標の書き出しも，「自然に親しみ」から始まっている。 ② 問題を科学的に解決するための過程として，「気付き」，「問題の設定」，「予想や仮説の設定」，「検証計画の立案」，「観察・実験の実施」，「結果の処理」，「考察」，「結論の導出」といった過程があることを理解しておきたい。 ③ 今回の改訂において，学習の成果は，日常生活とのかかわりの中で捉え直すことで，学習内容をより深く理解することができるため，日常生活との関連を重視することとされた。

【12】① キ ② イ ③ ウ ④ カ
○**解説**○ 小学校理科においては，学年を通して育成を目指す問題解決の力が，学年別に示されている。このことは，学年目標とともに学年ごとの内容にも反映されているため，各学年の問題解決の力を確実に押さえておくことが重要である。

【13】エ
○**解説**○ 「観察，実験」は，理科における基本的な技能の中核として，育成を目指す資質・能力の三つの柱を含む理科学習全体を支えるものである。その活動には，明確な目的や問題意識をもって臨むことが大切である。問題解決の過程において観察・実験を行う際には，「予想や仮説の設定」が重要である。予想や仮説と結果を照らして，考察し，結論を導き出すといった問題解決の過程の中で，問題解決の力が育成されるのである。

【14】(1) 体験的な活動を取り入れ，実感を伴いながら，予想など，理科の学習の仕方を身に付けられるようにするため。 (2) ・小さく

分けるときには，粘土の破片が落ちたり，手についたりしていないか確認させる。　　・重さが変わってしまうため，薬包紙を必ずのせる。

(3)　①　多めにのせてから，割り箸で盛り上がった部分を平らにすり切る。　　②　銅

○**解説**○ (1)　第3学年の「物と重さ」の単元では，物の形や体積に着目し，形を変えても重さは変わらないことや，物の種類が違うと同じ体積でも重さは違うことがあることを学習する。それらのことを調べる際には，まず，実際に物を持って手ごたえを体感し，それを基に予想するなどの活動を行った上で，実際の重さを測定して調べ確かめることが大切である。　(2)　形を変える際に，粘土を残さずに行う必要がある。　(3)　①　体積を同じにするためには，計量スプーン1杯を平らにすりきり，塩や砂糖がすき間のない1杯になるようにする。

②　各物質の密度(g/cm³)は，鉄が7.874，アルミニウムが2.70，銅が8.96で，木とゴムは1に満たないものが多い(「理科年表2021」より)。最も重いのは銅である。

【15】流れる水の働きと土地の変化の学習において，長雨や集中豪雨がもたらす川の増水によって起こる氾濫や川岸の浸食などの災害を理解するために，インターネットなどの映像の資料を活用して，どのような災害が起こることがあるのか，また，自分の住んでいる地域で過去に災害が起こったことがあるのかを調べさせる。

○**解説**○ 自然災害に関連した内容は，第5学年の「流れる水の働きと土地の変化」，「天気の変化」，第6学年の「土地のつくりと変化」である。第5学年の「天気の変化」では，長雨や集中豪雨，台風などの気象情報から，自然災害に触れるようにしたり，第6学年の「土地のつくりと変化」では火山の噴火や地震がもたらす自然災害に触れ，過去に起こった火山の活動や大きな地震によって土地が変化したこと，将来にも起こる可能性があることなどを指導することなどが考えられる。

外国語科

要点整理

●文法

- [ ] A is to B what C is to D 〈AとBの関係はCとDの関係と同じ〉
- [ ] all but ～ 〈ほとんど～，ただ～だけが～でない〉
- [ ] all the＋比較級(～)＋for～ 〈～のためにかえっていっそう(～)〉
- [ ] anything but～ 〈～のほかなら何でも，決して～でない〉
- [ ] as～as～ 〈～と同じくらい～〉
- [ ] as～as possible 〈できるだけ～，できるかぎり～〉
- [ ] as if～＝as though～ 〈まるで～であるかのように〉
- [ ] as～，so～ 〈～のように，そのように～〉
- [ ] be about to～ 〈まさに～しようとしている〉
- [ ] be accustomed to～ing 〈～することに慣れている〉
- [ ] be going to～ 〈～しようとしている〉
- [ ] be on the point of～ing 〈まさに～しようとしている〉
- [ ] be used to～ing 〈～することに慣れている〉
- [ ] be worth～ing 〈～する価値がある〉
- [ ] but for～ 〈～がなければ〉
- [ ] cannot help～ing (cannotbut～) 〈～しないではいられない，～せざるをえない〉
- [ ] cannot ～too～ 〈いくら～しても～しすぎることはない〉
- [ ] compare A to B 〈AをBにたとえる〉
- [ ] compare A with B 〈AとBを比べる〉
- [ ] consist in～ 〈～に在する〉
- [ ] consist of～ 〈～から成り立つ〉
- [ ] consist with～ 〈～と一致する，～と両立する〉
- [ ] demand that A be～ 〈Aが～するように要求する〉
- [ ] deprive A of B 〈AからBを奪う〉
- [ ] enough to～(so … as to～) 〈～するほど～に，あまりに～なので～である〉
- [ ] either A or B 〈AかBかどちらか〉

☐ far from〜ing 〈少しも〜でない，〜どころではない〉

☐ feel like〜ing 〈〜したいような気がする〉

☐ had better〜 〈〜したほうがよい〉

☐ happen to〜 〈たまたま〜する〉

☐ hardly〜when … 〈〜するやいなや〜〉

☐ it is no use〜ing 〈〜しても無駄である〉

☐ keep A from〜ing 〈Aに〜させない，〜することを妨げる〉
　(prevent A from〜ing)

☐ look to A for B 〈AにBを期待する，AにBを当てにする〉

☐ make a point of〜ing 〈決まって〜をする〉

☐ not only A but(also)B 〈Aばかりでなく B も〉
　(B as well as A)

●会話文

☐ A：You look tired. What's wrong with you?
　B：I didn't sleep last night.

☐ A：Thank you very much.
　B：It's my pleasure.(どういたしまして)

☐ A：Will you be able to come to help us?
　B：No, I'm afraid not.(すみませんができません)

☐ A：Will you pass me the soy sauce?
　B：Here you are.(どうぞ)

☐ A：Will it rain next Sunday?
　B：I hope not.(そうならないといいね)

☐ A：I've had a bad headache.
　B：That's too bad.(お気の毒に)

☐ A：How many chairs do you need?
　B：Ten will do.(〜で充分だ)

☐ A：Why don't you ask him to help us?
　B：That's a good idea.

☐ A：Thank you very much for your kindness.
　B：You're welcome. ＝ Don't mention it. ＝ Not at all.

　□A：How would you like to come to our party next Friday?

　　B：That sounds exciting !

　□A：I'd like to talk with Mr. Brown.(電話での会話)

　　B：This is Brown speaking.

　　B：I'm sorry, but he is out now.

　　A：Can I leave a message for him?

　□A：Here comes your friend !

　　B：I'm coming.(今行くよ)

　□A：Will you come with me?

　　B：Why not?(もちろん)

　□A：Would you mind my smoking?

　　B：Go ahead.(どうぞ)

　□A：I missed the bus.

　　B：You should have left home earlier.(～すべきだった)

　□A：Could you pass me the salt, please?

　　B：I beg your pardon?(何と言いましたか)

　□A：Do you know where Ken is?

　　B：I'm not sure. He may be in his room.

　□A：I don't like spiders.

　　B：Neither(Nor)do I.(＝ I don't like, either)

●平成29年告示学習指導要領　改訂の要点

(1)　教育課程上の位置付け

　・第5学年及び第6学年において，それぞれ年間70単位時間の授業時数
　　を確保した。

　・言語活動は従前の「外国語活動」における「聞くこと」「話すこと」
　　の活動に加え，「読むこと」「書くこと」についても扱う。

　・中・高等学校の外国語科と同様に「知識・技能」，「思考・判断・表現」，
　　「主体的に学習に取り組む態度」の3観点により数値による評価を行う。

　・英語の履修を原則とする。

(2)　目標について

　①教科の目標

「外国語」の目標は以下の通りである。

外国語によるコミュニケーションにおける見方・考え方を働かせ，外国語による聞くこと，読むこと，話すこと，書くことの言語活動を通して，コミュニケーションを図る基礎となる資質・能力を次のとおり育成することを目指す。

(1)　外国語の音声や文字，語彙，表現，文構造，言語の働きなどについて，日本語と外国語との違いに気付き，これらの知識を理解するとともに，読むこと，書くことに慣れ親しみ，聞くこと，読むこと，話すこと，書くことによる実際のコミュニケーションにおいて活用できる基礎的な技能を身に付けるようにする。

(2)　コミュニケーションを行う目的や場面，状況などに応じて，身近で簡単な事柄について，聞いたり話したりするとともに，音声で十分に慣れ親しんだ外国語の語彙や基本的な表現を推測しながら読んだり，語順を意識しながら書いたりして，自分の考えや気持ちなどを伝え合うことができる基礎的な力を養う。

(3)　外国語の背景にある文化に対する理解を深め，他者に配慮しながら，主体的に外国語を用いてコミュニケーションを図ろうとする態度を養う。

　中央教育審議会答申(平成28年12月21日)にて示された3つの柱に対応して，(1)～(3)の目標が示された。それぞれ(1)が「知識・技能」，(2)が「思考力・判断力・表現力等」，(3)が「学びに向かう力・人間性等」の観点を反映している。

②各言語の目標

　英語の目標は，英語学習の特質を踏まえ，聞くこと，読むこと，話すこと[やり取り]，話すこと[発表]，書くことの5つの領域別に設定された。

(1)　聞くこと

　　ア　ゆっくりはっきりと話されれば，自分のことや身近で簡単な事柄について，簡単な語句や基本的な表現を聞き取ることができるようにする。

　　イ　ゆっくりはっきりと話されれば，日常生活に関する身近で簡単な事柄について，具体的な情報を聞き取ることができるよう

にする。

　ウ　ゆっくりはっきりと話されれば，日常生活に関する身近で簡単な事柄について，短い話の概要を捉えることができるようにする。

(2)　読むこと

　ア　活字体で書かれた文字を識別し，その読み方を発音することができるようにする。

　イ　音声で十分に慣れ親しんだ簡単な語句や基本的な表現の意味が分かるようにする。

(3)　話すこと[やり取り]

　ア　基本的な表現を用いて指示，依頼をしたり，それらに応じたりすることができるようにする。

　イ　日常生活に関する身近で簡単な事柄について，自分の考えや気持ちなどを，簡単な語句や基本的な表現を用いて伝え合うことができるようにする。

　ウ　自分や相手のこと及び身の回りの物に関する事柄について，簡単な語句や基本的な表現を用いてその場で質問をしたり質問に答えたりして，伝え合うことができるようにする。

(4)　話すこと[発表]

　ア　日常生活に関する身近で簡単な事柄について，簡単な語句や基本的な表現を用いて話すことができるようにする。

　イ　自分のことについて，伝えようとする内容を整理した上で，簡単な語句や基本的な表現を用いて話すことができるようにする。

　ウ　身近で簡単な事柄について，伝えようとする内容を整理した上で，自分の考えや気持ちなどを，簡単な語句や基本的な表現を用いて話すことができるようにする。

(5)　書くこと

　ア　大文字，小文字を活字体で書くことができるようにする。また，語順を意識しながら音声で十分に慣れ親しんだ簡単な語句や基本的な表現を書き写すことができるようにする。

　イ　自分のことや身近で簡単な事柄について，例文を参考に，

> 音声で十分に慣れ親しんだ簡単な語句や基本的な表現を用いて
> 書くことができるようにする。

(3) 内容について

〔知識及び技能〕「(1)英語の特徴や決まり」，〔思考力，判断力，表現力等〕「(2)情報を整理しながら考えなどを形成し，英語で表現したり，伝え合ったりすること」「(3)言語活動及び言語の働き」の2領域3事項に大別できる。(1)では音声や文字及び符号などの言語材料について指導する。(2)では具体的な課題等を設定し，コミュニケーションを行う目的や場面，状況などに応じて，情報を整理しながら考えなどを形成し，これらを表現することを通して指導する。(3)では「聞くこと」「読むこと」「話すこと(やり取り)」「話すこと(発表)」「書くこと」の言語活動に関する5領域及び言語の働きについて指導する。

●学習指導法

今回の学習指導要領改訂における趣旨の一つに，「主体的な学び」「対話的な学び」「深い学び」の視点から学習過程の改善を図ることがある。中央教育審議会答申(平成28年12月21日)によると，それぞれの学びを実現するための視点として，外国語教育について次のようなことが挙げられている。

「主体的な学び」

・外国語を学ぶことに興味や関心を持ち，どのように社会や世界と関わり，学んだことを生涯にわたって生かそうとするかについて，見通しを持って粘り強く取り組むこと

・自分の意見や考えを発信したり評価したりするために，自らの学習のまとめを振り返り，次の学習につなげること

・コミュニケーションを行う目的・場面・状況等を明確に設定し，学習の見通しを立てたり振り返ったりする場面を設けること

・発達の段階に応じて，身の回りのことから社会や世界との関わりを重視した題材を設定すること　など

「対話的な学び」

・他者を尊重した対話的な学びの中で，社会や世界との関わりを通じ

て情報や考えなどを伝え合う言語活動の改善・充実を図ること
・言語の果たす役割として他者とのコミュニケーション(対話や議論等)の基盤を形成する観点を資質・能力全体を貫く軸として重視しつつ，コミュニケーションを行う目的・場面・状況に応じて，他者を尊重しながら対話が図られるような言語活動を行う学習場面を計画的に設けること　など

「深い学び」

・言語の働きや役割に関する理解，外国語の音声，語彙・表現，文法の知識や，それらの知識を五つの領域において実際のコミュニケーションで運用する力を習得すること
・情報や自分の考えなどを話したり書いたりする中で，外国語教育における「見方・考え方」を働かせて思考・判断・表現し，学習内容を深く理解し，学習への動機付けがされる「深い学び」につながり，資質・能力の3つの柱に示す力が総合的に活用・発揮されるようにすること
・授業において，コミュニケーションを行う目的・場面・状況等に応じた言語活動を効果的に設計すること　など

指導計画の作成や指導法に関する設問では，これらの視点が相互に関連し合うことや，学習の目標との結びつきを念頭に置いて解答を作成したい。

【1】 次の①~④の各英文は，主に授業で使用されるクラスルーム・イングリッシュである。それぞれの表現が用いられる場面を表すものを1つずつ選び，記号で答えよ。

① Make a circle.

② I'll give you three hints.

③ Take out your textbook.

④ It's time for English class.

   ア　授業の始まりを伝える場面

   イ　教室前方に児童を集める場面

   ウ　授業の目標を伝える場面

   エ　友達と輪になることを促す場面

   オ　机上の準備を促す場面

   カ　問題を解く手がかりを伝える場面

   キ　話をよく聞くように指示する場面

▌ 2024年度 ▌ 長崎県 ▌ 難易度■■■■■□□□

【2】 次の語の説明として最も適切なものを①~⑤の中からそれぞれ一つ選びなさい。

(1) dialect

   ①　a form of a language which is spoken only in one area, with words or grammar that are slightly different from other forms of the same language

   ②　a word taken into one language from another

   ③　a group of words that has a special meaning that is different from the ordinary meaning of each separate word

   ④　a well-known short statement that expresses an idea most people believe is true and wise

   ⑤　an expression or title that is used to show respect for the person you are speaking to

359

(2) crosswalk

① one of a set of red, yellow, and green lights that control the movement of vehicles, usually at a point where two or more roads join

② a place where a railway and a road cross each other, usually with gates that stop the traffic while a train goes past

③ a structure like a bridge that allows one road to go over another road

④ a specially marked place for people to walk across a street

⑤ an outside area of ground where you can leave a car for a period of time

┃ 2024年度 ┃ 三重県 ┃ 難易度 ▮▮▮▮▮▯▯

【3】日本語に合うように，次の(1)〜(5)の(　　)内に入る最も適切な英語を，それぞれ以下の1〜5から1つずつ選べ。

(1) みなさん座れますか。

Does everyone have a (　　) to sit?

1 room　　2 group　　3 cushion　　4 place　　5 floor

(2) 出席を取ります。

Let me (　　) the roll.

1 attend　　2 call　　3 name　　4 invite　　5 speak

(3) 勝った人に拍手をしましょう。

Let's (　　) the winners a big hand.

1 take　　2 have　　3 allow　　4 hit　　5 give

(4) 右上に名前を書きなさい。

Write your name at the (　　) right corner.

1 high　　2 low　　3 upper　　4 tall　　5 above

(5) 日本とアメリカの違いや同じところを生徒に話してもらえませんか。

Could you tell the students about the differences and similarities (　　) Japan and the US?

1 between　　2 from　　3 of　　4 on　　5 among

難易度 ▮▮▮▮▮▯▯

【4】次の(1)～(5)の英文の空欄に当てはまる語として最も適当なものを，それぞれ以下のア～エから1つずつ選び，記号で答えなさい。

(1) A : Hello, is this Midori Pizza Restaurant?

B : I'm sorry. This is Wakaba Dental. I'm afraid you have the (　) number.

ア　bad　　イ　necessary　　ウ　slow　　エ　wrong

(2) A : Where did you (　)up, Tom?

B : In Sydney.

ア　grow　　イ　rise　　ウ　spend　　エ　sound

(3) A : I like this song so much. Do you know (　) is playing the guitar in the song?

B : No, but maybe my brother knows. Let's ask him later.

ア　how　　イ　when　　ウ　who　　エ　why

(4) When George and Jerry met in school for the first time, they (　) hands.

ア　sold　　イ　shook　　ウ　taught　　エ　went

(5) Margaret is going to travel to Thailand next month. She'd like to look (　) the city first, and then visit the historical museum there.

ア　against　　イ　around　　ウ　between　　エ　beside

▌2024年度 ▌京都府 ▌難易度 ▌▊▊▊▊▊▊▊▊▢▢

【5】次のそれぞれの日本語に合うように，(　)内の与えられた文字で始まる適切な英語1語を書きなさい。なお，解答には与えられた文字も含めて書くこと。

1　答えを推測してください。

Please (g　) the answer.

2　彼女に大きな拍手をしよう。

Let's give her a big (h　).

3　あなたの名前はどういう綴りですか。

How do you (s　) your name?

4　そのウェブサイトからデータをダウンロードできます。

You can (d　) the data from the website.

361

┃ 2024年度 ┃ 兵庫県 ┃ 難易度 ▮▮▮▮▮▯▯

【6】次の(1)〜(3)の日本文に合うように，英文内の( )に適する英語を1語ずつ書きなさい。

(1) これが今日の目標です。

This is Today's ( ).

(2) 鉛筆を何本持っていますか。

( ) ( ) pencils do you have?

(3) 自分の席に戻ってください。

Please go back to ( ) ( ).

┃ 2024年度 ┃ 青森県 ┃ 難易度 ▮▮▮▮▮▯▯

【7】次の(1)・(2)の日本語の意味になるように，[ ]内の語をそれぞれ正しく並べかえ，記号で答えなさい。

(1) 今週の日曜日に野球をしますが，人数が足りません。

We [ア to play　イ members　ウ have　エ enough
オ don't] baseball this Sunday.

(2) 私たちが海を守ることは大切だ。

It is [ア for　イ important　ウ protect　エ us　オ to]
the sea.

┃ 2024年度 ┃ 京都府 ┃ 難易度 ▮▮▮▮▮▮▯

【8】次の(1)〜(3)の日本文の意味にあう英文になるように，( )内の語句を並べ替えたとき，前から3番目と5番目にくる語句の組合せとして正しいものを，以下の1〜5の中からそれぞれ1つ選べ。ただし，( )内には不要な語句が1語あること，文頭にくる語も小文字で示していることに注意しなさい。

(1) 児童にあなたの国と日本との違いや同じところを話していただけませんか。

(about / talk / could / students / you / the / tell) the differences and similarities between the country you're from and Japan?

1. 3番目：tell　　5番目：about

2. 3番目：talk　　5番目：about

3. 3番目：tell　　5番目：students

4. 3番目：talk　　5番目：students

5. 3番目：tell　　5番目：ask

(2) 12時25分に授業が終わります。

(on / will / class / at / the / finish) twelve twenty－five

1. 3番目：at　　　5番目：finish

2. 3番目：will　　5番目：on

3. 3番目：will　　5番目：finish

4. 3番目：will　　5番目：at

5. 3番目：on　　　5番目：finish

(3) 次の時間では新しい活動を始めます。

We will start a new (in / activities / the / next / activity / class)

1. 3番目：the　　　　5番目：class

2. 3番目：the　　　　5番目：next

3. 3番目：activities　　5番目：class

4. 3番目：activities　　5番目：next

5. 3番目：activities　　5番目：in

| 2024年度 ‖ 和歌山県 ‖ 難易度 ▮▮▯▯▯ |

【9】次の(1)・(2)の対話文の[　　　]に当てはまる英文として最も適当なものを，それぞれ以下のア～エから1つずつ選び，記号で答えなさい。

(1) A : Hi, Susan. How was your summer vacation?

B : Hi, Naoki. It was good! I traveled to Cardiff, and had a fantastic time there.

A : Cardiff? [　　]

B : Cardiff is the capital city in Wales. I stayed there for a week.

ア　When did you go there?　　イ　Where is it?

ウ　How did you go there?　　エ　Who did you go with?

(2) A : Is everyone here? Can we go fishing now?

B : No. Thomas hasn't come yet. We need to wait for him.

A : I see. Oh! I forgot. He can't come today. He told me about that yesterday.

　B : [　　]

ア　Is that true? I didn't know that.

イ　OK. Let's wait for him.

ウ　Really? I like fishing, too.

エ　I agree. He will come here soon.

┃ 2024年度 ┃ 京都府 ┃ 難易度 ▓▓▓▓▓▓▓▢▢

【10】次の(1)～(3)の対話の(　　)に当てはまる文として最も適切なものを以下のA～Dから一つずつ選び，その記号を書け。

(1)　Kiyoshi : I've never seen anything like this! This building is really unique.(　　)

　　　Guide　 : It's the Church of the Sagrada Familia.

　　A　How is it going?

　　B　Where is it built?

　　C　What is it?

　　D　When did you go there?

(2)　Customer　 : Excuse me.(　　　)I'm looking for a guidebook on Spain.

　　　Shop Clerk : Of course. Let me take you to the travel section.

　　　Customer　 : Thank you.

　　A　Can I help you?

　　B　Can you help me?

　　C　Will you speak more slowly?

　　D　Shall we play soccer?

(3)　Masa　　 : Mmm, this pasta is delicious ! I love pasta.

　　　Mr. Hill : Oh, (　　　) Would you like some more salad?

　　　Masa　　 : Yes, please.

　　A　are you allergic to any food?

　　B　I'm glad you like it.

　　C　is there anything you don't like?

　　D　nothing particular.

┃ 2024年度 ┃ 愛媛県 ┃ 難易度 ▓▓▓▓▓▢▢▢

【11】次の英語の対話文を読んで，空欄(　①　)～(　③　)に入る英語として最も適切なものを，以下のア～カの中からそれぞれ一つずつ選び，記号で答えなさい。

A : Hello. This is the front desk.

B : Hello. This is Room 201. (　①　), but the outlet beside the bed is not working.

A : Have you put your room key card into the slot by your room's entrance? That will turn on the electricity for the entire room.

B : (　②　). Everything else in this room is working.

A : Oh, I am sorry and sincerely apologize for the inconvenience. A member of the staff will be right there.

B : That would be helpful. (　③　).

　　ア　I Would like to switch rooms

　　イ　I really appreciate it

　　ウ　No, I haven't

　　エ　I'm trying to charge my smartphone

　　オ　I want to go to the outlet mall near here

　　カ　Yes, I have

2024年度　山形県　難易度

【12】次の(1)～(4)の各対話文について，(　　)に入る最も適切なものを，以下の1～4からそれぞれ選び，記号で答えよ。

　(1)　A: Hello, Lisa. It's Kate speaking. The party appears to be quite lively.

　　　B: (　　). What's up?

　　　A: I regret to inform you, Lisa, that I had intended to attend the party, but I don't believe I can make it tonight.

　　　1　Everyone seems to be enjoying it

　　　2　Everyone seems being enjoying it

　　　3　Everyone seems enjoying it

　　　4　Everyone seems to being enjoying it

(2)　A: How do you feel about the concept of living a plastic-free life?

　　B: I disagree with this idea because it is sometimes (　　). Rather, we should try to reuse it.

　　A: I comprehend your point, but I do not entirely concur with your perspective.

　　1　impossible avoiding using plastic

　　2　impossible to avoid using plastic

　　3　possible to avoid using plastic

　　4　possible avoiding using plastic

(3)　A: Kenji, have you given any consideration to your future? What profession are you interested in pursuing?

　　B: I think a lot about it, (　　) what I want to be.

　　A: There's no need to stress about it. You still have plenty of time to make a decision.

　　1　and I decided

　　2　and I have decided

　　3　but I didn't decide

　　4　but I haven't decided yet

(4)　A: Mr.Smith, I appreciate your assistance with my essay. Here it is. I would like to expand upon it.

　　B: It appears to be well-written. (　　). Let's brainstorm some additional ideas. Didn't you achieve victory in that speech competition during the summer?

　　A: To be honest, I came in second place.

　　1　You must work hard on it

　　2　You have to work hard on it

　　3　You had better work on it

　　4　You must have worked hard on it

| 2024年度 | 山口県 | 難易度 |

【13】次の対話文中の(　　)に入る最も適切なものを①〜⑤の中からそれぞれ一つ選びなさい。

(1)　A : What are you going to order?

　　B : (　　　)

　① 　At a restaurant.　　　② 　I've never tried it.

　③ 　I haven't decided yet.　④ 　I'll have it next time.

　⑤ 　I've never met her.

(2)　A : Sarah, I'm having a birthday party this weekend. Can you come?

　　B : I'd love to go, but I have to ask my mother first.

　　A : OK. Please call me (　　)

　① 　until you get well.　　② 　if you can come.

　③ 　before it's ready.　　④ 　when you get there.

　⑤ 　after the birthday party.

┃ 2024年度 ┃ 三重県 ┃ 難易度 ┃■■■□□

【14】 小学校「外国語」の学習について，次の(1)，(2)の問いに答えなさい。

(1)　第6学年「日本を紹介しよう」の単元において，日本に来たばかりのALTに，日本の行事や食べ物などについて，作成した発表資料を用いて紹介する活動を設定した。次は，単元末にALTに紹介している児童の様子である。以下の①〜④の問いに答えなさい。

【北海道について紹介している児童の様子】

> (ALTに向かって)
>
> Hello. I'm Taro.
>
> [　ア　]?
>
> 　(発表資料を両面に映して)
>
> We (　イ　) a special snow festival in Hokkaido.
>
> You (　ウ　) see many big snow statues.
>
> You (　ウ　) enjoy eating delicious *sushi*, too.
>
> *Noboribetsu onsen* is a famous hot spring.
>
> We (　イ　) many famous hot springs in Hokkaido.
>
> Thank you.

【snow festival】

【sushi】

【hot spring】

＜児童の発表資料＞

① ［　ア　］は，聞き手に対して，冬が好きかを質問する表現である。4語で書きなさい。

② （　イ　）に入る，「〜がある」という意味の1語を書きなさい。

③ （　ウ　）に入る，「〜できる」という意味の1語を書きなさい。

④ 単元のまとめとして，自分が紹介した内容を基に，英語で紹介文を書く活動を行った。その際の指導上の留意点を書きなさい。

(2) 小学校学習指導要領(平成29年告示)解説　外国語活動・外国語編」話すこと[やり取り]において，児童が，相手が言ったことを繰り返したり，応答したり，質問したりする表現を使いながら，やり取りを継続できるようにするための指導の工夫を書きなさい。

❚ 2024年度 ❚ 群馬県 ❚ 難易度 ▮▮▮▯▯▯

【15】次のスミス先生(*Ms.Smith*)と田中先生(*Ms.Tanaka*)の対話を読んで，以下の1，2，3の問いに答えよ。

Ms.Smith : Look. I wrote this kanji. I'm studying Japanese every day.

Ms.Tanaka : Wow, you can write kanji very well! Why (　A　) you start studying Japanese?

Ms.Smith : I watched Japanese anime on TV when I was little, and I got interested in Japan and its culture. Now, I (ア　know　イ　many　ウ　people　エ　to　オ　want) about Japan.

Ms.Tanaka : What are you going to do when you go back to your country?

Ms.Smith : I'm going to teach Japanese in Australia.

Ms.Tanaka : I'm sure you'll be a good Japanese teacher. [　　] with your studies.

Ms.Smith : Thank you. By the way, what was your dream when you were a child?

Ms.Tanaka : My dream was to be a cook. I didn't like carrots, but one day my mother cooked me a sweet soup （　B　） carrots. The soup changed my mind about vegetables.

Ms.Smith : That's so nice!

1　本文中の（　A　），（　B　）にあてはまる語を次のアからエのうちから一つ選び，記号で答えよ。

A：ア　do　　イ　did　　ウ　don't　　エ　didn't

B：ア　by　　イ　in　　ウ　on　　エ　with

2　本文中の下線部の語句を意味が通るように並べ替え，記号で答えよ。

3　本文中の[　　]にあてはまる最も適切な英語を次のアからエのうちから一つ選び，記号で答えよ。

ア　Come up　　イ　Good luck　　ウ　Keep in touch

エ　No such luck

▌2024年度▐栃木県▐難易度▐■■■■■□□□

【16】次の文を読んで，以下の問いに答えなさい。

The way you say something is called *delivery*. Delivery includes such things as eye contact, facial expression, body movement, personal appearance, and voice. Effective delivery should seem confident and natural. Besides an increase in volume for a larger audience, there are a number of differences between platform speaking and ordinary conversation. First, platform speaking is intentional. As the title of this text emphasizes, a speech is delivered with a clear purpose in mind. Second, a speech is more （　A　） than everyday conversation. A subject is chosen and developed with a specific audience in mind, and words are chosen more carefully. If you want to deliver an effective speech, you must be clear about what you want to say and whom you are trying to reach. Remember, in most cases, the only interaction with your audience that you have in a speech situation is their nonverbal response.

Your delivery will seem more confident and natural if you use a conversational style. A conversational style makes frequent use of the personal pronoun,* which gives it an air of familiarity, as if the speaker were talking to (B). Use your own vocabulary but eliminate words that might be considered overly casual or inappropriate. If you try to use words with which you are unfamiliar, your style will seem stilted* and unnatural. You should, however, choose your words carefully. Keep in mind that speech is more formal than ordinary conversation, and your language should be a bit more formal too.

The advantage of using your own vocabulary when delivering a speech is that you will feel more natural and comfortable. Talking about something you feel is important and about which you are sincere will help you exude* confidence.

(「Speaking with a Purpose」を改編)

*(注)　personal pronoun 人称代名詞　　　stilted　堅苦しい
　　　　exude　にじみ出る

1　本文中の(A), (B)に入る最も適切な英語を，次のア～エか
　らそれぞれ1つ選んで，その符号を書きなさい。

A　ア　carefully translated　　イ　easily understood
　　ウ　carefully prepared　　エ　easily delivered
B　ア　close friends　　　　　イ　yourself
　　ウ　foreigners　　　　　　エ　good listeners

2　本文の内容と一致するものを，次のア～オから2つ選んで，その符
　号を書きなさい。

ア　Body movement is not the way of delivery in speech.
イ　Platform speaking is delivered with a clear purpose in mind.
ウ　In speech, you can always interact with your audience by conversation.
エ　You should frequently use your unfamiliar words to make your speech
　　formal.

オ Using your own words in speech will help you feel more natural and relaxed.

┃ 2024年度 ┃ 兵庫県 ┃ 難易度 ▮▮▮▮▯▯▯

【17】次の英文を読んで，以下の(1)，(2)の問いに答えよ。

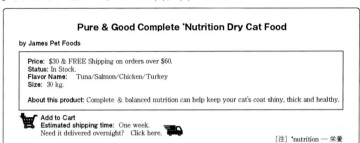

(1) 次の英文が本文の内容に合うように，(　　)に当てはまるものとして最も適切なものを以下のA～Dから一つ選び，その記号を書け。

This website says (　　).

A nutritious foods for dogs are in stock

B nutritious foods for dogs are out of stock

C nutritious foods for cats are in stock

D nutritious foods for cats are out of stock

(2) 本文の内容に合うものとして最も適切なものを次のA～Dから一つ選び，その記号を書け。

A Complete and balanced nutrition doesn't enrich cat's skin.

B The size of foods is 20 kg.

C We don't need to click on the overnight delivery icon for details about expedited shipping.

D Orders over $60 are delivered free of shipping costs.

┃ 2024年度 ┃ 愛媛県 ┃ 難易度 ▮▮▮▮▯▯▯

【18】次の英文を読んで，各問いに答えよ。

How does our body clock work, and how do we use that knowledge to get a baby to sleep through the night? Because of the earth's rotation around itself, which takes twenty-four hours, our (　a　) clock has evolved to produce a circadian rhythm of approximately twenty-four hours. The length of one cycle is twenty-four hours, and this length is called a period.

What drives our body clock, and what tells us what time it is? Almost fifty years ago, scientists discovered that the clock is (　b　) by a set of genes in our bodies, the so-called clock genes. Working at the California Institute of Technology in the early 1970s, the geneticists Ron Konopka and Seymour Benzer asked the following question: are there genes that are required for certain behaviors that normally happen only at certain times of the day? They were able to find an answer using the tiny fruit fly *Drosophila melanogaster* as a model system.

During normal development, fly eggs turn into larvae, which eat a lot and grow. Seven days later, during metamorphosis, each larva makes a little case for itself, called the pupal case. While in the pupal case, the larva transforms into an adult fly. The mature fly then breaks out of the case in a process called eclosion, ten days after the egg was (　c　). Interestingly, eclosion usually only happens at a certain time of day—in the early morning—probably (can / that / flies / their wings / spread / so / the newborn) during the warm day and get accustomed to their new bodies while it's light and warm out.

To find out if there were genes required for the flies' regular morning eclosion time, Konopka and Benzer exposed the flies to a DNA-damaging chemical, or mutagen, thereby randomly perturbing the function of individual genes, and then watched to see if this genetic perturbation (　d　) the timing of eclosion. Indeed, a certain mutation rendered the flies' eclosion arrhythmic: instead of all eclosing in the morning, the mutant flies eclosed at random times of day and night. Furthermore, the researchers found two other mutations that, instead of rendering the flies arrhythmic, (　e　) the flies' twenty-four-hour eclosion cycles to nineteen hours and twenty-eight hours, respectively.

1　下線部の語句を全て用いて，意味が通るように並べ替えよ。

2 上の英文中の(a)～(e)に当てはまる最も適当な語句を次の
(ア)～(エ)からそれぞれ一つ選び，記号で答えよ。

a　(ア)　annual　　　　　　　　(イ)　traditional
　　(ウ)　internal　　　　　　　(エ)　additional
b　(ア)　governed　　　　　　　(イ)　inherited
　　(ウ)　cultivated　　　　　　(エ)　subscribed
c　(ア)　lying　　　　　　　　　(イ)　lied
　　(ウ)　laying　　　　　　　　(エ)　laid
d　(ア)　improved　　　　　　　(イ)　altered
　　(ウ)　consumed　　　　　　　(エ)　involved
e　(ア)　loosened or fastened　　(イ)　shortened or lengthened
　　(ウ)　roughened or flattened　(エ)　weakened or strengthened

| 2024年度 | 岡山県 | 難易度 |

【19】次の英文で述べられている内容として最も適切なものは，以下の1
　　～4のうちではどれか。

Japanese people are known worldwide for the polite way they behave. Did you know that there is a set of rules and codes for this polite behavior? For example, when people bow, there are certain rules. When you quickly want to say "hello," your bow should be like this. If you are meeting someone for the first time, or when you want to thank someone, you bow deeper, like this.

There are many other codes of behavior including where to sit at a formal dinner party, how to exchange business cards, and how to see someone off. The Japanese have long cherished these codes and have used them as a form of communication.

Now, let's look at some examples in the traditional Japanese tea ceremony—*sado*. In *sado*, the host welcomes the guests by serving tea following a set of codes. For example, the host purifies the tea-making tools by wiping them in front of the guests. By cleaning the tools with great care, the host expresses feelings of hospitality toward the guests. The guests show their appreciation with the movements they use when they accept the tea. They first pick up the bowl with their right hand. Then they gently place it on their left hand. They make sure the front of the bowl does not face their body. Such movements were developed to express a feeling of gratitude and humility. The guests enjoy the tea in three mouthfuls. Then, they drink it up making a sound. Because of this sound, the host can understand that the guests have enjoyed the tea. Thanks to these fixed movements, the host and the guests can connect with one another without using words.

Adapted from *Topic 3 : Etiquette in Japan*

(WELCOME TO TOKYO(Intermediate), 2016)

1　You bow deeper when you quickly want to say "hello" than when you want to thank someone.

2　Codes of behavior include where to sit at a formal dinner party, how to use mobile phones on trains, and how to see someone off.

3　The host of a tea ceremony expresses feelings of hospitality toward the guests by cleaning the tools with great care.

4　The guests must not drink the tea in a way that makes a sound because it is not polite at a tea ceremony.

┃ 2024年度 ┃ 東京都 ┃ 難易度 ┃

【20】次の英文を読んで，以下の問に答えよ。

Long ago, there were two men living next to each other. One of them was a retired teacher and the other was an insurance agent who had a lot of interest in technology. Both of them had planted different plants in their garden. The retired teacher was giving a little water to his plants and ⬚ A ⬚. On the other hand, the agent had given a lot of water to his plants and looked after them too well.

The retired teacher's plants were simple but looked good. The agent's plants were much fuller and greener. One day, during the night, there was a heavy rain and wind because of a storm. The next morning, both of them came out to see the damage to their garden. The agent saw that his plants came off at the roots and were (　B　). But, the retired teacher's plants were not destroyed at all and were standing firm.

The agent was (　C　) to see it, so he went to the retired teacher and asked, "We both grew the plants together, I actually looked after my plants better than you did for yours, and even gave them more water. My plants came off at the roots, but your plants didn't. Why?"

The retired teacher smiled and said, "You gave your plants more attention and water, but because of that they didn't need to work for it. You made it easy for them. I gave them a little water and let their roots search for more. Because of that, their roots went deeper and that made their position stronger. That is why my plants (　D　)"

問1　本文中の　　A　　に入る最も適切なものを次のア～ウの中から一つ選び，記号で答えよ。

ア　didn't always give a full attention to them

イ　took care of them a lot every day

ウ　treated them with technology

問2　本文中の(　B　)，(　C　)に入る最も適切なものを次のア～ウの中からそれぞれ一つ選び，記号で答えよ。

(　B　)　ア　planted　　イ　saved　　　ウ　damaged

(　C　)　ア　happy　　　イ　surprised　　ウ　proud

問3　第三段落の内容に一致するように，次の英文の(　　)に入る英語1語を書け。

The agent didn't (　　) why his plants came off at the roots, even though he had taken better care of them.

問4　本文中の(　D　)に入る最も適切なものを次のア～ウの中から一つ選び，記号で答えよ。

ア　survived　　イ　died　　ウ　fell

問5　本文から読み取れる教訓を「教育」に当てはめたとき，最も適

切なものを次のア～ウの中から一つ選び，記号で答えよ。

ア　子どもたちを支援しすぎてはならない。

イ　子どもたちに厳しくしすぎてはならない。

ウ　子どもたちに負担をかけすぎてはならない。

┃ 2024年度 ┃ 鹿児島県 ┃ 難易度 ▪▪▪▪▪▪▪▪▪□□

【21】次の英文を読み，以下の設問に答えなさい。解答は，最も適切なものを①～⑤の中からそれぞれ一つ選びなさい。

Cooking with the Sun

Imagine that you live on a high mountain. There is no electricity or gas. You need to eat every day. So you have to find ways to heat and cook food. When you are in a place like this, you can use a solar cooker. You can also use one after a disaster.

A solar cooker is helpful to people in developing countries. Why?

First, making a solar cooker does not cost much. You can make one with only cardboard and aluminum foil.

Second, people in developing countries can get cleaner water by boiling it with a solar cooker. Drinking water from rivers and lakes without boiling it, is one of the biggest causes of disease.

Third, a solar cooker is safe because it does not make smoke. More than one third of the people in the world burn firewood indoors to cook. A lot of children die from its smoke.

A solar cooker can solve another big problem because it does not use any fuel. People need a lot of wood to cook every day. Collecting wood is hard work, especially for women and children. With a solar cooker, they do not have to collect wood anymore.

More than two billion people use wood to heat food. Cutting trees in forests adds to global warming. If you use one solar cooker, you can save about 550 kilograms of wood every year.

（「NEW HORIZON English Course Teacher's Manual」を一部改変）

(1)　Which of the following statements is true?

　　①　You can't use a solar cooker after a disaster.

② Making a solar cooker is very expensive.

③ Many children die from the smoke of burning firewood indoors.

④ Collecting wood is easy work, especially for women and children.

⑤ Less than 200,000,000 people use wood to heat food.

(2) What do you need to make a solar cooker?

① Electricity and gas.

② Cardboard and aluminum foil.

③ Clean water.

④ Firewood.

⑤ Fuel.

┃ 2024年度 ┃ 三重県 ┃ 難易度 ┃▨▨▨▨▨ ┃

【22】次の英文は広告である。(1), (2)の解答として最も適切なものを, 以下の1～5の中からそれぞれ一つずつ選びなさい。

Submit your advertisements to The Tokyo Post

The Tokyo Post is the most widely read newspaper in Tokyo, which is why our advertisements get results. [CLICK HERE (https://tokyo-post.com/advertisement/form)] to place an order through the form. You need to provide your name, phone number, e-mail address, and credit card number in the form. This information will be used only to help process your advertisements. You will then receive an e-mail from the person in charge, and you should submit a draft of your advertisement. The submitted advertisement will appear in the Sunday edition.

Submission Deadline: Two days prior at 3 P.M.

Rate: $7 up to 30 words and $0.5 per additional word

If you would like your advertisement to run another week, please submit a new order once it has been published.

---

(1) この広告はどこで見られるでしょうか。

1 In a newspaper   2 In a magazine   3 On a Web site

4 In a weekly journal   5 At Tokyo Station

377

(2) あなたが広告を出したい場合，いつまでに広告の原稿を提出したら良いでしょうか。

1　Sunday　　2　Tuesday　　3　Wednesday　　4　Friday

5　Saturday

2024年度 ┃ 鳥取県 ┃ 難易度

【23】次の英文は，Tomokoがカナダ留学の際に経験した，ホームステイについて述べたスピーチである。英文を読み，(1)〜(5)の問いに答えなさい。

I studied abroad in Canada two years ago. Today, I'd like to talk about my Canadian host mother, Sandra. I like her way of life very much. She is very good at finding small moments of happiness in her everyday life.

Sandra lives alone and she has welcomed many young foreign students as a volunteer after she retired. I stayed with her for a year.

Every morning, Sandra made nice breakfast for me. She has an organic garden in her backyard, so we always had fresh fruits and vegetables. I remember her saying, "These tomatoes are of course fresh and delicious, but they taste much better today as we're sharing them." We always felt so happy when we ate breakfast together.

She often gave a special name to each day saying, "Good hair day! (　①　)," "Lucky day! Look out the window, a beautiful bird is coming to our garden," or "Wonderful cup of coffee day! This coffee is brewed perfectly", which encouraged me to think positively.

We would take a walk together through the town on the weekends. When we passed through the town, she often stopped to talk with the people she met. She seemed to have so much fun talking with them. She always said, "The nature and people here are my favorite."

Even when things didn't go well, she was able to see things positively. One day, I didn't do well on my reading test. I was so (　②　) myself as I could have improved my English a lot during my stay in Canada for half a year. When I told Sandra, I couldn't stop crying. Then she hugged me and said, "Why did you come here? You wanted to improve your English skills to be able to talk with people from around the world. Today, you found you still have (③) for improvement. I'm looking forward to seeing how much progress you will make from now. It's so exciting, isn't it?" Her words helped me look on the bright side.

Before coming to Canada, I believed I needed to have something special in my life to be happy, and I didn't pay attention to the small moments. However, staying with Sandra made me realize what I really need is to enjoy each moment fully and share my happiness with the people around me.

I made lots of new friends in Canada and my English has improved a lot. More than anything, I learned about <u>the most important things in life from Sandra</u> and I'm very thankful for this.

(1) (①)に最も適する文を次のア～エから一つ選び，記号で答えなさい。

　ア　I received a lovely postcard from my friend.

　イ　I've never heard such nice music.

　ウ　The air is crisp and clear today.

　エ　I can't stop admiring myself in the mirror.

(2) (②)に最も適する語を次のア～エから一つ選び，記号で答えなさい。

　ア　dependent on　　イ　disappointed in　　ウ　jealous of

　エ　engaged in

(3) (③)に最も適する語を次のア～エから一つ選び，記号で答えなさい。

　ア　unit　　イ　union　　ウ　mixture　　エ　room

(4) 次の質問に対する答えとして最も適するものを次のア～エから一つ選び，記号で答えなさい。

　　What is Sandra like?

　ア　She is a woman who often stops talking with people she meets.

　イ　She is a woman who often gives special nicknames for her friends.

　ウ　She is a woman who always tells Tomoko to improve her English skills.

　エ　She is a woman who finds small moments of happiness in her everyday life.

(5) 下線部<u>the most important things in life from Sandra</u>の内容として最も
適するものを次のア～エから一つ選び，記号で答えなさい。

ア　To improve one's English ability to host foreign students
イ　To have some products coated with a special material in one's life
ウ　To find pleasure in the little things in one's everyday life and
appreciate them
エ　To master how to get a good grade on a test

┃ 2024年度 ┃ 静岡県・静岡市・浜松市 ┃ 難易度 ┃ ■■■■■□□

【24】第6学年の「外国語」の授業で，児童に次の(1)，(2)のような指示や
問いかけをする場合，あなたはどのように言いますか。それぞれ英文
で書きなさい。ただし，英文の数は1つとする。

(1)　教科書の8ページを開いてください。
(2)　運動会は楽しかったですか。

┃ 2024年度 ┃ 青森県 ┃ 難易度 ┃ ■■■■□□□

【25】「外国語を習得するために海外留学をすべきだ」という意見に対し，
あなたはどう考えるか。その理由を1つ挙げ，60語程度の英語で答え
よ。ただし，ピリオド(.)，コンマ(,)などの符号は語数に含めないも
のとする。

┃ 2024年度 ┃ 佐賀県 ┃ 難易度 ┃ ■■■■□□□

解答・解説

【1】①　エ　②　カ　③　オ　④　ア
○**解説**○　①は，輪(circle)になることを促している。②は，ヒント，手が
かり(hint)を与えることを意味している。③は，教科書を取り出すよう
に指示している。④は，英語の授業が始まったことを宣言している。
ほかの選択肢の表現は，イはMove forward.，ウはThis is today's goal.，

キはListen carefully.である。

【2】(1) ① (2) ④
○**解説**○ 単語の意味を説明する英文として正しいものを選ぶ問題。
(1) dialectは「方言」という意味である。この説明として適切なのは，①の「一部の地域だけで話される言語の形態で，同じ言語の他の形態とは単語や文法がわずかに異なるもの」である。 (2) crosswalkは「横断歩道」の意味である。この説明として正しいのは，④の「道を歩いて横断する人々のために，特別な印がつけられた場所」である。

【3】(1) 4 (2) 2 (3) 5 (4) 3 (5) 1
○**解説**○ (1) 座るための「場所」で，直前に冠詞aがあるので，4のplaceが適切。 (2) call the rollで，「点呼をとる」という意味。
(3) give A a big handで，「Aに拍手を送る」という意味。 (4) 右上はupper right。右下ならbottom right。 (5) difference between A and Bで「AとBの間の違い」という意味。

【4】(1) エ (2) ア (3) ウ (4) イ (5) イ
○**解説**○ 選択式空欄穴埋め問題。 (1) 電話番号が間違っていることを伝えているので，エのwrongが適切。 (2) 直後のupに着目すると，アのgrowと合わせたgrow up「育つ」のみが適切。 (3) ギターを演奏している主体が入るので，ウのwhoが適切。 (4) shake hands「握手する」の過去形。 (5) 街を「見てまわる」ときに用いる表現は，look around。

【5】1 guess 2 hand 3 spell 4 download
○**解説**○ 1 推測するという意味のguessが適切。 2 拍手はclapだが，give a big handで盛大な拍手をするという意味になる。 3 名詞では綴り，動詞では綴るという意味のspellが適切。 4 カタカナ英語にもなっているdownloadが，名詞とともに動詞としても使われる。

● 外国語科

【6】(1) goal　　(2) How many　　(3) your seat

○**解説**○ 穴埋め問題。基本的な語彙が問われている。　(1)「目標」に
あたるのはgoalが適切。状況によっては，targetなども用いられる。
(2) 本数を尋ねている疑問詞なので，How manyが適切。　(3)「自分
の席」とあるが，話している相手にとっての「自分」なので，your
seatという表現が適切。my seatにしないように注意が必要。

【7】(1)　オ→ウ→エ→イ→ア　　(2)　イ→ア→エ→オ→ウ

○**解説**○ 並べ替え問題。toという単語の文法についての正確な知識と運
用が問われている。　(1) to不定詞の副詞的用法。正しく並べかえる
と，We don't have enough members to play baseball this Sunday. 直訳的に
表すと，「今度の日曜日に，野球をするべきメンバーを十分に持って
いません」という文になっている。　(2) It ～ to構文に関する問題。
文頭のItの内容が，to以下に来るように並べかえる。正しく並べかえる
と，It is important for us to protect the sea.

【8】(1) 3　　(2) 4　　(3) 1

○**解説**○ (1)　could you tell the students aboutという並べ方になる。talkを
用いて「～に対して話す」と表すときは前置詞toが必要になるため，
ここでは使えない。　(2)　the class will finish atという並べ方になる。
前置詞onは，日付や曜日を表すときに用いられる。時間を表すときは
atを使う。　(3)　activity in the next classという並べ方になる。前にa
newがあるので，複数形のactivitiesは使えない。

【9】(1)　イ　　(2)　ア

○**解説**○ 会話文穴埋め問題。直前の文脈や直後の返答などから，選択肢
を探る。　(1)　直後にCardiffがWalesの中心都市であることを説明し
ていることから，この場所についてAが知らなかったために，詳しい
説明を求めていることが分かる。　(2)　釣りに出発する直前，Thomas
がいないので出発できないとBが話すと，昨日彼から来られなくなっ
たという連絡があったことを思い出したと，Aが発言した。この発言
に対する応答となる。

【10】 (1)　C　　(2)　B　　(3)　B

○**解説**○ 会話文穴埋め問題。　(1)　Kiyoshiが，このような建物は今ま
で見たことがないと言った後，空欄があり，ガイドがサグラダファミ
リアという建造物の名前を答えているので，「これは何ですか」と質
問しているCが適切。　(2)　店員に本を探す手助けを求めている場面
なので，Bが適切。　(3)　パスタが気に入ったというMasaに対して，
Mr. Hillが言った言葉なので，「気に入ってもらえてうれしい」という
意味のBが適切。

【11】 ①　エ　　②　カ　　③　イ

○**解説**○ ホテルのフロントと，201号室の客の電話口での会話。
①　直後にベッド横のコンセント(outlet)が機能してないと言っている
ので，エの「スマホの充電をしようとしたけれど」が適切。　②　直
後に部屋の他の機器は正常に作動しているとあることから考える。
③ 感謝の気持ちを述べているので，イ(本当にありがとう)が適切であ
る。

【12】 (1)　1　　(2)　2　　(3)　4　　(4)　4

○**解説**○ (1)　seemは必ず，seem to＋(動詞の原形)で「～のようだ」とい
う意味で用いられる。　(2)　it is (形容詞) to (動詞の原形)で，「～する
ことは(形容詞)だ」の意味。ここでは，プラスチック無しの生活は難
しいので，プラスチックを排除するよりは再利用するべきだ，という
意見を述べている。　(3)　Aが最後に「ストレスを感じる必要はない
ですよ。決断を下すための時間はまだ十分にあります。」と言ってい
るので，空欄には現在完了形を使って「まだ決めていない」が当ては
まる。　(4)「あなたはこれに一生懸命取り組んだに違いない」という
文が当てはまるので，must have＋(動詞の過去分詞形)を使う。

【13】 (1)　③　　(2)　②

○**解説**○ 会話文穴埋め問題。　(1)　何を注文(order)するか聞かれた場面
なので，「まだ決めていません」と答えている③が適切である。　(2)
AがBをバースデーパーティーに誘ったが，Bは母親に確認する必要が

あると言っている。したがって，「(パーティーに)来られるかどうか電話をしてね」という②が適切である。

【14】(1) ① Do you like winter ② have ③ can ④ ・例となる語句や文を示す。　・紹介文を書く目的をもたせる。　・十分な時間を確保する。　・毎時間作成したワークシートや教科書，発表資料を参考にできるようにする。　(2) ・教師が児童(ALT)と身近な話題について英語を使って簡単なやり取りを行う機会を継続的にもち，その中で教師が当該表現を意識的に繰り返し使用する。・やり取りを継続するために必要な表現を児童が出し合う場を設定し，実際のやり取りをする活動を設定する。

○**解説**○ (1) ① 基本的な英作文である。　② haveの典型的な用法を聞く問題。"We have A in B"で，「BにはAがある」と言う意味になる場合がある。　③ できるという意味の助動詞はcan。　④ 外国語科における書くことの活動としては，身近で簡単な事柄について，慣れ親しんだ簡単な語句や基本的な表現を書き写す活動や，簡単な語句や基本的な表現を用いた例の中から言葉を選んで書く活動がある。したがって，まずは，例となる簡単な語句や基本的な表現を示すことが挙げられる。また，これまで学習してきたことが分かるワークシートや教科書，発表資料などを手近において，参考にできるようにすることが挙げられる。紹介文は何のために書いたのかという意識を持つことも，紹介文を発表する上で大事なことである。　(2) やり取りが継続できるようにするためには，相手が言ったことを繰り返したり，応答したり，質問したりすることができるようになるための指導が必要である。まずは，教師が児童との身近な話題についての英語のやり取りの中で，身に付けさせたい表現を意識的に繰り返し使用し，段階的に児童同士がやり取りをする機会をもち，そのやり取りの中で児童に当該表現を継続的に使用することで，活用できるようにするといった工夫が考えられる。

【15】1 A イ　B エ　2 オ→イ→ウ→エ→ア　3 イ
○**解説**○ 1 A 漢字を学習するきっかけを問うているので，過去形が

適切である。 　B　ここではスープの材料について述べているので，withが適切である。 　2　I want A to Vで「私は多くの人に知ってほしい」という表現になる。 　3　相手の勉強を応援する場面なので，イのGood luckが適切である。

【16】1　A　ウ　　B　ア　　2　イ，オ
○**解説**○　1　A　スピーチが通常の会話よりどうなのかが問題となっているので，ウの「より注意深く準備されている」が適切。 　B　as if～で，「～かのように」という意味の定型表現であることに注意。「まるで『親しい友人』と話しているかのような親しみやすさを与える」という意味になる。 　2　ア・ウ　どちらも，第1段落に書かれている内容と矛盾している。 　イ　本文の第1段落に書かれている内容と合致している。 　エ　公開でのスピーチでは，言葉はより慎重に選んで行うと書かれているが，馴染みのない言葉で堅苦しく話すとは書かれていない。 　オ　本文の第3段落に書かれている内容と合致している。

【17】(1)　C　　(2)　D
○**解説**○　示された情報を読み取って答える問題。 　(1)　提示されたウェブサイトに書かれていることを選ぶ。 　サイトは，キャットフードについて書かれており，Status: In Stock「在庫有り」とあるので，Cが適切。 　(2)　本文との内容一致問題。 　A　About this productに書かれた内容と齟齬がある。 　B　Size:30kgの記述と矛盾する。 　C　Click hereの表示と矛盾する。 　D　本文のPrice:の記述と一致するので，適切。

【18】1　so that the newborn flies can spread their wings　　2　a　（ウ）
b　（ア）　　c　（エ）　　d　（イ）　　e　（イ）
○**解説**○　1　下線部は，「生まれたばかりのハエたちが羽を広げられるように」という部分。 　2　a　体内時計なので，internalが適切。
b　体内時計を「統制する」細胞なので，govern が適切。 　c　lay(卵を産む)の過去分詞形が適切。 　d　孵化のタイミングを「変える」にあたるalterの過去形が適切。 　e　孵化の周期なので，短縮する又は延

長するという意味の(イ)が適切。

【19】3

○**解説**○ 3　「茶道のホスト(亭主)は，道具を丁寧に清めることで，客に対するおもてなしの気持ちを表現する」とあり，第3段落での茶道についての記述と一致する。　1　第1段落で，こんにちはと挨拶する際は15度，初対面の人やお礼を言う際には30度のお辞儀と書かれていることに矛盾する。　2　第2段落で席次などについての言及はあるが，電車内での携帯電話の使い方などは書かれていないので，不適切。4　第3段落で，「お茶をおいしくいただいた」ことを示すために，飲み切る際に音を立てると書かれているので，矛盾している。

【20】問1　ア　　問2　B　ウ　　C　イ　　　問3　understand(know)
問4　ア　　問5　ア

○**解説**○　問1　植物の世話の仕方について，保険代理人は手厚く世話をしていたのに対して，退職教師は「水を少しあげるくらいで」とあることから，アの「十分な注意を払っていたわけではない」が適切。問2　B　保険代理人の植物は「根元からはがれて」とあることから，ウの「ダメージを受けた」が適切。　C　退職教師の植物が傷むことなく立っていたのを見てとあることから，イを当てはめて「保険代理人は驚いた」が適切。　問3　嵐の後の結果を見て，どうしてこのような結果になるのかを，保険代理人は理解できなかったという意味になる単語が入る。　問4　教師の植物は生き延びたので，アのsurvivedが適切。　問5　本文では，世話をし過ぎず，自力で生きる力を養うことが大切であることを伝えている。教育に当てはめると，アが該当する。ただし，「支援しすぎる」という表現より，「援助しすぎる」，「教えこみすぎる」などの方が意図に即しているのではないかと思われる。

【21】(1)　③　　(2)　②

○**解説**○　ソーラークッカーについての英文読解問題。　(1)　内容正誤問題。　①　誤り。can'tではなくcanである。　②　誤り。expensiveでは

なくdoes not cost muchである。　③　正しい。Thirdから始まる段落の内容に一致する。　④　誤り。easyではなくhardである。　⑤　誤り。本文にはmore than one third of people in the worldとある。　(2)　ソーラークッカーを作るのに必要なのは、②の厚紙とアルミホイルである。

【22】(1)　3　　(2)　4
○**解説**○ (1)　2文目に「ここをクリック」という文があるので、3のウェブサイト上が適切。　(2)　第1段落の最後の文に「提出された広告は日曜版に掲載されます。」と書かれてあり、その下に「提出期限は2日前の午後3時」と書かれている。したがって広告原稿の提出期限は、日曜日の2日前の金曜日である。

【23】(1)　エ　　(2)　イ　　(3)　エ　　(4)　エ　　(5)　ウ
○**解説**○ (1)　空欄穴埋め問題。Sandraが今日という日に特別な名前をつける際、Good hair dayと名付けた理由を説明していると考えられるので、エが適切。　(2)　空欄穴埋め問題。テストの結果がよくなくて落ち込んでいるところなので、イが適切。　(3)　空欄穴埋め問題。成長の「余地」を表すので、エのroomが適切。　(4)　本文に関する質問に対する答えを選ぶ問題。Sandraはどんな人かを聞かれているので、「日々の小さな幸せの瞬間を見つけられる人」というエが適切。
(5)　下線部の内容を選ぶ問題。(4)と同様にSandraから教えられたことを選ぶので、ウが適切。

【24】(1)　Please open your textbook to page eight.　　(2)　Did you enjoy sports day?
○**解説**○ 授業の中で児童に問いかける言葉を英文でつくる問題。児童へ指示する言葉であるから、比較的平易な英語で記述することが求められる。　(1)　ページ数を指すときに、toを用いる点に注意する。
(2)　運動会を表す英語はsports dayである。「〜会は楽しかったか」という日本語だが、「楽しかったか」の主語の「あなた」が省略された言葉であり、英語では Did you enjoy 〜 と表現する必要がある。

【25】Studying abroad is essential for language acquisition. When you are in Japan, you have limited opportunities to actually use the language for communication. Immersion in a foreign language-speaking environment, however, enhances learning through natural interactions and cultural exposure. It provides the ideal opportunities to develop fluency, cultural understanding, and confidence in using the language effectively.(55words)

○**解説**○ 解答例を日本語訳すると，「語学習得に留学は欠かせない。日本にいると，その言語を実際に使ってコミュニケーションをとる機会は限られている。しかし，外国語を話す環境に身を置くことは，自然な交互交流や文化に触れることを通して，学習効果が高まる。それは流暢さ，文化的理解，言語を効果的に使う自信を養う理想的な機会を提供する」となる。

【1】次の文章は，「小学校学習指導要領(平成29年告示)　第2章　各教科　第10節　外国語　第2　各言語の目標及び内容等　英語　1　目標」に示されている内容である。この内容に関する記述として適当でないものを，次の1～5のうちから一つ選べ。

1　ゆっくりはっきりと話されれば，自分のことや身近で簡単な事柄について，簡単な語句や基本的な表現を聞き取ることができるようにする。

2　活字体で書かれた文字を識別し，その読み方を発音することができるようにする。

3　基本的な表現を用いて指示，依頼をしたり，それらに応じたりすることができるようにする。

4　日常生活に関する身近で簡単な事柄について，簡単な語句や基本的な表現を用いて話すことができるようにする。

5　大文字，小文字を活字体で書くことができるようにする。また，語順を意識しながら音声で十分に慣れ親しんだ簡単な語句や基本的な表現を書くことができるようにする。

‖ 2024年度 ‖ 大分県 ‖ 難易度 ■■■■■■□□□

【2】次の文章は，「小学校学習指導要領(平成29年3月告示　文部科学省)　第2章　各教科　第10節　外国語　第2　各言語の目標及び内容等　英語　1　目標」に示されている，話すこと[やり取り]及び，話すこと[発表]の目標の一部である。(A)～(C)に当てはまる言葉の組合せとして正しいものを，あとの①～⑤の中から一つ選べ。

> 話すこと[やり取り]
> ア　(A)
> イ　日常生活に関する身近で簡単な事柄について，自分の考えや気持ちなどを，簡単な語句や基本的な表現を用いて伝え合うことができるようにする。
> ウ　(B)

話すこと[発表]
ア　日常生活に関する身近で簡単な事柄について，簡単な語句や基本的な表現を用いて話すことができるようにする。
イ　自分のことについて，伝えようとする内容を整理した上で，簡単な語句や基本的な表現を用いて話すことができるようにする。
ウ　（　C　）

A
a　基本的な表現を用いて指示，依頼をしたり，それらに応じたりすることができるようにする。
b　関心のある事柄について，簡単な語句や文を用いて即興で伝え合うことができるようにする。

B
a　自分や相手の好み及び欲しい物などについて，簡単な質問をしたり質問に答えたりすることができるようにする。
b　自分や相手のこと及び身の回りの物に関する事柄について，簡単な語句や基本的な表現を用いてその場で質問をしたり質問に答えたりして，伝え合うことができるようにする。

C
a　日常的な話題について，事実や自分の考え，気持ちなどを整理し，簡単な語句や文を用いてまとまりのある内容を話すことができるようにする。
b　身近で簡単な事柄について，伝えようとする内容を整理した上で，自分の考えや気持ちなどを，簡単な語句や基本的な表現を用いて話すことができるようにする。

① A－a　　B－a　　C－a
② A－a　　B－b　　C－b
③ A－b　　B－a　　C－a
④ A－b　　B－b　　C－a
⑤ A－b　　B－b　　C－b

【3】次の文章は，小学校学習指導要領外国語の「第2　各言語の目標及び内容等　英語　1　目標」から抜粋したものである。空欄にあてはまる語句を，(　A　)はア～ウから一つ，(　B　)はエ～カから一つ選び，その組合せとして最も適当なものを，あとの①～⑥のうちから一つ選びなさい。

---

(2)　読むこと
　　ア　活字体で書かれた(　A　)を識別し，その読み方を発音することができるようにする。
　　イ　音声で十分に慣れ親しんだ簡単な語句や基本的な表現の意味が分かるようにする。
(5)　書くこと
　　ア　大文字，小文字を活字体で書くことができるようにする。また，(　B　)を意識しながら音声で十分に慣れ親しんだ簡単な語句や基本的な表現を書き写すことができるようにする。
　　イ　自分のことや身近で簡単な事柄について，例文を参考に，音声で十分に慣れ親しんだ簡単な語句や基本的な表現を用いて書くことができるようにする。

A　ア　単語　　　　イ　文字　　ウ　文
B　エ　主語・述語　　オ　語順　　カ　大まかな内容
①　ア・オ　　②　ア・カ　　③　イ・エ　　④　イ・オ
⑤　ウ・エ　　⑥　ウ・カ

‖ 2024年度 ‖ 千葉県・千葉市 ‖ 難易度 ▮▮▭▭▭▭

【4】次の文章は，「小学校学習指導要領」(平成29年3月告示)「第2章第10節　外国語　第2　各言語の目標及び内容等　英語　1　目標」の一部である。次の文章中の空欄(　①　)～(　③　)にあてはまる語句を，それぞれ書きなさい。

---

(5)　書くこと
　　ア　大文字，小文字を活字体で書くことができるようにする。また，語順を意識しながら(　①　)で十分に慣れ親しんだ

　　簡単な語句や基本的な表現を(②)ことができるように
　する。
　イ　自分のことや身近で簡単な事柄について, (③)を参考
　に, (①)で十分に慣れ親しんだ簡単な語句や基本的な
　表現を用いて書くことができるようにする。

▎2024年度▕ 山形県 ▕ 難易度▕▇▇▇▇▇░░░▏

【5】次の文は, 小学校学習指導要領(平成29年告示　文部科学省)におけ
る「第2章　各教科　第10節　外国語　第2　各言語の目標及び内容等」
の一部である。文中の(A), (B)にあてはまる語句の組合せと
して正しいものを, 以下の1～5の中から1つ選べ。

　　英語学習の特質を踏まえ, 以下に示す, 聞くこと, 読むこと,
(A)の五つの領域別に設定する目標の実現を目指した指導を通
して, 第1の(1)及び(2)に示す資質・能力を一体的に育成するとと
もに, その過程を通して, 第1の(3)に示す資質・能力を育成する。
(中略)
(2)　読むこと
　ア　活字体で書かれた文字を識別し, その読み方を発音する
　　ことができるようにする。
　イ　(B)簡単な語句や基本的な表現の意味が分かるように
　　する。

1.　A　話すこと[やり取り], 話すこと[発表], 書くこと
　　B　音声で十分に慣れ親しんだ
2.　A　話すこと[やり取り], 話すこと[発表], 書くこと
　　B　使用頻度の高い
3.　A　話すこと[やり取り], 話すこと[発表], 書くこと
　　B　日常的に使われる
4.　A　話すこと, 書くこと[モノローグ], 書くこと[ダイアローグ]
　　B　音声で十分に慣れ親しんだ
5.　A　話すこと, 書くこと[モノローグ], 書くこと[ダイアローグ]

　B　使用頻度の高い

【6】「小学校学習指導要領(平成29年告示)解説　外国語活動・外国語編」「第2部　外国語　第2章　外国語科の目標及び内容　第2節　英語　3　指導計画の作成と内容の取扱い」の説明として適切ではないものを，次の①～⑤のうちから選びなさい。

① 学習の基礎の段階では，単純な文構造を取り上げ，学習が進むにつれて，複雑な文構造を主として取り上げるようにすることが大切である。

② やり取りを行う活動の際には，機械的な練習にならないよう，多様な言語の使用場面を設定したり，既得の語句や表現を使用して，会話を広げるよう促したりする指導の工夫が考えられる。

③ 語彙には受容語彙と発信語彙があることに留意することと同様に，三つの領域別の目標に応じて，ある言語材料については，その意味を捉えることができるように指導することに留める。

④ 音声の指導については，繰り返し触れたり活用したりする中で指導する必要がある。その際，英語の音声の特徴に気付かせ，必要に応じて発音練習などを通して指導するようにする。

⑤ 小学校の外国語科においては，文法の用語や用法の指導を行うのではなく，言語活動の中で用いられる表現として聞いたり話したりして活用できるようにすることが重要である。

【7】次の文章は，平成29年3月告示の小学校学習指導要領　外国語　各言語の目標及び内容等　英語　目標　の一部を示したものです。空欄（ a ）～（ c ）にあてはまる言葉は何ですか。以下の①～⑤の中からそれぞれ1つ選び，記号で答えなさい。

(5) 書くこと
　ア　大文字，小文字を活字体で書くことができるようにする。また，（ a ）を意識しながら音声で十分に（ b ）簡単な語句や基本的な表現を（ c ）ことができるようにする。

a ① 英文　　　　　② 語順
　③ 文法　　　　　④ 語彙
　⑤ 単語
b ① 聞き取った　　② 触れてきた
　③ 慣れ親しんだ　④ 身に付けてきた
　⑤ 練習してきた
c ① まとめて書く　② 文を用いて書く
　③ 正確に書く　　④ 整理しながら書く
　⑤ 書き写す

| 2024年度 | 広島県・広島市 | 難易度 ▉▉▉□□□ |

【8】次の文は，「小学校学習指導要領(平成29年3月告示)第2章　第10節　外国語　第1　目標及び第1　目標(1)」の記述である。(①)～(⑤)に当てはまる語句をア～コから一つずつ選び記号で答えなさい。

> 　外国語によるコミュニケーションにおける(①)を働かせ，外国語による聞くこと，読むこと，話すこと，書くことの(②)を通して，コミュニケーションを図る基礎となる(③)を次のとおり育成することを目指す。
> 　　　「小学校学習指導要領(平成29年3月告示)第2章　第10節　外国語　第1　目標」

> (1)　外国語の音声や文字，語彙，表現，文構造，言語の働きなどについて，日本語と外国語との違いに気付き，これらの知識を理解するとともに，(④)に慣れ親しみ，聞くこと，読むこと，話すこと，書くことによる(⑤)において活用できる基礎的な技能を身に付けるようにする。
> 　　　「小学校学習指導要領(平成29年3月告示)第2章　第10節　外国語　第1　目標(1)」

ア　交流活動　　　　　イ　言語活動
ウ　反復練習　　　　　エ　体験的な活動
オ　見方・考え方　　　カ　読むこと，書くこと

キ　話すこと，書くこと　　ク　実際のコミュニケーション
ケ　技能　　　　　　　　　　コ　資質・能力

┃ 2024年度 ┃ 静岡県・静岡市・浜松市 ┃ 難易度 ■■■■□□

【9】文部科学省国立教育政策研究所が令和2年3月に発行した「『指導と
評価の一体化』のための学習評価に関する参考資料」では，「内容の
まとまり(五つの領域)ごとの評価規準」が示されている。このうち，
「話すこと〔やり取り〕」について，「主体的に学習に取り組む態度」
の評価規準の列として最も適当なものを，次の選択肢から1つ選び，
記号で答えなさい。

ア　自分や相手のことについて，身の回りの物を表す語や，I
like/want/have ～., Do you ～?, What do you ～?を用いて，考えや気
持ちなどを伝え合う技能を身に付けている。

イ　新しくやってきたALTのことを理解したり自分のことを伝えたり
するために，自分や相手のことについて，簡単な語句や基本的な表
現を用いて，考えや気持ちなどを伝え合っている。

ウ　身の回りの物を表す語や，I like/want/have ～., Do you ～?, What
do you ～?の表現について理解している。

エ　新しくやってきたALTのことを理解したり自分のことを伝えたり
するために，自分や相手のことについて，簡単な語句や基本的な表
現を用いて，考えや気持ちなどを伝え合おうとしている。

┃ 2024年度 ┃ 宮崎県 ┃ 難易度 ■■■■□□

【10】第5学年及び第6学年〔知識及び技能〕(1)英語の特徴やきまりに関
する事項の　ア　音声　について指導することとします。その際，ど
のようなことに留意して指導しますか。次の①〜⑤の中から，最も適
切なものを1つ選び，記号で答えなさい。

①　小学校段階では，過度に意味のまとまりを意識させながら区切っ
て話す練習をするのではなく，表現に繰り返し触れさせることによ
って区切りに関して気付くことができるようにする。

②　文字の名称を聞いてその文字を選んだり，文字を見てその名称を
発音したりすることができるようにする。

③　小学校段階では，強勢の位置が異なるものや，一番強い強勢だけでなく二番目に強い強勢をもつ語があることなどに気付くことができるようにする。

④　平叙文を上昇調のイントネーションで発音し，疑問の意味を示す際には疑問符を用いることができるようにする。

⑤　小学校段階では，母音や子音の種類や数が英語と日本語では異なっていることや，子音が続くことなど，日本語と英語の音声の特徴や違いに気付くことができるようにする。

┃ 2024年度 ┃ 広島県・広島市 ┃ 難易度 ■■■■■□□□

解答・解説

【1】5

○**解説**○ 外国語科の5つの領域における，それぞれの一つ目の目標が提示されている。1は「聞くこと」，2は「読むこと」，3は「話すこと[やり取り]」，4は「話すこと[発表]」，5は「書くこと」の目標である。「書くこと」の目標の第1段階にあたるアでは，大文字，小文字を正しく書き分けるとともに，「語順」が重要な役割を担っていることを理解した上で，簡単な語句や基本的な表現を「書き写す」ことをねらいとしている。次の段階の目標イでは，例文を参考に，簡単な語句や基本的な表現を用いて「書く」ことができるようにすることをねらいとしている。発達段階に応じて，学習目標がどのように変遷していくかを注意深く捉えておく必要がある。

【2】②

○**解説**○ A　bは，中学校の外国語科における話すこと[やり取り]に関する目標である。　B　aは，中学年の外国語活動における話すこと[やり取り]に関する目標である。　C　外国語科の話すこと[発表]におけるウの項目はbだが，この目標は，aの中学校の外国語科における話すこと[発表]に関する目標につながるものである。

【3】④

○**解説**○　A　外国語科における「読むこと」の目標の第1段階にあたる
　　アでは，まず，「文字」を見てその名称を発音することができるよう
　　にすることをねらいとしている。　B「書くこと」の目標の第1段階に
　　あたるアでは，大文字，小文字を正しく書き分けるとともに，「語順」
　　が重要な役割を担っていることを理解した上で，簡単な語句や基本的
　　な表現を書き写すことをねらいとしている。

【4】①　音声　　②　書き写す　　③　例文

○**解説**○　語句を直接記入する問題なので，正確な暗記が求められる。英
　　語の授業では①「音声で慣れる」→②「書き写す」，また，文章は一
　　から作るのではなく，例文をアレンジするという流れをおぼえておく
　　とよい。

【5】1

○**解説**○　A　中学年の外国語活動は，聞くこと，話すこと［やり取り］，
　　話すこと［発表］で構成され，高学年の外国語科は，それらに読むこ
　　と，書くことを加えた五つの領域で構成されている。　B　外国語科
　　の「読むこと」，「書くこと」においては，外国語活動の「聞くこと」，
　　「話すこと」の学習活動を通して十分に慣れ親しんだ簡単な語句や基
　　本的な表現の意味を理解し，書き写したり書いたりできるようにする
　　ことが，学習のねらいの一つとなっている。

【6】③

○**解説**○　適切ではないものを選ぶ点に注意する。「三つの領域別の目標」
　　ではなく，「五つの領域別の目標」である。外国語科は，聞くこと，
　　読むこと，話すこと［やり取り］，話すこと［発表］，書くことの五つの領
　　域別に目標が設定されている。

【7】a　②　　b　③　　c　⑤

○**解説**○「書くこと」は「読むこと」とともに，外国語科において初め
　　て学習する領域である。まず初めに学習することは，「語順」を意識

しながら，十分に「慣れ親しんだ」簡単な語句や基本的な表現を「書き写す」ことができるようにすることである。次の段階では，「例文を参考に」，慣れ親しんだ簡単な語句や基本的な表現で「書く」ことがテーマとなる。

【8】① オ　② イ　③ コ　④ カ　⑤ ク

○**解説**○　小学校学習指導要領 外国語の目標は，コミュニケーションにおける「見方・考え方」を働かせ，外国語による「言語活動」を通して，基礎となる「資質・能力」を育成することである。その資質，能力を育成するにあたり，「聞くこと，読むこと，話すこと，書くことによる実際のコミュニケーションにおいて活用できる基礎的な技能を身につける」，「コミュニケーションを行う目的や場面，状況などに応じて…自分の考えや気持ちなどを伝え合うことができる基礎的な力を養う」，「主体的に外国語を用いてコミュニケーションを図ろうとする態度を養う」ことを目指す。

【9】エ

○**解説**○　「主体的に学習に取り組む態度」は，アの「技能を身に付けている」や，イの「伝え合っている」，ウの「理解している」のような実際に「できていること」についてではなく，エの「伝え合おうとしている」のような「生徒が主体的な学びの過程に向かっているか」という観点から生徒の関心・意欲・態度などを評価する。

【10】①

○**解説**○　②〔知識及び技能〕の「イ　文字及び符号」に関する指導内容である。　③～⑤　提示された内容は，いずれも中学校の指導内容である。

図画工作科

要点整理

●色彩

(1) 彩度…色あざやかさの度合であり，純度・鮮度ともいう。

(2) 明度…色の明るさの度合のことであり，白が最も明るく，黒が最も暗い。

(3) 色相…色味の違いのことであり，12の代表的色相が選ばれている。

○彩度・明度・色相をまとめて<u>色の三要素</u>と言い，これは明度を中心に縦に，色相をそのまわりに環状に，彩度段階を中心軸より放射状に配列した色立体を構成している。また前にあげた色相で，12の代表的色相は平面に独自に環状に配列され，これを<u>12色環図</u>(下図左参照)と呼ぶ。上の色の三要素を簡単に図で表すとしたら，以下のようになる。(下図右参照)

●版画

　木版の場合，版木に輪郭線を彫り残す陽刻は技術的にむずかしい手法となるが，彫刻刀のそれぞれの特色を生かして良い作品を作れるよう指導することが望まれる。またバレン・タンポ(綿などをまるくして皮や布などにつつんだもの)の正しい使い方も理解しておきたい。なお版画には木版・紙版・いも版・ゴム版・リノリューム版などの凸版，エッチング・ドライポイントなどの凹版，石版(リトグラフ)やデカルコマニー(合わせ絵)などの平版，それにとうしゃ版・シルクスクリーン版・ピンホール版などの孔版がある。

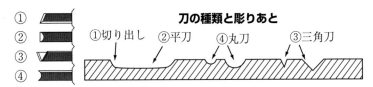

① 切り出し ……境界線をはっきり彫るのに適する。
② 平刀 …………ゴツゴツした線や不要な部分を平らに彫る。
③ 三角刀 ………鋭い線などを一気に彫るのに適する。
④ 丸刀 …………動きやタッチを表すのに適する。

●デザイン

　デザインは「近代社会の生産方式に対応した機能合理主義的造形」と定義できる。具体的には，視覚伝達デザイン(ポスター，マーク，招待状等)，生産デザイン(様々な製品)，環境デザイン(室内計画，都市計画等)，そして基礎デザイン(デザイン基礎学習としての造形要素の構成)等がある。

　よく出題されるデザイン関係の事項は，「構成美の要素」である。これは形，色，質感といった造形要素の構成(組合せ)様式(質)のことである。具体的には，ハーモニー(調和)，コントラスト(対比)，アクセント(強調)，バランス(均衡)，シンメトリー(対称)，プロポーション(比例調和)，リズム(律動)，リピテーション(繰り返し)，グラデーション(漸次的変化)等がある。英語の意味から類推できるので，それほど難しくはない。

　ただ，意味範囲は難しい。例えば，リピテーションはリズムの1つ(下位概念)か，同位概念かといった問題がある。現行学習指導要領では並列して使っているので，複数要素の規則的配列がリズム，単一要素の配列がリピテーションという同位概念として考えておくのが無難であろう。また，複数の構成美が当てはまるのに，1つの解答を要求する出題には，感覚的に最も強く訴えるものを選択する。

●モダンテクニック

　モダンテクニックの名称とその内容，あるいは実例図との対応関係を問う出題は，毎年の教員採用試験での恒例と言っていいほど多い。しかも，数十年前からこの傾向は続いている。それだけに完全に理解しておきたい。モダンテクニックは手描き(手と筆の意識的操作)では得られない，素材の偶然的効果を特徴とする。もともとは立体主義(キュービズム)や超現実主義(シュールレアリスム)の画家たちが，意識を

超えた表現効果を得るために採用した技法であった。しかし，現在の美術教育では特殊な効果をもたらすデザイン技法として扱われることが多い。つまり，これらに加筆したり，全体の一部に組み入れてデザイン作品を作るのに利用される。モダンテクニックには以下のようなものがある。

▼コラージュ(はり絵)

絵の具のかわりに紙や布を張りつける。色紙や印刷された紙，布，ひもなど，実際のものを画面に張りつけて表現する技法。

▼フロッタージュ(こすり出し)

紙を布・葉・板などの凹凸のある表面の地肌に当て，上から鉛筆などをこすりつけてその模様を写し取る技法。

▼デカルコマニー(転写)

紙を2つに折り，間に絵の具をつけて押しつけたりこすったりした後で開くと，絵の具が広がり混ざり合って生じた意図しない色調を利用する技法。

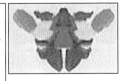

▼マーブリング(墨流し)

水面に浮かせた絵の具を吸水性の紙で写し取る技法。墨やインクなどでも可能。

▼ドリッピング(たらし絵)

水分の多い絵の具やインクを紙の上にたらし，口やストローで強く吹いたり紙を傾けたりしてできる偶然できる形を利用する技法。

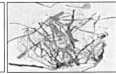

▼スクラッチ(ひっかき絵)

クレヨンなどで色を重ねて塗り，クギなどでひっかき下の色を出して，違った色の線を描く。この方法で作品を作る。

▼バチック(はじき絵)

ろうやクレヨンなどでかいた下絵の上に水彩絵の具を塗り，はじく性質を利用する。

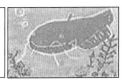

●工作

　工作関係の出題は，材料・用具の扱い方を問うものが多い。それゆえ，最低限，学習指導要領で言われている「はさみ」「のり」「簡単な小刀類」「板材」「使いやすいのこぎり」「糸のこぎり」「焼成する経験」(やきものを指す)の取り扱い方や注意事項は知っておきたい。特に電動糸のこ盤と「やきもの」は，注意事項がたくさんあるので出題されやすい。電動糸のこ盤を使ったり，やきものをしたことがない人は，一度体験しておくとよい。

　まれに学習指導要領にはない「両刃のこ」「かんな」「のみ」等に関する事項が出題されることがある。特に「両刃のこ」の「縦引き用」「横引き用」の刃の違いは，かつての最頻出問題の1つであった。木の繊維を断ち切る必要がないために，単純な三角形になっているのが縦引き用刃であると憶えておくとよい。

●美術史

　西洋美術史といっても，出題されるのは美術常識の程度の内容である。そして，ほとんどがルネサンス期及び近代の主要美術家の名前，あるいは主要作品の題名を問うものである。作品写真が問題に出る場合もあるので，単なる丸暗記ではなく，図版などの視覚的イメージとともにおぼえたい。また，受験先都道府県の公立美術館所蔵の有名作品と作者，そこで近年，大きな展覧会が開かれた美術家も出題の可能

性が高いので確認しておくべきである。その後に，近代諸流派の考え
を学習したい。

ルネサンス期：

　ボッティチェルリ「春」「ヴィーナスの誕生」，レオナルド・ダ・ヴ
　ィンチ「モナリザ」，ミケランジェロ「ダビデ」「最後の審判」，ラフ
　ァエロ「聖母子」

近代：

○新古典主義：ダヴィッド「ホラティウスの誓い」，アングル「グラ
　ンド・オダリスク」

○ロマン主義：ジェリコー「メデューズ号の筏」，ドラクロワ「キオ
　ス島の虐殺」「民衆を率いる自由の女神」

○自然主義：コロー「真珠の女」，ミレー「晩鐘」「落ち穂拾い」

○写実主義：クールベ「石切り人夫」

○印象派：マネ「草上の昼食」，モネ「睡蓮」，ルノワール「ムーラ
　ン・ド・ラ・ギャレット」

○新印象派：スーラ「グランド・ジャットの日曜日」

○後期〔反〕印象派：セザンヌ「サント・ヴィクトワール山」，ゴッ
　ホ「ひまわり」，ゴーギャン「かぐわしき大地」

○立体派(キュービズム)：ピカソ「ゲルニカ」，ブラック「ギターを弾
　く女性」

○野獣派(フォービズム)：マチス「帽子の女」

○超現実主義：ダリ「記憶の固執」，マグリット「大家族」「偽りの鏡」

○近現代彫刻：ロダン「考える人」，マイヨール「地中海」，カルダー
　「フラミンゴ」，シーガル「バスの乗客」。

●平成29年告示学習指導要領　改訂の要点

(1)　目標の改善について

　①教科の目標

　　図画工作科において育成を目指す資質・能力については，中央教育
　審議会答申(平成28年12月21日)にて「知識・技能」，「思考力・判断
　力・表現力等」，「学びに向かう力・人間性等」の3つの柱に沿った整
　理が行われた。これを受け，教科の目標は次のように示された。

　表現及び鑑賞の活動を通して，造形的な見方・考え方を働かせ，生活や社会の中の形や色などと豊かに関わる資質・能力を次のとおり育成することを目指す。

(1)　対象や事象を捉える造形的な視点について自分の感覚や行為を通して理解するとともに，材料や用具を使い，表し方などを工夫して，創造的につくったり表したりすることができるようにする。

(2)　造形的なよさや美しさ，表したいこと，表し方などについて考え，創造的に発想や構想をしたり，作品などに対する自分の見方や感じ方を深めたりすることができるようにする。

(3)　つくりだす喜びを味わうとともに，感性を育み，楽しく豊かな生活を創造しようとする態度を養い，豊かな情操を培う。

　従前より示し方が変更され，先述の3つの柱に対応して(1)〜(3)の目標が示された。それぞれ(1)が「知識・技能」，(2)が「思考力・判断力・表現力等」，(3)が「学びに向かう力・人間性等」による。

　また，図画工作科における「見方・考え方」とは，同答申では「感性や想像力を働かせ，対象や事象を，形や色などの造形的な視点で捉え，自分のイメージを持ちながら意味や価値をつくりだすこと。」として示している。

②各学年の目標

〔第1学年及び第2学年〕

(1)　対象や事象を捉える造形的な視点について自分の感覚や行為を通して気付くとともに，手や体全体の感覚などを働かせ材料や用具を使い，表し方などを工夫して，創造的につくったり表したりすることができるようにする。

(2)　造形的な面白さや楽しさ，表したいこと，表し方などについて考え，楽しく発想や構想をしたり，身の回りの作品などから自分の見方や感じ方を広げたりすることができるようにする。

(3)　楽しく表現したり鑑賞したりする活動に取り組み，つくりだす喜びを味わうとともに，形や色などに関わり楽しい生活を創造しようとする態度を養う。

〔第3学年及び第4学年〕

(1) 対象や事象を捉える造形的な視点について自分の感覚や行為を通して分かるとともに，手や体全体を十分に働かせ材料や用具を使い，表し方などを工夫して，創造的につくったり表したりすることができるようにする。

(2) 造形的なよさや面白さ，表したいこと，表し方などについて考え，豊かに発想や構想をしたり，身近にある作品などから自分の見方や感じ方を広げたりすることができるようにする。

(3) 進んで表現したり鑑賞したりする活動に取り組み，つくりだす喜びを味わうとともに，形や色などに関わり楽しく豊かな生活を創造しようとする態度を養う。

〔第5学年及び第6学年〕

(1) 対象や事象を捉える造形的な視点について自分の感覚や行為を通して理解するとともに，材料や用具を活用し，表し方などを工夫して，創造的につくったり表したりすることができるようにする。

(2) 造形的なよさや美しさ，表したいこと，表し方などについて考え，創造的に発想や構想をしたり，親しみのある作品などから自分の見方や感じ方を深めたりすることができるようにする。

(3) 主体的に表現したり鑑賞したりする活動に取り組み，つくりだす喜びを味わうとともに，形や色などに関わり楽しく豊かな生活を創造しようとする態度を養う。

　各学年の(1)は答申で示された「知識・技能」の内容を，(2)は「思考力・判断力・表現力等」の内容を，(3)は「学びに向かう力・人間性等」の内容を反映している。

(2)　内容の改善について

　内容の構成については，従前のものと同様「A　表現」(1)造形遊びをする活動，(2)絵や立体，工作に表す活動，「B　鑑賞」(1)鑑賞の活動の2領域3項目及び〔共通事項〕が設けられている。詳細な指導事項については，答申で示された「知識・技能」「思考力・判断力・表現

力等」「学びに向かう力・人間性等」の柱に沿って整理されているので，確認されたい。

●学習指導法

　従来，図画工作科は，心と体を使って触れたり感じたりする体験や，人との関わりを通してよさや価値を実感する活動を重視してきた。しかし今回の学習指導要領改訂では，「主体的な学び」「対話的な学び」「深い学び」の視点から学習活動を改善し，活動と学びの関係性や，活動を通して何が身に付いたのかを重視する方針が反映されている。従って指導法について述べる際は，それぞれの学びを実現するための視点を持つことが肝要である。中央教育審議会答申によると，それぞれの学びを実現するための視点として，次のようなことが挙げられている。なお例は高等学校の美術Ⅰを対象としたものによるため，一部表現が図画工作科の内容と一致しない。

「主体的な学び」
・主題を生成したり構想をしたりする場面，創造的な技能を働かせる場面，鑑賞の場面のそれぞれにおいて，形や色彩などの造形の要素の働きなどに意識を向けて考えること
・対象や事象を造形的な視点で深く捉えること
・自己の生成した主題や対象の見方や感じ方を大切にして，創造的に考えて表現したり鑑賞したりする学習の充実を図り，それらの学習活動を自ら振り返り次の学びにつなげていくこと　など

「対話的な学び」
・表現や鑑賞の能力を育成する観点から，「造形的な見方・考え方」を働かせて，美術の創造活動の中で，形や色彩などの造形の要素の働きなどについて理解すること
・美術作品や互いの作品について批評し合い討論する機会を設け，自他の見方や感じ方の相違などを理解し，自分の見方や感じ方を広げるなどの言語活動を一層充実させること　など

「深い学び」
・「造形的な見方・考え方」を働かせて，芸術としての美術と豊かに関わる学習活動を通して，主体的に学ぶ意欲を高め，豊かに主題を

● 図画工作科

　　生成して発想や構想をし，創造的な技能を働かせてつくりだす表現
　　の能力と，美術作品や文化遺産などを様々な観点から鑑賞して，そ
　　のよさや美しさを創造的に味わう鑑賞の能力を相互に関連して働く
　　ようにすること
・お互いの見方や感じ方，考えなどを交流することで，新しい見方や
　　価値などに気付き，表現や鑑賞の能力を深めていくような学習によ
　　り教科・科目において育成する資質・能力を確実に身に付け，それ
　　らを積み重ねていくこと　　など

　　これらの学びは相互に関連していることを念頭に，主体的・対話的
で深い学びが実現できるような指導を模索していく必要がある。また
これらの学びを実現することは学習指導要領の目標達成を目的とする
ので，目標に沿った指導法を各自検討されたい。

　　以上のようなことをふまえ設問に対するとともに，この教科での児
童の活動は，作品を通して意思を伝達し自己を表現するのと同じであ
ると考え，常に児童の作品に対する思いや願いを読み取る努力と工夫
をすることが大切である。また安全面の上でも常に配慮する姿勢を示
すことがポイントである。

【1】次の文は，図画工作科の授業における水彩絵の具で絵に表す活動について述べたものである。文中の(ア)，(イ)に当てはまる言葉として最も適切なものを以下のA～Fから一つずつ選び，その記号を書け。

> 　水彩絵の具は，小学校学習指導要領(平成29年3月告示)「図画工作」において，第3学年及び第4学年で扱うことと示されており，児童が形や色を表すために適した用具である。表したいことに合わせて様々な感じの色をつくることができる特徴を生かし，純色の赤と青を混ぜることで(ア)をつくったり，純色に白を混ぜることで(イ)の高い色をつくったりするなど，児童自身が表す方法を考えたり試したりすることができる。

A　黄　　B　彩度　　C　緑　　D　純度　　E　紫　　F　明度

2024年度 ▎ 愛媛県 ▎ 難易度 ■■■■■■

【2】色についての説明として適当でないものを，次の1～4のうちから一つ選べ。

1　同じ色でも暗い背景では明るく，明るい背景では暗く見える。これを明度対比という。

2　光の色は，重ねて混ぜ合わせるほど明るさが増し，無色透明な状態(白色光)に近づく。このような明るさが増す混色を加法混色という。

3　同じ赤色でも緑色に囲まれた赤色と，白色に囲まれた赤色では，白色に囲まれた赤色の方が鮮やかに見える。赤色を囲んだ白色が赤色を引き立たせているためである。これを補色対比という。

4　明度差が少ない色の組み合わせで，見分けやすくするためには，色と色との間に，明度の高い線などを入れるとよい。

2024年度 ▎ 大分県 ▎ 難易度 ■■■■■■

【3】次の文は，色の広がり，色の魅力について述べたものです。文が説明している言葉を，以下のア～エから一つ選び，その記号を書きなさい。

　色料の三原色はマゼンタ(赤紫)，イエロー(黄)，シアン(緑みの青)です。色料では，混ぜる色数が増えるほど鮮やかさも明るさも下がり，黒に近づきます。

ア　有彩色　　イ　減法混色　　ウ　無彩色　　エ　加法混色

‖ 2024年度 ‖ 岩手県 ‖ 難易度 ‖■■■■■□□□

【4】木版画をつくる際の彫刻刀の使い方や特徴の説明として適切ではないものを，次の1～6のうちから1つ選びなさい。

1　彫刻刀で彫る際は，彫刻刀の進行方向に手や指を出さないように注意して使用する。

2　彫刻刀で彫る際は，版木を動かさずに彫刻刀の刃の向きを変えながら使用する。

3　丸刀を持つ際は，片方の手でしっかりと鉛筆を持つようにし，反対の手の指を添えて押し出すように彫る。

4　丸刀は，広い面積を変化を付けて彫る時に使用し，丸みのある線を描くことができる。

5　平刀は，平らな面を上にして使用し，ぼかしの表現にも使うことができる。

6　三角刀は，狭い場所を彫ることができ，細く鋭い線を描くことができる。

‖ 2024年度 ‖ 宮城県・仙台市 ‖ 難易度 ‖■■■■□□□□

【5】次の各問いに答えよ。

1　コンピュータで処理した映像とプロジェクタなどの映写機器を使い，建物や立体的な物体に映像を投影する技術を何というか書け。

2　知的財産権に関する①，②の説明文が表している権利を何というかそれぞれ漢字3文字で書け。

①　絵画，漫画，イラストレーション，写真など，作者の権利を尊重し，侵害されないよう法律で保護されている権利

② プライバシーを守るために自分の容姿などを他人に無断で描写・撮影されたり，使用されたりすることを拒否する権利

2024年度 ‖ 岡山市 ‖ 難易度 ■■■■□□

【6】版画の技法についての説明として適当でないものを，次の1〜4のうちから一つ選べ。

1 単色木版は，黒などの墨版一色で刷る版画をいう。版の彫り跡によって濃淡をつくり表現する方法である。

2 多版多色木版は，浮世絵版画などに代表される色刷り版画であり，色ごとに版をつくり，刷り上げていく方法である。

3 コラグラフは，石版画とも呼ばれ，「水と油の反発作用」の原理を応用して製版，印刷する技法である。版材は石版石が使われていたが，現在ではジンク板やアルミ板が主流になった。

4 ドライポイントは，凹版における直接法の一つであり，版面に傷や溝をつけて表現する技法である。鋭く先の尖ったニードルなどで，塩ビ板や銅板などに直接刻みつけて製版する。

2024年度 ‖ 大分県 ‖ 難易度 ■■□□□

【7】次の図は，両刃のこぎりの刃の形状A及びBと，それぞれの刃を使って木材を切る方向ア，イ，ウを示したものである。A，Bの名称と木材を切る方向について正しいものを，以下の①〜⑤の中から二つ選べ。

A

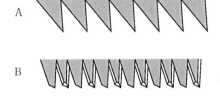

B

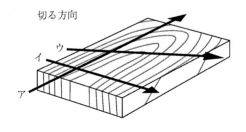

切る方向

411

① Aは縦びき刃，Bは横びき刃である。

② Aは横びき刃，Bは縦びき刃である。

③ アの方向に切る場合は縦びき刃を使い，イとウの方向に切る場合は横びき刃を使う。

④ アの方向に切る場合は横びき刃を使い，イとウの方向に切る場合は縦びき刃を使う。

⑤ アとウの方向に切る場合は縦びき刃を使い，イの方向に切る場合は横びき刃を使う。

┃ **2024年度** ┃ 岐阜県 ┃ 難易度 ■■■■■□□□□

【8】次の各問いに答えよ。

問1 次図のように，ぼかしあみに絵の具をつけたブラシをこすりつけ，絵の具を霧状にして画面にまきちらす技法を1つ選び，記号で答えよ。

ア　デカルコマニー　　イ　スパッタリング　　ウ　マーブリング
エ　ドリッピング

問2 次の説明のうち，正しいものを1つ選び，記号で答えよ。

ア　電動糸のこぎりは刃の向きを確かめて，先に上部しめ具に差し込み，次に下部しめ具に差し込み固定して取り付ける。

イ　ラジオペンチは小さなものを挟んで曲げるなど細かな作業がしやすいが，刃がついていないため針金を切ることには適していない。

ウ　紙やすりにはいろいろな目の粗さによって80番，100番，240番などと数字で表され，数字が大きいほど目が細かくなる。

エ　粘土で焼き物を作る際には，1200℃前後で素焼きした後，800℃前後で本焼きをするとさらに丈夫になる。

┃ **2024年度** ┃ 長崎県 ┃ 難易度 ■■■■■□□□

【9】次の問に答えよ。

問1 次の(1)〜(3)で，内容が正しいものは○，誤っているものは×で答えよ。

(1) ポスターカラーは不透明な絵の具であり，乾いてから違う色を重ねると下の色が見えにくくなる。

(2) 両刃のこぎりの横びき刃は，木目に沿って切るときに適している。

(3) 紙やすりには，種類によって数字が記されている。番号の数が大きいほど粗い目の紙やすりである。

問2 彫刻刀で板を彫ったとき，次図のような彫りあとになる彫刻刀の種類を答えよ。

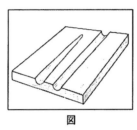

図

問3 彫りと刷りを繰り返しながら表す木版画のことを何というか答えよ。

問4 粘土を水で溶いてとろとろにしたもので，粘土どうしを接着するときに使用するものを何というか答えよ。

問5 児童がはさみを使用する授業では，その使い方等について安全指導をしなければならない。はさみを相手に渡すときの，はさみの持ち方についてどのように指導するか述べよ。

▍2024年度 ▍鹿児島県 ▍難易度 ▍■■■□□

【10】材料や用具の使い方等について，次の(1)〜(3)の各問いに答えよ。

(1) 木の板を使った工作に表す活動をするときに必要となる「木取り」の説明として誤っているものを，次のア〜ウから一つ選び，記号で答えよ。

ア 無駄ができるだけ少なくなるように，切り出す部材の配置を工夫する。

イ　板の端のほうはできるだけ使わず，主に中央部を使うように部材の配置を工夫する。

ウ　のこぎりで切る回数をできるだけ減らすように工夫する。

(2)　粘土を使った活動で使う「たたら板」の説明として正しいものを，次のア～ウから一つ選び，記号で答えよ。

ア　粘土の上に押し当てたり，たたいたりして，粘土を一定の厚さにそろえていくための道具である。

イ　粘土のかたまりの両側に重ねて置き，切り糸を使って粘土を一定の厚さに切っていくときの道具である。

ウ　粘土を細かく切断したり，粘土の表面に模様をつけたりする際に使用する道具である。

(3)　絵の具のさまざまな使い方の一つである「スパッタリング」の説明として正しいものを，次のア～ウから一つ選び，記号で答えよ。

ア　水面に絵の具やインクを浮かべてできた模様を，紙を押し当てて写しとる技法。

イ　紙の上に絵の具を置き，半分に折ってから開いて不思議な形や色をつくる技法。

ウ　紙の上で，絵の具をつけた歯ブラシなどを金網などでこすり，スプレーを吹きかけたような効果をつくる技法。

▌2024年度 ▌山口県 ▌難易度

【11】図画工作で使用する用具についての記述として適切ではないものを，次の①～④のうちから選びなさい。

①　三つ目ぎりと四つ目ぎりのうち，くぎ穴をあけるときには，四つ目ぎりの方が適している。

②　両刃のこぎりには縦びき刃と横びき刃があり，木目に沿って切るときは縦びき刃を使って切る。

③　ラジオペンチは先が細くなっており，細かい作業をするのに向いている。

④　打面に平らな面と丸い面があるかなづちでは，くぎの打ち終わりには平らな面を使うとよい。

▌2024年度 ▌神奈川県・横浜市・川崎市・相模原市 ▌難易度

【12】児童がカッターナイフで紙を切る際の留意点として，適していない
ものを次の1～5から1つ選び，番号で書きなさい。

1　カッターナイフの刃の折り線は，1～2目盛り出して使う。

2　切る紙より大きめのカッターマットを用意して，切る紙の下に敷
いて切る。

3　切りたい線を身体の正面にくるように向け，手首を動かして切る。

4　紙を押さえる手は，刃の進む方向に置かない。

5　円や曲線を切るときは，紙を動かしながら切る。

▌2024年度 ▌名古屋市 ▌難易度▌■■■■■□□□

【13】次の文1～5は，「電動糸のこぎり」についての記述である。誤って
いるものを一つ選び，番号で答えよ。

1　使用するのこぎりの刃形には，刃と刃の間隔に違いがあり，小学
校では，木工，金工，プラスチックなど万能に使える「大あさり」
を使用するとよい。

2　同じ木材でも，軟材には刃の数が多く薄いもの，硬材には刃の数
が少なく厚みのあるものが適している。

3　刃の取り付けは，刃の向きが上下反対にならないように確かめて
から，上部締め具に固定する。その後，刃を下部締め具に差し込ん
で，しっかりと固定する。

4　固定した刃の張り具合は，強く張りすぎず，ややたわみを感じる
程度にするとよい。

5　切り方の基本は，材料を両手で前に押し出すようにする。刃に負
担をかけないために，材料を無理に押し出さないように注意する。

▌2024年度 ▌愛知県 ▌難易度▌■■■■□□□□

【14】次の文はのこぎりについて述べたものである。文中の[　ア　]から
[　エ　]にあてはまる語句の組み合わせとして最も適当なものを，以
下の①から④までの中から一つ選び，記号で答えよ。

のこぎりには，両刃のこぎり，片刃のこぎりといった種類がある。

両刃のこぎりには大きい刃と小さい刃がついているが，大きい刃は
[　ア　]といい，木目に[　イ　]切る時に使う。片刃のこぎりには，木
目に関係なく切ることができるものがある。

のこぎりで切る時は，木が動かないように押さえる必要があるが，枝などの丸いものは[　ウ　]で横からはさむと固定できる。また，切り落とす時は，のこぎりの刃を起こし，[　エ　]とひくと良い。

① ア　横びき刃　　イ　そって　　　　ウ　クランプ
　　エ　ゆっくり
② ア　縦びき刃　　イ　そって　　　　ウ　万力
　　エ　ゆっくり
③ ア　横びき刃　　イ　対し直角に　　ウ　クランプ
　　エ　素早く
④ ア　縦びき刃　　イ　対し直角に　　ウ　万力
　　エ　素早く

‖ 2024年度 ‖ 沖縄県 ‖ 難易度 ■■■■□□

【15】次のア〜エの文は，木工の技法について述べたものです。木工の技法として適切ではないものを，次のア〜エから一つ選び，その記号を書きなさい。
ア　両刃のこぎりの横引き刃は木目に沿って切る場合に使う。
イ　片刃のこぎりは，細かい部分を切る時に使う。
ウ　小刀で削るときは，木材をしっかりと持ち，持った手の親指で小刀の背を押し出すようにして削る。
エ　紙やすりは数字(番手)が小さいほどあらく，大きいほど目が細かい。あらいものから順番に使うと，表面が滑らかになる。

‖ 2024年度 ‖ 岩手県 ‖ 難易度 ■■■■□□

【16】次の1，2の問いに答えよ。
1　描画材に関する次の文章を読んで，文章中の(　①　)，(　②　)，(　③　)にあてはまる語の組合せとして，最も適切なものを，以下のアからエのうちから一つ選び，記号で答えよ。

　(　①　)は，顔料を棒状に固めたものであり，やわらかい色調を得ることができるが，画面への固着力は弱い。また，(　②　)は，顔料を油脂またはろうで棒状に練り固めたものであり，硬いので線描に適している。(　③　)は，顔料をアラビ

416

ア ゴム等で練り合わせて作られたものであり，耐水性がない。

ア ① パステル ② クレヨン ③ アクリル絵の具
イ ① パステル ② クレヨン ③ 水彩絵の具
ウ ① クレヨン ② パステル ③ アクリル絵の具
エ ① クレヨン ② パステル ③ 水彩絵の具

2 次の文章が説明しているモダンテクニックは何か。以下のアから
エのうちから一つ選び，記号で答えよ。

> 二つ折りにした紙の内側に多めの絵の具をつけて，紙を閉
> じてこすり，開くと対称形ができる。また，ガラス板などの
> 上に絵の具をつけ，紙を当てる方法もある。

ア バチック イ マーブリング ウ スパッタリング
エ デカルコマニー

| 2024年度 | 栃木県 | 難易度 ▮▮▮▯▯

【17】次の表は，水彩絵の具を使って表したもようの写真と技法の名称，
その説明を示したものです。(a)～(d)にあてはまる写真や技法
の名称はどれですか。[写真]ア～エと[技法の名称]カ～ケの中からそれ
ぞれ選び，その正しい組合せをあとの①～⑤の中から1つ選び，記号
で答えなさい。

写真	技法の名称	説明
(a)	デカルコマニー	紙を2つに折って，紙と紙の間に水彩絵の具をはさみ，ばれんなどで強くこすり，紙を開いて表す。
(b)	吹き流し	紙の上に水彩絵の具を垂らし，ストローで息を吹きかけて表す。
（日本文教出版「ずがこうさく1・2上」）	(c)	紙にクレヨンで絵をかいて，その上から水彩絵の具を塗り，水彩絵の具がはじかれる効果を生かして表す。
	(d)	紙の上で，水彩絵の具をつけたブラシを網につけてこすって表す。

417

● 図画工作科

[写真]

ア：
（日本文教出版「美術1」）

イ：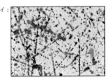
（光村図書「美術1」）

ウ：
（光村図書「美術1」）

エ：
（開隆堂「美術1」）

[技法の名称]

カ：マーブリング　　キ：スパッタリング　　ク：ドリッピング

ケ：バチック

	a	b	c	d
①	エ	イ	カ	ク
②	ア	エ	ケ	キ
③	ウ	ア	キ	カ
④	ウ	エ	カ	ク
⑤	ア	イ	ケ	キ

┃ 2024年度 ┃ 広島県・広島市 ┃ 難易度 ┃

【18】次の(1)，(2)の表は，それぞれある人物の作品についてまとめたもの
である。その人物名を以下のA～Fから一つずつ選び，その記号を書け。

(1)

作品1		作品2	
作品名	『真珠の耳飾りの少女』	作品名	『手紙を読む青衣の女』

(2)

作品1	作品2
作品名　『風神雷神図屛風』	作品名　『源氏物語関屋澪標図屛風』(関屋図)

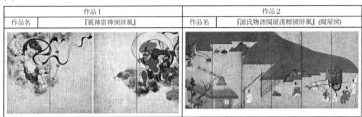

A	レンブラント・ファン・レイン	B	狩野永徳
C	ヨハネス・フェルメール	D	円山応挙
E	ウジェーヌ・ドラクロワ	F	俵屋宗達

┃ 2024年度 ┃ 愛媛県 ┃ 難易度 ┃▆▆▆▆▆▢▢▢▢▢┃

【19】立体作品に関する，次の1，2，3の問いに答えよ。

1　次のアからエの彫刻作品の中からロダンの作品を一つ選び，記号で答えよ。

　　　ア　　　　　　　イ　　　　　　　ウ　　　　　　　エ

2　1の彫刻作品に共通する材質は何か。次のアからエのうちから一つ選び，記号で答えよ。

　　ア　木　　イ　ブロンズ　　ウ　石　　エ　テラコッタ

3　粘土の扱い方を説明した文として，誤っているものはどれか。次のアからエのうちから一つ選び，記号で答えよ。

　　ア　油粘土は，乾燥により硬化しやすいので，製作途中の作品はビニル袋をかぶせて湿気を保つ必要がある。

　　イ　紙粘土は，乾燥の際に収縮するので，芯材を扱うときに配慮する必要がある。

　　ウ　土粘土は，硬さにムラがあるとひび割れやすいので，練って粘土の質を均一にする必要がある。

エ　粘土の作品を焼成する場合は，作品に水分が残っているとひび割れやすいので，十分に乾燥させる必要がある。

┃ 2024年度 ┃ 栃木県 ┃ 難易度 ▰▰▰▰▱▱

【20】次の図の作品に関する，以下の1，2の問いに答えよ。

図

1　作品名と作者名をそれぞれ答えよ。

2　20世紀初めに上の作者やジョルジュ・ブラックは，対象を複数の視点から見て，捉えたイメージを一つの画面に収めて表現した。この芸術運動は何か。次のアからエのうちから一つ選び，記号で答えよ。

ア　民芸運動　　イ　印象派　　ウ　キュビズム
エ　ゴシック様式

┃ 2024年度 ┃ 栃木県 ┃ 難易度 ▰▰▰▱▱▱

【21】次の(1)，(2)に答えよ。

(1)　次のA，Bの作品の作者を，以下のア～カからそれぞれ一つ選び，記号で記せ。

A
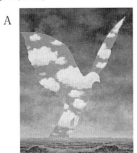
作品名「大家族」

B
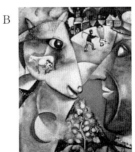
作品名「私と村」

ア　マルク・シャガール　　　　イ　ジョアン・ミロ

ウ　オーギュスト・ルノワール　エ　ルネ・マグリット

オ　パブロ・ピカソ　　　　　　カ　パウル・クレー

(2)　図画工作科で扱う材料や用具について，次のア～エから誤っているものを一つ選び，記号で記せ。

ア　紙には目と呼ばれる，折ったり，裂いたりしやすい向きがある。

イ　針金は，何度も曲げたり伸ばしたりすると柔らかくなり，扱いやすくなる。

ウ　金づちで釘を打つ際，始めは頭の平らの方で打ち，終わりは頭の丸みのある方で打つ。

エ　カッターナイフは，切れ味が悪くなったら，刃折り器などで一目盛りずつ折って使う。

┃ 2024年度 ┃ 山梨県 ┃ 難易度 ▮▮▮▮▮▮▯▯

【22】次の絵画の説明文を読み，あとの(1)～(3)の各問いに答えなさい。

> 次の絵画「（　①　）」は，②後期印象派の画家，フィンセント・ファン・ゴッホによって描かれた。
>
> 代表作である「（　①　）」は，様々な青色を使って，はっきりとした筆のタッチを残し，渦巻く夜空の様子を表現している。夜空の星などの輝きも，独特のタッチで表現されている。

(1)　（　①　）に入る作品名として，適するものを次の1～4から1つ選び，番号で書きなさい。

1　天上の青　　2　月光　　3　星月夜　　4　糸杉と星の見える道

(2)　②後期印象派に分類される画家の組み合わせとして，適するもの

を次の1〜4から1つ選び，番号で書きなさい。

1　ポール・ゴーギャンとポール・セザンヌ

2　ポール・セザンヌとクロード・モネ

3　クロード・モネとマルク・シャガール

4　マルク・シャガールとポール・ゴーギャン

(3)　フィンセント・ファン・ゴッホの作品でないものを次の1〜4から1つ選び，番号で書きなさい。

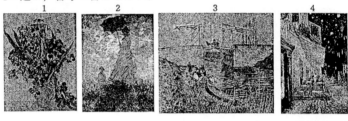

┃2024年度┃名古屋市┃難易度 ■■■■□□

【23】次の文は，「印象派」についての記述である。文中のA〜Dの(　　)にあてはまる語句として正しい組合せを一つ選び，番号で答えよ。

> 　印象派は19世紀後期の(　A　)に発した絵画を中心とした芸術運動である。
>
> 　この運動の名称は，(　B　)の作品「印象・日の出」に由来している。(　C　)の描いた「ムーラン・ド・ラ・ギャレット」や，点描で描かれた(　D　)の「グランド・ジャット島の日曜日の午後」など，光の変化をとらえ，微妙な色合いで表現された数多くの作品が生まれた。

1　A　フランス　　B　モネ　　C　ルノワール　　D　スーラ

2　A　フランス　　B　マネ　　C　ピカソ　　　D　シスレー

3　A　フランス　　B　ドガ　　C　ルノワール　　D　シスレー

4　A　イタリア　　B　モネ　　C　ピカソ　　　D　スーラ

5　A　イタリア　　B　マネ　　C　ルノワール　　D　スーラ

6　A　イタリア　　B　ドガ　　C　ピカソ　　　D　シスレー

┃2024年度┃愛知県┃難易度 ■■■■■□

【24】仕事に就いて働く自分を想像して，絵に表しなさい。ただし，次の【条件】に従って描きなさい。

【条件】 ○ 衣装や持ち物等を工夫して，何の仕事かが伝わるように表すこと。

○ 働いている様子が伝わるように体の動きを表すこと。

○ 場面の様子が伝わるように，周囲にあるものを描き加えて表すこと。

※ 選んだ仕事を(　　)の中に書くこと。

※ (　　)の記入以外に，説明するための文字や数字，記号は使用しない。

‖2024年度‖福島県‖難易度

【25】平面に立てて置かれた円柱を想像し，鉛筆を用いて描きなさい。円の直径：円柱の高さは，1：2程度の比率とする。ただし，左上に光源があるものとして，上面が見えるように陰影をつけて描き，定規は用いないこと。

‖2024年度‖青森県‖難易度

解答・解説

【1】ア E　イ F

○**解説**○ 水彩絵の具は，図画工作において使用される画材の最も基本的なものである。　ア 絵の具の赤と青を混ぜると，紫色になる。絵の具のような色材の三原色は，シアン，マゼンタ，イエローであり，絵の具の赤と青は三原色には当たらないことに注意すること。　イ 色には色相，明度，彩度の3要素がある。そのうちの明度は，色の明るさのことで，純色に白を混ぜると明度が上がる。彩度は，色の鮮やかさのことで，彩度が高ければ鮮やかな色になり，低ければくすんだ色になる。

● 図画工作科

【2】3
○**解説**○ 周りの色の彩度差によって鮮やかさが違って見える現象を，「彩度対比」という。「補色対比」は，色相環で反対側に位置する補色同士を組み合わせると，互いの色を鮮やかに見せる効果を表す対比である。この2つの対比の他に，周りの色の明度差によって明るさが違って見える「明度対比」，色の組み合わせによって色相がずれて見える「色相対比」がある。

【3】イ
○**解説**○ 絵の具などの色料は，混色すればするほど暗くなり，鮮やかさが失われる。このことを「減法混色」という。光の三原色は「赤・青・緑」で，これらを混ぜ合わせると明るさが加算されていくため，「加法混色」という。有彩色は，色の三属性である色相，明度，彩度を備えた色のことで，赤，青，黄などの色味を持った色である。一方，明度のみをもつ色が無彩色で，白と黒および灰色など色味を持たない色である。

【4】2
○**解説**○ 彫刻刀を扱う際は刃の向きは変えず，いつも手前から向こう側に彫っていくのが正しい使い方である。よって，2の「版木を動かさずに彫刻刀の刃の向きを変えながら」は適切ではない。

【5】1　プロジェクションマッピング　2　①　著作権　②　肖像権
○**解説**○ 1　プロジェクションマッピングとは，プロジェクターなどの映写機器を使い，建物などの立体物に映像を投影する技術，及びそれを用いた映像表現やパフォーマンスのことである。映像の動きや変化で，対象物が動いたり，変形したり，自ら光を放っているように感じさせることのできる，幻想的で錯角的な映像表現である。　2　「知的財産権」とは，人間の知的活動によって生み出されたアイデア，デザイン，作品などの知的財産を保護する権利の総称である。著作権は音楽，映画，絵画などの著作物を保護するものであり，著作物を勝手に利用されない権利のことである。肖像権は，無断で自分の顔や容姿を

撮影，描写，公表されない権利のことである。児童，生徒の作品にも，著作権が発生することに留意して扱いたい。

【6】3

○**解説**○ 「コラグラフ」は，版面にいろいろな素材を貼りつけたり，ぬったりしてつくる版画の技法で，語源はコラージュからきている。石版画と呼ばれるのは，「リトグラフ」である。

【7】①，③

○**解説**○ 両刃のこぎりは，目の粗い縦びき刃と目の細かい横びき刃が一緒になっており，縦びき刃は木目に沿って切るときに，横びき刃は木目に対して直角や斜めに切るときに使用する。横びき刃は刃の向きが交互になっており，片刃のこぎりは横びき刃になっているものが多い。

【8】問1　イ　　問2　ウ

○**解説**○ 問1　ア　デカルコマニーは転写法の意で，紙に絵の具を塗り二つ折りにする，またはガラスや吸水性の低い紙などの上に絵の具を出し，上から用紙をあててこすり，写し取ったときに生じる偶然の形態の効果に注目した技法。　ウ　マーブリングは，水面に水よりも比重の軽い絵の具などを垂らし，紙に染め移す技法。　エ　ドリッピングは，直接絵筆で描かず，絵筆から紙に絵の具を垂らす技法。さらに，垂らした絵の具をストローなどで吹き流し，さまざまな軌跡を描いたりもできる。　問2　ア　電動糸のこぎりの刃を取り付ける際は，下のしめ具から留める。　イ　ラジオペンチは通常のペンチより狭い箇所の細工や，細い銅線や針金を切断するのに適した工具である。　エ　素焼きは低温域で，本焼きは高温域で焼く。

【9】問1　(1)　○　　(2)　×　　(3)　×　　問2　丸刀　　問3　彫り進み版画(彫り進み木版画)　　問4　どべ　　問5　はさみの刃を相手に向けないように持ち，持ち手を相手に向けて渡すように指導する。

○**解説**○ 問1　(1)　図画工作科で扱う絵の具としては，主に扱いが容易でにじみやぼかしなどがしやすい水彩絵の具が用いられる。ポスター

カラーは，デザイン画に適しているといわれている。　(2)　横びき刃は，木材の繊維に対して垂直に切るときに用いる。木材の繊維と同じ方向に(木目に沿って)切るときには，縦びき刃を用いる。　(3)　番号の数が大きいほど細かく，小さいほど粗い目の紙やすりである。

問2　児童が使用する彫刻刀の種類は，丸刀(大・小)，三角刀，平刀，切り出し刀などがある。丸刀は柔らかい線や面，三角刀は鋭い線で輪郭線など，平刀は広い面積の面に使用する。この三種類は親指・人差し指・中指で持ち，切り出し刀は鉛筆のように持つ。もう一方の手指を添えて使用し，彫り進む方向に手を置かないようにする。安全性にも配慮した指導法を理解しておこう。　問3　彫り進み版画は，一枚の板木で彫りと刷りを繰り返していく多色刷りの版画である。木版画は凸版画である。版画には凹版，凸版，平版，孔版の4つの種類がある。　問4　接着面にたっぷりと塗り，圧着させる。　問5　はさみは，低学年から使用する最も基本的な道具の一つである。使い方に加え，安全指導について理解しておこう。

【10】(1)　イ　　(2)　イ　　(3)　ウ

○**解説**○ (1)　木取りとは，板材から必要な部材をどのように取るのかを決めることで，無駄を最小限にすることが重要である。イは，これらの木取りの意図と異なる内容であり，不適切。　(2)　たたら板は，「板づくり」をするために，粘土を板状にするための板のことである。アは「押し当てたり，叩いたりして」の部分が正しくない。ウは粘土べらのことであるので誤りである。　(3)　アはマーブリング，イはデカルコマニーの説明である。モダンテクニックとしてほかに，ドリッピング，フロッタージュ，スタンピング，ストリング，スクラッチなどがある。

【11】④

○**解説**○ かなづちは，くぎの打ち始めは平らな面のあるほうで打ち，打ち終わりは丸い面のあるほうでしっかり打ち込む。くぎを打ち込む際に，木に傷がつかないようにするためである。ここで取り上げられているきり，両刃のこぎり，ペンチ，かなづちは，いずれも図画工作で

使用する基本的な木工具である。それぞれの形状と使用場面の違いに加え，正しく安全な使用方法も理解しておきたい。

【12】3
○**解説**○ カッターナイフは，刃と切る面の角度によって切れ味が決まる。手首を動かしながら切ると，刃先が進むにしたがって刃先が切る面に深く入り込むことになる。そうすると，抵抗が大きくなり刃が進まなくなる。角度を一定にするため，手首は固定し，肘を引いて切るようにするとよい。

【13】3
○**解説**○ 3　電動糸のこぎりは，まず下のねじに下向きの刃を取り付け，次に上のねじを締める。刃を取り付けるまでは，コンセントは差し込まないようにする。使う際は，電動糸のこぎりの正面に立ち，板を載せて板押さえで固定し，ゆっくりと押しながら切っていく。刃の取り付け方の順番や刃の向き，使い方などの基本的なことを，確実に理解しておこう。

【14】②
○**解説**○ ア・イ・エ　両刃のこぎりは，縦びき刃と横びき刃があり，木目に沿って切るときは縦びき刃を，木目に対して垂直に切るときは横びき刃を使う。両刃のこぎりの刃の形状や使用方法の違い，切るときの姿勢や方法などを確実に理解しておこう。　ウ　万力は，作業台に本体を固定し，木材をはさんで使用する。クランプは本体を固定せず，作業台と材料をはさみ込んで固定する。枝のように丸いものは万力を使用し，横からはさむ形で固定する。

【15】ア
○**解説**○ 両刃のこぎりは，木目(繊維)に沿って平行に切るときは縦引き刃を，木目(繊維)に対して垂直に切るときは横引き刃を使う。

【16】 1　イ　　2　エ

○**解説**○　1　クレヨンにはパラフィンや蝋などが含まれるが，パステルにはそれらが含まれない。また，水彩絵の具は主に顔料とアラビアゴムを混合したものである。一方，アクリル絵の具はアクリル樹脂の乳化剤を練り合わせ剤に用いた絵の具で，乾燥すれば耐水性を生ずる。2　デカルコマニーは「転写法」の意で，紙に絵の具を塗って二つ折りにする。またはガラスや吸水性の低い紙などの上に絵の具を出し，上から用紙をあててこすり，写し取ったときに生じる偶然の形態の効果に注目した技法である。

【17】 ②

○**解説**○　ここに示された技法は「モダンテクニック」と呼ばれ，偶然にできる形や色を利用した効果や表現のことである。問いに示されたデカルコマニー〈合わせ絵〉，ドリッピング〈吹き流し〉，バチック〈はじき絵〉，スパッタリング〈霧吹き〉に加え，コラージュ〈貼り絵〉，ストリング〈糸引き絵〉，フロッタージュ〈こすり出し〉，マーブリング〈墨流し〉，スタンピング(型押し)，スクラッチ〈引っ掻き〉などがある。技法の名称と説明，具体的な表現例を関連づけて理解しておこう。

【18】 (1)　C　　(2)　　F

○**解説**○　(1)　フェルメールはオランダの画家で，バロック期を代表する画家の一人である。写実的な手法と光による巧みな質感表現に特徴がある。代表作にはほかに，「牛乳を注ぐ女」，「デルフト眺望」などがある。レンブラントは，フェルメールと同様にバロック期のオランダの代表的な画家であり，光と影による表現が特徴的である。ドラクロワは，19世紀のロマン主義を代表するフランスの画家である。
(2)　俵屋宗達は江戸時代初期の絵師で，琳派の創始者である。屏風絵を多く制作している。狩野永徳は安土桃山時代を代表する絵師で，狩野派の黄金期をもたらした。円山応挙は江戸時代中期から後期にかけての絵師で，円山派の創始者である。　西洋，日本における代表的な作家と作品名，表現の特徴などを理解しておこう。

【19】1　イ　　2　イ　　3　ア

○**解説**○　1　正答はイのオーギュスト・ロダンの代表作「考える人」である。ロダンは写実を重んじると同時に，写実にとどまらない人間の内的生命を表現することを追求し，近代彫刻の道を拓いた19世紀フランスの彫刻家である。なお，アは荻原守衛の「女」，ウはアルベルト・ジャコメッティの「歩く男」，エは高村光太郎の「手」である。
2　テラコッタは粘土を素焼きしたもの。　3　油粘土は乾燥しても硬化しにくいため，繰り返し使用することができる。ビニール袋をかぶせて湿気を保つ必要なども特にない。

【20】1　作品名…ゲルニカ　　作者名…ピカソ(パブロ・ピカソ)
2　ウ

○**解説**○　1　パブロ・ピカソはスペイン生まれの画家。1936〜39年にかけて起こったスペイン内戦(内乱)のおりに，バスク地方の小さな村ゲルニカがドイツ軍機などによる無差別襲撃を受け，多数の犠牲者が出た。この報を聞いたピカソが描いたのが「ゲルニカ」である。縦約3.5メートル，横約7.8メートルの大作。　2　キュビズムは20世紀の最も重要な芸術運動の一つと目される。ピカソの「アヴィニョンの娘たち」がその最初の作品であるとされることが多いが，アンリ・マティスがジョルジュ・ブラックの作品を「小さなキューブ」と評したのが名称の由来である。

【21】(1)　A　エ　　B　ア　　(2)　イ

○**解説**○　(1)　A　ルネ・マグリットはベルギー出身の画家で，シュルレアリスムを代表する画家の一人である。代表作には「大家族」のほか，「イメージの裏切り」，「人の子」，「ゴルコンダ」，「光の帝国」などがある。　B　マルク・シャガールは，ロシア出身のフランスの画家である。色彩の魔術師と呼ばれ，愛にあふれた幻想的な作品を描いた。代表作には「私と村」のほか，「誕生日」，「青いサーカス」，「ダフニスとクロエ」などがある。　ジョアン・ミロはスペインの画家で，人物や鳥などをデフォルメした作品を多く手掛けた。オーギュスト・ルノワールは，フランスの印象派の画家である。パブロ・ピカソはスペ

インの画家で，キュビスム運動の創始者である。パウル・クレーはスイスの画家で，モザイクやパッチワークを思わせる画面をつぎはぎにしたような作風の作品を多く描いた。　(2)　イ　針金は，何度も曲げたり伸ばしたりすると，硬くなり切れてしまう。

【22】 (1)　3　　(2)　1　　(3)　2

○**解説**○　(1)　フィンセント・ファン・ゴッホは，オランダ出身の画家。後期印象派のなかでも最も名の知られた画家のひとりで，フォービスム(野獣派)やドイツ表現主義など，後の画家たちにも大きな影響を与えた。「星月夜」は死の前年，精神科病院で療養中に描かれた作品である。　(2)　クロード・モネは，印象派という呼称の由来となった「印象・日の出」を描いたフランスの画家，初期印象派。マルク・シャガールは，ロシア出身の画家。生前，当時流行していたフォービスムやキュビスムをはじめとした絵画運動に参加することなく，独自の作品を生み出し続けた。　(3)　2はクロード・モネの「日傘をさす女」である。1は「アイリスのある花瓶，黄色い背景」，3は「アルルの跳ね橋」，4は「夜のカフェテラス」である。

【23】 1

○**解説**○　印象派は1860年代半ばにフランスのパリで始まった芸術運動である。モネの代表作にはほかに，「睡蓮」，「積みわら」，「ルーアン大聖堂」などがある。ルノワールの代表作にはほかに，「イレーヌ・カーン・ダンヴェール嬢」，「ピアノに寄る少女たち」などがある。スーラは後期印象派の代表的な画家で，点描画法を創始したことで有名である。印象派の画家にはほかに，マネ，ピサロ，セザンヌなど多くの著名な画家がいる。それぞれの画家とその代表作とを関連づけながら理解しておこう。

【24】

選んだ仕事(調理師)

○**解説**○ 3つの条件が示されている。まずは，何の仕事をしているのか
を決定しよう。その際，条件に「衣装や持ち物等を工夫する」とある
ことから，例えば調理師や医師，看護師など，仕事着や持ち物からそ
の仕事が特定できる仕事を決定すると，描きやすい。条件の「働いて
いる様子が伝わる体の動き」については，仕事の内容をわかりやすく
描こう。さらに条件として「周囲にあるものを描き加えて」とあるが，
「この仕事をしている人は，何を仕事用具として用いているのか」，
「どんな環境で仕事をしているのか」等を考え，描き加えていこう。
いずれにしても，写実的に描こうと難しく捉える必要はない。条件を
クリアして，何の仕事をしているのかが伝わるような描写を心がけて
描こう。

【25】

● 図画工作科

○**解説**○「平面に立てて置かれた円柱」を描くことが求められている。示された条件を整理すると，「円の直径：円柱の高さは1：2程度の比率」であることから，円柱の形をまず条件に沿って描く。次に，「左上に光源があるもの」，「上面が見えるように陰影をつける」という条件から，左上の光源を基に円柱の右側の側面や下部に陰影をつけることになる。円柱を平面に立てたときにうまれる円柱そのものの陰影も描きたい。「定規は用いない」とあるので，フリーハンドで描いた鉛筆の線を重ねることにより，陰影に濃淡が生まれる。

【1】「小学校学習指導要領」(平成29年告示　文部科学省)における「図画工作」に関する記述の一部である。(ア)〜(エ)にあてはまる適切な語句をそれぞれ①〜⑤から選び，番号で答えよ。

〔第3学年及び第4学年〕

1　目標

(1)　対象や事象を捉える造形的な視点について自分の感覚や(ア)を通して分かるとともに，手や(イ)を十分に働かせ材料や用具を使い，表し方などを工夫して，創造的につくったり表したりすることができるようにする。

(2)　造形的なよさや面白さ，表したいこと，表し方などについて考え，豊かに発想や構想をしたり，(ウ)などから自分の見方や感じ方を広げたりすることができるようにする。

(3)　進んで表現したり鑑賞したりする活動に取り組み，つくりだす喜びを味わうとともに，(エ)などに関わり楽しく豊かな生活を創造しようとする態度を養う。

ア　①　行為　　　　　　②　感性
　　③　思考　　　　　　④　体験
　　⑤　気持ち

イ　①　指先　　　　　　②　経験
　　③　知識　　　　　　④　力
　　⑤　体全体

ウ　①　身の回りの材料　②　身近にある作品
　　③　著名な作品　　　④　わが国の美術作品
　　⑤　諸外国の美術作品

エ　①　美術文化　　　　②　造形活動
　　③　形や色　　　　　④　伝統と文化
　　⑤　絵や立体，工作

┃2024年度┃ 神戸市 ┃ 難易度

● 図画工作科

【2】小学校学習指導要領図画工作(平成29年3月告示)の内容について，次の(1)，(2)の各問いに答えよ。

(1) 次の文は，第5学年及び第6学年の「1　目標」の一部である。文中の(①)，(②)に当てはまる語句をそれぞれ答えよ。

> (1) 対象や事象を捉える造形的な視点について自分の感覚や行為を通して理解するとともに，材料や用具を活用し，表し方などを工夫して，(①)につくったり表したりすることができるようにする。
>
> (2) 造形的なよさや美しさ，表したいこと，表し方などについて考え，(①)に発想や構想をしたり，親しみのある作品などから自分の見方や感じ方を深めたりすることができるようにする。
>
> (3) (②)に表現したり鑑賞したりする活動に取り組み，つくりだす喜びを味わうとともに，形や色などに関わり楽しく豊かな生活を創造しようとする態度を養う。

(2) 次の文は，「第3　指導計画の作成と内容の取扱い」において指導計画作成上の配慮事項として示された内容の一部である。文中の( )に当てはまる語句を，以下の語群から一つ選び，記号で答えよ。

> (6) 第2の各学年の内容の「B鑑賞」においては，自分たちの作品や美術作品などの( )を踏まえて指導すること。

語群　ア　構想　イ　主題　ウ　工夫　エ　特質

2024年度 ┃ 山口県 ┃ 難易度

【3】次の文は，小学校学習指導要領(平成29年3月告示)「第2章 各教科第7節　図画工作」「第2　各学年の目標及び内容」の一部である。文中の[ア]～[ウ]に当てはまることばを以下のa～iから選び，その記号を書きなさい。

434

〔第3学年及び第4学年〕

1　目標

(1)　対象や事象を捉える造形的な視点について自分の感覚や行為を通して分かるとともに，手や[　ア　]を十分に働かせ材料や用具を使い，表し方などを工夫して，創造的につくったり表したりすることができるようにする。

(2)　造形的な[　イ　]，表したいこと，表し方などについて考え，豊かに発想や構想をしたり，[　ウ　]などから自分の見方や感じ方を広げたりすることができるようにする。

(略)

a　よさや美しさ　　　　b　体全体　　　　　c　身近にある作品

d　よさや面白さ　　　　e　感覚　　　　　　f　面白さや楽しさ

g　親しみのある作品　　h　身の回りの作品　i　技能

┃ 2024年度 ┃ 福島県 ┃ 難易度 ▰▰▰▰▱▱

【4】次の文は，「小学校学習指導要領(平成29年告示)解説　図画工作編　第2章　図画工作科の目標及び内容　第1節　図画工作科の目標　1　教科の目標」に示された一部である。

(　　)に当てはまる語句及び文中の下線部の内容が示す育成を目指す資質・能力について，正しい組合せを以下の選択肢から1つ選び，記号で答えなさい。

表現及び鑑賞の活動を通して，造形的な(　①　)を働かせ，生活や社会の中の(　②　)などと豊かに関わる資質・能力を次のとおり育成することを目指す。

(中略)

造形的なよさや美しさ，表したいこと，表し方などについて考え，創造的に発想や構想をしたり，作品などに対する自分の見方や感じ方を深めたりすることができるようにする。

ア　①　感覚・感性

　　②　形や色　　　　　　下線部　知識及び技能

イ　①　感覚・感性

　② 色や素材　　　　下線部　思考力，判断力，表現力等

ウ　① 見方・考え方

　② 色や素材　　　　下線部　知識及び技能

エ　① 見方・考え方

　② 形や色　　　　　下線部　思考力，判断力，表現力等

▎2024年度 ▎宮崎県 ▎難易度 �▇▇▇▭▭

【5】小学校学習指導要領解説図画工作編(平成29年7月)「第4章　指導計画の作成と内容の取扱い　2　内容の取扱いと指導上の配慮事項」に示されている「児童が工夫して楽しめる程度の版に表す経験」として当てはまらないものを次のa〜cから1つ選び，その記号を書きなさい。

a　身近なものを使って型を押したり，凹凸のあるものを選んでこすり出したりする。

b　雑誌や広告から写真や文字などを切り抜き，貼り合わせたりクレヨンで色を加えたりする。

c　型紙を切り取ってその内側や切り取ったものの外側をスポンジやローラーのような用具で着色する。

▎2024年度 ▎福島県 ▎難易度 ▇▇▇▭▭

【6】次の文章は，平成29年3月告示の小学校学習指導要領　図画工作　各学年の目標及び内容　〔第1学年及び第2学年〕　内容　の一部を示したものです。空欄(a)〜(c)にあてはまる言葉は何ですか。以下の①〜⑤の中からそれぞれ1つ選び，記号で答えなさい。

　B　鑑賞

　(1)　鑑賞の活動を通して，次の事項を身に付けることができるよう指導する。

　　ア　身の回りの作品などを鑑賞する活動を通して，自分たちの作品や(a)などの造形的な面白さや(b)，表したいこと，表し方などについて，感じ取ったり考えたりし，自分の(c)を広げること。

---

a　①　身近な材料　　　②　身の回りにある自然物や人工物

③　身近な環境　　④　生活の中の造形

⑤　身近な美術作品

b　①　美しさ　　　　②　意味

③　価値　　　　　④　よさ

⑤　楽しさ

c　①　価値意識　　　②　感覚や思い

③　感性や想像力　④　見方や感じ方

⑤　よさや個性

| 2024年度 | 広島県・広島市 | 難易度 |

【7】次の文は，小学校学習指導要領「図画工作」の「各学年の目標及び内容」の「目標」の一部である。(　①　)～(　⑤　)にあてはまる語句を書きなさい。

〔第1学年及び第2学年〕

(2)　造形的な面白さや楽しさ，表したいこと，表し方などについて考え，(　①　)発想や構想をしたり，身の回りの作品などから自分の見方や感じ方を広げたりすることができるようにする。

〔第3学年及び第4学年〕

(2)　造形的な(　②　)や面白さ，表したいこと，表し方などについて考え，(　③　)に発想や構想をしたり，身近にある作品などから自分の見方や感じ方を広げたりすることができるようにする。

〔第5学年及び第6学年〕

(2)　造形的な(　②　)や美しさ，表たいこと，表し方などについて考え，(　④　)に発想や構想をしたり，親しみのある作品などから自分の見方や感じ方を(　⑤　)たりすることができるようにする。

| 2024年度 | 青森県 | 難易度 |

【8】次図のように，糸のこぎりで曲線に切った板の断面(矢印で示した曲面)に紙やすりをかけようとしたが，紙やすりがうまく当たらず，困っている児童がいた。このような児童に，曲面に紙やすりをうまく当てて均一に磨くにはどのような方法の指導をしたらよいか述べよ。

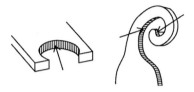

▌2024年度 ▌山口県 ▌難易度 ■■■■■■□□□

【9】第4学年「絵の具でゆめもよう」の学習において，水彩絵の具を使って表したもようを用いて，絵に表す活動を行うこととします。その際，表現と鑑賞の指導について，相互の関連を図るために，どのようなことに留意して指導しますか。次の①～⑤の中から，適切でないものを1つ選び，記号で答えなさい。

① 表現と鑑賞が自然につながっている児童の姿について，教師が取り上げたり，振り返らせたりすることで，児童自身が，自ら働きかけながら見付けたよさや面白さに気付くようにする。

② 一つの題材において，造形活動と鑑賞活動とが往還するような学習過程を設定し，児童が表現したことを，自身で味わったり，友人と交流したりできるようにする。

③ 製作の過程で，一律に形式的な相互に鑑賞する時間を設けるなどすることは，造形活動の広がりや表現の意欲の高まりを妨げることもあるので留意する。

④ 鑑賞の場面において，表現と分けて設定するのではなく，味わったことを試したり，表現に生かしたりすることができるようにする。

⑤ 最後に鑑賞することを前提に，全ての児童が作品として残す必要はなく，思いのままに発想や構想をしたり，技能を働かせたりすることができるよう留意する。

▌2024年度 ▌広島県・広島市 ▌難易度 ■■■■■■□□□

【10】「第3学年及び第4学年」の絵や立体，工作に表す活動で，木材(5cm
角の角材)，のこぎり，釘，金づちなどを使った題材「ギコギコトント
ンクリエイター」という題材に取り組む。

① 題材の目標を次のように設定した。第1時の授業を行うに当たっ
て適切でないものはどれか，以下のア～ウから一つ選び，記号で答
えなさい。

> 【目標】 (1) 組み合わせた木の形や色の感じを見つけ，工夫して
> つくる。
> (2) 切った木の組み合わせを試しながら，つくりたいも
> のを考える。
> (3) 木を切ることや，生活で使えるものをつくることを
> 楽しむ。

ア 表すものを考えるために，簡単な設計図を描き，子供同士で交
流する。

イ 木材をのこぎりで適当に切り，切った木を組み合わせてみる。

ウ 切ってある木を組み合わせて，釘を打ってつなげてみる。

② 題材の活動の中で，子供の困り感に対して適切でない教師の支援
について次のア～ウから一つ選び，記号で答えなさい。

ア 太い角材同士を接着させるのに，溶かして付ける接着剤で木を
付けるように助言した。

イ 木を付けるために釘を打とうとしていた。しかし，釘を支える
指に金づちで打ち付けてしまいそうで，怖くてうまく支えられな
い。そのため，ラジオペンチで挟んで固定するよう指導した。

ウ 子供が片手で木を押さえているが，どうしても動いてしまい，
うまく切れなくて困っている。そのため，万力で締めて木を固定
し，のこぎりで切るように助言した。

▌2024年度 ▌静岡県・静岡市・浜松市 ▌難易度 ▌▟▛▟▛▟▛□□□

解答・解説

【1】ア ①　イ ⑤　ウ ②　エ ③

○**解説**○ ア・イ　学年の目標は，教科の目標を基に発達段階に応じて示されている。教科の目標(1)における知識の目標には，「自分の感覚や行為を通して分かる」ことが示されている。一方，技能の目標においては，発達段階に応じて区別して示されており，中学年では「手や体全体を十分に働かせ」て表すことが示されている。　ウ　思考力，判断力，表現力等に関する目標(2)においては，鑑賞の対象として，低学年では「身の回りの作品など」，中学年では「身近にある作品など」，高学年では「親しみのある作品など」と，発達段階に応じて示されている。　エ　学びに向かう力，人間性等に関する目標(3)においては，「つくりだす喜びを味わうとともに，形や色などに関わり楽しく豊かな生活を創造しようとする態度を養う」は，高学年でも同じ目標として示されている。

【2】(1)　①　創造的　　②　主体的　　(2)　エ

○**解説**○ (1)　①　図画工作科においては，自分の思いを生かした創造的な活動を楽しむ過程を通して，「技能」を育成することが重要である。「創造的」を教科や学年の目標に掲げているのは，図画工作科だけであり，「創造力」は図画工作科における重要なキーワードといえる。②　目標(3)において，図画工作科の内容である「表現したり鑑賞したりする活動」に取り組む態度として，低学年では「楽しく」，中学年では「進んで」，高学年では「主体的に」という表現で，発達段階に応じて示されている。　(2)「鑑賞」の学習においては，自分たちの作品を鑑賞する上での特質や，美術作品を鑑賞する上での特質といった，対象の特質に合わせた指導計画を作成することが大切である。

【3】ア b　イ d　ウ c

○**解説**○ ア　目標(1)において後半に示された技能に関する目標では，低学年は「手や体全体の感覚などを働かせ材料や用具を使い」，中学年

は「手や体全体を十分に働かせ材料や用具を使い」，高学年は「材料
や用具を活用し」として，発達段階に応じて示されている。特に低・
中学年では，「手や体全体」を働かせて取り組むことが特徴となって
いる。　イ・ウ　思考力，判断力，表現力等に関する目標(2)の前半に
示された「表現」に関する目標における対象や事象に関わることとし
ては，低学年が「造形的な面白さや楽しさ」，中学年が「造形的なよ
さや面白さ」，高学年が「造形的なよさや美しさ」として表されてい
る。また，「鑑賞」の対象としては，低学年が「身の回りの作品など」，
中学年が「身近にある作品など」，高学年が「親しみのある作品など」
として，発達段階に応じて示されている。

【4】エ
○**解説**○　図画工作科の目標は，「表現及び鑑賞の活動を通して，造形的
な見方・考え方を働かせ，生活や社会の中の形や色などと豊かに関わ
る資質・能力を育成すること」を目指している。図画工作科で育成を
目指す資質・能力は，(1)「知識及び技能」，(2)「思考力，判断力，表
現力等」，(3)「学びに向かう力，人間性等」の三つの柱で整理して示
されている。この教科目標を受けて各学年の目標も(1)，(2)，(3)に対
応した形で示されている。各学年の目標の系統性を確認して，理解す
るようにしたい。

【5】b
○**解説**○　「A表現」における思考力，判断力，表現力等の内容の取扱い
に関する配慮事項である。bで示されているのは，「版に表す経験」で
はなく，コラージュと呼ばれる技法の経験である。「版に表す」とは，
同じものを何枚も写し取ることができる，反転して写る，版ならでは
の表現効果があるなどの特徴を持った造形活動である。紙版画や木版
画に限らず，身近なものを利用してスタンプ遊びをしたり，型紙を切
り取ってその形や切り取った内側をローラーやスポンジなどで着色す
るステンシルのような活動も考えられる。

【6】a ① 　b ⑤ 　 c ④
○**解説**○ 図画工作科の内容は，「A表現」，「B鑑賞」及び〔共通事項〕で構成されている。出題された内容は，思考力，判断力，表現力等に関するものである。指導内容は発達段階に応じてそれぞれ示されているので，発達段階に応じた系統性を整理しておこう。　 a 　鑑賞の対象については，低学年が「自分たちの作品や身近な材料など」，中学年が「自分たちの作品や身近な美術作品，製作の過程など」，高学年が「自分たちの作品，我が国や諸外国の親しみのある美術作品，生活の中の造形など」として示されている。　 b 　造形的な面で感じ取ったり考えたりする感情や気持ちは，低学年が「造形的な面白さや楽しさ」，中学年が「造形的なよさや面白さ」，高学年が「造形的なよさや美しさ」として，それぞれ示されている。　 c 　「自分の見方や感じ方」については，低・中学年が「広げること」，高学年が「深めること」として，それぞれ示されている。

【7】①　楽しく 　②　よさ 　③　豊か 　④　創造的 　⑤　深め
○**解説**○ 思考力，判断力，表現力等に関する目標②に関して，低・中・高学年を対比して提示している。　② 　冒頭から「〜考え，」までは，「A表現」と「B鑑賞」の双方に重なる資質・能力を表しており，造形のどのような面を考えるかについて，低学年では「面白さや楽しさ」，中学年では「よさや面白さ」，高学年では「よさや美しさ」として，それぞれ示されている。　①・③・④ 　「考え，」の後から「発想や構想をしたり」までは，「A表現」に関する資質・能力を表しており，発想や構想のしかたとして，低学年では「楽しく」，中学年では「豊かに」，高学年では「創造的に」として，それぞれ示されている。
⑤ 　「発想や構想をしたり」の後から最後までは，「B鑑賞」に関する資質・能力を表しており，自分の見方や感じ方について，低・中学年では「広げたりする」，高学年では「深めたりする」として，それぞれ示されている。　学年ごとに対比して確認すると，学年の進行に応じてどのように表現が変わっているか，あるいは変わっていないかが把握しやすくなる。

【8】 丸い棒などに紙やすりを巻きつけて，板の断面に当てて磨く。

○**解説**○ 木材にやすりがけをする場合は，木片などに巻き付けて使う。曲線部分は丸棒に巻きつけたり，紙やすりを小さく折りたたんだりして使用する。やすりがけは木目に沿って一定の方向で行う。紙やすりは数字が大きくなるほど目が細かくなる。目の粗いものから始め，目の細かいもので仕上げをする。

【9】 ⑤

○**解説**○ ⑤は，造形遊びをする活動において，鑑賞の活動に制限されずに指導を行う必要がある場合の指導内容であり，表現と鑑賞の指導の相互の関連を図る内容ではない。造形遊びをする活動においては，作品として最後まで残すことを前提としていないことから，学習の終末に鑑賞の時間を設ける際には，活動が形として残っていない児童の思いに配慮することが必要である。

【10】 ① ア ② ア

○**解説**○ ① この題材では，切った木の形の組み合わせを試すことを目標としており，設計図を描き，つくりたいものを考える活動は適さない。 ② 接着に関しては，釘や金づちなどを正しく安全に使う題材である。溶かして付ける接着剤を用いるという助言は，適切ではない。

音楽科

要点整理

●楽典

音楽科の出題において最も頻度の高いのが，楽典および学習指導要領に基づく目標・内容・指導法であろう。楽典については，広範囲にわたる出題が見られる。

中でも特に，譜表の種類(高音部譜表，低音部譜表，大譜表など)，拍子の種類とその違い，各国の舞曲における拍子やリズム型の違いなどがポイントといえよう。また舞曲の拍子やリズムについての出題に対しては，音楽事典などを参考に自分でよくまとめておくとよいだろう。

次に，楽語であるが，毎年相当多くのパーセンテージをしめてきた出題である。多くはごく一般的な楽語である。ただし，楽語には発想標語のほかに強弱，速度を示すもの，あるいはそれらが総合されたもの，すなわちアーティキュレーション(発音法ともいうべき)，デュナーミク(強弱法)，アゴーギク(速度法)など，多様な楽語があり，省略記号および略記号についてもしっかり整理しておくべきであろう。なお，それらの標語や記号の読み方と意味は記述できるようにしておく必要がある。

●和音と和声

和音：高さの違う2つ以上の音が同時に響いたときに生じる音を和音と呼ぶ。和音はそれぞれ和音に含まれる音程と音の重なり方によって，それぞれ表情が生まれ，和音の性質が決定する。

3和音：和音のうちでもっとも一般的である。旋律が属する調の音階上の音を根音として，3度上と5度上の音を積み重ねて生じる和音である。ⅠⅡⅢⅣⅤ……で表す(Ⅴの和音には7度上の音も重ねてⅤ₇と表記し属七の和音と呼んで使う場合が多い)。

特に次の図の和音は主要3和音といわれる。伴奏などではこの和音を旋律に応じて連結し，リズムなどを工夫して曲想を引き出す役割を果たすことができる。

〈ハ長調の場合〉 〈Ⅰの和音の重ね方〉

□＝主要3和音

根音

Ⅰ Ⅱ Ⅲ Ⅳ Ⅴ Ⅵ Ⅶ　　Ⅰ Ⅰ Ⅰ

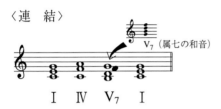

〈連　結〉

V₇（属七の和音）

Ⅰ Ⅳ V₇ Ⅰ

和声：和音を連結することによって，表情をもった響きの流れができ
る。和音の重ね方を選び連結の仕方を工夫することでさまざまな音
楽の曲想を作り出すことができる。

●音楽史

①対策

　小学校の段階では，多くの曲にはそれをつくった著作者がいるこ
とに気付くこと，学習した曲や自分たちのつくった曲を大切にしよ
うとすること，さらに，つくった人の創造性を尊重する意識をもて
るようにすることを求めている。この観点をよく理解し，幅広く音
楽作品を聴き学習すること。我が国及び諸外国の音楽にも触れてお
くようにする。教科書などを利用して，作品やその指導のねらいに
も目を通すことが必要である。

②鑑賞から音楽表現の豊かさを知る

　鑑賞活動はすべての音楽活動の底流としてある。鑑賞することで
表現の楽しさが生まれ，表現したいことを鑑賞することで，表現の
イメージは豊かに膨らむ。いわば鑑賞と表現は表裏一体のものであ
る。時代や地域を幅広く取り扱って鑑賞することで，美しさや音楽
表現の多様さを理解でき，我が国の伝統的な音楽にも興味が湧き，
豊かな感性を培うことができるのである。

● 音楽科

③音楽史の学習

　音楽の流れを知るには，実際に音楽の時代的な流れに沿って，音楽作品を聴くことである。聴き方には，行進曲，舞曲，劇音楽，管弦楽，室内楽，歌曲などの演奏形態から，作曲家の作品や表現媒体から，時代を代表する音楽作品の流れからなど，さまざま考えられる。音楽の歴史を知ることは，広くは人間と音楽の関わりを知ることである。知識だけに終わらず音楽がわれわれに与える楽しさ・美しさの多様性を心から感じ取れるように学習を進めたい。

●表現の指導

　音楽表現は，子どもたち一人ひとりの自由な思いを表す活動によって実現されるが，少なくとも表現の目的や手段，方法が音によって意識され工夫されていることが前提となって実現されるものである。単なる表出で終わるものではない。子どもたちの教育においては即興的に身体的に行うことで，個性ある表現力が内面から育ってくる。高学年にいくにつれて，音楽の諸能力が豊かに身につくと共に，器楽，歌唱，創作と各活動分野にわかれてそれぞれの表現力が技術力とともに培われていく。また鑑賞力の高まりと共に，表現力も幅広くなっていくものである。

　歌唱表現力を高めるための指導は，表現と観賞の両面からの指導，そして表現媒体となる声の性質の理解と歌うことの心理を捉えた指導の展開が大切である。変声期を見据えた声の発達・成長についての理解や歌いたいと思う歌唱意欲を常時引き出していく授業づくりや，歌唱作品の鑑賞などを通して子どもたち自身が音楽のイメージ，声の響きのイメージを心に描けるようにすること。またそのために教材として曲想，音楽構成，演奏形態など様々な「うた」を取り扱うことが指導のポイントとなる。

●歌唱教材と指導

　まず歌唱共通教材を中心に教科書にのっている教材を歌詞や階名で何回も歌うこと。次にそれらの指導上の留意点を踏まえる必要がある。今までの出題傾向からみても歌唱共通教材に関する問題が多く，その

次が発声に関する指導の問題が多い。変声期をどのように指導するかという問題は，現在では中学校の出題よりも小学校の方に移ってきていると認識したい。教材についての出題では旋律が示され，その旋律を完成させるとともに，楽曲名や作曲・作詞者名が問われている。読譜や記譜についても同時に評価される。また受験地域で活動した作曲家や作品についてはよく調べておくことも必要である。時代的に広く見渡し，古くから歌い継がれている日本古謡・わらべうた・子守歌・童謡・民謡などもよく調べておくようにしたい。もちろん具体的な表記上の改善点については，学習指導要領の解説を熟知しておくこと。特に以下の記述には留意して具体的な楽曲名を挙げたり，曲を知ったりしておきたい。

> 歌唱教材については，共通教材のほか，長い間親しまれてきた唱歌，それぞれの地方に伝承されているわらべうたや民謡など日本のうたを取り上げるようにすること。

●器楽教材と指導

表現の中の器楽の領域に関する出題量は，歌唱・創作・鑑賞と比べると少ない。出題の傾向としては，楽器の音域や最低音，弦楽器の調弦，楽器の奏法や編曲に関して等があげられる。また吹奏楽器の記譜の問題やギターのコードの問題も出題される。対策として，リコーダーの場合は，ソプラノ，アルト，テナー，バスの記譜と実音の関係をつかんでおくこと。リコーダーの奏法について基礎的な事項をまとめておくことや，教科書の中でどのような扱い方をしているかをみておくとよい。また教科書の中で扱う他の教育楽器についても解説等を読んで，奏法の基礎は知っておかなければならない。

さらに，楽器の特性や楽器固有の音の特徴などを，和楽器や民族楽器，電子楽器などにも広げて学習し感じとっておきたい。このことは，器楽指導が豊かに展開できることにつながるのである。小学校の器楽教材には歌唱教材が多いが，学年の学習内容に応じて，歌唱教材を器楽教材に編曲したり，楽器選択の活動の折に，表現したいイメージに合う音楽的な助言を与えることができるようにしたい。

● 音楽科

(1)　目標の改善について

①教科の目標

　音楽科において育成を目指す資質・能力については，中央教育審議会答申(平成28年12月21日)にて「知識・技能」，「思考力・判断力・表現力等」，「学びに向かう力・人間性等」の3つの柱に沿った整理が行われた。これを受け，教科の目標は次のように示された。

> 　表現及び鑑賞の活動を通して，音楽的な見方・考え方を働かせ，生活や社会の中の音や音楽と豊かに関わる資質・能力を次のとおり育成することを目指す。
> (1)　曲想と音楽の構造などとの関わりについて理解するとともに，表したい音楽表現をするために必要な技能を身に付けるようにする。
> (2)　音楽表現を工夫することや，音楽を味わって聴くことができるようにする。
> (3)　音楽活動の楽しさを体験することを通して，音楽を愛好する心情と音楽に対する感性を育むとともに，音楽に親しむ態度を養い，豊かな情操を培う。

　従前より示し方が変更され，先述の3つの柱に対応して(1)〜(3)の目標が示された。それぞれ(1)が「知識・技能」，(2)が「思考力・判断力・表現力等」，(3)が「学びに向かう力・人間性等」による。

　また，「音楽的な見方・考え方」とは，同答申では「音楽に対する感性を働かせ，音や音楽を，音楽を形づくっている要素とその働きの視点で捉え，自己のイメージや感情，生活や文化などと関連付けること。」として示している。

②各学年の目標

〔第1学年及び第2学年〕

> (1)　曲想と音楽の構造などとの関わりについて気付くとともに，音楽表現を楽しむために必要な歌唱，器楽，音楽づくりの技能を身に付けるようにする。

(2) 音楽表現を考えて表現に対する思いをもつことや，曲や演奏の楽しさを見いだしながら音楽を味わって聴くことができるようにする。

(3) 楽しく音楽に関わり，協働して音楽活動をする楽しさを感じながら，身の回りの様々な音楽に親しむとともに，音楽経験を生かして生活を明るく潤いのあるものにしようとする態度を養う。

〔第3学年及び第4学年〕

(1) 曲想と音楽の構造などとの関わりについて気付くとともに，表したい音楽表現をするために必要な歌唱，器楽，音楽づくりの技能を身に付けるようにする。

(2) 音楽表現を考えて表現に対する思いや意図をもつことや，曲や演奏のよさなどを見いだしながら音楽を味わって聴くことができるようにする。

(3) 進んで音楽に関わり，協働して音楽活動をする楽しさを感じながら，様々な音楽に親しむとともに，音楽経験を生かして生活を明るく潤いのあるものにしようとする態度を養う。

〔第5学年及び第6学年〕

(1) 曲想と音楽の構造などとの関わりについて理解するとともに，表したい音楽表現をするために必要な歌唱，器楽，音楽づくりの技能を身に付けるようにする。

(2) 音楽表現を考えて表現に対する思いや意図をもつことや，曲や演奏のよさなどを見いだしながら音楽を味わって聴くことができるようにする。

(3) 主体的に音楽に関わり，協働して音楽活動をする楽しさを味わいながら，様々な音楽に親しむとともに，音楽経験を生かして生活を明るく潤いのあるものにしようとする態度を養う。

(1)は全学年共通で，答申で示された「知識・技能」の内容を反映している。同様に，各学年の(2)は「思考力・判断力・表現力等」の，(3)は「学びに向かう力・人間性等」の内容を反映している。

● 音楽科

(2) 内容の改善について

　内容の構成については，従前のものと同様「Ａ　表現」(1)歌唱(2)器楽(3)音楽づくり，「Ｂ　鑑賞」(1)鑑賞の活動の2領域4項目及び〔共通事項〕が設けられている。詳細な指導事項については，答申で示された「知識・技能」「思考力・判断力・表現力等」「学びに向かう力・人間性等」の柱に沿って整理されているので，確認する。なお，歌唱共通教材については，従前のものと曲目・指導する学年ともに変更はない。

●学習指導法

　従来，音楽科は，心と体を使って触れたり感じたりする体験や，人との関わりを通してよさや価値を実感する活動を重視してきた。しかし今回の学習指導要領改訂では，「主体的な学び」「対話的な学び」「深い学び」の視点から学習活動を改善し，活動と学びの関係性や，活動を通して何が身に付いたのかを重視する方針が反映されている。従って指導法について述べる際は，それぞれの学びを実現するための視点を持つことが肝要である。中央教育審議会答申によると，それぞれの学びを実現するための視点として，次のようなものが挙げられている。

「主体的な学び」

・音楽によって喚起されるイメージや感情を自覚させること

・イメージや感情を喚起させる要因となった音楽的な特徴を探ったり，芸術としての音楽の文化的・歴史的背景との関わりを考えたりすること

・表したい音楽表現や音楽のよさや美しさなどを見いだすことに関する見通しを持つこと　など

「対話的な学び」

・一人一人が「音楽的な見方・考え方」を働かせて，音楽表現をしたり音楽を聴いたりする過程において，互いに気付いたことや感じたことなどについて言葉や音楽で伝え合い，音楽的な特徴について共有したり，感じ取ったことに共感したりする活動

・客観的な根拠を基に他者と交流し，自分なりの考えを持ったり音楽に対する価値意識を更新したり広げたりしていくこと　など

「深い学び」

・音や音楽と出合う場面を大切にし，一人一人が「音楽的な見方・考え方」を働かせて，音楽と主体的に関わることができるようにすること

・知覚・感受したことを言葉や体の動きなどで表したり比較したり関連付けたりしながら，要素の働きや音楽の特徴について他者と共有・共感したりする活動　など

　これらの学びは相互に関連していることを念頭に，主体的・対話的で深い学びが実現できるような指導を模索していく必要がある。またこれらの学びを実現することは学習指導要領の目標達成を目的とするので，目標に沿った指導法を各自検討されたい。

　これまでの指導法に関する出題の傾向としては，歌唱共通教材についての出題や著名な鑑賞教材についての出題が多い。鑑賞教材については実際に曲を聴きながら，導入の方法や聴き取らせたい部分・児童に考えさせたい部分についてまとめておくとよいだろう。また，学習指導要領の「第3　指導計画の作成と内容の取扱い」の各項目に関連した指導法を問う問題も多い。知的財産権に関する基礎的な事項など，今回の改訂から新たに加わった事項もあるため，念入りに目を通す必要がある。

　指導法に関する設問に答えるためには，以上のような内容に注意するとともに，具体的な授業の場面において，実際にどのような指導が進められているかを明確にイメージできるようにしておくことが大切である。

実施問題

【1】次の(1)〜(3)に答えよ。

(1) 全休符を次のア〜エから一つ選び，記号で記せ。

ア　　　　　イ　　　　　ウ　　　　　エ

(2) 「もとの高さにもどす」という意味をもつ音楽記号の名称を，カタカナで記せ。

(3) ソプラノリコーダーを演奏する際，ジャーマン式とバロック式で運指が異なる音を，次のア〜ウから一つ選び，記号で記せ。

ア　　　　　イ　　　　　ウ

┃ 2024年度 ┃ 山梨県 ┃ 難易度 ■■■□□

【2】イ短調の1度の和音として最も適切なものを①〜⑥の中から一つ選びなさい。

① 　　　　② 　　　　③

④ 　　　　⑤ 　　　　⑥

┃ 2024年度 ┃ 三重県 ┃ 難易度 ■■■■□

【3】「こきりこ節」や「会津磐梯山」のように，地域の人々のくらしの中から生まれ，歌い継がれてきた歌を何と呼ぶか書きなさい。

┃ 2024年度 ┃ 福島県 ┃ 難易度 ■■□□□

【4】 次のア～オの文のうち，正しいものが二つある。正しい組合せを一つ選び，番号で答えよ。

> ア　J.S.バッハは，バロック時代の作曲家である。
>
> イ　「序破急」の特徴の一つに，だんだん速度が遅くなり，最後に速くなる速度変化がある。
>
> ウ　「早春賦」や「花」は，滝廉太郎の代表的な作品である。
>
> エ　ソーラン節は，ニシン漁の際に仕事歌として歌われた，青森県の民謡である。
>
> オ　次の楽譜を演奏すると全部で9小節である。
>
>

1	アとイ	2	アとウ	3	アとエ	4	アとオ	5	イとウ
6	イとエ	7	イとオ	8	ウとエ	9	ウとオ	0	エとオ

▍2024年度 ▍愛知県 ▍難易度 ■■■■□

【5】 次の(1)～(3)の[　]にあてはまる語句を，それぞれ以下のア～エから一つずつ選び，その記号を書きなさい。

(1)　雅楽の演奏に用いられる，吹いても吸っても音が出る楽器は[　]である。

　　ア　楽琵琶　　イ　楽箏　　ウ　鉦鼓　　エ　笙

(2)　フランスの作曲家であるラヴェルが作曲したバレエのための曲は[　]である。

　　ア　カルメン　　イ　ボレロ　　ウ　椿姫　　エ　タンホイザー

(3)　ロシアの民族楽器である[　]は弦楽器である。

　　ア　バラライカ　　イ　バグパイプ　　ウ　ズルナ　　エ　ケーナ

▍2024年度 ▍岩手県 ▍難易度 ■■□□□

【6】

1　次の楽譜は，平成29年3月告示の小学校学習指導要領　第2章　各教科　第6節　音楽　に示されている共通教材のうちの一曲である。この曲と，同じ学年で取り扱う共通教材はどれか。以下のa～eから一つ選びなさい。

● 音楽科

  a 「夕やけこやけ」 b 「うみ」 c 「茶つみ」
  d 「もみじ」   e 「とんび」

2 1のAに当てはまる拍子記号と楽譜中の1小節目の伴奏和音の組み合わせとして，適切なものはどれか。次のa～eから一つ選びなさい。

3 次の楽譜の演奏順序として，正しいものはどれか。以下のa～eから一つ選びなさい。

  a ①②③④①② b ①②②③④ c ①②③③④
  d ①②②③③④ e ①②①②③④

▌2024年度▐ 高知県 ▌難易度▐

【7】次の問いに答えなさい。
  次の楽譜は「小学校学習指導要領」(平成29年3月)第2章　第6節　音楽　に示された，共通教材「春がきた」の一部である。
  〔注意：声に出して歌ったり，音を立てて拍子をとったりしないこと〕

(1) 楽譜中の[A]に当てはまる，この曲の拍手記号を書きなさい。

(2) 楽譜中の[B]と同じ長さになるものを，次のあ～えから選び，記号を書きなさい。(拍子は上の楽譜と同じ拍子であると考える)

(3) 楽譜中の[C]に当てはまる正しい音符を書きなさい。

(4) 「小学校学習指導要領」(平成29年3月)第2章　第6節　音楽　に示されている第6学年の共通教材で，この曲と同じ作詞者と作曲者によってつくられた2曲の曲名をそれぞれ書きなさい。

(5) 楽譜中の[　D　]に当てはまる正しい歌詞を，ひらがなで書きなさい。

(6) 楽譜中のア，イの音をソプラノリコーダー(バロック式)で演奏する際の正しい運指を，次のあ～おから1つずつ選び，それぞれ記号を書きなさい。

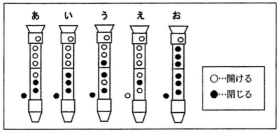

● 音楽科

【8】次の問いに答えよ。

(1) 次の楽譜は，小学校歌唱共通教材「春の小川」の一部である。以下の問いに答えよ。

(ア) この曲の作曲者を①〜⑤から選び，番号で答えよ。
　① 岡野貞一　② 梁田貞　③ 船橋栄吉　④ 井上武士
　⑤ 下総皖一

(イ) この曲に指定されている速さを①〜⑤から選び，番号で答えよ。
　① ♩＝132〜140　② ♩＝50〜58　③ ♩＝100〜108
　④ ♪＝50〜58　⑤ ♪＝100〜108

(ウ) この曲の調を①〜⑤から選び，番号で答えよ。
　① ヘ長調　② ハ長調　③ ト長調　④ イ短調
　⑤ ニ短調

(エ) ┃ A ┃ の部分に入る旋律を①〜⑤から選び，番号で答えよ。

(オ) （ B ）の部分の2番の歌詞として適切なものを①〜⑤から選び，番号で答えよ。
　① はるのおがわは　② きしのすみれや
　③ えびやめだかや　④ さけよさけよと

　⑤　あそべあそべと

(2)　次の楽譜は4分の4拍子であるが，4拍になっていない小節が一つある。その小節を①～⑤から選び，番号で答えよ。

(3)　次の楽譜に示された音をソプラノリコーダー(ジャーマン式)で演奏するときの運指を①～⑤から選び，番号で答えよ。

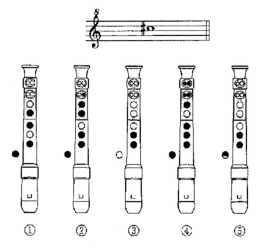

(4)　次の文中の[　　]にあてはまる言葉を①～⑤から選び，番号で答えよ。

親指の先でリコーダーの裏穴を少し開けたり，閉じたりすることを[　　]といいます。

①　ブレス　　②　アクセント　　③　タンギング
④　サミング　　⑤　フレーズ

【9】次の楽譜は，平成29年告示の小学校学習指導要領「音楽」に示されている，歌唱の共通教材の一部である。以下の各問いに答えよ。

1 この曲名を書け。
2 楽譜中の ☐ に入る一番の歌詞の意味を書け。
3 ①の音をソプラノリコーダーで演奏する場合の運指として，適当なものを次の(ア)～(エ)から一つ選び，記号で答えよ。ただし，●は指穴を押さえている状態，○は指穴を押さえていない状態を表していることとする。

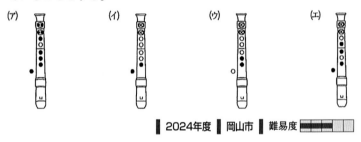

┃ 2024年度 ┃ 岡山市 ┃ 難易度 ┃

【10】次は，第6学年の歌唱共通教材の楽譜(一部不完全)の一部である。以下の問に答えよ。

問1 この曲の曲名を答えよ。
問2 この曲にふさわしい速度記号は次のうちのどれか，次のア～ウから選び，記号で答えよ。

　　　ア ♩=52ぐらい　　イ ♩=80ぐらい　　ウ ♩=120ぐらい

問3　①にあてはまる拍子記号を答えよ。

問4　②□□□□□の部分の1番の歌詞を次のア〜エから選び，記号で答
えよ。

　　ア　あさひ　　イ　ゆうひ　　ウ　いりひ　　エ　はつひ

問5　③[　　]の部分で一か所のみ息つぎをして歌わせたい。最もふさ
わしい場所はどこか，A〜Cから選び，記号で答えよ。

問6　この曲の作曲者と作詞者による他の作品は次のうちどれか，次
のア〜エから全て選び，記号で答えよ。

　　ア　春がきた　　イ　赤とんぼ　　ウ　荒城の月　　エ　ふるさと

‖ 2024年度 ‖ 鹿児島県 ‖ 難易度 ■■■□□

【11】小学校学習指導要領音楽の共通教材である「われは海の子」の楽譜
の一部として適切なものは，次の1〜4のうちのどれか。

1

2
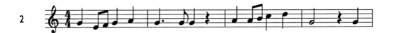

3

4

‖ 2024年度 ‖ 東京都 ‖ 難易度 ■■■■■□

● 音楽科

【12】次の楽譜について，以下の問に答えよ。

問1　□□□□の部分に共通する休符名を答えよ。

問2　①の音をソプラノリコーダーで演奏するとき，図の0〜7のどの
　　穴を閉じるか，閉じる穴の番号をすべて記せ。

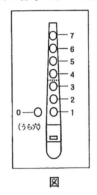

図

問3　②の記号の名称と意味を答えよ。

┃ 2024年度 ┃ 鹿児島県 ┃ 難易度 ■■■■□

【13】次の1〜3の楽譜の曲名として最も適切なものを①〜⑧の中からそれ
　　ぞれ一つ選びなさい。

① 赤とんぼ　　② ふるさと　　③ 冬げしき

④ もみじ　　　⑤ まきばの朝　⑥ こいのぼり

⑦ かくれんぼ　⑧ 夕やけこやけ

┃ 2024年度 ┃ 三重県 ┃ 難易度 ▰▰▰▱▱

【14】 次の〔楽譜〕は，小学校学習指導要領(平成29年3月告示)「第2章
　　　各教科　第6節　音楽」の共通教材〔第6学年〕に示されている楽曲の
　　　ものである。以下の(1)〜(3)の問いに答えなさい。

〔楽譜〕

(1)　〔楽譜〕の　 A 　の部分に入る拍子を書きなさい。

(2)　〔楽譜〕の　 B 　の部分に入る歌詞をひらがな6文字で書きなさ
　　　い。

(3)　〔楽譜〕の　 C 　音をソプラノリコーダーで演奏するとき，運
　　　指はどのようになるか，以下の「※記入の仕方」にしたがって書き
　　　なさい。

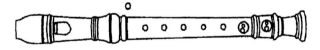

「※記入の仕方　○…開ける　●…閉じる　⦰…サミング」

┃ 2024年度 ┃ 福島県 ┃ 難易度 ▰▰▰▱▱

● 音楽科

【15】次の楽曲は，小学校で学習する第5学年の共通教材である。以下の
(1)～(3)に答えよ。

(1) 楽曲名を記せ。

(2) Aの部分にあてはまる一番の歌詞を，ひらがなで記せ。

(3) この楽曲と同じ第5学年の共通教材を，次のア～エから一つ選び，
記号で記せ。

　　ア　さくらさくら　　イ　ふるさと　　ウ　とんび

　　エ　子もり歌

┃ 2024年度 ┃ 山梨県 ┃ 難易度 ▮▮▮▮▮▮▯▯▯

【16】「小学校学習指導要領　第2章　第6節　音楽」に示された共通教材
「日のまる」について，以下の問いに答えなさい。

(1) この曲の拍子について正しく説明しているものは(　①　)である。

　　ア　4分音符を1拍とした2拍子　　　イ　2分音符を1拍とした2拍子

　　ウ　2分音符を1拍とした4拍子　　　エ　4分音符を1拍とした4拍子

(2) Aに入る旋律は(　②　)である。

(3) 正しい音程を身に付けるための歌唱指導として，適切なものは
（ ③ ）である。

  ア　旋律を正確に覚えるまで歌う　　イ　手拍子を入れながら歌う
  ウ　教師の階名唱をまねて歌う　　　エ　大きな声で元気に歌う

┃ 2024年度 ┃ 静岡県・静岡市・浜松市 ┃ 難易度 ▰▰▰▰▰▱▱▱

【17】次の楽譜は，文部省唱歌「こいのぼり」である。以下の各問いに答
えなさい。

［楽譜出典：教育出版　小学音楽　音楽のおくりもの　5］

(1) ①は，音の強弱を表している。「弱く」「やや弱く」「やや強く」
「強く」の順に並べ替えたとき，正しいものを次の選択肢から1つ選
び，記号で答えなさい。

  ア　*f*　*mf*　*p*　*mp*　　　イ　*mp*　*p*　*f*　*mf*
  ウ　*mf*　*f*　*mp*　*p*　　　エ　*p*　*mp*　*mf*　*f*

(2) 「こいのぼり」を歌うときのように，1つの旋律を，同時に2人以
上で歌うことを何というか。正しいものを次の選択肢から1つ選び，
記号で答えなさい。

  ア　斉唱　　イ　合唱　　ウ　重唱　　エ　輪唱

┃ 2024年度 ┃ 宮崎県 ┃ 難易度 ▰▰▰▱▱

● 音楽科

【18】次の楽譜は，平成29年3月告示の小学校学習指導要領 音楽 各学年の目標及び内容 〔第3学年及び第4学年〕 内容の取扱い (1) イに示されている共通教材の「茶つみ」についての楽譜の一部を抜粋したものです。これに関して，以下の1・2に答えなさい。

1 空欄 a にあてはまる旋律として正しいものを，次の①～⑤の中から1つ選び，記号で答えなさい。

2 空欄 b にあてはまる休符として正しいものを，次の①～⑤の中から1つ選び，記号で答えなさい。

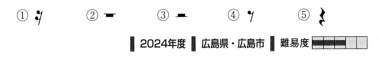

▌2024年度 ▌広島県・広島市 ▌難易度 ▨▨▨▨▨▨▨▨▨▨

【19】「いろいろな音色を感じ取ろう」という題材で，「ラバーズコンチェルト」を扱うこととした。適切なものを選びなさい。

(1) 旋律の重なりなどの特徴からⅡの旋律の役割は,（ ① ）である。
 ア 和音　　イ 主旋律　　ウ 低音　　エ 副次的な旋律

(2) ⅠパートのBに示す音をソプラノリコーダーで演奏するときの運指を正しく示しているものは（ ② ）である。

(3) 旋律の役割に合わせ,鉄琴の音色や響きの特徴を生かして演奏するための工夫として適切でないものは,（ ③ ）である。
 ア 演奏速度を変える　　イ マレットの素材や硬さを変える
 ウ 打つ強さを変える　　エ 音盤の打つ場所を変える

┃ 2024年度 ┃ 静岡県・静岡市・浜松市 ┃ 難易度 ▮▮▮▮▮▮▮▮▮

【20】次の楽譜は,「小学校学習指導要領(平成29年告示)」「第2章　各教科　第6節　音楽　第2　各学年の目標及び内容」で示された共通教材である。この曲の調,　ア　に入る休符,　イ　に当てはまる旋律,　ウ　を演奏する時の鍵盤の位置の組合せとして最も適切なものを,以下の①～⑥のうちから選びなさい。
　　なお,①～⑥のウでは,☆の音を演奏する時の鍵盤の位置を★,　ウ　の音を演奏する時の鍵盤の位置を⬇で表しているものとする。

467

● 音楽科

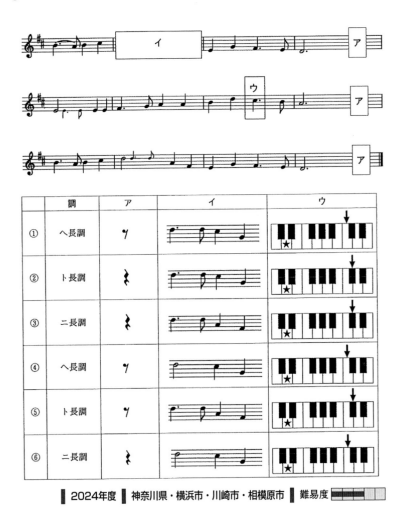

┃ 2024年度 ┃ 神奈川県・横浜市・川崎市・相模原市 ┃ 難易度 ┃

【21】 次の楽譜は「ふるさと」の一部である。この楽譜について述べた1〜5のうち，誤っているものを一つ選び，番号で答えよ。

1 (ア)に入る語句は,「ゆーめ」である。

2 この曲の作曲者は,岡野貞一である。

3 (イ)の記号はクレシェンドで,「だんだん強く」という意味である。

4 (ウ)の音符は付点4分音符で,長さは8分音符3つ分である。

5 (ウ)の音をソプラノリコーダーで演奏する運指は,図のとおりである。

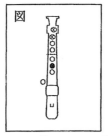

| 2024年度 | 愛知県 | 難易度 |

【22】次の楽譜は,民謡「こきりこ節」です。以下の(1)・(2)の各問いに答えなさい。

(1) どの都道府県に伝わる民謡か,適するものを次の1〜4から1つ選び,番号で書きなさい。

　　1　青森県　　2　栃木県　　3　富山県　　4　沖縄県

(2) この民謡の伴奏には,次の写真の楽器が用いられます。この楽器の名称として,適するものを以下の1〜4から1つ選び,番号で書きなさい。

● 音楽科

1　鞨鼓　　2　笙　　3　鍬金　　4　ささら

║ 2024年度 ║ 名古屋市 ║ 難易度 ▮▮▮▮▮▮▯▯

【23】次の楽譜は，文部省唱歌「こいのぼり」です。以下の(1)・(2)の各問いに答えなさい。

(1)　楽譜の中の①に入る強弱記号として，最も適するものを次の1〜4から1つ選び，番号で書きなさい。

1　*mf*　　2　◁▭　　3　***p***　　4　▭▷

(2)　この曲の主音として，適するものを次の1〜4から1つ選び，番号で書きなさい。

1　ヘ　　2　イ　　3　ハ　　4　ホ

║ 2024年度 ║ 名古屋市 ║ 難易度 ▮▮▮▮▮▯▯▯

470

【24】 次の楽譜は，小学校学習指導要領「音楽」で示されている共通教材である。以下の(1)～(6)に答えなさい。

あ たまを くもーの う えに だー し

し ほうの や ーまを み おろーしー て

か みなり さーまーを し たにき く

ふ じは にっぽん いちの やま

(1) この曲と同じ学年で学習する主となる歌唱教材のうち，共通教材を，この曲のほかに2つ書きなさい。

(2) Aの部分に入る速度記号として適切なものを，次のア～エから1つ選び，その記号を書きなさい。

ア ♩=76～84　　イ ♩=92～100　　ウ ♩=116～126

エ ♩=120～132

(3) Bの記号の名称を書きなさい。

(4) 下線部Cの歌詞について，児童が理解できる言葉に変えて書きなさい。

(5) 楽譜のDの部分を五線譜に書きなさい。

471

● 音楽科

(6) この曲を児童が歌う際，楽譜のEの部分について工夫させたい。Eの部分の音楽的特徴を踏まえて，どのように指導すればよいか具体的に書きなさい。

| 2024年度 | 青森県 | 難易度 ▮▮▮▮▮□□

【25】次の楽譜は，小学校学習指導要領(平成29年3月告示)「音楽」に示されている共通教材『冬げしき』の楽曲の一部である。
以下の(1)〜(3)の問いに答えよ。

（た　だ　み　ず　と　り　の　　こ　え　は　し　て）

(1) 調名を次のA〜Dから一つ選び，その記号を書け。
A ヘ長調　　B ニ短調　　C ト長調　　D ホ短調
(2) ［ ア ］に入る1番の歌詞をひらがなで書け。
(3) ［ イ ］に入る音符を書け。

| 2024年度 | 愛媛県 | 難易度 ▮▮▮▮▮□□

解答・解説

【1】(1) ウ　　(2) ナチュラル　　(3) イ
○解説○ (1) アは2分休符，イは8分休符，エは全音符である。全休符と2分休符は単体で見ると迷いやすい。楽譜に書く際，全休符は第4線に下向きに，2分休符は第3線に上向きに書く点も，注意が必要である。
(2) ナチュラルは♮と表し，♯(半音高く)，♭(半音低く)によって変化している音を，「もとの高さにもどす」ときに使う音楽記号である。

472

(3) ジャーマン式は上から5つ目の穴が小さく，バロック式は4つ目の穴が小さいため，指使いが異なってくる。その代表例がファの音である。小学校では，ジャーマン式が多く用いられている。

【2】③
○**解説**○ 調号に♯，♭ともつかない長調は「ハ長調」，短調は「イ短調」である。また，ハ長調の主和音(1度の和音)はドミソ，イ短調の主和音(1度の和音)はラドミである。

【3】民謡(民よう，みんよう)
○**解説**○ 「こきりこ節」は富山県，「会津磐梯山」は福島県の民謡である。小学校学習指導要領(平成29年告示)音楽の指導計画の作成と内容の取扱いには，「A表現」の歌唱の指導に当たって，「地方に伝承されているわらべうたや民謡など日本のうたを含めて取り上げるようにすること」と示されている。日本の伝統音楽についての出題も増えているので，基本的な部分を広く復習しておくことで対応できる。

【4】4
○**解説**○ イ 「序破急」では，はじめは非常にゆっくりで，序から破，破から急へと，それぞれの楽章が次第に速いリズムになっていく。ウ 「早春賦」は，中田章作曲である。　エ 「ソーラン節」は北海道の民謡である。

【5】(1) エ　(2) イ　(3) ア
○**解説**○ 楽器や作品がイメージできない場合は，動画や画像で確認することで理解が深まる。　(1) 吹いたり吸ったりして音が出る楽器は，管楽器だから，笙である。楽琵琶と楽琴は弦楽器，鉦鼓は打楽器である。それぞれの楽器を知らなかった場合でも，「琵琶」「琴」「鼓」という楽器名をヒントに解答することができる。　(2) カルメンはビゼー，椿姫はヴェルディ，タンホイザーはワーグナーの代表的なオペラ作品である。　(3) バラライカ(ロシア)は弦楽器で，ギターのように指で弦をはじいて音を出す。バグパイプ(スコットランド)，ズルナ(ト

● 音楽科

ルコ)は管楽器で，息でリードを振動させて音を出す。ケーナ(ペルー，ボリビア)も管楽器で，リコーダーのような縦笛である。

【6】1 a　　2 b　　3 e

○**解説**○　1　楽譜は第2学年の共通教材「春がきた」である。小学校の共通教材は各学年4つずつあり，aの「夕やけこやけ」も第2学年である。なお，b「うみ」は第1学年，c「茶つみ」は第3学年，d「もみじ」，e「とんび」は第4学年の共通教材である。　2　出題の楽曲は1小節の中に4分音符4つ分の長さを演奏する4分の4拍子なので，dとeは不適切。また，調号がない長調はハ長調である。ハ長調の主和音「ドミソ」が1小節目に適した和音である。　3　②の後にリピート記号があるので，始めに戻って演奏することに注意しよう。

【7】(1)　$\frac{4}{4}$　　(2)　う

(3)

(4)　おぼろ月夜，ふるさと　　(5)　さとにきた　　(6)　ア　い　イ　え

○**解説**○　(1)　1小節の中に4分音符4つ分の長さの音が入るので，「4分の4拍子」である。　(2)　Bは付点2分音符である。2分音符の1.5倍の長さ(4分音符3拍分)を演奏する。あは2.5拍分，いは2拍分，えは2$\frac{3}{4}$拍分にあたる。　(3)　同じ小節内にすでに4分音符3つ分の長さの音符が記譜されている。あと4分音符1つ分の長さが必要である。　(4)・(5)　共通教材は各学年4曲ずつある。共通教材で，高野辰之作詞　岡野貞一作曲の楽曲はほかに，第1学年「日のまる」，第3学年「春の小川」，第4学年「もみじ」がある。共通教材は，頻出分野なのですべて楽曲の旋律，歌詞を確認しておくこと。　(6)　穴を閉じるほど低い音，開けるほど高い音ができる。アは「ソ」，イは「高いレ」である。運指を問われた場合は臨時記号の有無にも注意が必要である。

【8】 (1) (ア) ① (イ) ③ (ウ) ② (エ) ③ (オ) ⑤
(2) ④ (3) ③ (4) ④

○**解説**○ (1) 楽譜は，第3学年共通教材の「春の小川」(高野辰之作詞
岡野貞一作曲)である。曲の速さとして表す♩=60は，4分音符を1分間
に60回打つ速さで，時計の秒針の速さと同じである。それよりも少し
速い曲なので，③が該当する。調を問われたときは，調号に注目する
こと。調号に♯も♭もついていない長調は，ハ長調である。歌唱共通
教材については24曲あり，すべて頻出曲なので，学年ごとに，曲名，
作曲者，拍子，調，階名，音名，旋律，歌詞，楽典など，楽譜全体を
確認しておくことが必要である。 (2) 4分の4拍子は1小節の中に4分
音符4拍分の音符(休符含む)が入る。④は4分音符2つ，8分音符(8分休
符含む)6つで，全部で5拍分の音が入っているので誤りである。

(3) ふさぐ穴が少ないほど音は高くなる。♯や♭の運指は出題頻度が
高いので音を出しながら確認すること。「ド」「ド♯」との運指の違い
を知ることで記憶に定着する。 (4) 「サミング」は，英語で親指を表
すthumbに由来する言葉である。「ブレス」は息継ぎ，「アクセント」
はその音だけ強く演奏する，「タンギング」は舌で音を切って演奏す
る，「フレーズ」は旋律の区切りを意味する。

【9】1 こいのぼり 2 かわら屋根 3 (エ)

○**解説**○ 1 楽譜は，第5学年の共通教材「こいのぼり」(文部省唱歌)で
ある。共通教材は出題頻度が高いので，旋律，歌詞，作詞者，作曲者
についても覚えておきたい。 2 冒頭の歌詞は「甍(いらか)」である。
歌詞の内容や情景を理解することも重要である。 3 調号に♭が1つ
ついている点に注意が必要である。①の音は「シ」ではなく「シ♭」。
「シ」の(イ)と間違えないように注意したい。

【10】問1 おぼろ月夜 問2 イ
問3

●音楽科

問4　ウ　　問5　C　　問6　ア，エ

○**解説**○　問1　第6学年の歌唱共通教材は，「越天楽今様」「おぼろ月夜」「ふるさと」「われは海の子」の4曲である。「なのはなばたけに」から始まる歌詞からも，「おぼろ月夜」であることが分かる。　問2　4分音符を1分間に60回数える速さが♩＝60で，♩＝120はその2倍の速さである。この曲はその間の速さである。　問3　1小節の中で4分音符3拍分の長さを演奏するので，4分の3拍子であることが分かる。

問4　歌唱共通教材の旋律と歌詞は覚えてほしい。　問5　フレーズが3拍目から始まる楽曲である。　問6　高野辰之作詞，岡野貞一作曲の共通教材は，第1学年「日のまる」，第2学年「春がきた」，第3学年「春の小川」，第4学年「もみじ」，第6学年「おぼろ月夜」，「ふるさと」である。「赤とんぼ」は三木露風作詞，山田耕筰作曲，「荒城の月」は土井晩翠作詞，滝廉太郎作曲の楽曲である。

【11】3

○**解説**○　「われは海の子」(文部省唱歌)は第6学年の共通教材である。1は第5学年共通教材「こいのぼり」(文部省唱歌)，2は第4学年共通教材「まきばの朝」(文部省唱歌)，4は第2学年共通教材「春がきた」(文部省唱歌)である。歌唱共通教材については24曲あり，すべて頻出曲なので，学年ごとに，曲名，作曲者，拍子，調，階名，音名，旋律，歌詞，楽典など，楽譜全体を確認しておくことが必要である。

【12】問1　4分休符　　問2　0134(01356)　　問3　名称…ナチュラル(本位記号)　　意味…もとの高さに戻す(変化した音をもとに戻す)

○**解説**○　問1　4分の4拍子の曲は，1小節に4分音符4拍分を演奏する。すでに3拍分記譜されているので，残りは1拍分となる。　問2　調号に♭が一つついているので，①の音は「シ♭」である。この音は運指が2種類あるので，どちらかを正確に覚えていればよい。選択肢がない解答形式にも慣れておきたい。　問3　♭や♯を戻すときに使われることが多い。

【13】1 ⑧   2 ④   3 ①
○**解説**○「夕やけこやけ」は中村雨紅作詞・草川信作曲,「もみじ」は高
野辰之作詞・岡野貞一作曲,「赤とんぼ」は三木露風作詞・山田耕筰
作曲の作品である。一度は歌ったことがある作品だと思うが,改めて
歌詞や旋律,曲名を確認しておきたい。

【14】(1) 4分の3拍子   (2) わすれがたき(ふるさと)
(3)

「※記入の仕方 ○…開ける ●…閉じる ◎…サミング」

○**解説**○ 第6学年の共通教材「ふるさと」(文部省唱歌)からの出題である。
(1) 1小節に4分音符が3つ分の長さが入る拍子なので,4分の3拍子で
ある。   (2) 共通教材は各学年4曲ずつある。出題頻度は高いので,
曲名,旋律,歌詞,作詞者,作曲者は確認しておくこと。   (3) Cは
高い「レ」である。調号も♭1つ(すべてのシの音に♭が付く)で,ヘ長
調だが,「レ」は影響されない。

【15】(1) こいのぼり   (2) なかぞらを   (3) エ
○**解説**○ (1)・(2) 楽譜は,第5学年の共通教材「こいのぼり」(文部省唱
歌)である。共通教材は,各学年4曲ずつである。すべての曲の旋律,
歌詞,作詞者,作曲者を覚えておきたい。   (3) 「さくらさくら」「と
んび」は第4学年,「ふるさと」は第6学年の共通教材である。

【16】(1) ア   (2) イ   (3) ウ
○**解説**○ 第1学年の共通教材「日のまる」(文部省唱歌)からの出題である。
(1) ト音記号の横に書かれている「$\frac{2}{4}$」は,4分音符を1拍とした2拍
子,つまり4分の2拍子を表している。   (2) 歌唱共通教材については
24曲あり,すべて頻出曲なので,学年ごとに,曲名,作曲者,拍子,
調,階名,音名,旋律,歌詞,楽典など,楽譜全体を確認しておくこ
とが必要である。また,調号に♯も♭もないハ長調であることから,
最後の音が主音のハ(ド)であることが分かる。   (3) 第1学年及び第2

学年の「内容」「A表現」の中に、「範唱を聴いて歌ったり、階名で模唱したり暗唱したりする技能」を身に付けることが示されている。ウはこれに適した指導方法である。

【17】(1) エ　(2) ア

○**解説**○ (1) 「*m*」は意味を弱める役割を持つ。「*p*」は「弱く」、「*mp*」は「やや弱く」、「*mf*」は「やや強く」、「*f*」は「強く」となる。(2) イ　「合唱」は、異なる複数の旋律を「複数人が1つのパート」を担当して歌うことである。　ウ　「重唱」は、異なる複数の旋律を「1人が1つのパート」を担当して歌うことである。　エ　「輪唱」は、一つの旋律についてタイミングをずらしながら歌うことである。

【18】1　③　2　⑤

○**解説**○ 第3学年の共通教材「茶つみ」からの出題である。　1　空欄は「山にも若葉が」の部分である。選択肢からリズムが正しいものをまず選び、その後に音程を吟味すると選びやすい。　2　4分の4拍子では、1小節に4分音符4つ分の長さが入る。すでに1小節の中に4分音符3つが記譜されているので、残りは4分音符1拍分の長さの4分休符が入る。　共通教材は各学年4曲ずつある。楽曲の旋律、歌詞を問われることも多いので準備が必要である。

【19】(1) エ　(2) イ　(3) ア

○**解説**○ (1) Ⅰは主旋律、Ⅱは副次的な旋律、Ⅲは和音、Ⅳは低音である。副次的な旋律は主旋律とは異なる動きをする。　(2) 調号に♭がひとつあることから、Bは「シ♭」である。アの「シ」の運指と間違わないよう注意が必要である。　(3) 楽曲ごとに決められた速度で演奏する必要がある。特に合奏の場合は、他のパートとそろえて演奏することが大切である。

【20】③

○**解説**○ 楽譜は調号が♯2つなのでニ長調である。ファ、ドを半音高い音で演奏するので、ウはド♯(黒鍵)を演奏する。4分の4拍子の楽曲で

ある。アの直前は付点2分音符で3拍分の長さを演奏する。よってアは1拍分の休符である4分音符が入る。共通教材については旋律，歌詞についても確認しておくこと。

【21】 5

○**解説**○ 第6学年の共通教材「ふるさと」(文部省唱歌)からの出題である。5の図の運指は「高いレ」であり，楽譜は「ソ」なので誤りである。基本的な知識を幅広く知っておくことで対応できる。

【22】 (1) 3 (2) 4

○**解説**○ (1) 受験する自治体に加えて，各地の民謡について確認しておきたい。たとえば，愛知県の「岡崎五万石」，青森県の「津軽じょんがら節」，栃木県の「八木節」，沖縄県の「谷茶前」などがある。(2) 鍬金も「こきりこ節」の演奏に用いられる打楽器であるが，金属を棒でたたいて演奏する楽器のため，写真とは異なる。鞨鼓，笙は雅楽で用いられる楽器である。

【23】 (1) 4 (2) 1

○**解説**○ (1) 「こいのぼり」は第5学年の共通教材である。共通教材に関しては一度目を通し，歌詞，旋律，音楽記号などを含め確認して欲しい。4は，「クレッシェンド」でだんだん大きく演奏することを表す。(2) 調号が♭1つの長調なのでヘ長調である。よって主音は「ヘ」。最後の音(「こいのぼり」の「り」の音)が「ファ(ヘ)」である点もヒントとなる。調号なしの長調はハ長調，♯1つの長調はト長調，♭1つの長調はヘ長調であることは覚えておきたい。

【24】 (1) 春の小川，茶つみ，うさぎ から2つ (2) イ (3) 4分休符 (4) まわりの山を

(5)

479

(6) ・高い音から歌い始めるので,「ふ」の発音に気を付けて歌うように指導する。 ・2拍伸ばすので,遠くに呼びかけるように声(息)を前に出して歌うように指導する。

○**解説**○ (1)・(3)・(4) 楽譜は第3学年の共通教材「ふじ山」(文部省唱歌)である。歌唱共通教材については24曲あり,すべて頻出曲なので,学年ごとに,曲名,作曲者,拍子,調,階名,音名,旋律,歌詞,楽典など,楽譜全体を確認しておくことが必要である。 (2) ♩=60は秒針と同じ速度, ♩=120は秒針の速度の中で2拍演奏できる速度である。共通教材の楽譜を確認する際は, ♩=60, ♩=120より速い楽曲か遅い楽曲かを意識しながら歌ってみると,理解が深まる。 (5) 五線譜に音符を書くときは,1小節に何拍入るかを意識することが大切である。ここではすでに4分音符3拍分が記譜されているので,残り1拍分の音符を書く必要がある。 (6) 4段目の旋律は,最高音の高いドから始まり,最低音のドで終わる。富士山を,山頂からふもとまで見渡すような気持ちで終わる。特に,最初の高いドは2拍あるので,遠くに呼びかけるように声を前に出すところがポイントとなる。

【25】(1) A (2) ふねにしろしあさのしも

(3)

○**解説**○ (1) 調名を問われているときは,調号から判断すると良い。調号が♭ひとつなので,ヘ長調又はニ短調である。明るい印象の曲であり,曲の終わりが主音のヘ(ファ)なので,ヘ長調である。ト長調は♯1つの長調,ホ短調は♯1つの短調である。 (2) 共通教材は頻出分野である。旋律と歌詞は覚えておくこと。 (3) 楽譜は,1小節に4分音符3つが入っているので,4分の3拍子である。イの小節には4分音符1つがすでに記譜されているので,残りは2拍分で,「ソ」の音を2分音符で表す。歌える程度に覚えておくと,迷わず記譜できる。

【1】次の記述は,「小学校学習指導要領(平成29年告示)」「第2章　各教科　第6節　音楽　第2各学年の目標及び内容　第3学年及び第4学年　1　目標」である。

空欄[　ア　]~[　オ　]に当てはまる言葉の組合せとして最も適切なものを,以下の①~⑥のうちから選びなさい。

1　目標

(1)　[　ア　]と音楽の構造などとの関わりについて気付くとともに,表したい音楽表現をするために必要な歌唱,器楽,[　イ　]の技能を身に付けるようにする。

(2)　音楽表現を考えて表現に対する思いや意図をもつことや,曲や演奏のよさなどを見いだしながら音楽を[　ウ　]聴くことができるようにする。

(3)　進んで音楽に関わり,[　エ　]音楽活動をする楽しさを感じながら,様々な音楽に親しむとともに,音楽経験を生かして生活を明るく潤いのあるものにしようとする[　オ　]を養う。

	ア	イ	ウ	エ	オ
①	楽器	音色づくり	楽しんで	主体的に	態度
②	曲想	音楽づくり	味わって	協働して	態度
③	楽器	音色づくり	想像して	協働して	感性
④	曲想	音楽づくり	楽しんで	主体的に	態度
⑤	曲想	音色づくり	味わって	協働して	感性
⑥	楽器	音楽づくり	想像して	主体的に	感性

2024年度 ▌ 神奈川県・横浜市・川崎市・相模原市 ▌ 難易度 ■■■■

● 音楽科

【2】小学校学習指導要領(平成29年3月)「音楽」の一部を読み，次の問1，問2に答えなさい。

第3　指導計画の作成と内容の取扱い

(略)

　　2　第2の内容の取扱いについては，次の事項に配慮するものとする。

(略)

　　　(4)　各学年の「A表現」の(1)の歌唱の指導に当たっては，次のとおり取り扱うこと。

　　　　ア　歌唱教材については，我が国や郷土の音楽に愛着がもてるよう，<u>共通教材</u>のほか，長い間親しまれてきた唱歌，それぞれの地方に伝承されているわらべうたや民謡など日本のうたを含めて取り上げるようにすること。

　　　　イ　相対的な音程感覚を育てるために，適宜，[　　]を用いること。

問1　____部において，「わらべうた」であるものを選びなさい。

　　ア　ふるさと　　イ　うさぎ　　ウ　かくれんぼ

　　エ　ひらいたひらいた

問2　空欄に当てはまるものを選びなさい。

　　ア　移動ド唱法　　イ　コンピュータ　　ウ　和音　　エ　伴奏

┃2024年度┃北海道・札幌市┃難易度 ■■■■■□□□□

【3】次の文は，小学校学習指導要領(平成29年3月告示)「第2章　各教科　第6節　音楽」に示されている「第1　目標」の一部である。文中の[　　]に当てはまる語句を答えなさい。

---

(1)　曲想と音楽の構造などとの関わりについて理解するとともに，表したい音楽表現をするために必要な[　　]を身に付けるようにする。

┃2024年度┃福島県┃難易度 ■■□□□□

482

【4】次の文は，「小学校学習指導要領(平成29年告示)解説　音楽編　第2章　音楽科の目標及び内容　第1節　音楽科の目標　2　学年の目標(3)『学びに向かう力，人間性等』の涵養に関する目標」の一部である。文中の(　)に当てはまる語句として正しい組合せを，以下の選択肢から1つ選び，記号で答えなさい。

〔第3学年及び第4学年〕

(3) (　①　)音楽に関わり，協働して音楽活動をする楽しさを感じながら，様々な音楽に親しむとともに，音楽経験を生かして生活を明るく潤いのあるものにしようとする態度を養う。

〔第5学年及び第6学年〕

(3) (　②　)音楽に関わり，協働して音楽活動をする楽しさを味わいながら，様々な音楽に親しむとともに，音楽経験を生かして生活を明るく潤いのあるものにしようとする態度を養う。

ア　①…楽しく　②…積極的に　　イ　①…進んで　②…創造的に
ウ　①…進んで　②…主体的に　　エ　①…楽しく　②…意欲的に

▌2024年度▐宮崎県▌難易度▐▐▐▐▐▐

【5】次の文章は，平成29年3月告示の小学校学習指導要領　音楽　各学年の目標及び内容　〔第5学年及び第6学年〕　内容　の一部を示したものです。空欄(　a　)・(　b　)にあてはまる言葉は何ですか。以下の①～⑦の中からそれぞれ1つ選び，記号で答えなさい。

〔共通事項〕

(1) 「A表現」及び「B鑑賞」の指導を通して，次の事項を身に付けることができるよう指導する。

　ア　音楽を形づくっている要素を聴き取り，それらの働きが生み出すよさや面白さ，(　a　)を感じ取りながら，聴き取ったことと感じ取ったこととの(　b　)について考えること。

---

①　楽しさ　　②　関わり　　③　雰囲気　　④　まとまり
⑤　構造　　　⑥　働き　　　⑦　美しさ

▌2024年度▐広島県・広島市▌難易度▐▐▐▐▐▐

【6】次の文は，小学校学習指導要領「音楽」の「各学年の目標及び内容」の「第5学年及び第6学年」の「内容」の一部である。(　①　)～(　③　)にあてはまる語句を書きなさい。

> A　表現
>
> (2)　器楽の活動を通して，次の事項を身に付けることができるよう指導する。
>
> 　(中略)
>
> ウ　思いや意図に合った表現をするために必要な次の(ア)から(ウ)までの技能を身に付けること。
>
> 　(ア)　範奏を聴いたり，ハ長調及び(　①　)の楽譜を見たりして演奏する技能
>
> 　(イ)　(　②　)や響きに気を付けて，旋律楽器及び打楽器を演奏する技能
>
> 　(ウ)　各声部の楽器の音や全体の響き，(　③　)を聴いて，音を合わせて演奏する技能

‖ 2024年度 ‖ 青森県 ‖ 難易度■■■■■□□□

【7】次の文章は，「小学校学習指導要領(平成29年告示)解説　音楽編(平成29年7月)」「第2章　音楽科の目標及び内容」「第1節　音楽科の目標」「1　教科の目標」の一部である。文中の空欄にあてはまる語句として最も適当なものを，以下の①から④までの中から一つ選び，記号で答えよ。

> 　音楽的な見方・考え方とは，「音楽に対する感性を働かせ，音や音楽を，音楽を形づくっている要素とその(　　)の視点で捉え，自己のイメージや感情，生活や文化などと関連付けること」であると考えられる。

①　雰囲気　　　②　特性　　　③　関わり　　　④　働き

‖ 2024年度 ‖ 沖縄県 ‖ 難易度■■■■□□□□

【8】 小学校学習指導要領(平成29年3月)第2章「第6節　音楽」について,
(1), (2)の問いに答えなさい。

(1)　次の文は,「第1　目標」の一部抜粋です。文中の(　①　),
(　②　)にあてはまる語句を, 以下のア～カからそれぞれ一つずつ
選び, その記号を書きなさい。

> 　表現及び鑑賞の活動を通して, 音楽的な見方・考え方を働
> かせ, (　①　)や社会の中の音や音楽と豊かに関わる資質・能
> 力を次のとおり育成することを目指す。
> 　　　　　　　　　　　　　(中略)
> (3)　音楽活動の楽しさを(　②　)することを通して, 音楽を
> 　　愛好する心情と音楽に対する感性を育むとともに, 音楽に
> 　　親しむ態度を養い, 豊かな情操を培う。

ア　体験　　イ　自然　　ウ　歴史　　エ　共有　　オ　生活
カ　実感

(2)　次の文は,「第2　各学年の目標及び内容」の「第5学年及び第6学
年」の「1　目標」です。文中の(　①　)～(　③　)にあてはまる語
句の組み合わせとして正しいものを, 以下のア～クから一つ選び,
その記号を書きなさい。

> (1)　曲想と音楽の構造などとの関わりについて(　①　)とと
> 　　もに, 表したい音楽表現をするために必要な歌唱, 器楽,
> 　　音楽づくりの技能を身に付けるようにする。
> (2)　音楽表現を考えて表現に対する思いや(　②　)をもつこ
> 　　とや, 曲や演奏のよさなどを見いだしながら音楽を味わっ
> 　　て聴くことができるようにする。
> (3)　(　③　)音楽に関わり, 協働して音楽活動をする楽し
> 　　さを味わいながら, 様々な音楽に親しむとともに, 音楽経験
> 　　を生かして生活を明るく潤いのあるものにしようとする態
> 　　度を養う。

ア　①　気付く　　　②　意図　　　③　主体的に
イ　①　気付く　　　②　意図　　　③　進んで

● 音楽科

ウ	①	気付く	②	創造力	③	主体的に
エ	①	気付く	②	創造力	③	進んで
オ	①	理解する	②	創造力	③	主体的に
カ	①	理解する	②	創造力	③	進んで
キ	①	理解する	②	意図	③	主体的に
ク	①	理解する	②	意図	③	進んで

‖ 2024年度 ‖ 岩手県 ‖ 難易度 ■■■■■□□

【9】第2学年「音楽づくり」の学習を行うこととします。その際，児童
がどのように音を音楽にしていくかについて思いをもつことができる
ようにするために，どのようなことに留意して指導しますか。次の①
～⑤の中から，最も適切なものを1つ選び，記号で答えなさい。

① 特徴的な音の響きやそれらの組合せを取り上げるようにし，どの
ようなよさや面白さがあるのかについて理解できるようにする。

② 児童の意識が曲や演奏の部分的な楽しさを見いだすことに留まる
ことなく，音楽の流れを感じながら聴くことができるようにする。

③ 範奏をよく聴き，音色，リズム，速度，強弱などに気を付けなが
ら繰り返し演奏するようにする。

④ 思いを伝え合うことと，実際に音で試すこととを繰り返しながら，
表現を工夫し，思いを膨らますことができるようにする。

⑤ 曲想の感じ取りを深めたり，必要な技能を身に付けたりしながら，
感じ取ったことを基にいろいろな表現の仕方を体験するようにし
て，歌唱表現を工夫する楽しさを味わい，思いを膨らませるように
する。

‖ 2024年度 ‖ 広島県・広島市 ‖ 難易度 ■■■□□

【10】小学校学習指導要領解説　音楽編(平成29年7月)第4章「2　内容の
取扱いと指導上の配慮事項」について，(1)，(2)の問いに答えなさい。

(1) 配慮事項(4)に示されている歌唱の指導の取扱いとして正しくない
ものを，次のア～ウから一つ選び，その記号を書きなさい。

ア　共通教材のほか，長い間親しまれてきた唱歌，それぞれの地方
に伝承されているわらべうたや民謡など日本のうたを含めて取り

　　上げるようにすること。

　イ　相対的な音程感覚を育てるために，適宜，固定ド唱法を用いること。

　ウ　変声以前から自分の声の特徴に関心をもたせるとともに，変声期の児童に対して適切に配慮すること。

(2)　配慮事項(8)は「音楽を形づくっている要素」の取扱いについて示しています。次の説明に合う「音楽を形づくっている要素」を，以下のア〜エから一つ選び，その記号を書きなさい。

> 　音楽は時間的なまとまりをつくったり，音楽の時間を刻んだりするもの。

　ア　速度　　イ　フレーズ　　ウ　リズム　　エ　拍

┃ 2024年度 ┃ 岩手県 ┃ 難易度 ▰▰▱▱▱▱

解答・解説

【1】②

○**解説**○　ア　学年の目標は，教科の目標を基に学年に応じて示されている。教科の目標(1)における知識の目標は，「曲想と音楽の構造などとの関わりについて理解する」ことが示されている。このことを理解していれば，適切な語句が分かるはずである。　イ　音楽は「A表現」と「B鑑賞」で構成されており，「A表現」は歌唱の活動，楽器の活動，音楽づくりの活動で構成されている。　ウ　思考力，判断力，表現力等の育成に関する目標(2)は，前半が表現領域の目標で，後半が鑑賞領域の目標を示している。鑑賞領域では，全学年を通じて「音楽を味わって聴くことができるようにする」ことを目標として示している。これは，教科の目標をそのまま反映したものでもある。　エ・オ　学びに向かう力，人間性等の涵養に関する目標(3)では，「協働して音楽活動をする楽しさ」と「様々な音楽に親しむとともに，音楽経験を生かして生活を明るく潤いのあるものにしようとする態度を養う」ことが，

● 音楽科

全学年を通じて示されている。

【2】問1　エ　　問2　ア
○**解説**○　問1　選択肢の楽曲はいずれも共通教材である。わらべうたは第1学年の共通教材「ひらいたひらいた」である。「ふるさと」(第6学年),「かくれんぼ」(第2学年)は文部省唱歌,「うさぎ」(第3学年)は日本古謡である。　問2　「相対的な音程感覚を育てる」という文言がヒントになる。移動ド唱法では,楽曲の主調の主音が「ド」となる。例えば,ハ長調では主音「ハ」を「ド」,ト長調では主音「ト」を「ド」と表す。音名ではなく階名で演奏するため,相対的な音程感覚を育てるのに役立つ。

【3】技能
○**解説**○　目標の(1)は,知識及び技能の習得に関するものであり,前半は知識,後半は技能に関する目標が示されている。音楽科の内容で音楽を経験する領域は「表現」と「鑑賞」だが,音楽科における「技能」は表現領域のみに該当するものであり,歌を歌う技能,楽器を演奏する技能,音楽をつくる技能である。

【4】ウ
○**解説**○　「楽しく音楽に関わり」は第1学年及び第2学年,「進んで音楽に関わり」は第3学年及び第4学年,「主体的に音楽に関わり」は第5学年及び第6学年の目標である。学年ごとに比較しながら,異なる用語に着目することで対策できる。

【5】a　⑦　　b　②
○**解説**○　「音楽を形づくっている要素」は,音色,リズム,速度,旋律などの音楽を特徴づけている要素と,反復,呼びかけとこたえ,変化などの音楽の仕組みである。児童の発達や指導のねらいに応じて,適切に選択したり,関連付けたりして指導することが大切である。

【6】① イ短調 ② 音色 ③ 伴奏

○**解説**○ ① 調号に♯も♭もない調が，ハ長調とイ短調である。

② 指導に当たっては，それぞれの楽器がもつ固有の音色や響きの特徴に応じた演奏の仕方が身に付くように留意する必要がある。

③ 斉奏や合奏においては，各声部の楽器の音や全体の響き，伴奏を聴いて，自分の演奏を全体の中で調和させて演奏することが求められる。

【7】④

○**解説**○ 各教科等の「見方・考え方」は，その教科等ならではの物事を捉える視点や考え方であることから，音楽の特質に応じ「音楽的な見方・考え方」として整理された。出題されたのは，その「音楽的な見方・考え方」とは何かを解説した内容である。音や音楽は，鳴り響く音や音楽を対象として，音楽がどのように形づくられているか，また音楽をどのように感じ取るかを明らかにしていく過程において捉えることが必要である。その支えとなるのが，音色，リズム，速度，反復，呼びかけとこたえなどの音楽を形づくっている要素を聴き取ることと，それらの働きが生み出すよさや面白さ，美しさを感じ取ることである。

【8】(1) ① オ ② ア (2) キ

○**解説**○ (1) ① 今回の学習指導要領改訂において音楽科は，「生活や社会の中の音や音楽と豊かに関わる資質・能力」の育成を目指すことが示された。生活や社会の中の音や音楽と豊かに関わる資質・能力を育成することによって，児童がそれらの音や音楽との関わりを自ら築き，生活を豊かにしていくことは，音楽科の大切な役割の一つである。② 今回の改訂において，教育内容の主な改善事項の一つとして，体験活動の充実が挙げられている。 (2) ① 学年で比較してみると，知識に関する目標では，低・中学年は「気付く」，高学年では「理解する」として示されている。 ② 思考力，判断力，表現力等の育成に関する目標(2)における表現領域の目標では，低学年が「思いをもつ」，中・高学年が「思いや意図をもつ」として示されている。 ③ 学び

に向かう力，人間性等の涵養に関する目標(3)における音楽への関わり方については，低学年は「楽しく」，中学年は「進んで」，高学年は「主体的に」として示されている。学年ごとに対比しながら，発達段階に応じて音楽への関わり方が質的に高まっていくように示されていることを押さえておく必要がある。

【9】④

○**解説**○ 提示された内容は，学習指導要領解説(平成29年7月)に解説されている，指導上の留意点である。④は，低学年の表現領域の音楽づくりの活動における「どのように音を音楽にしていくかについて思いをもつこと」に関する指導上の留意点であり，適切な内容である。

① 高学年の表現領域の音楽づくりの活動における指導上の留意点である。　② 低学年の鑑賞領域における指導上の留意点である。

③ 低学年の表現領域の楽器の活動における指導上の留意点である。

⑤ 低学年の表現領域の歌唱の活動における指導上の留意点である。

【10】(1)　イ　　(2)　ウ

○**解説**○ (1)　イ　相対的な音程感覚を育てるためには，「移動ド唱法」が適している。　(2)　速度は，基準となる拍が繰り返される速さのこと。フレーズは，音楽の流れの中で，自然に区切られるまとまり。拍は，一定の間隔をもって刻まれるものである。

家庭科

要点整理

● 被服(着用)

　気温や季節の変化に応じて，保温性や通気性，吸湿性などのよい材質や重ね方により，被服気候を調節する方法がポイントである。運動や作業など，生活活動を妨げず，体を保護する衣服の着方も大事。綿，ポリエステル，毛等の繊維の性質も理解しておく。手入れにはボタンつけや洗濯が含まれる。洗濯は洗剤の種類や量，手洗いの手順と脱水や干し方，取り扱い絵表示の見方などが重要である。

● 被服(製作)

　小学校の内容では，布を用いて生活に役立つものを製作する中で，基本的技能を学ぶ。

　手縫いでは，玉結び，玉止め，なみ縫い，返し縫い，かがり縫いを目的に応じて使う。

　ミシン縫いでは直線縫いや角の縫い方ができるようにする。はさみ，針，ミシンなどの用具の選び方・使い方も，安全で正確にできるようにする。

　布の扱い方は，布目のたて方向が型くずれしないという性質を生かして型紙の矢印を合わせて配置したり，布端がほつれないように適当な縫い代をとったり，端を三つ折り縫いにしたりすることがわかるようにする。

　題材は学習指導要領では決められておらず，児童の興味や家庭生活での必要性と技能修得の段階にあったものを教師が設定する。

　製作は，適切な大きさの用具を使うことと，基本的な使い方を知らせるとともに，なぜそうするかがわかるように指導する。

● 食物(五大栄養素)

①炭水化物…体内で酸化燃焼すると1g当たり約4Kcalの熱量を生じ，体温保持や活動力の源となる。〔米・いも〕

②脂肪…1g当たり約9Kcalの熱量を発生し，活動力の源となり，一部

は体脂肪として皮下・筋肉等にたくわえられ，必要に応じて熱量素として消費され，又体温の放散を防いだり，臓器を固定する働きもする。〔バター・大豆油〕

③**たんぱく質**…筋肉・血液・ホルモン・酵素の構成成分となると共に，1g当たり約4Kcalの熱量を発生し，活動力の源ともなる。〔卵・肉〕

④**無機質**…①骨や歯のようなかたい組織の構成成分となる(カルシウム・マグネシウム・りん等)　②他の有機物と結合して筋肉・皮膚・臓器・血液等のように柔らかい組織や細胞の構成成分となる(鉄・りん・いおう・よう素等)　③可溶性の塩類として，体液中に常に存在し体の調節作用をする。例えば，血液および組織液を中性に保ったり浸透圧を一定に保つ働きをする。〔牛乳・海藻〕

⑤**ビタミン**…少量で体の正常な成長や生理状態を維持する。又他の栄養素の代謝に関係し，酵素のような働きもする。〔野菜・果物〕

　またビタミンは，水溶性ビタミンと脂溶性ビタミンに分けることができる。体内ではほとんど合成することができないため，食物から摂取する必要がある。

分類	特徴	ビタミン名
水溶性ビタミン	血液などの体液に溶け込んでいて，余分なものは尿として排出される。体内のさまざまな代謝に必要な酵素の働きを担っている。	・ビタミンB群(B_1, B_2, B_6, B_{12},) ・ビタミンC
脂溶性ビタミン	水に溶けない性質があり，主に脂肪組織や肝臓に貯蔵される。身体の機能を正常に保つ働きをしている。	・ビタミンA ・ビタミンD ・ビタミンE ・ビタミンK

●**食物(性質)**

　調理上献立上あるいは栄養のバランスを考える面からも，個々の食品の性質，特徴をきちんと理解しておくことは大切である。例えば，緑黄色野菜をいためることの栄養的効果といえば次のようになる。

● 家庭科

(1) 短時間加熱により，ビタミンCやカロチンの減少が少ない。

(2) カロチンの吸収率がよくなる(油にとけるから)。

(3) 味つけが豊富でおいしくなる。

(4) 生とちがって，衛生的になる。

(5) 保存がきくようになる。

●食物(五大栄養素)

第6学年では，栄養を考えた食物のとり方が分かり，1食分の献立を作ることができるようにすることが食物の領域の第1の構成要素となっている。この献立づくりでは，栄養のバランス，費用，家族員の好み，季節の食品の利用などに留意していかなくてはならない。これによって健康で，よりよく成長していくためのバランスのとれた食事を計画的にとることの必要性を理解していくことになるからである。

●住居

学習指導要領の内容項目「快適な住まい方」では，季節の変化に合わせた住まい方，整理・整頓や清掃の仕方を考え，快適な住まい方を工夫することとされている。整理・整頓では物をすぐ取り出せるようにしたりして空間を有効に使うことができるようにする。清掃は，児童がよいと考えた方法で行ってみるなど，内容に幅がもある。後者の室内環境では，暖かさ，風通し，明るさなどから選択し，家庭や教室について課題解決学習を展開する。学習方法としてはいろいろな方法で調べる，まとめる，発表する，意見を述べたり聞いたりするなど，児童が主となる活動を取り入れる。

●消費生活・環境

消費生活・環境においては，主に「持続可能な社会の構築」の視点から物事を捉え，考察することなどが考えられる。小学校においては，「生活の営みに係る見方・考え方」のうち，「協力・協働」については「家族や地域の人々との協力」，「生活文化の継承・創造」については「生活文化の大切さに気付くこと」を視点として扱うことが考えられる。消費生活においては，目的にあったものを適切に購入できるよう

にするための知識として，表示やマークがある。期限表示のなかで，消費期限は腐敗や変質などのおそれのない期限，賞味期限は品質が保持されおいしく食べられる期限である。JASマーク，有機農産物マーク，環境に関するマークなど，マークについて一通りチェックしておくこと。買い方の学習の中で支払方法の一つとして，プリペイドカード，キャッシュカード，クレジットカード，などについても知っておく必要がある。購入の際，問題になる悪質商法とクーリング・オフについての出題も多い。クーリング・オフとは，"頭を冷やす"の意味。訪問販売などで無理に契約や購入をさせられたときに，定められた日数以内なら解約できる制度のことである。

●平成29年告示学習指導要領　改訂の要点

(1)　目標の改善について

①教科の目標

　家庭科において育成を目指す資質・能力については，中央教育審議会答申(平成28年12月21日)にて実践的・体験的な学習活動を通して，家族・家庭，衣食住，消費や環境等についての科学的な理解を図り，それらに係る技能を身に付けるとともに，生活の中から問題を見いだして課題を設定しそれを解決する力や，よりよい生活の実現に向けて，生活を工夫し創造しようとする態度等を育成することを基本的な考え方とし，整理が行われた。これを受け，教科の目標は次のように示された。

　生活の営みに係る見方・考え方を働かせ，衣食住などに関する実践的・体験的な活動を通して，生活をよりよくしようと工夫する資質・能力を次のとおり育成することを目指す。
(1)　家族や家庭，衣食住，消費や環境などについて，日常生活に必要な基礎的な理解を図るとともに，それらに係る技能を身に付けるようにする。
(2)　日常生活の中から問題を見いだして課題を設定し，様々な解決方法を考え，実践を評価・改善し，考えたことを表現するなど，課題を解決する力を養う。

> (3) 家庭生活を大切にする心情を育み，家族や地域の人々との関わりを考え，家族の一員として，生活をよりよくしようと工夫する実践的な態度を養う。

また，「生活の営みに係る見方・考え方」とは，中央教育審議会答申では「家族や家庭，衣食住，消費や環境などに係る生活事象を，協力・協働，健康・快適・安全，生活文化の継承・創造，持続可能な社会の構築等の視点で捉え，よりよい生活を営むために工夫すること」として示している。

(2) 内容の改善について

内容については，「A 家族・家庭生活」「B 衣食住の生活」「C 消費生活・環境」の3領域で構成されている。従来の内容「B 日常の食事と調理の基礎」「C 快適な衣服と住まい」は，「B 衣食住の生活」に統一された。それぞれの領域の中で〔知識及び技能〕〔思考力，判断力，表現力等〕を反映した指導事項が設定されている。

●学習指導法

小学校新学習指導要領(平成29年3月告示)には，実習の指導に当たっては次の事項に配慮することと示している。

> (1) 施設・設備の安全管理に配慮し，学習環境を整備するとともに，熱源や用具，機械などの取扱いに注意して事故防止の指導を徹底すること。
> (2) 服装を整え，衛生に留意して用具の手入れや保管を適切に行うこと。
> (3) 調理に用いる食品については，生の魚や肉は扱わないなど，安全・衛生に留意すること。また，食物アレルギーについても配慮すること。

特に(1)については，ガスこんろなどを使用する際の事故防止に十分留意しなければならない。換気に十分留意して不完全燃焼をさけるとともに，火災や火傷を防ぐことに注意して指導を行う。

【1】衣生活について，次の(1)，(2)の問いに答えよ。

(1) 綿の性質について説明した文として最も適切なものを次のA〜Dから一つ選び，その記号を書け。

A 防しわ性が低く，吸水性があるが，乾きにくい。

B 防しわ性は普通で，肌触りがよいが，虫害を受けやすい。

C 防しわ性が高く，ぬれても縮まないが，再汚染しやすい。

D 防しわ性が高く，保温性があるが，水の中でもむと縮む。

(2) ミシンの使い方について説明した文として誤っているものを次のA〜Dから一つ選び，その記号を書け。

A 下糸は，糸の巻きが反時計回りになるように持ち，糸を引っ張りながら水平かまに入れる。

B 下糸を出す時は，はずみ車を向こう側に1周回し，下糸を引き上げる。

C 縫い目の大きさは送り調節器で調節し，縫い目を大きくする時は目盛りの数字を大きくする。

D 縫い始める前は，押さえを上げ，上糸と下糸の間に布を置き，はずみ車を手前に回して縫い始めの位置に針をさす。

| 2024年度 | 愛媛県 | 難易度 ■■■■□□□

【2】次の問いに答えなさい。

1 衣生活について，次の問いに答えなさい。

(1) 次の文章は，生活に役立つ袋物の製作における「布の大きさの決め方」について説明したものである。次の文章中の空欄(①)，(②)にあてはまる最も適切な語句を，それぞれ書きなさい。

入れたい物の大きさを測ったら，新聞紙等を使って袋を試し作りして，入れる物を出し入れしやすくするための(①)を考え，できあがりの大きさを決める。さらに布を縫い合わせるためや布端を始末するために必要な部分である(②)を加え，布の大き

さを決める。

(2) 次の図A～Cは縫い方を示したものである。縫い方の名称の組み合わせとして最も適切なものを，以下のア～オの中から一つ選び，記号で答えなさい。

図A　　　　　　　　　　図B

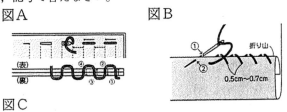

図C

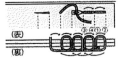

（教育図書株式会社「New 技術・家庭　家庭分野　くらしを創造する」による）

ア	A	まつり縫い	B	なみ縫い	C	返し縫い
イ	A	返し縫い	B	まつり縫い	C	なみ縫い
ウ	A	返し縫い	B	かがり縫い	C	まつり縫い
エ	A	なみ縫い	B	かがり縫い	C	返し縫い
オ	A	なみ縫い	B	まつり縫い	C	返し縫い

(3) 次の図Dのようにボタンをつける際，aの長さは何を基に決めるか，最も適切なものを次のア～エの中から一つ選び，記号で答えなさい。

図D

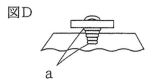

a

（実教出版株式会社「ファッション造形基礎」による）

ア　身ごろの上前の厚み　　イ　身ごろの下前の厚み
ウ　ボタンの厚み　　　　　エ　ボタンの直径の長さ

2　住生活について，次の問いに答えなさい。

(1) 夏を快適に過ごす住まい方の工夫として，直射日光をさえぎり，窓や出入り口などの開口部の上にある，陽ざしや雨を防ぐための小さい屋根のことを何というか，書きなさい。

(2) 冬の住まい方に関して，暖房器具を使用することで室内に水蒸気がこもり，窓付近で冷やされて窓ガラスに水滴が付くことを何というか，書きなさい。

| 2024年度 | 山形県 | 難易度 ■■■□□

【3】衣生活について，次の(1)，(2)の各問いに答えよ。

(1) 被服実習について，次の各問いに答えよ。

図1

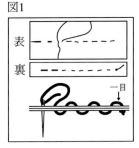

① 2枚以上の布を手縫いで縫い合わせるときに使う図1の縫い方を何というか答えよ。

② 針をなくさないように注意しても，児童が針をなくしてしまうことがある。このことを防ぐために児童に指導することを一つ述べよ。

(2) 衣類の取り扱い表示について，図2はアイロンのかけ方を示している。底面温度何℃を限度としてアイロン仕上げができるか答えよ。

図2

| 2024年度 | 山口県 | 難易度 ■■□□□

【4】次の1，2の問いに答えよ。

1 手縫いをする際，縫い始めに糸の端に作るものを，次のアからカのうちから一つ選び記号で答えよ。

ア 玉どめ　　　イ はた結び　　ウ かんぬきどめ
エ たて結び　　オ 返しどめ　　カ 玉結び

2 二つ穴ボタンを付ける際，ボタンと布地の間に布地の厚さの分の隙間を作り，糸を3回程度巻いて糸足を作る理由を二つ答えよ。

┃ 2024年度 ┃ 栃木県 ┃ 難易度 ┃

【5】衣服の着用と手入れについて，「小学校学習指導要領(平成29年告示)解説　家庭編　第2章　家庭科の目標及び内容　第3節　家庭科の内容　B　衣食住の生活　衣生活　(4)　衣服の着用と手入れ」を踏まえ，次の各問いに答えなさい。

(1) 手洗いする際の洗濯の仕方として適当でないものを，次の選択肢から2つ選び，記号で答えなさい。

ア　布の種類や汚れ方，色などで分けて洗濯するとよい。

イ　汚れ方に合わせて，もみ洗いやつまみ洗いをするとよい。

ウ　汚れがひどい場合は，洗剤の量を多くするとよい。

エ　洗濯に必要な水(またはぬるま湯)の量は，洗濯物の重さの約10倍から20倍である。

オ　流しすすぎは，ためすすぎよりも水が節約できる。

(2) 衣服を着用することによる保健衛生上の働きとして適当なものを，次の選択肢からすべて選び，記号で答えなさい。

ア　暑さ・寒さを防ぐ。

イ　ほこりや害虫，けがなどから身体を守る。

ウ　運動や作業などの活動をしやすくする。

エ　皮膚を清潔に保つ。

┃ 2024年度 ┃ 宮崎県 ┃ 難易度 ┃

【6】次の(1)，(2)に答えなさい。

(1) 衣服を洗濯する時の取扱い表示について，次の①，②の意味を書きなさい。

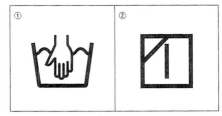

(2) 次の図を参考に，以下に半返しぬいのぬい方を書きなさい。

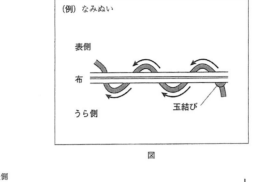

図

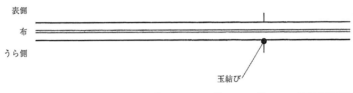

▌2024年度 ▌青森県 ▌難易度 ▊▊▊▊▊

【7】「生活を豊かにするための布を用いた製作」の指導について，次の問いに答えなさい。

(1) 次の図1のように「きんちゃく袋」を作る際，縫う手順として正しいものを，以下のア〜ウの中から一つ選び，記号で書きなさい。

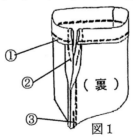

図1

ア ①→③→②　　イ ③→②→①　　ウ ②→③→①

(2) まち針の正しいとめ方について，次のア〜オの中から一つ選び，記号で書きなさい。

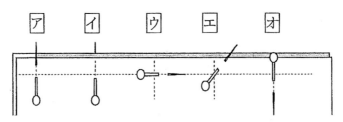

(3) 図1の①の部分を何というか，次のア～オの中から一つ選び，記号で書きなさい。

ア　出し入れ口　　イ　ひも通し口　　ウ　縫いしろ　　エ　まち
オ　わき

┃ 2024年度 ┃ 静岡県・静岡市・浜松市 ┃ 難易度 ■■■□□□

【8】衣生活で使われる用語の説明のうち，誤っているものを一つ選び，番号で答えよ。

1　わ……2枚の布の表面が内側になるように合わせること。

2　合いじるし……布を縫い合わせるときに，ずれないように付けておくしるしのこと。

3　縫い代……できあがり線の外側に付ける余白部分のこと。

4　布目……布地のたて糸とよこ糸が交差している織り目のこと。

5　しつけ……布がずれないように仮にしつけ糸であらく縫ってとめておくこと。

6　みみ……布のはばの両はしのこと。

┃ 2024年度 ┃ 愛知県 ┃ 難易度 ■■■□□□

【9】食生活について，次の(1)～(3)の問いに答えよ。

(1) 次の文は，玄米と精白米について説明したものである。文中の(ア)，(イ)に当てはまる言葉の組合せとして最も適切なものを以下のA～Dから一つ選び，その記号を書け。

> 　玄米は，もみからもみ殻を取り除いたもので，玄米からぬか層と(ア)を完全に除いたものを精白米という。可食部100g当たり，玄米は，精白米よりビタミンB_1や(イ)を多く含む。

A ア 胚乳 イ 食物繊維 B ア 胚乳 イ ビタミンD

C ア 胚芽 イ 食物繊維 D ア 胚芽 イ ビタミンD

(2) 精白米に多く含まれる栄養素とその主な働きとして最も適切なものを，栄養素は次のA～Eから，主な働きは以下のA～Cから一つずつ選び，その記号を書け。

【栄養素】

A たんぱく質 B 無機質 C ビタミン D 炭水化物

E 脂質

【主な働き】

A 主にエネルギーのもとになる

B 主に体をつくるもとになる

C 主に体の調子を整えるもとになる

(3) 次の図が示す切り方の名称として最も適切なものを以下のA～Dから一つ選び，その記号を書け。

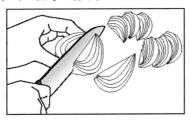

A 乱切り B 半月切り C くし形切り

D いちょう切り

┃ 2024年度 ┃ 愛媛県 ┃ 難易度 ┃▓▓▓░░░┃

【10】食品に含まれる栄養素の働きについて，次の食品ア～コを3つのグループに分類したとき，正しい組合せを，以下の①～⑤の中から一つ選べ。

ア りんご イ 牛乳 ウ もち エ しいたけ

オ じゃがいも カ 豆腐 キ ほうれんそう ク 卵

ケ バター コ 砂糖

	主に体をつくるもとになる	主にエネルギーのもとになる	主に体の調子を整える
①	イ・キ・ケ	ア・ウ・カ・コ	エ・オ・ク
②	ウ・エ・ケ・コ	オ・カ	ア・イ・キ・ク
③	カ・ク・ケ	イ・ウ・オ・コ	ア・エ・キ
④	イ・カ・ク	ウ・オ・ケ・コ	ア・エ・キ
⑤	カ・ク	イ・ウ・ケ・コ	ア・エ・オ・キ

‖ 2024年度 ‖ 岐阜県 ‖ 難易度 ▰▰▰▱▱

【11】次の図は，野菜のある切り方である。この切り方の名称として適切なものは，以下の1〜4のうちのどれか。

図

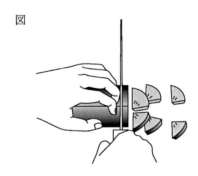

　1　くし形切り　　2　いちょう切り　　3　半月切り　　4　乱切り

‖ 2024年度 ‖ 東京都 ‖ 難易度 ▰▱▱▱▱

【12】次の表は調理実験カードの一部である。以下の問に答えよ。

表

《調理実験カード》

■　めあて：①ゆでておいしく食べよう

■　ゆでる食品
　・②じゃがいも
　・　かぼちゃ
　・　ほうれん草

- ・　にんじん
- ・　ブロッコリー
- ・　卵

■　気づいたこと

> 　食品によって，③ゆでる水の温度や時間を変えることが分かった。
> 　ほうれん草はゆでると(　A　)が減っておどろいた。食べるとくさみやあくが取れていた。
> 　④ブロッコリーの茎もおいしく食べることができた。

■　おいしく食べるための工夫
- ・味付けを工夫する

> 　フレンチソースを作る。
> 《材料》
> ・(　B　)　　・サラダ油
> ・塩　　　　・こしょう

- ・　食卓をととのえる

> ⑤ランチョンマットを使用する。

■　学習のふり返り

> 　実験後に，きれいに盛り付けて食べたら，とてもおいしかった。⑥家でもいろいろな食品をゆでておいしく食べたい。

問1　表の空欄A，Bに最も適する語句を答えよ。

問2　下線部①について，図はガスコンロの一部である。名称を答えよ。

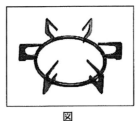

図

問3　下線部②について，最も適する保存方法をア～ウから選び記号
　　で答えよ。
　　ア　冷暗所で保存
　　イ　日当たりのよい場所で保存
　　ウ　冷凍して保存

問4　下線部③について，表中の「ゆでる食品」の中でお湯からゆで
　　るものを，すべて答えよ。

問5　下線部④について，食材などを無駄なく使うことを3Rのうち何
　　というか答えよ。

問6　下線部⑤について，普通地の綿の布を用いてミシンで製作する。
　　ミシン糸と針の組み合わせとして正しいものをエ～カから選び記号
　　で答えよ。

	ミシン糸	ミシン針
エ	ポリエステル60番	11番
オ	ポリエステル60番	14番
カ	カタン糸50番	14番

問7　下線部⑥について，次は小学校学習指導要領(平成29年告示)家庭
　　編に示されている内容項目の抜粋である。空欄Cに適する語句を答
　　えよ。

> A　家族・家庭生活
> 　(4)　家族・家庭生活についての課題と（　C　）

▌2024年度 ▌鹿児島県 ▌難易度 ▰▰▱▱▱

【13】食生活について，次の(1)〜(3)の各問いに答えよ。

(1) 味噌汁について，次の文中の(①)に入る図1の切り方の名称を答えよ。また，(②)に入る適切な語句を，以下の語群から一つ選び，記号で答えよ。

図1

> ねぎ，油揚げ，大根の実が入った味噌汁を作る。鍋に水を入れ，頭とはらわたを取った煮干しを入れておく。野菜を洗い，大根はいちょう切り，油揚げは短冊切り，ねぎは(①)で切る。煮干しの入った鍋を火にかけて強火にし，沸騰したら中火で4〜5分間加熱する。だしがとれたら煮干しを出し，(②)から順に加熱する。

語群　A　火の通りにくいもの　　B　火の通りやすいもの
　　　C　色や香りを大切にしたいもの

(2) 食品に含まれる栄養素とその特徴について，次の文中の(①)，(②)に入る適切な語句を，以下の語群からそれぞれ一つずつ選び，記号で答えよ。

> 食品は，それに含まれている主な栄養素の特徴によって，3つのグループに分類できる。(①)を多く含む食品には卵・大豆などがあり，これらは主に(②)。

語群　A　炭水化物　　B　脂質　　C　たんぱく質
　　　D　無機質　　　E　ビタミン
　　　F　エネルギーのもとになる
　　　G　体をつくるもとになる
　　　H　体の調子を整えるもとになる

(3) 小学校学習指導要領家庭(平成29年3月告示)では，実習の指導に当たって，安全・衛生に留意するために，扱わないこととする食品が示されている。その食品を答えよ。

▊ 2024年度 ▊ 山口県 ▊ 難易度 ▰▱▱▱▱

【14】次の(1), (2)に答えよ。

(1) 次の①~③のグラフは，食品の栄養素や水分の割合を示したものである。それぞれどの食品を示したものか，以下のア～エから一つ選び，記号で記せ。

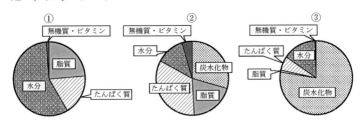

ア 米(白米)　　イ　さんま(生)　　ウ　大豆(乾燥)

エ　ほうれんそう

(2) 次の文は，一般的な「みそ」の作り方について説明したものである。アにあてはまることばを記せ。

> 蒸してつぶした大豆と（　ア　），塩を混ぜ合わせ，容器につめて密閉し，熟成させる。

┃2024年度┃山梨県┃難易度 ■■■■■□□

【15】お茶のいれ方について正しいものを，次のア～ウの中から一つ選び，記号で書きなさい。

ア　人数分の水を量ってやかんに入れ，湯を沸かす。沸かした後，60度に冷ましてから急須に注ぎ1分ほど蒸らす。人数分の湯のみ茶碗に同じ分量や濃さになるよう順番につぎ分ける。

イ　人数分より少し多い水を量ってやかんに入れ，湯を沸かす。沸かした後，少し冷ましてから急須に注ぎ1分ほど蒸らす。人数分の湯のみ茶碗に同じ分量や濃さになるよう順番につぎ分ける。

ウ　人数分の水を量ってやかんに入れ，湯を沸かす。沸かした後，少し冷ましてから急須に注ぎ30秒ほど蒸らす。人数分の湯のみ茶碗に同じ分量や濃さになるよう順番につぎ分ける。

┃2024年度┃静岡県・静岡市・浜松市┃難易度 ■■■■□□□

【16】次の(1)～(3)に答えなさい。

(1) 青菜とじゃがいものゆで方の違いについて説明しなさい。

(2) 米80gの炊飯に必要な水の量はどれか，次のア～エから1つ選び，その記号を書きなさい。

　　ア　70g　　イ　80g　　ウ　120g　　エ　150g

(3) 地元で生産された物をその地域で消化することを何というか，漢字で書きなさい。

┃2024年度┃青森県┃難易度 ▰▰▰▱▱

【17】次のマークについて説明した文として最も適切なものを以下のA～Dから一つ選び，その記号を書け。

A　乳児の発育や，妊産婦，授乳婦，えん下困難者，病者などの健康の保持・回復などに適するという特別の用途について表示を行う食品に付けられる。

B　地域の原材料のよさを活かしてつくられた特産品を表しており，都道府県が認証した農産物，畜産物，水産物の加工品などに付けられる。

C　食生活において特定の保健の目的で摂取する者に対し，その摂取により特定の保健効果が期待できる食品に付けられる。

D　農薬や化学肥料などの化学物質に頼らないことを基本として自然界の力で生産された食品を表しており，農産物，加工食品，飼料，畜産物及び藻類に付けられる。

┃2024年度┃愛媛県┃難易度 ▰▰▰▱▱

【18】消費生活・環境について，次の問いに答えよ。

よりよい買い物の仕方について，次の文中の（　①　），（　②　）に入る最も適切な語句を，以下の語群からそれぞれ一つずつ選び，記号で答えよ。

　買う人は買う意思を表し，売る人は売る意思を表して，お互いの意思が合ったときに(　①　)が成り立つ。買う前に本当に必要かどうかをよく考えることや，買った後に十分に活用して最後まで使いきること，自分や家族の消費生活が環境に与える影響について考えることは，消費者の大切な(　②　)である。

語群　A　賃貸借契約　　B　消費貸借契約　　C　売買契約
　　　D　権利　　　　　E　義務　　　　　　F　役割
　　　G　礼儀

┃ 2024年度 ┃ 山口県 ┃ 難易度 ┃

【19】次の文は，住まいに関する語句について説明したものです。下線部①〜③の語句で正しいものを○，正しくないものを×にしたときの組み合わせとして，適するものを以下の1〜4から1つ選び，番号で書きなさい。

　直射日光や雨を防ぐために，建物の窓や出入り口などの上に小さく取り付けられたものを①軒(のき)と言う。
　また，和室にある，床が一段高くなっている場所を②床の間(とこのま)と言う。
　③ふすまは，外からの視線を遮ることができ，閉じていても外の光を取り入れることができる。

1　①　○　　②　○　　③　○
2　①　×　　②　×　　③　×
3　①　○　　②　×　　③　○
4　①　×　　②　○　　③　×

┃ 2024年度 ┃ 名古屋市 ┃ 難易度 ┃

【20】次の文は，クーリング・オフ制度について述べたものです。説明として正しいものを次のア〜エから一つ選び，その記号を書きなさい。
　ア　1500円以上の商品を現金で買った場合，クーリング・オフをすることができる。
　イ　化粧品や健康食品などの消耗品の場合，使用したものでもクーリ

510

ング・オフをすることができる。

ウ　クーリング・オフは口頭や電話ではなく，書面または電磁的記録
で行う。

エ　契約書を受け取った日を含めて1ヶ月以内の商品は，クーリン
グ・オフの対象となる。

┃ 2024年度 ┃ 岩手県 ┃ 難易度 ▪▪▪▪▪▢▢

【21】次の問1，問2に答えなさい。

問1　次のように一食分の献立を考えました。

> ごはん　　　かぼちゃのみそ汁
> ほうれん草とにんじんのおひたし　　　牛乳

五大栄養素をもとにバランスを考え，そのすべてを満たすために
もう一品加える料理として適切ではないものを，次の1〜4のうち
から1つ選びなさい。ただし，アレルギー対応は考慮しないものとす
る。

1　きゅうりの酢の物　　2　目玉焼き　　3　鮭のバター焼き

4　豚肉のしょうが焼き

問2　ボタンを付ける際の留意点として適切ではないものを，次の1〜
4のうちから1つ選びなさい。

1　玉結びをして，布の裏から針を刺し，ボタンの穴に通す。

2　ボタンと布の間が密着するようにし，針をボタンの穴に通して
引き抜く。

3　ボタンと布の間に糸を3〜4回程度固く巻き，丈夫にする。

4　針を布の裏に出し，玉留めをする。

┃ 2024年度 ┃ 宮城県・仙台市 ┃ 難易度 ▪▪▢▢▢▢

【22】次の各問いに答えなさい。

(1)　次の文の（　あ　），（　い　）に当てはまる語句を書きなさい。

> じゃがいもの（　あ　）や（　い　）色になった部分には，食中
> 毒を起こす成分が含まれているため，調理を行う際には，丁
> 寧に取り除く必要がある。

(2) 【表1】は買物の場面を示している。「売買契約」が成立するのはどの場面にあたるか，正しいものを次のア〜エから1つ選び，記号で書きなさい。

【表1】

(3) 次の献立は，きよしさんが家族のために考えた1食分の献立である。

【きよしさんが考えた1食分の献立】
　主食：ごはん(米)
　主菜：ツナポテトハンバーグ(油，じゃがいも，ツナ，玉ねぎ，にんじん，ブロッコリー)
　副菜：青菜のごま和え(小松菜，ごま，さとう)
　汁物：みそ汁(みそ，とうふ，長ねぎ，わかめ，えのき茸)

バランスがよい献立になっているか確かめるため，きよしさんは，食品を3つのグループに分けた。分け方の正しいものを次のア〜エから1つ選び，記号で書きなさい。

	主にエネルギーのもとになる食品	主に体をつくるもとになる食品	主に体の調子を整えるもとになる食品
ア	米，油，ごま，さとう	ツナ，みそ，とうふ，わかめ	じゃがいも，玉ねぎ，にんじん，ブロッコリー，小松菜，長ねぎ，えのき茸
イ	米，油，さとう	ツナ，ごま，みそ，とうふ，わかめ	じゃがいも，玉ねぎ，にんじん，ブロッコリー，小松菜，長ねぎ，えのき茸
ウ	米，油，じゃがいも，さとう	ツナ，ごま，みそ，とうふ，わかめ	玉ねぎ，にんじん，ブロッコリー，小松菜，長ねぎ，えのき茸
エ	米，油，じゃがいも，ごま，さとう	ツナ，みそ，とうふ，わかめ	玉ねぎ，にんじん，ブロッコリー，小松菜，長ねぎ，えのき茸

‖ 2024年度 ‖ 長野県 ‖ 難易度 ▮▮▯▯▯▯

【23】次の(1)〜(4)の問いに答えなさい。

(1) お茶の名称と特徴，湯の温度の組み合わせとして最も適切なもの

を，次のa～eの中から一つ選びなさい。

	お茶の名称	特徴	湯の温度
a	せん茶	夏・秋につむ、大きくかための葉で作ったお茶。	60℃前後
b	番茶	茶の若葉から作ったお茶。	100℃
c	ほうじ茶	てん茶という種類の茶葉を細かい粉にして作るお茶。	100℃
d	玉露	日光を当てないようにして育てた茶の新芽から作られたお茶。	60℃前後
e	玄米茶	せん茶や番茶をいってこうばしくしたお茶。	80℃前後

(2)　旬と食材の組み合わせとして最も適切なものを，次のa～eの中から一つ選びなさい。

	春	夏	秋	冬
a	たけのこ	トマト	さつまいも	はくさい
b	にんじん	なす	ふき	だいこん
c	なのはな	きゅうり	さつまいも	オクラ
d	たけのこ	なす	まつたけ	レタス
e	なのはな	トマト	アスパラガス	オクラ

(3)　次の図のぬい方の名称として最も適切なものを，以下のa～eの中から一つ選びなさい。

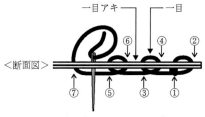

※①～⑦は針を入れる順番

a　かがりぬい　　　b　本返しぬい　　　c　なみぬい

d　半返しぬい　　　e　まつりぬい

(4)　住まい方に関する説明として誤っているものを，次のa～eの中から一つ選びなさい。

a　空気中の水蒸気が窓付近で冷やされて水になり，窓ガラスに付くことを結露という。

b　石油やガスを使用する暖房器具には，室内の酸素を消費して二酸化炭素を発生させるものがある。

c　室内の汚れた暖かい空気は下に下がる。

d　教室の必要な明るさの下限値は300lxであり，500lx以上が望まし

い。

e　日光には殺菌の効果もある。

2024年度 ‖ 茨城県 ‖ 難易度 ▮▮▮▮▮▮▮▮▮▮

【24】次の(1)〜(3)の問いに答えよ。

(1)　商品についているマークや表示とその説明について述べたもののうち，適当でないものの組合せを，下の1〜6のうちから一つ選べ。

　　ア　ジスマーク…………日本農林規格に合っている

　　イ　原材料名……………その食品に使われている材料の多い順

　　ウ　エスジーマーク……安全基準に合格した商品につけられる

　　エ　賞味期限……………安全に食べられる期限

　　オ　グリーンマーク……原料に規定の割合以上の古紙を利用している

　　1　ア，ウ　　2　ウ，エ　　3　イ，オ　　4　ウ，オ

　　5　ア，エ　　6　イ，エ

(2)　栄養素の主な働き・栄養素・その栄養素が多く含まれる食品の組合せとして最も適当なものを，次の1〜6のうちから一つ選べ。

	＜主な働き＞	＜栄養素＞	＜多く含まれる食品＞
1	主に体を作るもとになる	炭水化物	米
2	主に体を作るもとになる	たんぱく質	大豆
3	主にエネルギーのもとになる	たんぱく質	バター
4	主にエネルギーのもとになる	カルシウム等	牛乳
5	主に体の調子を整える	無機質	さとう
6	主に体の調子を整える	ビタミン	わかめ

(3)　「小学校学習指導要領(平成29年告示)　第2章　各教科　第8節　家庭　第2の1　内容　C　消費生活・環境」に示されている内容として適当でないものを，次の1〜4のうちから一つ選べ。

　　1　買物の仕組みについては，主に現金による店舗での買物を扱い，日常行っている買物が売買契約であることを理解できるようにする。

　　2　身近な物の選び方，買い方については児童が生活の中で使う身近な物について問題を見いだし，課題を設定するようにする。

3 自分の生活と身近な環境との関わりについては，自分の生活を見直すことを通して，自分の生活が身近な環境から影響を受けていることまでは扱わずに，環境に影響を与えていることのみ理解できるようにする。

4 環境に配慮した生活については，自分の生活を見直すことを通して，物の扱い方などについて問題を見いだし，課題を設定するようにする。

┃2024年度┃大分県┃難易度■■■■■□□□

【25】家庭科に関する次の問いに答えよ。

(1) ある日の昼食の献立について，この献立に使用した食品を，栄養素の体内での主な働きによって3つに分類したとき，主にエネルギーのもとになる食品はいくつあるか，①〜⑤から選び，番号で答えよ。

昼食の献立　使用する食品

・ごはん…………米

・みそ汁…………とうふ，ねぎ，わかめ，油あげ，みそ

・焼き魚…………あじ，だいこん

・ポテトサラダ…ハム，きゅうり，にんじん，じゃがいも，
　　　　　　　　ゆで卵，マヨネーズ

---

① 1つ　② 2つ　③ 3つ　④ 4つ　⑤ 5つ

(2) ごはんをなべで炊くときの調理についての記述として適切なものを①〜⑤から選び，番号で答えよ。

① 米専用の計量カップの1合は，160mLである。

② 一人分の米80gに必要な水の量は，120gである。

③ 洗った米は，120分以上吸水させる。

④ 火加減は，水が引いてふたが動かなくなったら中火にする。

⑤ 火を消したら，すぐにふたを開けて蒸気をとばし，再び閉めて10分間蒸らす。

(3) 商品を購入する際，消費者としてさまざまな商品につけられている品質表示やマークから商品情報を読み取りながら，選択すること

は大切である。加工食品につけられている「おいしく食べることのできる期限」を示す情報として適切なものを①〜⑤から選び，番号で答えよ。

① 消費期間　② 賞味期間　③ 正味期限　④ 消費期限
⑤ 賞味期限

(4)　「衣服の手入れ」についての記述として適切なものを①〜⑤から選び，番号で答えよ。

① 衣類の洗濯をする前は，洗濯物のポケットの中などを点検する。洗濯機洗いの場合は，洗濯物を布，汚れ，色などで分類せずに，表示を見ながら洗い方を考える。

② 泥による汚れのひどいものは漂白剤を使って下洗いをしておくとよい。

③ 次の取扱い表示の意味は，「手洗いをする。洗濯液温は40℃以下」である。

④ 洗濯をするとき，洗剤の量を規定より増やしても，汚れの落ち方はほとんど変わらないので，洗剤は使いすぎないようにする。

⑤ 衣服を汚れたままにしておくと，見た目がよくないばかりでなく，汗や汚れを吸い取りやすくなり，着心地が悪くなる。

▌2024年度 ▌神戸市 ▌難易度▌

解答・解説

【1】(1) A　(2) B

○**解説**○ (1)　綿は，天然繊維で吸水性に優れ，肌触りが良いことから，衣類として多く使われる。また，通気性や染色性もよく，濡れると強度が増し，熱にも強く，薬品にも強酸以外には耐性を持つ点もこの素材の強みである。価格も安価なため，日用品等に用いられる。

B　虫害を受けやすいのは，動物性繊維の絹，羊毛，カシミヤなどで，

肌触りが良いことから「絹」の説明である。　C　しわになりにくく，ぬれても縮まないが，再汚染しやすいのは，合成繊維のポリエステルである。　D　しわになりにくく，保温性が高いが，水の中でもむと縮むのは，羊毛(ウール)である。　(2)　下糸を出すときは，はずみ車をゆっくり手前に回し，下糸を引き上げる。

【2】1　(1)　①　ゆとり　　②　縫い代　　(2)　オ　　(3)　ア
　　2　(1)　ひさし　　(2)　結露
○解説○　1　(1)　解答参照。　(2)　図Aは表と裏の縫い目がそろうようにまっすぐ縫っているので「なみ縫い」，図Bは「まつり縫い」である。まつり縫いはズボンやスカートの裾上げの時に用いる縫い方で，表から縫い目が見えにくい。なお，かがり縫いは，主に布端がほつれないようにしたいときに用いる縫い方で，表から縫い目がよく見える。図Cは表目がミシン目のようにつながっており，裏目は重なっているので「(本)返し縫い」である。　(3)　ボタンをつける際，aの長さは身ごろの上前の厚みで決める。ボタンは，身ごろの上前と下前をとめるためのもので，上前のボタンホールにボタンを入れるので，身ごろの上前の厚みで決める。　2　(1)　解答参照。　(2)　室内に水蒸気がこもり，窓付近で冷やされて窓ガラスに水滴がつくことを結露という。結露はカビやダニ，シロアリの発生原因となる。

【3】(1)　①　なみ縫い　　②　使う前後で針の本数が同じか確認する。
　　(2)　150〔℃〕
○解説○　(1)　①　図1の縫い方は，表目と裏目が同じ長さで縫っているので，なみ縫いである。　②　使う前後で針の本数が同じか確認する。針を使うときの注意点としては，「折れた針は折れ針入れに入れる」，「針を手からはなすときは，針さしにさす」，「縫うときには，人に針先を向けない」などがある。　(2)　アイロン仕上げ処理記号は，アイロンの図の中のドット「・」の数が底面温度の限度を表している。ドット一つが110℃，ドット二つが150℃，ドット三つが200℃を，それぞれ限度として処理できることを表している。

【4】1　カ　　2　・隙間を作り，ボタンの留め外しをしやすくするため
・ボタンがとれないように丈夫にするため

○**解説**○　2　糸足の長さは布の厚さによって異なり，場合によっては糸
を巻く回数を調整する。糸足を巻き終えたら，糸を引き締めるといっ
たことも忘れずに行うこと。

【5】(1)　ウ，オ　　(2)　ア，イ，エ

○**解説**○　(1)　ウ　洗剤の量を多くすれば汚れがよく落ちるものではな
く，水1lに対して洗剤の量1.3gが一番汚れの落ちる量である。また，
洗剤を使い過ぎると河川の汚染につながり，環境に影響を与える。洗
剤には使用量の目安が示されているので，適量を守って洗濯すること
が大切である。　オ　ためすすぎとは，設定水位まで給水し，すすぐ
方式のことである。一方，流しすすぎとは，設定水位に達した後も給
水しながらすすぐ方式のことを言い，ためすすぎよりも使用する水の
量は多くなる。　(2)　解答参照。

【6】(1)　①　液温40℃以下で，手洗いができる。　　②　日かげのつ
り干しがよい。

(2)

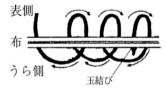

○**解説**○　(1)　①　洗濯桶で示された記号が，洗濯処理記号である。洗濯
液の温度は40℃以下で，手洗いによる洗濯処理ができるということを
表している。　②　正方形で表された記号は，乾燥処理記号である。
図形の中の縦棒1本は「つり干し乾燥がよい」ことを表し，左上に斜
めの線が入ると「日陰で」という意味が加わる。　平成28(2016)年12
月1日から新しい取扱い表示に変わっている。消費者庁のホームペー
ジに新しい「取扱い表示」の記号と意味が掲載されているので，確認
しておきたい。　(2)　半返しぬいは，裏から針を出し，一目分後ろに

返って針を刺し，二目分進んだ所に裏から針を出し，一目分後ろに返って針を刺す，を繰り返すと，表目はなみぬいのように見え，裏は本返しぬいのように糸が重なっているぬい方である。

【7】(1)　イ　　(2)　ア　　(3)　ア
○**解説**○　(1)　まず，③の布を中表にして口あき止まりまで縫う。次に，②のわきの縫いしろを開き，口あきのわきを縫う。この際，口あき止まりを丈夫に縫うようにしたい。最後に，①のだし入り口を三つ折りにしてとめ，しつけをしてから縫う。　　(2)　しるしとしるしを合わせてまち針を刺し，布を2〜3mmすくい，針先を上に出して止めるのが正しいとめ方である。　　(3)　縫いしろは，布を縫い合わせるためのでき上がり線より外側の部分，まちは，布幅にゆとりを持たせた部分のことである。

【8】1
○**解説**○　「わ」は，生地の二つ折りを表す。生地の山折り部分を対称として，左右(又は上下)の生地を一度に裁断する。「わ」のところは，生地の山折りの部分に合わせるので，縫い代は必要がない。2枚の布の表面が内側になるように合わせるのは，「中表」である。

【9】(1)　C　　(2)　栄養素…D　　主な働き…A　　(3)　C
○**解説**○　(1)　玄米からぬか層をとったものを胚芽米といい，ぬか層も胚芽もとったものを精白米という。玄米に含まれる胚芽とぬか層には，ビタミンB_1，B_2，B_6，マグネシウム，カルシウムなどのビタミン，ミネラルや食物繊維が多く含まれている。　　(2)　精白米に多く含まれる栄養素は炭水化物で，約77％を占めている。炭水化物は，脂質とともにエネルギーのもとになる栄養素である。主に体をつくるもとになる栄養素はたんぱく質やカルシウム，主に体の調子を整えるもとになる栄養素はビタミンや無機質である。　　(3)　くし形切りは，玉ねぎやトマトなどの丸い物を放射状に均等に切っていく切り方である。他の切り方には，輪切り，小口切り，短冊切り，せん切り，みじん切りなどがある。それぞれの切り方について，実際に切って確認しておきたい。

【10】④

○**解説**○ 主に体をつくるもとになる食品群は，たんぱく質やカルシウムなどである。主にエネルギーのもとになる食品群は，炭水化物や脂質などである。主に体の調子を整える食品群は，無機質やビタミンである。牛乳(たんぱく質，カルシウム)，もち(炭水化物)，バター(脂質)，卵(たんぱく質)，ほうれんそう(ビタミン)など，代表的な食品に着目すると選択しやすい。

【11】2

○**解説**○ 切った形がいちょうの葉の形に似ていることから，いちょう切りと呼ばれている。切った形で，切り方の名称が判断できるものが多い。選択肢のほかには，角切り，小口切り，せん切り，細切り，みじん切り，輪切りなどがある。

【12】問1　A　かさ(体積)　　B　酢　　問2　ごとく　　問3　ア
問4　ほうれん草，ブロッコリー　　問5　リデュース　　問6　エ
問7　実践

○**解説**○ 問1　A　「量」は誤答。野菜は，火を通すことで「かさ」を減らすことができるので，多く食べられるようになる。　B　サラダ油をオリーブ油に代えたり，酢をレモン汁などに代えてもできる。問2　ごとく(五徳)とは，炭火などの上に設置し，鍋ややかんなどを置く器具をいう。近年は，コンロの周りに足や爪だけが設置されたような簡単なタイプのものもいう。　問3　じゃがいもは，風通しがよく光が当たらない冷暗所で保存するとよい。日光などの光が当たると，有害物質のソラニンを含む芽が出たり，変色したりする。また，温度が低くなりすぎるとでんぷん質が低温障害を起こすため，そのままでは冷凍には向いていない。　問4　土の下にできる物は水からゆで，土の上にできる物はお湯からゆでる，と覚えておくとよい。じゃがいもとにんじんは土の下にできるので，水からゆでる。かぼちゃは土の上にできるが，主に水からゆでる。あるいは小さく切ったり，薄く切ったりしたときはお湯からゆでてもよい。　問5　3Rは，リデュース，リユース，リサイクルの3つのRの総称である。リデュースは物を大切

に使い，ごみを減らすこと，リユースは使える物は繰り返し使うこと，リサイクルはごみを資源として再び利用することである。　問6　布地が薄地や普通地のときは，針はニット用針11番を，糸はポリエステル糸60〜90番を使用する。ミシン糸は，番号が大きくなれば糸は細くなる。反対にミシン針は，番号が大きくなれば針が太くなる。

問7　今回の学習指導要領において家庭科は，小・中学校においては，「家族・家庭生活」，「衣食住の生活」，「消費生活・環境」に関する三つの枠組みに整理されている。

【13】(1)　①　小口切り　　②　A　　(2)　①　C　　②　G　　(3)　生の魚や肉

○**解説**○ (1)　①　材料の切り方にはいちょう切り，短冊切り，小口切りのほかに，角切り，せん切り，みじん切り，乱切りなどがある。実際に切って確認するとよい。具材は，火の通りにくいものから入れる。大根，油揚げ，ねぎの順に入れる。　　(2)　たんぱく質は，主に体をつくるもとになる栄養素である。炭水化物，脂質は，主にエネルギーのもとになる栄養素で，無機質，ビタミンは，主に体の調子を整えるもとになる栄養素である。　　(3)　小学校学習指導要領(平成29年告示)家庭科の「第3　指導計画の作成と内容の取扱い」には，安全・衛生に留意する観点から，生の肉や魚は小学校で取り扱わないことが示されている。

【14】(1)　①　イ　　②　ウ　　③　ア　　(2)　こうじ

○**解説**○ (1)　①　水分が半分以上を占める一方，たんぱく質や脂質も多く含んでいることから，脂身の多い魚であることが予想できる。よって，さんまと判別できる。　　②　たんぱく質，脂質，炭水化物の3つの栄養素がバランスよく豊富に含まれている食品で，代表的なものは大豆である。　　③　炭水化物が4分の3以上を占める食品は，米や小麦などの穀類であり，選択肢では米(白米)と判別できる。ほうれんそうのような葉物野菜は，90％以上が水分であり，どれにも当てはまらないことが判別できる。各グラフにおける栄養素の割合の特徴から，どの食品かを判別することができるはずである。各食品の栄養素の割合

を確認しておくとよい。　(2)　みその作り方は，大豆を一晩漬けてか
ら，柔らかくなるまでゆで，大豆をなめらかになるまでつぶした後，
こうじと塩を入れて混ぜ，保存容器に入れて密閉し，熟成させる。半
年から1年ででき上がる。

【15】イ
○**解説**○ アは，人数分の水の量では，沸かしているうちに蒸発して湯が
少なくなる。また，冷ます目安の温度は，玉露は60度であるが，玄米
茶は80度前後，せん茶や番茶は100度が適切である。茶葉の指定はな
いが，60度は冷ましすぎである。ウは，アと同様に人数分の水の量で
は蒸発して少なくなる。また蒸らす目安の時間は1分である。30秒ぐ
らい蒸らすのは，ほうじ茶・玄米茶である。

【16】(1)　青菜は沸騰した湯(沸騰した水)からゆで，じゃがいもは水から
　　ゆでる。　　(2)　ウ　　(3)　地産地消
○**解説**○ (1)　青菜は，沸騰した湯でゆで，野菜のもつ栄養素が逃げない
ように，あるいは色の鮮やかさを落とさないようにするため，湯から
短時間で取り出す。一方，土の下に育つにんじん，じゃがいもなどは，
湯からゆでると表面から先に火が通ってしまい，中まで火が通る前に
煮崩れてしまうことから，水からゆでるようにする。　(2)　重さの場
合の水の量は1.5倍なので，80×1.5＝120〔g〕である。計量カップで
量る場合は体積になるので，水の量は1.2倍になる。　(3)　地元で生産
された物をその地域で消費することを地産地消という。近年，消費者
の農産物に対する安全・安心志向の高まりなどを背景に，消費者と生
産者を結び付ける地産地消への期待が高まっている。

【17】D
○**解説**○ 提示されているのは，有機JASマークである。農薬や化学肥料な
どの化学物質に頼らないことを基本として，自然界の力で生産された食
品を表しており，農産物，加工食品，飼料，畜産物及び藻類に付けられ
ている。　Aは特別用途食品のマーク，BはLFP「ローカルフードプロ
ジェクト」のマーク，Cは特定保健用食品のマークの説明である。

【18】① C　② F

○**解説**○　①　今回の学習指導要領改訂においては，小学校に「買物の仕組みや消費者の役割」が新設され，中学校における「売買契約の仕組み」や「消費者の基本的な権利と責任」，「消費者被害の背景とその対応」の基礎となる学習を行うことで，内容の系統性が図られた。売買契約の基礎としては，買う人(消費者)の申し出と売る人の承諾によって売買契約が成立すること，買う人はお金を払い，売る人は商品を渡す義務があることなどを学習する。　②　2文目の内容は，消費者の役割に関するものである。消費者の役割に関する理解は，環境省が推進する3Rや，消費者の権利と責任，あるいはSDGsにつながる内容といえる。

【19】4

○**解説**○　①　軒ではなくひさしが正しい。軒とは，外壁や窓より突き出ている屋根部分の総称である。　③　ふすまではなく障子が正しい。ふすまは，押し入れや和室の可動式の間仕切りの扉として用いられ，保湿性・保温性を高める役割がある。

【20】ウ

○**解説**○　契約は，原則として一方的に解除することはできないが，クーリング・オフ制度は，訪問販売やキャッチセールスなどのように販売者の意思で始まった取引の場合，一定期間内に書面で通知すれば契約を解除することを認める制度である。クーリング・オフできない場合は，①3,000円未満の商品を現金で買った場合，②化粧品や健康食品などの消耗品で，使用済みのもの，③インターネットショッピングなどの通信販売で購入したもの，などである。クーリング・オフできる期間は，訪問販売，キャッチセールス，電話勧誘販売等は8日間，マルチ商法等は20日間である。クーリング・オフの仕方については，口頭や電話ではなく書面又は電磁的記録で行う。その際，必ず証拠を残すことが大切である。

● 家庭科

【21】問1 1　　問2 2

○**解説**○ 問1　献立の料理の主要な栄養素は，ご飯は炭水化物，かぼちゃのみそ汁のかぼちゃはビタミンで，みそはたんぱく質，ほうれん草とにんじんはビタミン，牛乳は無機質である。五大栄養素をもとにバランスを考えた際，この献立に加える料理は，主菜となる肉や魚のたんぱく質である。2の目玉焼き，3の鮭のバター焼き，4の豚肉のしょうが焼きは主菜となるおかずで，全てたんぱく質である。1のきゅうりの酢の物は，同じ副菜のほうれん草とにんじんのおひたしがすでにある。　問2　2の「ボタンと布の間が密着するようにし，針をボタンの穴に通して引き抜く」が適切ではなく，「ボタンと布の間を少しあけ，針をボタンの穴に通して引き抜く」が正しい。

【22】(1)　あ　芽　　い　緑　　(2)　イ　　(3)　エ

○**解説**○ (1)　じゃがいもの芽や緑色になった部分には，ソラニンやチャコニンといった天然毒素が含まれているため，これらの部分を丁寧に取り除く必要がある。これらを含むじゃがいもを食べると，吐き気や下痢，嘔吐，腹痛などの症状が出ることがある。　(2)　売買契約は，買う人(消費者)の申し出と売る人の承諾によって成立する。今回の場合は，イにおいて，買う人が「これください」と買う意思を申し出て，売る人が「はい。300円です。」と売る意思を表しているので，売買契約が成立している。　(3)　主にエネルギーのもとになる食品は，炭水化物と脂質である。炭水化物が多い食品は，米，じゃがいも，さとうである。脂質が多い食品は油とごまである。主に体をつくるもとになる食品は，たんぱく質のほかに無機質のカルシウムなどである。たんぱく質が多い食品は，ツナ，みそ，とうふである。わかめにはカルシウムが多く含まれている。主に体の調子を整えるもとになる食品は，ビタミンと無機質である。緑黄色野菜のニンジン，ブロッコリー，小松菜のほか，淡色野菜の玉ねぎ，長ねぎやえのき茸があり，わかめはこちらにも当てはまる。

【23】(1)　d　　(2)　a　　(3)　d　　(4)　c

○**解説**○ (1)　a　一番茶の摘採時期は，4月から5月にかけてである。日

光を遮らずに栽培した新葉を摘んで，すぐに蒸して揉んで作られる(不発酵茶)のが煎茶で，うまみを引き出す湯の温度は70〜80℃である。 b　番茶は，夏から秋にかけて摘まれたものなど，新茶以外の総称である。　c　ほうじ茶は，煎茶，番茶などを強火で焙煎して，香ばしさを引き出したお茶である。　e　玄米茶は，煎茶や番茶に炒った玄米を加えたお茶である。　なお，湯の温度は番茶，ほうじ茶，玄米茶のいずれも90〜100℃である。　(2)　季節ごとの旬の野菜は，春がたけのこ，なのはな，さやえんどう，春キャベツ，アスパラガス，ふきなど。夏はトマト，きゅうり，なす，レタス，オクラ，枝豆など。秋はしいたけ(きのこ類)，にんじん，さつまいも，たまねぎなど。冬はだいこん，はくさい，ほうれん草，ブロッコリー，ねぎなどである。(3)　d　一目，一目アキと，表目はなみぬいのように見え，裏目は糸が重なっているぬい方は半返しぬいである。　(4)　c　室内の汚れた暖かい空気は，軽くなって上に上がる。室内の換気をするときは，下の窓と対角線上の上の窓を開けて，換気経路を長くとることで，新鮮な空気を効率よく室内に入れることができる。

【24】(1)　5　　(2)　2　　(3)　3

○**解説**○　(1)　ア　JIS(ジス)マークは，「日本産業規格」にあっている製品に付けられるマークである。「日本農林規格」に合っているマークは，JAS(ジャス)マークである。　エ　賞味期限は，おいしく食べることができる期限で，これを過ぎても，すぐ食べられなくなるわけではない。安全に食べられる期限は「消費期限」で，弁当や生めんなど，いたみやすい食品に表示されている。　(2)　1・2　主に体を作るもとになるはたらきの栄養素はたんぱく質であり，1は不適切。2は多く含まれる食品「大豆」も適切である。　3・4　主にエネルギーのもとになるはたらきの栄養素は炭水化物や脂質であり，どちらも不適切。5・6　主に体の調子を整えるはたらきの栄養素は無機質やビタミンで，栄養素はあっているが，5の「さとう」は炭水化物，6の「わかめ」は無機質なので，どちらも不適切。　(3)　自分の生活と身近な環境との関わり方については，「多くの物を使っていることや，自分の生活が身近な環境から影響を受けたり，逆に影響を与えたりしていること

を理解できるようにする」ことが示されている。なお，選択肢4の中で「物の扱い方などについて」とあるところは，「物の使い方などについて」が正確な記述である。

【25】(1) ③　(2) ②　(3) ⑤　(4) ④
○**解説**○ (1) ③　主にエネルギーのもとになる食品は，炭水化物と脂質である。炭水化物の米とじゃがいも，脂質のマヨネーズの，3つの食品が該当する。　(2) ②　重さ(g)の場合の水の量は1.5倍必要である。80×1.5＝120〔g〕である。計量カップで量る場合は体積になるので，1.2倍の水の量が必要になる。　①　米専用の計量カップの1合は，180mL(150g)である。　③　洗った米は，30分～1時間程度吸水させるとよい。　④　火加減は，水が引いてふたが動かなくなったら，弱火にする。　⑤　火を消し，蒸らす。10分くらい開けないこと。蒸らすために10分くらいふたを取ってはいけない。　(3)「おいしく食べることのできる期限」は，賞味期限である。「安全に食べられる期限」は，消費期限である。　(4) ①　洗濯物を布，汚れ，色などで分類して，表示を見ながら洗い方を考えるようにする。　②　泥による汚れの場合は，水を使って下処理をしておくとよい。　③　手洗いの取扱い表示は，洗濯おけの形のマークに手のイラストが入っている。提示されたのは，「40℃を限度とし，洗濯機で通常の洗濯処理ができる」という洗濯処理記号である。　⑤　衣類を汚れたままにしておくと，汗や汚れを吸い取りにくくなる。

【1】小学校学習指導要領(平成29年3月)「家庭」の一部を読んで，以下の問1，問2に答えなさい。

第2　各学年の内容
　〔第5学年及び第6学年〕
　1　内容
(略)
　B　衣食住の生活
(略)
　　(2)　調理の基礎
　　　ア　次のような知識及び技能を身に付けること。
(略)
　　　　　(オ)　伝統的な日常食である米飯及び[　1　]の調理の
　　　　　　　仕方を理解し，適切にできること。
(略)
　　(3)　栄養を考えた食事
　　　ア　次のような知識を身に付けること。
　　　　　(ア)　体に必要な栄養素の種類と主な働きについて理
　　　　　　　解すること。
　　　　　(イ)　食品の栄養的な特徴が分かり，料理や食品を組
　　　　　　　み合わせてとる必要があることを理解すること。
　　　　　(ウ)　献立を構成する要素が分かり，[　2　]の献立作
　　　　　　　成の方法について理解すること。

問1　＿＿＿部における内容の取扱いとして，正しいものを選びなさい。
　ア　簡単な図などによる住空間の構想を扱うこと。
　イ　既製服の表示と選択に当たっての留意事項を扱うこと。
　ウ　調理実習で用いる生鮮食品と加工食品の表示を扱うこと。
　エ　ゆでる材料として青菜やじゃがいもなどを扱うこと。
問2　空欄1，2に当てはまるものの組合せとして，正しいものを選び

なさい。
ア　1－みそ汁　　2－1日分
イ　1－みそ汁　　2－1食分
ウ　1－煮物　　　2－1日分
エ　1－煮物　　　2－1食分

‖ 2024年度 ‖ 北海道・札幌市 ‖ 難易度 ▉▉▉▉□□□

【2】次の文章は，「小学校学習指導要領(平成29年告示)家庭　第3　指導
計画の作成と内容の取扱い」の1の(3)である。
　(①)，(②)にあてはまる最も適切な語句を，以下のアからカ
のうちからそれぞれ一つ選び，記号で答えよ。

> 　第2の内容の「A家族・家庭生活」の(4)については，(①)
> な活動を家庭や地域などで行うことができるよう配慮し，2学年
> 間で一つ又は二つの(②)を設定して履修させること。その際，
> 「A家族・家庭生活」の(2)又は(3)，「B衣食住の生活」，「C消費生
> 活・環境」で学習した内容との関連を図り，(②)を設定でき
> るようにすること。

ア　基礎的　　イ　体験的　　ウ　実践的　　エ　課題　　オ　目標
カ　評価

‖ 2024年度 ‖ 栃木県 ‖ 難易度 ▉▉▉□□□

【3】次の文は，小学校学習指導要領(平成29年3月告示)「第2章　各教科
第8節　家庭　第1　目標」の一部である。文中の[　]に当てはまる
ことばを学習指導要領に示されたとおりに書きなさい。

> 　生活の営みに係る見方・考え方を働かせ，[　]などに関する
> 実践的・体験的な活動を通して，生活をよりよくしようと工夫
> する資質・能力を次のとおり育成することを目指す。(省略)

‖ 2024年度 ‖ 福島県 ‖ 難易度 ▉▉□□□□

【4】次の文章は，平成29年3月告示の小学校学習指導要領　家庭　各学
年の内容　〔第5学年及び第6学年〕　内容　の一部を示したものです。

空欄(a)～(c)にあてはまる言葉は何ですか。以下の①～⑤の中からそれぞれ1つ選び，記号で答えなさい。

　B　衣食住の生活

　　(6)　快適な住まい方

　　　ア　次のような知識及び技能を身に付けること。

　　　　(ア)　住まいの(a)が分かり，(b)に合わせた生活の大切さや住まい方について理解すること。

　　　　(イ)　住まいの整理・整頓や(c)を理解し，適切にできること。

　　　イ　(b)に合わせた住まい方，整理・整頓や(c)を考え，適切な住まい方を工夫すること。

---

a　①　主な役割　　　　②　主な特徴　　　　③　主な要素

　　④　主な働き　　　　⑤　主な仕組み

b　①　家族や家庭　　　②　家族や地域　　　③　天気の変化

　　④　気温の変化　　　⑤　季節の変化

c　①　安全な過ごし方　②　事故の防ぎ方　③　清掃の仕方

　　④　空間の整え方　　⑤　空間の使い方

‖ 2024年度 ‖ 広島県・広島市 ‖ 難易度 ‖

【5】次の文章は，「小学校学習指導要領(平成29年3月告示)」の「第2章　各教科」「第8節　家庭」「第2　各学年の内容」の一部である。文中の[　ア　]から[　オ　]にあてはまる語句の組み合わせとして最も適当なものを，以下の①から⑥までの中から一つ選び，記号で答えよ。

　〔第5学年及び第6学年〕

　1　内容

　B　衣食住の生活

　　(5)　[　ア　]ための布を用いた製作

　　　ア　次のような知識及び技能を身に付けること。

　　　　(ア)　製作に必要な材料や手順が分かり，[　イ　]について理解すること。

（イ）　手縫いやミシン縫いによる[　ウ　]に応じた縫い
方及び用具の安全な取扱いについて理解し，適切に
できること。

(中略)

(6)　快適な住まい方
ア　次のような知識及び技能を身に付けること。
（ア）　住まいの主な働きが分かり，[　エ　]の変化に合
わせた生活の大切さや住まい方について理解するこ
と。
（イ）　住まいの整理・整頓や清掃の仕方を理解し，適
切にできること。

(中略)

2　内容の取扱い

(中略)

(2)　内容の「B衣食住の生活」については，次のとおり取
り扱うこと。

(中略)

オ　(5)については，日常生活で使用する物を入れる袋な
どの製作を扱うこと。
カ　(6)のアの(ア)については，主として暑さ・寒さ，
[　オ　]，採光，及び音を取り上げること。暑さ・寒
さについては，(4)のアの(ア)の日常着の快適な着方と
関連を図ること。

① ア　製作する喜びを味わう　　イ　作業の流れ　　ウ　縫う部分
　 エ　温度や湿度　　　　　　　オ　通風
② ア　生活に役立つ　　　　　　イ　機能　　　　　ウ　手順
　 エ　温度や湿度　　　　　　　オ　通風・換気
③ ア　生活に役立つ　　　　　　イ　製作計画　　　ウ　縫う部分
　 エ　季節　　　　　　　　　　オ　換気
④ ア　生活を豊かにする　　　　イ　製作計画　　　ウ　目的
　 エ　季節　　　　　　　　　　オ　通風・換気

⑤　ア　生活を豊かにする　　　イ　機能　　　　　ウ　手順
　　エ　地域　　　　　　　　　オ　換気
⑥　ア　製作する喜びを味わう　イ　作業の流れ　　ウ　目的
　　エ　地域　　　　　　　　　オ　通風

▌2024年度▌沖縄県▌難易度■■■□□

【6】次の文章は，「小学校学習指導要領解説　家庭編(平成29年7月)C消
　　費生活・環境」に示されたものである。次の文章中の(　①　)～
　　(　③　)に適する語句を，以下のア～オの中から選び，記号で書きな
　　さい。

> 　自立した消費者を育成するために，(　①　)教育に関する内容の
> 一層の充実を図っている。—中略—限りある物や金銭が大切である
> ことや，自分の生活が身近な(　②　)に与える影響に気付き，
> (　③　)社会の構築に向けて，主体的に生活を工夫できる消費者と
> しての素地を育てることを意図している。

ア　生活　　イ　インクルーシブ　　ウ　環境　　エ　持続可能な
オ　消費者

▌2024年度▌静岡県・静岡市・浜松市▌難易度■■■■□

【7】次の文は，小学校学習指導要領「家庭」の「内容」の「家族・家庭
　　生活」の一部である。(　①　)～(　④　)にあてはまる語句を書きなさ
　　い。

> (1)　自分の成長と家族・家庭生活
> 　ア　自分の成長を(　①　)し，家庭生活と家族の大切さや家庭
> 　　生活が家族の協力によって営まれていることに気付くこと。
> (2)　家庭生活と仕事
> 　ア　家庭には，家庭生活を支える仕事があり，互いに協力し
> 　　(　②　)する必要があることや(　③　)の有効な使い方につ
> 　　いて理解すること。
> 　イ　家庭の仕事の(　④　)を考え，工夫すること。

▌2024年度▌青森県▌難易度■■■□□

● 家庭科

【8】次の(1)～(3)の文は，小学校学習指導要領(平成29年3月)第2章「第8
節　家庭」の各学年の内容における「2　内容の取扱い」について述
べたものです。正しいものには〇印，正しくないものには×印を書き
なさい。

(1) 「A家族・家庭生活」の「(3)家族や地域の人々との関わり」につ
いては，幼児又は低学年の児童や高齢者など異なる世代の人々との
関わりについても扱うこととしている。

(2) 「B衣食住の生活」の「(2)調理の基礎」アの(エ)に示されている材
料に適したゆで方については，ゆでる材料として卵やじゃがいもを
必ず扱うこととしている。

(3) 「C消費生活・環境」の「(1)物や金銭の使い方と買物」アの(ア)に
示されている買物の仕組みについては，必ず三者間契約について触
れることとしている。

┃ 2024年度 ┃ 岩手県 ┃ 難易度 ■□□□□

【9】家族・家庭生活について次の問いに答えよ。
衣食住に関わる家庭の仕事を計画・実践する学習において，家庭で
の実践が難しい児童に対して，どのような配慮ができるか。具体例を
一つ述べよ。

┃ 2024年度 ┃ 山口県 ┃ 難易度 ■■■■□

【10】第6学年「家族・家庭生活についての課題と実践」の学習を行うこ
ととします。その際，どのようなことに配慮して指導しますか。次の
①～⑤の中から，適切でないものを1つ選び，記号で答えなさい。

①　家庭や地域での実践が難しい場合には，実践の場を学校に求める
などの配慮をする。

②　過去の自分と現在の自分とを比較し，自分の成長が家族の理解や
愛情に支えられていると気付くことについては，取り扱わないよう
配慮する。

③　児童によって家庭生活の状況が異なることから，各家庭や児童の
プライバシーを尊重し，取扱いには十分配慮する。

④　指導に当たっては，計画をグループで発表し合ったり，実践発表

会を設けたりするなどの活動を工夫して，効果的に実践できるよう配慮する。

⑤ 家庭や地域と積極的に連携を図り，効果的な学習が進められるよう配慮する。

‖ 2024年度 ‖ 広島県・広島市 ‖ 難易度 ■■□□□□

解答・解説

【1】問1 エ 問2 イ

○**解説**○ 問1 今回の学習指導要領改訂において，「調理の基礎」では，加熱操作が適切にできるようにするために，ゆでる材料として青菜やじゃがいもなどを扱うことが，内容の取扱いに新たに示された。なお，ア～ウについては，いずれも中学校における内容の取扱い事項である。問2 指導に当たっては，米飯とみそ汁を中心とした1食分を扱い，具体的に献立作成の方法を理解できるよう配慮することとされている。

【2】① ウ ② エ

○**解説**○ なお，指導計画の作成，および実践的な活動について，学習指導要領解説では「実践的な活動を家庭や地域などで行うことができるよう，学校や地域の行事等と関連付けて学期中のある時期に実施したり，長期休業などを活用して実施したりするなどの方法が考えられる」としている。

【3】衣食住

○**解説**○ 目標の柱書からの出題である。家庭科における学習で大きなウエイトを占めるのは「衣食住」の内容であり，「衣食住などに関する実践的・体験的な活動を通して」は，家庭科における学習方法の特質を表したものである。

● 家庭科

【4】a ④ b ⑤ c ③

○**解説**○ 「衣食住の生活」は6項目で構成されているが，唯一の住生活の内容である「快適な住まい方」からの出題である。 a・b ア(ア)にある「季節の変化に合わせた生活の大切さ」は，我が国が四季の変化に富むことから，季節の変化に合わせて自然の力を効果的に活用する方法について考え，健康・快適の視点から，自然を生かした生活の大切さを理解するという観点から示されている。 c ア(イ)の内容は，気持ちよく生活するために，住まいの整理・整頓や清掃が必要であることや，それらの仕方を理解し適切にできるようにすることをねらいとしている。

【5】④

○**解説**○ 「B衣食住の生活」の内容は，6項目で構成されている。 ア 衣生活は，「(4)衣服の着用と手入れ」と「(5)生活を豊かにするための布を用いた製作」の2項目である。生活を豊かにするための布を用いた製作とは，身の回りの生活を快適にしたり，便利にしたり，楽しい雰囲気を作り出したりするなど，布の特徴を生かして自分や身近な人の生活を豊かにする物を製作することである。 イ 製作計画については，製作する物の目的に応じて，どのような機能があればよいのかを踏まえ，形や大きさを考えることが必要である。 ウ 縫い方にはそれぞれ特徴があり，縫う部分や目的に応じて，適した縫い方を選ぶ必要がある。 エ 住生活は，「(6)快適な住まい方」の1項目である。我が国は，四季の変化に富むことから，季節の変化に合わせて，自然を生かした生活の大切さを理解することが大切である。 オ 夏季には涼しく過ごすための通風，冬季には室内の汚れた空気を入れ換えるための換気が必要である。効果的な通風又は換気の仕方を理解する必要がある。

【6】① オ ② ウ ③ エ

○**解説**○ 消費者教育は，これからの持続可能な社会の構築に向けて消費生活と環境を考えるうえで重要な役割を担っており，今回の指導要領の改訂においても一層の充実が図られている。また，中学校において

534

も重要な役割を担っていることから，小学校と中学校の系統性を図る
ことも大切である。

【7】①　自覚　　②　分担　　③　生活時間　　④　計画
○**解説**○　家庭科の内容は，小・中学校ともに，「家族・家庭生活」，「衣
　食住の生活」，「消費生活・環境」に関する三つの枠組みに整理されて
　いる。　①「家族・家庭生活」の(1)においては，自分の成長を自覚す
　ることを通して，家庭生活と家族の大切さや，家庭生活が家族の協力
　によって工夫して営まれていることに気付くことを，ねらいとしてい
　る。　②・③　(2)は家庭生活と仕事に関する内容である。家族が互い
　の生活時間を工夫し，共に過ごしたり，仕事を分担したりするなど，
　協力し合って生活する必要がある。　④　(2)のイは，思考力，判断力，
　表現力等に関する内容である。家庭の仕事についての課題を解決する
　ために，衣食住の生活で身に付けた知識や技能を活用して，家庭の仕
　事の計画を考え，工夫することができるようにすることがねらいとな
　る。

【8】(1)　○　　(2)　×　　(3)　×
○**解説**○　(2)　今回の学習指導要領改訂においては，「B　衣食住の生活」
　「食生活」の「(2)調理の基礎」において，加熱操作が適切にできるよ
　うにするために，ゆでる材料として青菜やじゃがいもなどを扱うこと
　が示された。　(3)「C　消費生活・環境」の「物や金銭の使い方と買
　物」における買物の仕組みについては，「売買契約の基礎」について
　触れることが示された。今回の改訂では，小学校に「買い物の仕組み
　や消費者の役割」を新設し，中学校における「売買契約の仕組み」な
　どとの系統性が図られた。

【9】学校で実践できる場を設定する。
○**解説**○　家庭での実践が難しい場合には，実践の場を学校で設定するな
　どの配慮をすることで，児童が安心して学習に取り組むことができる。

【10】②

○**解説**○「家族・家庭生活」の(1)アの指導事項は,「自分の成長を自覚し,家庭生活と家族の大切さや家庭生活が家族の協力によって営まれていることに気付くこと」である。自分の成長は,家族の理解や愛情に支えられていることに気付くことができるように配慮する必要がある。

体育科

● 体育科

要点整理

●体育理論

　中学校及び高等学校の学習指導要領では，「体育理論」で学ぶべき内容が示されている。そのねらいは，ともに運動領域と関連を図りながら，合理的な運動実践の方法と，現代社会におけるスポーツの意識や必要性について知的側面から理解を深め，体育科の目標達成に寄与することである。小学校学習指導要領においては，「体育理論」に関する内容が示されていない。しかしながら，小学校でも運動・スポーツに内包されている楽しさや喜びの特性を正しく理解させること，及び「保健」の学習などを通じて，(生涯にわたって)継続的に運動するために必要な基礎的・基本的な事項等の習得を図る必要がある。

　体育科の目標の1つに「健康の保持増進と体力の向上」があげられている。従って体力についての考え方を充分理解しておかなければ，その目標達成が効果的にできない。

●各種の運動

体育科の内容構成は次表のとおりである。

学年	1・2	3・4	5・6
領域	体つくりの運動遊び	体つくり運動	
	器械・器具を使っての運動遊び	器械運動	
	走・跳の運動遊び	走・跳の運動	陸上運動
	水遊び	水泳運動	
	ゲーム		ボール運動
	表現リズム遊び	表現運動	
		保健	

●器械運動

　器械運動とは，鉄棒，マット，跳び箱など器械・器具を使って行う

538

運動のことで，陸上運動やボール運動のように，他人との競争を基本とする運動(競争的スポーツ)ではなく，水泳のように，障害の克服を課題とする運動(克服スポーツ)である。従って，技能の優劣を競う競技スポーツとしてではなく，技能について「できない」状態から「できる」状態に，さらに「よりじょうずにできる」状態へと課題の達成を目指す運動として捉えなければならない。

●陸上運動

陸上運動は，主として個人を単位として行う運動で，より速く走る，より遠くへ跳ぶ，より高く跳ぶことを目指して，他と技能を競い合う運動である。また，他と競い合うという陸上運動の特性から，強い意志・忍耐力・集中力・規則を尊重する公正な態度などを育てることも大切なねらいとしなければならない。

陸上運動では，走の種目としてリレー・短距離走，ハードル走，跳の種目として走り幅跳び，走り高跳びを取り上げている。「リレー・短距離走」としたのは，リレーと関連付けて短距離走を扱う方が短距離走に対する児童の興味・関心，意欲などを高めることができること，及びリレーの学習の中で短距離走の能力の高まりが期待できることなどを考慮したものである。

●水泳

水泳の指導は小学校の段階では，「泳げない」段階から「泳げるようになる」「いろいろな泳ぎ方で，もっと長く泳げるようになる」段階への追求である。

水泳は，いろいろな泳ぎを身に付け，泳ぐ距離や速さの記録を高めたり，それを他人と競い合ったりする個人的なスポーツである。しかし，このような水泳の特性にふれる前提条件として，水に慣れ，浮き，進むこと，すなわち泳ぐことができなければならない。つまり，水泳には，水という障害を克服する段階があるということである。したがって，小学校段階での水泳の指導では，泳ぐ速さを競うことよりも，まず水に慣れさせて，泳げるようにし，次いで続けて長く泳げるようにすることが中心となる。

● 体育科

● ボール運動

　ボール運動は，5年・6年の運動領域の内容である。低・中学年では，ゲームの領域でボールを使った動きが示されている。高学年ではボール運動と呼ぶが，低学年では，ボールゲームと呼ぶ。ボールを使って規則に従い，集団で勝敗を競うという点では，ボールゲームもボール運動も同じであるが，ボールゲームが，ゲームを楽しむ結果として簡単な技能を身に付けることをねらいとしているのに対して，ボール運動では技能を身に付け，簡単な作戦を生かしてゲームができるようにする，という点に違いがある。

●「表現リズム遊び」・「表現運動」

　1・2年は「表現リズム遊び」として指導し，3年からは「表現運動」として指導される。表現運動は，感じたことを動きで表したり，踊り方を覚えて楽しく踊ったりする運動であり，その内容は，「表現」と3，4年は「リズムダンス」，5，6年は「フォークダンス」である。

　「表現」では，日常の生活経験から，題材を選び，題材のイメージにふさわしい感じを体の動きで表現することがねらいである。

　「リズムダンス」では，その行い方を知るとともに，軽快なロックやサンバなどのリズムの特徴を捉え，リズムに乗って弾んで踊ったり，友達と関わり合ったりして即興的に踊ることがねらいである。

　「フォークダンス」では，児童にとって親しみやすい曲目でみんなで楽しく踊ることがねらいである。また，フォークダンスがつくられた歴史的，民族的，地理的な背景について理解を深めることも大切である。

● 保健領域

　保健領域は，第3学年及び第4学年の2学年間で8単位時間，第5学年及び第6学年の2学年間で16単位時間が標準とされている。この時間を効果的に生かすためには，特に能率的で効果的な指導が行われなければならない。保健領域の学習のねらいの1つは，身近な生活における健康に必要な基礎的な知識の習得を図ることである。

　保健領域の内容は，第3学年及び第4学年の「健康な生活」では，1日

の生活の仕方について体を通して理解できるようにする。「体の発育・発達」では，年齢に伴って体つきが変化し，体の発育・発達には個人差が出ることを理解できるようにする。第5学年及び第6学年の「けがの防止」では，交通事故や学校生活などにおける事故の起こり方や防ぎ方，さらに簡単な手当ての仕方などができるようにさせる。「心の健康」では，心と体は密接に関係し，さまざまな生活経験を通して発達することや，不安や悩みにはいろいろな対処の方法があることを理解させる。「病気の予防」では，病原体や生活習慣病など生活行動が主な原因として起こる病気，喫煙・飲酒・薬物乱用などの行為など健康を損なう原因を理解する。

●平成29年告示学習指導要領　改訂の要点

(1)　目標の改善について

①教科の目標

　体育科において育成を目指す資質・能力については，中央教育審議会答申(平成28年12月21日)にて，心と体を一体としてとらえ，生涯にわたって健康を保持増進し，豊かなスポーツライフを実現する資質・能力を育成することを重視する観点から，「知識・技能」，「思考力・判断力・表現力等」，「学びに向かう力・人間性等」の3つの柱に沿って整理した。これを受け，教科の目標は次のように示された。

> 　体育や保健の見方・考え方を働かせ，課題を見付け，その解決に向けた学習過程を通して，心と体を一体として捉え，生涯にわたって心身の健康を保持増進し豊かなスポーツライフを実現するための資質・能力を次のとおり育成することを目指す。
> (1)　その特性に応じた各種の運動の行い方及び身近な生活における健康・安全について理解するとともに，基本的な動きや技能を身に付けるようにする。
> (2)　運動や健康についての自己の課題を見付け，その解決に向けて思考し判断するとともに，他者に伝える力を養う。
> (3)　運動に親しむとともに健康の保持増進と体力の向上を目指し，楽しく明るい生活を営む態度を養う。

● 体育科

　従前より示し方が変更され，先述の3つの柱に対応して(1)〜(3)の目標が示された。それぞれ(1)が「知識・技能」，(2)が「思考力・判断力・表現力等」，(3)が「学びに向かう力・人間性等」による。

　また，「体育や保健の見方・考え方」とは，同答申では「体育の見方・考え方」を「運動やスポーツを，その価値や特性に着目して，楽しさや喜びとともに体力の向上に果たす役割の視点から捉え，自己の適性等に応じた『する・みる・支える・知る』の多様な関わり方と関連付けること」，「保健の見方・考え方」を「個人及び社会生活における課題や情報を，健康や安全に関する原則や概念に着目して捉え，疾病等のリスクの軽減や生活の質の向上，健康を支える環境づくりと関連付けること」として示している。

②各学年の目標

〔第1学年及び第2学年〕

(1)　各種の運動遊びの楽しさに触れ，その行い方を知るとともに，基本的な動きを身に付けるようにする。
(2)　各種の運動遊びの行い方を工夫するとともに，考えたことを他者に伝える力を養う。
(3)　各種の運動遊びに進んで取り組み，きまりを守り誰とでも仲よく運動をしたり，健康・安全に留意したりし，意欲的に運動をする態度を養う。

〔第3学年及び第4学年〕

(1)　各種の運動の楽しさや喜びに触れ，その行い方及び健康で安全な生活や体の発育・発達について理解するとともに，基本的な動きや技能を身に付けるようにする。
(2)　自己の運動や身近な生活における健康の課題を見付け，その解決のための方法や活動を工夫するとともに，考えたことを他者に伝える力を養う。
(3)　各種の運動に進んで取り組み，きまりを守り誰とでも仲よく運動をしたり，友達の考えを認めたり，場や用具の安全に留意したりし，最後まで努力して運動をする態度を養う。また，健康の大切さに気付き，自己の健康の保持増進に進んで取り組む態度を養う。

〔第5学年及び第6学年〕

> (1) 各種の運動の楽しさや喜びを味わい，その行い方及び心の健康やけがの防止，病気の予防について理解するとともに，各種の運動の特性に応じた基本的な技能及び健康で安全な生活を営むための技能を身に付けるようにする。
>
> (2) 自己やグループの運動の課題や身近な健康に関わる課題を見付け，その解決のための方法や活動を工夫するとともに，自己や仲間の考えたことを他者に伝える力を養う。
>
> (3) 各種の運動に積極的に取り組み，約束を守り助け合って運動をしたり，仲間の考えや取組を認めたり，場や用具の安全に留意したりし，自己の最善を尽くして運動をする態度を養う。また，健康・安全の大切さに気付き，自己の健康の保持増進や回復に進んで取り組む態度を養う。

各学年の(1)は答申で示された「知識・技能」の内容を，(2)は「思考力・判断力・表現力等」の内容を，(3)は「学びに向かう力・人間性等」の内容を反映している。

(2) 内容の改善について

内容の構成については，以下の通りである。

第1学年及び第2学年は「体つくりの運動遊び」「器械・器具を使っての運動遊び」「走・跳の運動遊び」「水遊び」「ゲーム」「表現リズム遊び」で構成されている。主な変更は領域名が「体つくり運動」→「体つくりの運動遊び」に変更されたことと，「水遊び」の指導事項が「水に慣れる遊び」→「水の中を移動する運動遊び」，「浮く・もぐる遊び」→「もぐる・浮く運動遊び」に変更されたことなどである。

第3学年及び第4学年は，体育分野が「体つくり運動」「器械運動」「走・跳の運動」「水泳運動」「ゲーム」「表現運動」，保健分野が「健康な生活」「体の発育・発達」で構成されている。主な変更は「水泳運動」の指導事項が「浮く運動」→「浮いて進む運動」，「泳ぐ運動」→「もぐる・浮く運動」に変更されたことなどである。

第5学年及び第6学年は，体育分野が「体つくり運動」「器械運動」「陸上運動」「水泳運動」「ボール運動」「表現運動」，保健分野が「心

● 体育科

の健康」「けがの防止」「病気の予防」で構成されている。主な変更は「体つくり運動」の指導事項が「体力を高める運動」→「体の動きを高める運動」に変更され，「水泳運動」の指導事項に「安全確保につながる運動」が新たに加わったことなどである。

　詳細な指導事項については，答申で示された「知識・技能」「思考力・判断力・表現力等」「学びに向かう力・人間性等」の柱に沿って整理されているので，確認する。

●学習指導法

　今回の学習指導要領改訂における趣旨の一つに，「主体的な学び」「対話的な学び」「深い学び」の視点から学習過程の改善を図ることがある。中央教育審議会答申(平成28年12月21日)によると，それぞれの学びを実現するための視点として，次のようなことが挙げられている。
「主体的な学び」
・運動の楽しさや健康の意義等を発見し，運動や健康についての興味や関心を高め，課題の解決に向けて粘り強く自ら取り組み，それを考察する学びの過程
・学習を振り返り，課題を修正したり新たな課題を設定したりする学びの過程　など
「対話的な学び」
・運動や健康についての課題の解決に向けて，児童生徒が他者(書物等を含む)との対話を通して，自己の思考を広げ深めていく学びの過程
「深い学び」
・自他の運動や健康についての課題を発見し，解決に向けて試行錯誤を重ねながら，思考を深め，よりよく解決する学びの過程　など

　指導計画の作成や指導法に関する設問では，これらの視点が相互に関連し合うことや，学習の目標との結びつきを念頭に置いて解答を作成したい。

　以上のほかに，運動領域では「技」の体系，運動発達，運動習熟などを考慮した解答が望まれる。また保健領域では，健康に関する原理や法則を系統的に学習させ，科学認識に基づいた生活実践力の形成を目指す授業(指導)像などが期待される。

【1】 次の文章は,「小学校体育(運動領域)まるわかりハンドブック　高学年」(文部科学省)の器械運動・マット運動に示されている運動と動きのポイントの記述である。(a)～(e)に入る技の名称の組合せを,以下の①～⑤の中から一つ選べ。

(a)…しゃがみ立ちの姿勢から尻を着いて後方に回転します。足先が頭を越したら脚を開き,手の近くに足を着けます。最後に両手でマットを押して開脚立ちをします。

(b)…腰を高く保ちながら踏み出した足と同じ側の手を着きます。逆の足を勢いよく振り上げます。後から着いた手で突き放し,片足ずつ着地します。

(c)…両足で踏み切って,体を空中に投げ出し,腰を大きく開きます。続いて,両手でマットに着手して体を受けとめ,あごを引き,体をまるくして前転します。

(d)…立位の姿勢から膝を伸ばしたまま前屈姿勢になって後方に体重を移動させます。すばやく着手するとともに尻を着き,あごをしっかり引いて一気に両足を後方にひきよせ,両手で体を強く押して後転します。

(e)…ホップしてから側方倒立回転に移り,倒立姿勢になったところで体を$\frac{1}{4}$ひねり,両手を押し,両足をそろえて後向きになって着地します。

① a 伸膝後転　　b 側方倒立回転　　c 跳び前転
　　d 開脚後転　　e ロンダート

② a 伸膝後転　　b 側方倒立回転　　c 大きな前転
　　d 開脚後転　　e ロンダート

③ a 開脚後転　　b 側方倒立回転　　c 跳び前転
　　d 伸膝後転　　e ロンダート

④ a 開脚後転　　b ロンダート　　　c 跳び前転
　　d 伸膝後転　　e 側方倒立回転

⑤ a 開脚後転　　b ロンダート　　　c 大きな前転

d　伸膝後転　　e　側方倒立回転

┃ 2024年度 ┃ 岐阜県 ┃ 難易度 ▮▮▮▮▮▮▯▯

【2】「小学校学習指導要領」(平成29年3月告示)「第9節　体育　第2　各学年の目標及び内容」について，次の問いに答えなさい。

1　第1学年及び第2学年「E　ゲーム」は，二つの運動遊びで構成されており，その一つは「ボールゲーム」である。もう一つの運動遊びを答えなさい。

2　第3学年及び第4学年「E　ゲーム」において，次のア～ウの三つの型のゲームが示されている。「プレルボール」や「天大中小」などのゲームは，次のア～ウの中のどのゲームに分類されるか，記号で答えなさい。

ア　ゴール型ゲーム　　イ　ネット型ゲーム
ウ　ベースボール型ゲーム

┃ 2024年度 ┃ 山形県 ┃ 難易度 ▮▮▮▮▮▮▮▯

【3】走り幅跳びに関する記述として適切なものは，次の1～4のうちのどれか。

1　助走では，スピードが記録に大きく影響するので，初心者は，はじめから助走距離をできるだけ長くして，速い助走スピードが出せるようにする。

2　踏み切りでは，踏み切り板を注視するとともに，接地時間が短いので踏み切り脚の膝をしっかり曲げ，前傾姿勢で力強く踏み切るようにする。

3　かがみ跳びの空中動作では，空中を走るように大きく両脚を交差させ，両腕を上に上げて胸を反らすようにする。

4　着地では，両脚を揃えて前方に放り出すイメージで，両腕は上から大きくかいて後方に引き，上体を前方に曲げるようにする。

┃ 2024年度 ┃ 東京都 ┃ 難易度 ▮▮▮▮▮▯▯▯

【4】次のA，B，Cの文中の[　①　]から[　⑤　]にあてはまる最も適切な語句を，以下のアからコのうちからそれぞれ一つ選び，記号で答え

よ。

A 「小学校学習指導要領(平成29年告示)解説 体育編」の高学年の体つくり運動は,「体ほぐしの運動」及び「[①]」で構成され,運動の楽しさや喜びを味わうとともに,中学年までに身に付けた体の基本的な動きを基に,体の様々な動きを高めるための運動である。「[①]」では,ねらいに応じて,体の[②]や,巧みな動き,力強い動き,動きを持続する能力を高めるための運動をすることと示されている。

B 走幅跳の記録を向上させるポイントとしては,リズミカルな助走や力強い踏み切り,踏み切る際の飛び出す角度などが考えられる。特に助走については,踏み切る直前,[③]ことがポイントとなる。

C 「小学校学習指導要領(平成29年告示)解説 体育編」の高学年におけるボール運動のうちベースボール型では,その行い方を理解するとともに,[④]やゆっくりとした速さで投げられたボールを打つ攻撃や,捕球したり送球したりする守備などのボール操作と,チームとして守備の隊形をとったり走塁をしたりするボールを持たないときの動きによって,攻守交代が繰り返し行える簡易化されたゲームをすることとされている。例示には,ソフトボールを基にした簡易化されたゲームと[⑤]を基にした簡易化されたゲームが示されている。

ア ティーボール　　　イ リズムを一定に保つ
ウ 柔らかさ　　　　　エ 多様な動きを作る運動
オ 重いボール　　　　カ リズムを速くする
キ 野球　　　　　　　ク 俊敏な動き
ケ 静止したボール　　コ 体の動きを高める運動

| 2024年度 | 栃木県 | 難易度 |

【5】次は,小学校学習指導要領解説「体育編」の「第2章 体育科の目標及び内容 第1節 教科の目標及び内容 4 各領域の内容 オ ボール運動系」の一部である。以下の(1)〜(3)に答えよ。

● 体育科

> ボール運動系は，競い合う楽しさに触れたり，友達と力を合わせて（　a　）する楽しさや喜びを味わったりすることができる運動である。
>
> ボール運動系の領域として，低・中学年を_A「ゲーム」，高学年を_B「ボール運動」で構成している。(中略)
>
> ボール運動の学習指導では，互いに協力し，役割を分担して練習を行い，型に応じたボール操作とボールを（　b　）ときの動きを身に付けてゲームをしたり，ルールや学習の場を工夫したりすることが学習の中心となる。また，ルールや（　c　）を守り，仲間とゲームの楽しさや喜びを共有することができるようにすることが大切である。

(1)　a〜cにあてはまることばを，それぞれ記せ。

(2)　_A「ゲーム」について，次は「第2節　各学年の目標及び内容〔第1学年及び第2学年〕2　内容　E　ゲーム」の一部である。①にあてはまることばを記せ。

> 鬼遊びでは，その行い方を知るとともに，一定の区域で逃げる，追いかける，（　①　）を取り合うなどの簡単な規則で鬼遊びをしたり，工夫した区域や用具で鬼遊びをしたりすること。

(3)　_B「ボール運動」は，三つの型で内容が構成されている。「ゴール型」，「ネット型」と，もう一つは何か記せ。

▊2024年度 ▊山梨県 ▊難易度 ■■■■■□□□□

【6】次は第5学年及び第6学年の「A　体つくり運動」における運動前の教師の言葉掛けの例である。ア〜エのうち不適切なものを一つ選び，記号で答えなさい。

ア　みんなで気持ちを一つにしよう。
イ　繰り返し練習して，上手になろう。
ウ　自分の心と体はどのような状態か確認しよう。
エ　友達と協力して，関わり合う楽しさを味わおう。

▊2024年度 ▊静岡県・静岡市・浜松市 ▊難易度 ■■■■□□□

【7】「小学校学習指導要領解説　体育編(平成29年7月)」に示されている第5学年及び第6学年の内容について，次の(1)・(2)の各問いに答えなさい。

(1)　次の文は，「体つくり運動」について示された文です。(　①　)に入るものとして，適するものを以下の1〜4から1つ選び，番号で書きなさい。

> 　高学年の体つくり運動は，「体ほぐしの運動」及び「(　①　)」で構成され，運動の楽しさや喜びを味わうとともに，中学年までに身に付けた体の基本的な動きを基に，体の様々な動きを高めるための運動である。

1　体力を高める運動　　　　2　体の動きを高める運動
3　多様な動きをつくる運動　　4　力試しの運動

(2)　「体ほぐしの運動」の例として示されているものを，次の1〜4から1つ選び，番号で書きなさい。

1　短なわを使って　　2　力強い動き　　3　伝承遊び　　4　いろいろな跳び方で

‖ 2024年度 ‖ 名古屋市 ‖ 難易度 ‖

【8】次のア〜エの記述は，「小学校学習指導要領(平成29年告示)解説体育編」「第2章　体育科の目標及び内容　第2節　各学年の目標及び内容　第3学年及び第4学年　2　内容」の一部である。空欄[　(ア)　]〜[　(エ)　]に当てはまる言葉の組合せとして最も適切なものを，以下の①〜⑤のうちから選びなさい。

ア　跳び箱運動では，その行い方を知るとともに，自己の能力に適した[　(ア)　](開脚跳びなど)や回転系(台上前転など)の基本的な技をすること。また，基本的な技に十分に取り組んだ上で，それらの発展技に取り組むこと。

イ　かけっこ・リレーでは，その行い方を知るとともに，距離を決めて調子よく最後まで走ったり，走りながらバトンの受渡しをする[　(イ)　]をしたりすること。

ウ　ゴール型ゲームでは，その行い方を知るとともに，基本的なボール操作と[　(ウ)　]によって，コート内で攻守入り交じって，ボールを手や足でシュートしたり，空いている場所に素早く動いたりする易しいゲーム及び陣地を取り合って得点ゾーンに走り込むなどの易しいゲームをすること。

エ　表現では，その行い方を知るとともに，身近な生活などの題材から主な特徴や感じを捉え，表したい感じを[　(エ)　]の動きで即興的に踊ること。

	(ア)	(イ)	(ウ)	(エ)
①	跳び越し系	折り返しリレー	ボールを持たないときの動き	ひとまとまり
②	切り返し系	折り返しリレー	ボールを持たないときの動き	ひと流れ
③	跳び越し系	周回リレー	素早い動き	ひとまとまり
④	跳び越し系	折り返しリレー	素早い動き	ひと流れ
⑤	切り返し系	周回リレー	ボールを持たないときの動き	ひと流れ

‖ 2024年度 ‖ 神奈川県・横浜市・川崎市・相模原市 ‖ 難易度 ■■■■■□□

【9】次の文章は，平成29年3月告示の小学校学習指導要領　体育　各学年の目標及び内容　〔第5学年及び第6学年〕　内容の取扱い　の一部を示したものです。空欄(a)～(d)にあてはまる言葉は何ですか。以下の①～⑤の中からそれぞれ1つ選び，記号で答えなさい。

(3)　内容の「C陸上運動」については，児童の実態に応じて，(a)を加えて指導することができる。

(4)　内容の「D水泳運動」の(1)のア及びイ(※)については，(b)からのスタートを指導するものとする。また，学校の実態に応じて(c)を加えて指導することができる。

(9)　各領域の各内容については，(d)との関連を図る指導に留意すること。

(※)　「D水泳運動」(1)　ア　クロールでは，手や足の動きに

　　　　　　　　　　呼吸を合わせて続けて長く泳ぐこ
　　　　　　　　　　と。
　　　　イ　平泳ぎでは，手や足の動きに呼
　　　　　　吸を合わせて続けて長く泳ぐこと。

a　① 体のバランスをとる運動
　　② 動きを持続する能力を高めるための運動
　　③ 跳の運動
　　④ 巧みな動きを高めるための運動
　　⑤ 投の運動
b　① 水深が浅い場所
　　② 水中
　　③ 水深が深い場所
　　④ プールサイド
　　⑤ スタート台
c　① リレー
　　② 安全確保につながる運動
　　③ 背泳ぎ
　　④ 着衣泳
　　⑤ バタフライ
d　① 心と体
　　② 知識と技能
　　③ 他教科
　　④ 運動領域と保健領域
　　⑤ 安全に関する指導

‖ 2024年度 ‖ 広島県・広島市 ‖ 難易度 ‖

【10】次の図は，鉄棒運動の技を示したものである。この技の名称を，小学校学習指導要領解説体育編(平成29年7月)に示されている名称で漢字を使って書きなさい。

※　支持の姿勢から腰と膝を曲げ，体を前方に勢いよく倒して腹を掛けて回転し，その勢いを利用して手首を返しながら支持の姿勢に戻ること。

▌ 2024年度 ▌ 福島県 ▌ 難易度 ▀▀▀▀▀░░

【11】次の文のA～Dの(　　)にあてはまる語句として正しい組合せを一つ選び，番号で答えよ。

> (1)　ソフトボールでは，打者が1塁を走り抜けるとき，(　A　)ベースを踏む。
>
> (2)　走り幅跳びの跳び方で，空間動作で足を交差させて跳ぶ跳び方を(　B　)という。
>
> (3)　柔道において，相手の体勢を不安定にし，技をかけやすい状態を作る方法を(　C　)という。
>
> (4)　水泳において個人メドレーを行う場合，最初の泳法は(　D　)である。

1	A	ホワイト	B	はさみ跳び	C	体さばき	D	背泳ぎ
2	A	ホワイト	B	はさみ跳び	C	崩し	D	バタフライ
3	A	ホワイト	B	反り跳び	C	体さばき	D	バタフライ
4	A	ホワイト	B	反り跳び	C	崩し	D	背泳ぎ
5	A	オレンジ	B	はさみ跳び	C	体さばき	D	背泳ぎ
6	A	オレンジ	B	はさみ跳び	C	崩し	D	バタフライ
7	A	オレンジ	B	反り跳び	C	体さばき	D	バタフライ
8	A	オレンジ	B	反り跳び	C	崩し	D	背泳ぎ

▌ 2024年度 ▌ 愛知県 ▌ 難易度 ▀▀▀░░░

【12】次の文は，教師用指導資料　小学校体育(運動領域)まるわかりハンドブック(平成23年3月文部科学省)高学年(第5学年及び第6学年)の「C　陸上運動」に示されている「エ　走り高跳び」の内容の一部である。文中の(ア)，(イ)に当てはまる最も適切な言葉を以下のA～Dから一つずつ選び，その記号を書け。なお，走り高跳びの授業では，はさみ跳びを指導することとする。

> ・　リズミカルな助走から，(ア)踏み切ることが大切です。
> ・　安全に気をつけて，(イ)の順で着地したり，低い高さのバーから練習したりしましょう。

A　上体を起こして　　　B　振上げ足，踏切り足
C　上体を前傾させて　　D　踏切り足、振上げ足

2024年度 ┃ 愛媛県 ┃ 難易度 ▨▨▨□□

【13】陸上競技ルールブック2023(公益財団法人日本陸上競技連盟　2023年)の「日本陸上競技連盟競技規則」に記載されている走り幅跳びの記録の測定方法による記録として，正しいものを次のA～Dから一つ選び，その記号を書け。ただし，◀──▶は計測した距離を表している。

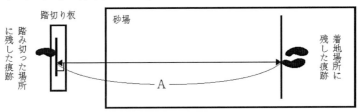

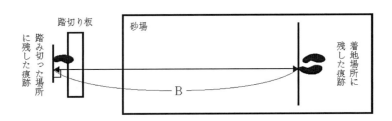

● 体育科

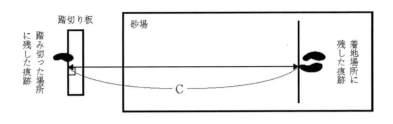

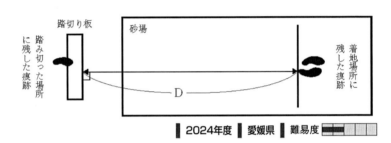

‖ 2024年度 ‖ 愛媛県 ‖ 難易度 ‖

【14】次の図は，マット運動の一連の技を示したものである。この技の名
称を書け。

‖ 2024年度 ‖ 愛媛県 ‖ 難易度 ‖

【15】全国体力・運動能力，運動習慣等調査について，次の(1)，(2)の問
いに答えよ。

(1) 小学校で実施している8種目のうち，次に示した種目以外の1種目
を書け。

・握力	・長座体前屈	・反復横とび
・20mシャトルラン	・50m走	・立ち幅とび
・ソフトボール投げ		

(2)　次の文は，令和4年度全国体力・運動能力，運動習慣等調査報告書(令和4年12月スポーツ庁)に示されている内容をまとめたものである。文中の(　ア　)，(　イ　)に当てはまる種目を以下のA～Dから一つずつ選び，その記号を書け。

> ・実技テストの記録を令和3年度と比較すると，小学校の男女ともに「(　ア　)」，「50m走」，「立ち幅とび」は低下したが，「(　イ　)」は向上した。

A　長座体前屈　　B　20mシャトルラン　　C　握力
D　反復横とび

‖ 2024年度 ‖ 愛媛県 ‖ 難易度 ‖■■■□□

【16】次のア～オのうち，小学校学習指導要領解説　体育編(平成29年7月)第2章「第2節　各学年の目標及び内容」における第3学年及び第4学年の「C　走・跳の運動」の「ウ　幅跳び」の例示として正しいものを一つ選び，その記号を書きなさい。

ア　5～7歩程度の助走から踏切り足を決めて前方に強く踏み切り，遠くへ跳ぶこと。

イ　助走を付けて片足でしっかり地面を蹴って前方に跳ぶこと。

ウ　幅30～40cm程度の踏切りゾーンで力強く踏み切ること。

エ　膝を柔らかく曲げて，片足で着地すること。

オ　かがみ跳びから両足で着地すること。

‖ 2024年度 ‖ 岩手県 ‖ 難易度 ‖■■■□□

【17】次のア～オは，鉄棒運動の前方支持回転における動作について述べたものです。動作のポイントとして適切でないものを一つ選び，その記号を書きなさい。

ア　回転する前は，胸をはるようにして上体を前方に勢いよく倒し込む。

イ　回転中は，腹が鉄棒から離れないようにする。

ウ　回転直後は，素早く膝をかかえ込み，鉄棒をはさみ込むようにして回る。

エ　回転後半では，上体をいっきに起こし，手首を返して支持姿勢に
　　戻る。

オ　全体をとおして，より美しい動きにするために，膝やつま先を伸
　　ばす。

┃ 2024年度 ┃ 岩手県 ┃ 難易度 ▮▮▮▮▮▮▮▯▯

【18】次のア～オは，陸上のクラウチングスタートにおける動作について
　　述べたものです。動作のポイントとして適切でないものを一つ選び，
　　その記号を書きなさい。

ア　「位置について」の姿勢では，頭は背中と同じ高さにして，視線
　　はゴールを見る。

イ　「位置について」の姿勢では，両手は肩幅よりわずかに広く，指
　　はアーチを描く。

ウ　「用意」の姿勢では，前脚の膝は90度より小さくならず，後脚の
　　膝は伸びきらないようにする。

エ　「用意」の姿勢では，肩は手よりわずかに前に出る。

オ　「用意」の姿勢では，臀部は肩よりわずかに高く上げ，体幹を前
　　方に傾ける。

┃ 2024年度 ┃ 岩手県 ┃ 難易度 ▮▮▮▮▮▮▮▯▯

【19】水泳運動系の指導について，適切でないものを次のア～オから一つ
　　選び，その記号を書きなさい。

ア　「水遊び」では，水慣れの時間を十分に確保し，楽しい遊びをし
　　て無理なく慣れるようにする。

イ　「もぐる・浮く運動」では，呼吸を調整しながらもぐったり浮い
　　たりする中で，水の中に留まる動きにつなげていくようにする。

ウ　息を止めたり吐いたりしながら，もぐったり浮いたりするために，
　　水に入ってからは徐々に水につける顔の部位を増やすバブリングを
　　行わせる。

エ　「クロール」や「平泳ぎ」については，初歩的な泳ぎの経験を踏
　　まえて，3年生から学習する。

オ　「け伸び」では，よく進むために，いっぱい息を吸って止め，水

の抵抗が少ない姿勢で行う。

┃ 2024年度 ┃ 岩手県 ┃ 難易度 ▮▮▮▮▯

【20】高学年の「心の健康」では，心の発達や不安や悩みへの対処について学習します。小学校学習指導要領(平成29年告示)解説の「体育編」に示された内容として適切ではないものを，次の1～5のうちから1つ選びなさい。

1　不安や緊張時には，動悸や腹痛が起きるなど，心と体は深く影響し合っている。

2　心は，様々な生活経験や学習を通して年齢に伴って発達する。

3　不安や悩みは多くの人が経験している。

4　不安や悩みへの対処は様々であり，自分に合った適切な方法で対処できる。

5　心の豊かな発達のためには，不安や悩み，ストレスを回避して生活することが大切である。

┃ 2024年度 ┃ 宮城県・仙台市 ┃ 難易度 ▮▮▮▮▯

【21】児童の安全確保について，次の各問いに答えよ。

1　次の文は，熱中症事故を防止するための指導及び環境の整備等について，説明したものである。内容が正しければ○を，誤っていれば×をそれぞれ書け。

(1)　学校の管理下における熱中症事故は，ほとんどが体育・スポーツ活動によるものである。また，暑くなり始めるころやそれほど高くない気温では，熱中症事故は発生していない。

(2)　熱中症を防止するためには，児童等が自ら体調管理等を行うことができるよう，発達段階等を踏まえながら適切に指導することが必要である。

2　熱中症の危険性を判断する基準として用いられる暑さ指数のことを何というか。アルファベット4文字で書け。

┃ 2024年度 ┃ 岡山市 ┃ 難易度 ▮▮▮▮▯

【22】次の文のA～Dの(　　)にあてはまる語句として正しい組合せを一つ選び，番号で答えよ。

> (1)　(　A　)とは，友達とうまく付き合う，集団のルールを理解して守る，自分の考えを適切に相手に伝えるなど，よりよい人間関係を築く態度や能力のことをいう。
>
> (2)　シンナーや覚せい剤，麻薬などの薬物は，繰り返し使いたくなる(　B　)がある。
>
> (3)　関節に外からの強い力がかかり，関節の周りが傷ついた状態を(　C　)という。
>
> (4)　運転者が，危険を感じてブレーキをかけてから，ブレーキがきき始めるまでに進む距離のことを(　D　)という。

1	A	社会性	B	連続性	C	打ぼく傷	D	制動距離
2	A	公共性	B	連続性	C	ねんざ	D	制動距離
3	A	社会性	B	依存性	C	ねんざ	D	制動距離
4	A	公共性	B	依存性	C	打ぼく傷	D	制動距離
5	A	社会性	B	連続性	C	打ぼく傷	D	空走距離
6	A	公共性	B	連続性	C	ねんざ	D	空走距離
7	A	社会性	B	依存性	C	ねんざ	D	空走距離
8	A	公共性	B	依存性	C	打ぼく傷	D	空走距離

‖ 2024年度 ‖ 愛知県 ‖ 難易度 ■■■■■□□□

【23】薬物乱用について述べた文として，誤っているものを次のA～Dから一つ選び，その記号を書け。

A　薬物は，警戒心をなくすために，別名で呼ばれていたり，形を変えたりしている場合がある。

B　思春期に大麻を使い始めた人は，成人してから使い始めた人に比べて，薬物依存になるリスクが高い。

C　覚醒剤や大麻などの指定薬物を1回使用するだけでは薬物乱用にはあたらない。

D　令和4年の大麻事犯検挙人員は，平成30年と比べ，約1.5倍に増加している。

‖ 2024年度 ‖ 愛媛県 ‖ 難易度 ■■■■■■□□

【24】 次の文は,「エイズ」について述べたものです。(1)~(4)のうち, 「エイズ」に関する内容として適切なものの組み合わせを, 以下のア ~カから一つ選び, その記号を書きなさい。

> (1) エイズは, 感染してから数日で症状が現れ, 1年以内に発病するのが特徴である。
>
> (2) HIVの感染経路は, 性的接触による感染, 血液による感染, 母子感染の三つである。
>
> (3) HIVはプールやトイレの共用では感染しないが, 蚊やダニを介して感染する。
>
> (4) たった1度の性的接触でも, HIVに感染する可能性がある。

ア (1)と(2)   イ (2)と(3)   ウ (3)と(4)   エ (1)と(3)
オ (2)と(4)   カ (1)と(4)

2024年度 ‖ 岩手県 ‖ 難易度

【25】 心肺蘇生法について, 正しい方法を次のア~オから一つ選び, その記号を書きなさい。

ア 傷病者を発見したら, 早期対応が求められることから直ちに近づき, 人工呼吸を開始する。

イ 傷病者の呼吸を確認したあと, 呼吸が確認されても胸骨圧迫を開始する。

ウ AEDを装着し, 心電図解析の結果, 電気ショックの必要がなくても, 胸骨圧迫を行う。

エ 人工呼吸による胸骨圧迫の中断は, 意識と呼吸を確認するために10秒以上行う。

オ 胸骨圧迫に人工呼吸を組み合わせることは, 救助者に対して義務付けられている。

2024年度 ‖ 岩手県 ‖ 難易度

解答・解説

【1】③

○**解説**○ a 「後方に回転します。」という記述から,「後転」が技の名称に含まれると判断できる。これに加え「頭を越したら脚を開き」,「開脚立ちをします」といった運動経過から,回転系接転技群(背中をマットに接して回転する)の開脚後転である。 b 選択肢である「側方倒立回転」と「ロンダート」は,回転系ほん転技群(手や足の支えで回転する技)に属している。「踏み出した足と同じ側の手を着き」,「片足ずつ着地」という運動経過の記述から,側方倒立回転と判断できる。

c 「体を空中に投げ出し」という運動経過から,回転系接転技群の発展技である跳び前転と判断できる。 d 「膝を伸ばしたまま前屈姿勢になって」という運動経過から「伸膝」が技の名称に含まれていると判断できる。回転系接転技群の伸膝後転である。 e ロンダートは回転系ほん転技群の倒立回転グループの技であり,その特徴は,倒立姿勢から$\frac{1}{4}$のひねりがあること,着地後の体の向きが技を始めた方向と逆(後ろ向き)になっている点である。技の名称は,体の動きや様子・方向といった運動の経過や使う体の箇所などを用いて表されている。その視点に立って技の名称を理解すると良い。

【2】1 鬼遊び 2 イ

○**解説**○ 1 ボール運動系の領域は,低・中学年の「ゲーム」と高学年の「ボール運動」で構成され,さらに,低学年の「ゲーム」は「ボールゲーム」と「鬼遊び」で構成されている。「鬼遊び」では,一定の区域で逃げる,追いかける,陣地を取り合うなどをする。 2 中学年の「ゲーム」は「ゴール型ゲーム」「ネット型ゲーム」「ベースボール型ゲーム」で構成されている。学習指導要領解説には例として,「ゴール型ゲーム」ではハンドボール,ラインサッカー,タグラグビー,フラッグフットボールなど,「ネット型ゲーム」ではソフトバレーボール,プレルボール,天大中小など,「ベースボール型ゲーム」では攻守を交代するやさしいゲームがあげられている。

【3】4

○**解説**○ 1 助走距離が長過ぎると，減速しながら踏み切ることになってしまうことから，適切ではない。 2 走り幅跳びの踏み切りにおいては，助走で得た前方向へのスピードをできるだけ落とさず力強い踏み切りによって上方へ変換するために，踏み切り脚の膝はできるだけ曲げないようにする。 3 走り幅跳びにおける「はさみ跳び」の空中動作についての記述である。

【4】① コ ② ウ ③ カ ④ ケ ⑤ ア

○**解説**○ ① なお，エ「多様な動きを作る運動」は低・中学年で行われる運動である。 ② 柔軟性に関する内容は高学年が初出となる。 ③ 助走の水平方向のスピードを跳躍に切り替えるために，踏切り前のリズムが早くなる。 ④，⑤ ティーボールはホームベース上にあるティーにボールを置き，そのボールを打つ，野球のような競技。投手は存在しない代わりに内野手(捕手を除く)5人，外野手4人が守備につく。

【5】(1) a 競争 b 持たない c マナー (2) 陣地

(3) ベースボール型

○**解説**○ (1) ボール運動系の領域での技能は，ボール操作とボールを持たないときの動きで構成される。互いに協力し，動きを身に付けてゲームをし，ルールやマナーを守り，ゲームの楽しさや喜びを味わうことが大切である。 (2) 低学年のゲームは，ボールゲームと鬼遊びで構成されている。鬼遊びでは，一定の区域で，逃げる，追いかける，陣地を取り合うなどをすることが，指導事項として示されている。 (3) 高学年のボール運動は，ゴール型，ネット型，ベースボール型で構成されている。

【6】イ

○**解説**○ 第5学年及び第6学年の「体つくり運動」では，手軽な運動を通して「自己や仲間の心と体の関係に気付く」「仲間と関わる」こと，さらに「体の動きを高める運動の行い方を理解し，その動きを高める」

● 体育科

ことが求められている。これを踏まえると，イは単に動き(技)の上達を促す言葉掛けであり，不適切なものと判断できる。

【7】(1) 2 (2) 3
○**解説**○ (1) 「体の動きを高める運動」は，中(低)学年で学ぶ「多様な動きをつくる運動(遊び)」との系統性を考慮し，従前の「体力を高める運動」から名称が変更(平成29学習指導要領より)されたものである。身に付けた多様な動きを「さらに高める」と理解すると良い。
(2) 体ほぐしの運動のキーワードは，「心と体との関係に気付く」と「仲間との交流」である。

【8】⑤
○**解説**○ (ア) 跳び箱運動の技は，跳び箱上に支持し回転方向を切り返して跳び越す「切り返し系」と，跳び箱上を回転しながら跳び越す「回転系」に大別される。「跳び越し系」という名称の技はない。
(イ) 低学年の児童にとっては，バランスを取りながら周回することは難しい。こうしたことから直線を走ることを主体とした「折り返しリレー」が例示されている。一方，中学年においては，発達段階を踏まえ「コーナーの内側に体を軽く傾けて走ること」をめざした周回リレーが例示されている。一人が走る距離は30〜50m程度としている。
(ウ) ゴール型ゲームでは「ボールを扱う基本的な技術」と，攻撃を組み立てる上で重要な動きとなる「ボールを持たないときの動き(攻め方)」が学習内容となる。ボールを持たないときの(戦術的な)動きとして必要なことは，①ゲームの状況に応じて相手がいない場所に気付くことと，②その場所に移動すること，の2つである。 (エ) 「ひと流れの動き」とは，まとまり感をもった動きの連続であり，即興的な表現に欠かすことのできない動きである。中・高学年の指導事項の中で示されている。「ひとまとまりの動き」とは，「ひと流れの動き」をふくらませ，変化のある動きを組み合わせて，表したいイメージを強調するように「はじめ—なか—おわり」の構成を工夫した動きのことであり，より「作品」に近いといえる。高学年の指導事項の中で示されている。

562

【9】a ⑤　　b ②　　c ③　　d ④

○**解説**○ a　今回の学習指導要領改訂において，「走・跳の運動(遊び)」，「陸上運動」については，児童の実態に応じて「投の運動(遊び)」を加えて指導することができることが，新たに示された。　b・c　高学年の水泳運動については，「水中からのスタートを指導する」こと及び「学校の実態に応じて背泳ぎを加えて指導することができる」ことが，従前同様に示された。　d　運動領域と保健領域との関連を図ることについては，「体つくり運動」などの運動領域の内容と，心の健康と運動，病気の予防の運動の効果などの保健領域の内容とを関連して指導することで，運動と健康との関連について具体的な考えをもてるよう配慮することを意図している。

【10】前方支持回転

○**解説**○ 技の名称は，その技の動きや様子や方向などを反映している。その原則を理解し，具体的な動きとともに技の名称を覚えると良い。※印を付して示されている文には，技の名称に繋がる語句(支持，前方，回転)があることが分かる。

【11】6

○**解説**○ (1)　ソフトボールには，一塁での接触プレーによる事故を防ぐために，ダブルベースのルールができている。フェア域には守備者のためのホワイトベース，ファウル域には打者走者のためのオレンジベースがあり，一塁に二つのベースを置くルールである。　(2)　走り幅跳びの空中動作にはかがみ跳び，反り跳び，はさみ跳びがある。はさみ跳びはランニング動作を続けるように空中で足を動かす跳び方，反り跳びは空中で両手を上げて反って跳ぶ，かがみ跳びは振り上げた足をそのままキープし，上半身は垂直である。　(3)　崩しとは，動きの中で引き手や釣り手などを使い，相手を不安定な体勢にすることである。体さばきとは，相手の姿勢を崩しながら，投げやすい体勢になることである。　(4)　競泳の個人メドレーでは，バタフライ→背泳ぎ→平泳ぎ→自由形の順番で泳ぐ。メドレーリレーの場合は，背泳ぎ→平泳ぎ→バタフライ→自由形の順番である。

【12】ア　A　　イ　B
○**解説**○　ア　走り高跳びでは，助走で得た力を踏切りと同時に上向きの
　　力に変える。その際，上体を引き上げる(上体を起こす)動作が必要と
　　なる。　　イ　小学校におけるはさみ跳びは技術面から，踏み切った後，
　　バーをまたいで越える「またぎ跳び」が一般的な跳び方であることを
　　理解しておく必要がある。このまたぐ動作を想起すると，解答を得る
　　ことができる。

【13】D
○**解説**○　陸上競技ルールブック2023の「日本陸上競技規則連盟競技規則」
　　には，跳躍距離の測定方法は，「身体の一部または身に付けていたも
　　のが着地場所に残した痕跡の踏切線に最も近い箇所から，踏切線また
　　はその延長線上の地点までを計測する。計測は踏切線もしくはその延
　　長線に対して直角に行う」と記載されている。

【14】開脚後転
○**解説**○　技の名称は，体の動きや様子・方向といった運動の経過や，使
　　う体の部位を用いて表されている。その観点で問題に示された図を見
　　ると，運動の方向は後ろに回る「後転」，体の様子としては足を開く
　　「開脚」といった語句が想起でき，技の名称を導き出すことができる。

【15】(1)　上体起こし　　(2)　ア　B　　イ　A
○**解説**○　令和4年度の小学校男子，女子の各種目の値(令和4年度の値←
　　令和3年度の値)は，20mシャトルランが男子(45.9回←46.9回)，女子
　　(37.0回←38.2回)，50m走が男子(9.53秒←9.45秒)，女子(9.70秒←9.64秒)，
　　立ち幅跳びが男子(150.9cm←151.4cm)，女子(144.6cm←145.2cm)と，い
　　ずれも前年より低下したが，長座体前屈は男子(38.2cm←37.9cm)，女
　　子(33.8cm←33.5cm)で男女とも向上し，調査が始まった平成20年度以
　　降で，男女とも最高値となっている。他の握力，上体起こし，反復横
　　跳び，ソフトボール投げは，ほぼ横ばいだった。テストの種目名及び
　　種目ごとの最新の結果の傾向は，押さえておくとよい。

【16】ア
○**解説**○ イ　第1学年及び第2学年の幅跳び遊びの例示である。
ウ・オ　第5学年及び第6学年の走り幅跳びの例示である。　エ　第3
学年及び第4学年の幅跳びの例示だが，着地は両足で行う。

【17】ウ
○**解説**○ 技の名称は，その技の動きや様子や方向などを反映している。
その原則を理解し，具体的な動きとともに技の名称を覚えると良い。
問題の技の名称が「前方支持回転」であることを考えると，「膝をか
かえ込み」といった説明は適していないと判断できる。説明の内容は，
「かかえ込み回り」である。

【18】ア
○**解説**○ クラウチングスタートでは，視線を低く保ちながら最大スピー
ドを高める走りを行うことが重要である。したがって「位置について」
の姿勢から，頭は背中と同じ高さにして，視線はまっすぐ下を見る。

【19】エ
○**解説**○ クロールや平泳ぎは，第5学年及び第6学年において学習する内
容である。

【20】5
○**解説**○ 不安やストレスは，日常生活において回避することは困難であ
る。したがって，その対処にはいろいろな方法があることを理解し，
緩和するための対処法を身に付けることが学習内容となる。

【21】1　(1)　×　　(2)　○　　2　WBGT
○**解説**○ 1　(1)　熱中症の事故は，体が暑さに慣れていないことから，
急に暑くなったときにも発生しやすい。また，気温が比較的低くても，
湿度が高ければ熱中症事故が発生している。熱中症の発生には環境温
度だけでなく，無理な運動が影響して熱中症にかかることがある。し
たがって，「暑くなり始めるころやそれほど高くない気温では，熱中

症事故は発生していない」は，誤りである。 2 熱中症や暑さ指数 (WBGT)についての知識理解は，学校現場では欠かせない。「学校における熱中症対策ガイドライン作成の手引き」(環境省・文部科学省)等を参考に，理解を深めておくことを勧める。

【22】7

○**解説**○ (1)「社会性」とは，集団活動の場で自分の役割や責任を果たす，互いの特性を認め合う，他者と協力して諸問題を話し合う，その解決に向けて思考・判断する等の能力や態度である。「公共性」とは，広く社会一般に開かれていることである。 (2)「依存性がある」とは，やめたくてもやめられない状態であり，シンナーなどの薬物には依存性がある。「連続性」とは，連続していて切れ目がないことである。 (3) ねんざは関節の周りの損傷，打ぼく傷は筋肉や皮下組織の損傷で，打ち身ともいう。 (4) 運転者が危険を感じてから，ブレーキをかけ，ブレーキがきき始めるまでの距離を空走距離，ブレーキがきき始めてから，車が停止するまでの距離を制動距離という。また，空走距離と制動距離を合わせた距離を停止距離という。

【23】C

○**解説**○ 薬物は，1回でも使用すれば「乱用」である。学校における薬物乱用防止教育は，体育科，特別活動の時間はもとより，学校の教育活動全体を通じて指導を行うことが求められている。令和5(2023)年には，「第六次薬物乱用防止五か年戦略」が策定されているので，確認しておくとよい。

【24】オ

○**解説**○ エイズ(後天性免疫不全症候群)は，HIV(ヒト免疫不全ウイルス)によって引き起こされ，免疫機能が働かなくなる病気である。感染して数週間後発熱，頭痛などの症状が現れるが，その後自覚症状がない期間が数年続き，何も治療を施さなければ日和見感染症などを発症するようになる。感染経路は，主に「性的接触による感染」「血液を介しての感染」「母子感染」の3つに限られているため，予防対策をとる

ことで感染のリスクを減らすことができる。HIV感染者数及びエイズ
患者数はともに，2013年頃まで増加が続いていたが，その後は少しず
つ減少している(厚生労働省資料より)。

【25】ウ
○**解説**○ ア　まず，車の往来や危険物の有無など，周囲の安全を確認す
る必要があることから，「直ちに」は誤りである。　イ　呼吸があれ
ば，様子を見ながら応援・救急隊を待つ。　エ　胸骨圧迫の中断はで
きるだけ10秒以内にとどめ，十分な循環が戻るか専門家に引き継ぐま
で心肺蘇生を継続する。　オ　人工呼吸の仕方が分からない場合やた
めらわれる場合などは，胸骨圧迫のみでよいとされている。

【1】次の問いに答えなさい。

(1)　小学校第5学年，走り高跳びの授業で，「小学校学習指導要領解説　体育編」を読み，運動が苦手な児童への配慮を明確にした。

①　「小学校学習指導要領解説　体育編」(平成29年7月)第2章　第2節　各学年の目標及び内容〔第5学年及び第6学年〕　2内容　C　陸上運動　(1)知識及び技能　エ　走り高跳び　[例示]◎運動が苦手な児童への配慮の例」である。次の(　あ　)～(　う　)に当てはまる語句を，選択肢A～Iから選び，記号で書きなさい。

> （　あ　)助走から踏み切ることが苦手な児童には，3～5歩程度の短い助走での走り高跳びや跳び箱などの台から踏み切る場などで，力強く踏み切って(　い　)ことを経験できるようにしたり，「　ア　」など，一定のリズムを(　う　)踏み切る場を設定したりするなどの配慮をする。

選択肢　A　安定した　　　　　　B　スピード感のある
　　　　C　リズミカルな　　　　D　跳び越える
　　　　E　体が浮く　　　　　　F　遠くに跳ぶ
　　　　G　声に出しながら　　　H　画面に映しながら
　　　　I　事前に暗唱してから

②　上記①の「　ア　」に当てはまる助走のリズムとして適したものを，選択肢J～Lから選び，記号で答えなさい。

選択肢　J　トン・トン・トン・トーン・トン
　　　　K　トン・トン・ト・ト・トン
　　　　L　トン・トン・トーン・トーン・トーン

(2)　次は，「小学校学習指導要領解説　体育編」(平成29年7月)第2章第2節　各学年の目標及び内容〔第5学年及び第6学年〕　2内容　G保健　(2)けがの防止　の一部である。以下の(　え　)，(　お　)に当てはまる語句を書きなさい。

> けがの防止については，けがの発生要因や防止の(え)について理解できるようにする必要がある。また，けがが発生したときには，その症状の悪化を防ぐために速やかに手当ができるようにする必要がある。さらに，危険を(お)し回避する(え)を考え，それらを表現できるようにする必要がある。

┃ 2024年度 ┃ 長野県 ┃ 難易度 ▮▮▮▮▮▮▮▯▯▯

【2】「小学校学習指導要領(平成29年告示)解説 体育編」の中学年の「内容の取扱い」について，適当でないものを，次の1～5のうちから一つ選べ。

1 内容の「A体つくり運動」については，2学年間にわたって指導するものとする。

2 内容の「C走・跳の運動」については，児童の実態に応じて投の運動を加えて指導することができる。

3 内容の「Eゲーム」の(1)【知識及び技能】のア【ゴール型ゲーム】については，味方チームと相手チームが入り交じって得点を取り合うゲームを取り扱うものとするが，これに替えて陣地を取り合うゲームを取り扱うことができるものとする。

4 内容の「F表現運動」の(1)【知識及び技能】については，学校や地域の実態に応じてフォークダンスを加えて指導することができる。

5 各領域の各内容については，運動と健康が密接に関連していることについての具体的な考えがもてるよう指導すること。

┃ 2024年度 ┃ 大分県 ┃ 難易度 ▮▮▮▮▮▯▯▯▯▯

【3】次の文は，平成29年告示の小学校学習指導要領の「体育」における「第3 指導計画の作成と内容の取扱い」の一部である。(①)，(②)に当てはまる語句を以下の(ア)～(エ)からそれぞれ一つ選び，記号で答えよ。

> (3) 第2の内容の指導に当たっては，コンピュータや情報通信ネットワークなどの情報手段を(①)に活用し，各領域の(②)に応じた学習活動を行うことができるように工夫すること。(後半省略)

① (ア) 積極的　(イ) 十分　(ウ) 効果的　(エ) 適切
② (ア) 運動　(イ) 内容　(ウ) 特質　(エ) 必要

‖ 2024年度 ‖ 岡山県 ‖ 難易度 ■■■■□□

【4】次は，小学校学習指導要領「体育」の「第2　各学年の目標及び内容〔第1学年及び第2学年〕2　内容　A　体つくりの運動遊び」の一部である。①～③にあてはまることばを，以下のa～hからそれぞれ一つ選び，記号で記せ。

> (1) 次の運動遊びの楽しさに触れ，その行い方を知るとともに，体を動かす心地よさを味わったり，(①)な動きを身に付けたりすること。
>
> ア　体ほぐしの運動遊びでは，手軽な運動遊びを行い，心と体の(②)に気付いたり，みんなで関わり合ったりすること。
>
> イ　多様な動きをつくる運動遊びでは，体のバランスをとる動き，体を(③)する動き，用具を操作する動き，力試しの動きをすること。

a　移動　　b　関係　　c　回転　　d　自主的　　e　成長
f　基本的　g　調整　　h　変化

‖ 2024年度 ‖ 山梨県 ‖ 難易度 ■■■■□□

【5】「小学校学習指導要領(平成29年告示)解説　体育編」「第2章　体育科の目標及び内容　第2節　各学年の目標及び内容　第5学年及び第6学年　3　内容の取扱い」の説明として適切ではないものを，次の①～⑤のうちから選びなさい。

① 内容の「A体つくり運動」については，2学年間にわたって指導するものとする。また，体の動きを高める運動については，体の柔らか

さ及び巧みな動きを高めることに重点を置いて指導するものとする。

② 内容の「C陸上運動」については，児童の実態に応じて，投の運動を加えて指導することができる。

③ 内容の「D水泳運動」のクロール及び平泳ぎについては，水中からのスタートを指導するものとする。また，学校の実態に応じて背泳ぎを加えて指導することができる。

④ 内容の「F表現運動」の知識及び技能については，学校や地域の実態に応じて創作ダンスを加えて指導することができる。

⑤ 各領域の各内容については，運動領域と保健領域との関連を図る指導に留意する。

┃ 2024年度 ┃ 神奈川県・横浜市・川崎市・相模原市 ┃ 難易度 ▪▪▪▪▫▫

【6】次の文は，「小学校学習指導要領(平成29年告示)解説　体育編　第3章　指導計画の作成と内容の取扱い　2　内容の取扱い」の一部である。文中の(　)に当てはまる語句を，以下の選択肢から1つ選び，記号で答えなさい。

> (4)　運動領域におけるスポーツとの多様な関わり方や保健領域の指導については，(　)学習を取り入れるよう工夫すること。

ア　健康・安全に関する
イ　情報機器の操作を取り入れた
ウ　スポーツの意義や価値に触れる
エ　具体的な体験を伴う

┃ 2024年度 ┃ 宮崎県 ┃ 難易度 ▪▪▪▫▫▫

【7】小学校学習指導要領解説体育編の「各学年の目標及び内容」について，次の(1)〜(4)に答えなさい。

(1)「第1学年及び第2学年」の「内容」の「器械・器具を使っての運動遊び」の「知識及び技能」では，4つの「運動遊び」が示されている。「固定施設を使った運動遊び」と「跳び箱を使った運動遊び」以外を2つ書きなさい。

(2)「第3学年及び第4学年」の「内容」の「水泳運動」の「知識及び技能」では，2つの運動が示されている。「浮いて進む運動」以外を書

● 体育科

きなさい。

(3) 「第5学年及び第6学年」の「内容」の「陸上運動」の「知識及び技能」の「短距離走・リレー」で示されている，バトンの受渡しをする場所の名称を書きなさい。

(4) 「第5学年及び第6学年」の「内容」の「表現運動」の「知識及び技能」の「フォークダンス」では，2つの踊りが示されている。「外国の踊り」以外を書きなさい。

┃ 2024年度 ┃ 青森県 ┃ 難易度 ■■■■■■

【8】小学校「体育」の学習について，次の(1)，(2)の問いに答えなさい。

(1) 第3学年「水泳運動」の単元の導入で，水に浮かせたところ，水に対する恐怖心を抱いてすぐに立ってしまう児童が複数いた。そのような児童の恐怖心を和らげ，意欲的に取り組めるようにするため，教師はどのような指導の工夫をするとよいか。具体的に書きなさい。

(2) 第5学年「けがの防止」について，次の①，②の問いに答えなさい。

① 学校生活の事故におけるけがを防止するために，授業のはじめに学校内の廊下や階段で児童が歩行している様子を収めた動画を提示することとした。その意図を具体的に書きなさい。

② 登下校における犯罪被害を防止するために，どのような児童の行動を取り上げるとよいか。具体的に書きなさい。

┃ 2024年度 ┃ 群馬県 ┃ 難易度 ■■■■■■

【9】水泳運動系の指導内容として誤りを含むものを，次の1〜4のうちから1つ選びなさい。

1 高学年の指導内容は，「クロール」，「平泳ぎ」，「安全確保につながる運動」で構成される。

2 中学年の指導内容は，「浮いて進む運動」，「もぐる・浮く運動」で構成される。

3 安全確保につながる運動では，呼吸が苦手な児童には，頭を大きく上げて息継ぎするように助言するなどの配慮をする。

4 水に対する恐怖心のある児童には，すぐに泳法の練習を行わず，呼吸の仕方を丁寧に確認するなどの配慮をする。

┃ 2024年度 ┃ 宮城県・仙台市 ┃ 難易度 ■■■■■■

572

【10】第3学年「ゲーム」の学習を行うこととします。どの児童も学習に取り組みやすくするための工夫として最も適切なものを，次の①〜⑤の中から1つ選び，記号で答えなさい。

① 一定の区域で逃げる，追いかける，陣地を取り合うなどの簡単な規則の鬼遊びを中心に行うようにする。

② ゲームを児童の発達の段階を踏まえて，基本的なボール操作で行うことができるようにする。

③ ゴール型では，ゴール前の空間をめぐる攻防についての学習課題を追究しやすいようにプレイヤーの人数，コートの広さ，用具，プレイ上の制限を工夫したゲームを行うようにする。

④ 簡単なボール操作と簡単な攻めや守りの動きなどのボールを持たないときの動きによって，コート内で攻守入り交じって，的やゴールに向かってボールを投げたり蹴ったりする簡単な規則で行われる易しいゲームなどを行うようにする。

⑤ ルールや形式が一般化されたゲームを児童の発達の段階を踏まえ，実態に応じたボール操作で行うことができるようにする。

2024年度 **広島県・広島市** **難易度**

解答・解説

【1】(1) ① あ C　い E　う G　② K　(2) え 方法　お 予測

○**解説**○ (1) 走り高跳びの助走では，踏み切りに余裕がもてるスピードで，リズミカルにテンポよく行うようにする。助走は5〜7歩程度で行うが，リズミカルな助走が苦手な児童については3〜5歩程度の短い助走で跳ぶ練習をしたり，跳び箱などの台を使って踏み切り体が浮く経験をさせたり，声を出してテンポを刻みながら踏み切る場を設定したりするなどの配慮をする。　(2) けがの防止の学習では，けがの発生要因や防止の方法について理解できるようにすることがねらいである。提示された文の1文目が知識，2文目が技能，3文目が思考力，判

断力，表現力等に関する内容である。けがの防止に関する課題を解決するためには，危険の予測や回避の方法を考え，表現することが大切となる。

【2】3

○**解説**○ 「味方チームと相手チームが」以降は，「味方チームと相手チームが入り交じって得点を取り合うゲーム及び陣地を取り合うゲームを取り扱うものとする」が正しい。

【3】① （ア）　② （ウ）

○**解説**○ ①　ICT機器や情報手段の「積極的」な活用は，体育科のみならず教育活動全体を通じて求められていることを理解しておく必要がある。　②　各領域とは運動領域と保健領域のことである。したがって，そのものだけに見られる性質，つまり「特質」に応じた学習活動となる。

【4】①　f　②　h　③　a

○**解説**○ 低学年の体つくりの運動遊びは，体ほぐしの運動遊びと多様な動きをつくる運動遊びで構成されている。問題文の内容(1)は，知識及び運動の内容である。心と体の変化とは，体を動かすと気持ちがよいことや，汗が出たり，心臓の鼓動が激しくなったりすることなどである。体を移動する動きとは，這う，歩く，走る，跳ぶ，はねるなどの動きで行うものである。

【5】④

○**解説**○ 表現運動系では，低学年が「表現遊び」及び「リズム遊び」，中学年が「表現」及び「リズムダンス」，高学年が「表現」及び「フォークダンス」で構成されている。低学年の「リズム遊び」，中学年の「リズムダンス」，高学年の「フォークダンス」は，そのつながりが考慮されており，低学年では「簡単なフォークダンス」を，中学年では「フォークダンス」を，高学年では「リズムダンス」を，実態に応じてそれぞれ加えて指導できることが，内容の取扱いに示されている。

【6】エ

〇**解説**〇 スポーツとの「多様な関わり方」とは，スポーツを「すること，みること，支えること，知ること」であり，具体的な体験が大切である。また，「保健領域」は，知識中心の学習になりがちであることからも，具体的な体験を伴う学習を取り入れることが求められている。なお，アは保健領域，ウは運動領域のみに関する記述である。

【7】(1) ・マット(を使った運動遊び) ・鉄棒(を使った運動遊び)
(2) もぐる(・浮く運動) (3) テーク・オーバー・ゾーン
(4) (日本の)民踊

〇**解説**〇 (1) 中・高学年における器械運動の内容は，「マット運動」，「鉄棒運動」，「跳び箱運動」で構成されている。低学年においては，「固定施設を使った運動遊び」以外に，中・高学年の器械運動の基礎となる3つの運動遊びで構成されている。 (2) 中学年の水泳運動は，「浮いて進む運動」と「もぐる・浮く運動」で構成されている。もぐる・浮く運動では，呼吸を調整しながらいろいろなもぐり方をしたり，背浮きの姿勢で浮いたり，簡単な浮き沈みをしたりする。 (3) バトンの受け渡しは，テーク・オーバー・ゾーンと呼ばれる30mの区間内で行わなければならない。全てのバトンパスにおいては，テーク・オーバー・ゾーン外から走り出してはならず，そのゾーンの中でスタートしなければならない。「take over」とは「引き継ぐ，引き受ける」といった意味がある。 (4) フォークダンスの「フォーク(folk)」には，民族の，民族的なという意味がある。フォークダンスでは，日本の民謡をはじめとする世界の国々で親しまれてきた民族音楽で踊る踊りを身に付けて，世界の文化に触れながら踊りで交流する力を育むことがねらいである。

【8】(1) ・低学年で行った水遊びに取り組ませる。 ・ゲーム的な要素のある運動に取り組ませる。 (2) ① 身近な学校生活の事故に気付くことができるようにするため。 ② ・犯罪が起こりやすい場所を避けること。 ・犯罪に巻き込まれそうになったらすぐに助けを求めること。

○**解説**○ (1)　水泳における不安の要因は，呼吸が制限されることや固定した姿勢が保てないこと，視界が通常と違うことなど多岐にわたる。また不安の程度の個人差も大きい。したがって，楽しさを感じる活動（ゲーム）や経験を基にした活動を取り入れるなど，その不安感を取り除く配慮が大切である。　(2)　①　保健領域の学習は，健康に関する課題を見付ける（理解する）ことから始まる。したがって，その課題を子どもたちが，自分たちにとって身近なものとして捉えることが重要である。　②　登下校における犯罪被害を防止するための指導としては，登下校，放課後，自宅周辺などで，犯罪発生の危険性の高い場所・時間帯を確認するための活動を行ったり，校内外で，犯罪被害から身を守るため，危険性の高い場所・時間帯を避ける，逃げる，助けを求める，近くの先生や大人に知らせる，110番通報するなど具体的な方法について指導する機会を設けたりすることなどが挙げられる。児童生徒等の活動範囲が広がる長期休業前の指導は，特に重要である。また，学校や地域の実情に応じて，地域の関係機関・団体や保護者の協力・参加を得ることが不可欠である。

【9】3

○**解説**○ 学習指導要領解説体育編には「頭を大きく上げるのではなく首をゆっくりと動かし呼吸することを助言する」と示されている。頭を大きく上げようとすると力が入って体が沈んでしまい，かえって呼吸を妨げることになる。

【10】②

○**解説**○ ①「鬼遊び」は低学年の指導内容である。　③　ゴール型のゴール前の空間をめぐる攻防は，中学校の指導内容である。　④　低学年の「ボールゲーム」の指導内容である。　⑤　高学年の「ボール運動」の内容の中で，「簡易化されたゲーム」に関する説明である。

生活科

要点整理

●平成29年告示学習指導要領　改訂の要点

(1)　目標の改善について

①教科の目標

　生活科において育成を目指す資質・能力については，中央教育審議会答申(平成28年12月21日)にて，「知識・技能」，「思考力・判断力・表現力等」，「学びに向かう力・人間性等」の3つの柱に沿った整理が行われた。これを受け，教科の目標は次のように示された。

> 　具体的な活動や体験を通して，身近な生活に関わる見方・考え方を生かし，自立し生活を豊かにしていくための資質・能力を次のとおり育成することを目指す。
> (1)　活動や体験の過程において，自分自身，身近な人々，社会及び自然の特徴やよさ，それらの関わり等に気付くとともに，生活上必要な習慣や技能を身に付けるようにする。
> (2)　身近な人々，社会及び自然を自分との関わりで捉え，自分自身や自分の生活について考え，表現することができるようにする。
> (3)　身近な人々，社会及び自然に自ら働きかけ，意欲や自信をもって学んだり生活を豊かにしたりしようとする態度を養う。

　従前より示し方が変更され，先述の3つの柱に対応して(1)～(3)の目標が示された。それぞれ(1)が「知識・技能」，(2)が「思考力・判断力・表現力等」，(3)が「学びに向かう力・人間性等」による。

　また，「身近な生活に関わる見方・考え方」とは，同答申では「身近な人々，社会及び自然を自分との関わりで捉え，比較，分類，関連付け，試行，予測，工夫することなどを通して，自分自身や自分の生活について考えること」として示している。

②各学年の目標

〔第1学年及び第2学年〕

> (1)　学校，家庭及び地域の生活に関わることを通して，自分と身近な人々，社会及び自然との関わりについて考えることができ，

それらのよさやすばらしさ，自分との関わりに気付き，地域に愛着をもち自然を大切にしたり，集団や社会の一員として安全で適切な行動をしたりするようにする。

(2)　身近な人々，社会及び自然と触れ合ったり関わったりすることを通して，それらを工夫したり楽しんだりすることができ，活動のよさや大切さに気付き，自分たちの遊びや生活をよりよくするようにする。

(3)　自分自身を見つめることを通して，自分の生活や成長，身近な人々の支えについて考えることができ，自分のよさや可能性に気付き，意欲と自信をもって生活するようにする。

(2)　内容の改善について

　内容は，〔学校，家庭及び地域の生活に関する内容〕(1)～(3)，〔身近な人々，社会及び自然と関わる活動に関する内容〕(4)～(8)，〔自分自身の生活や成長に関する内容〕(9)の3領域9項目で構成される。

●学習指導法

　生活科における資質・能力を育む学習過程は，やってみたい，してみたいと自分の思いや願いを持ち，具体的な活動や体験を行い，直接対象と関わる中で感じたり考えたりしたことを表現し，行為していくプロセスであると考えられる。今回の学習指導要領改訂における趣旨の一つである「主体的な学び」「対話的な学び」「深い学び」の視点から学習過程を改善を図ることを実現するには，このプロセスを念頭に，表現活動を工夫し，体験活動と表現活動とが豊かに行きつ戻りつする相互作用を意識することが重要である。中央教育審議会答申(平成28年12月21日)によると，それぞれの学びを実現するための視点として，次のような物が挙げられている。

「主体的な学び」

・生活科では，子供の生活圏である学校，家庭，地域を学習の対象や場とし，対象と直接関わる活動を行うことで，興味や関心を喚起し，自発的な取組を促してきた。こうした点に加えて，表現を行い伝え合う活動の充実を図ることが必要である。

● 生活科

- ・小学校低学年は，自らの学びを直接的に振り返ることは難しく，相手意識や目的意識に支えられた表現活動を行う中で，自らの学習活動を振り返る。振り返ることで自分自身の成長や変容について考え，自分自身についてのイメージを深め，自分のよさや可能性に気付いていく。自分自身への気付きや，自分自身の成長に気付くことが，自分は更に成長していけるという期待や意欲を高めることにつながる。
- ・学習活動の成果や過程を表現し，振り返ることで得られた手応えや自信は，自らの学びを新たな活動に生かし挑戦していこうとする子供の姿を生み出す。こうしたサイクルが「学びに向かう力」を育成するものとして期待することができる。

「対話的な学び」

- ・生活科では，身の回りの様々な人々と関わりながら活動に取り組むことや，伝え合ったり交流したりすることが大切である。伝え合い交流する中で，一人一人の発見が共有され，そのことをきっかけとして新たな気付きが生まれたり，関係が明らかになったりすることが考えられる。他者との協働や伝え合い交流する活動は，一人一人の子供の学びを質的に高めることにもつながる。
- ・また，双方向性のある活動が行われ，対象と直接関わり，対象とのやり取りをする中で，感じ，考え，気付くなどして「対話的な学び」が豊かに展開されることが求められる。

「深い学び」

- ・生活科では，思いや願いを実現していく過程で，一人一人の子供が自分との関わりで対象を捉えていくことが生活科の特質であると言える。
- ・「身近な生活に関わる見方・考え方」を生かした学習活動が充実することで，気付いたことを基に考え，新たな気付きを生み出し，関係的な気付きを獲得するなどの「深い学び」を実現することが求められる。低学年らしいみずみずしい感性により感じ取られたことを，自分自身の実感の伴った言葉にして表したり，様々な事象と関連付けて捉えようとしたりすることを助けるような教員の関わりが求められる。

　指導計画の作成や指導法に関する設問では，これらの視点が相互に関連し合うことや，学習の目標との結びつきを念頭に置いて解答を作成したい。

【1】次の(1)〜(3)の問いに答えよ。

(1) 次の図は，生活科の学習で，身近な自然を観察したときに見られた生き物である。5〜6月頃に見られる生き物の組合せとして適当でないものを，次の1〜5のうちから一つ選べ。

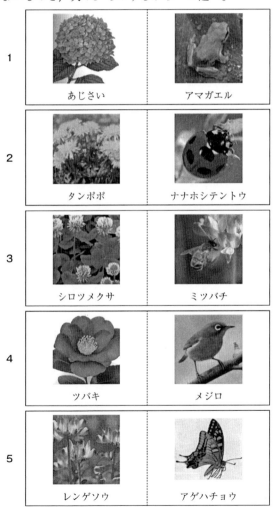

1	あじさい	アマガエル
2	タンポポ	ナナホシテントウ
3	シロツメクサ	ミツバチ
4	ツバキ	メジロ
5	レンゲソウ	アゲハチョウ

(2) 「小学校学習指導要領(平成29年告示)解説　生活編　第4章　2　内容の取扱いについての配慮事項」に示された内容として適当でないものを，次の1〜4のうちから一つ選べ。

1　具体的な活動や体験を通して気付いたことを基に考えることができるようにするため，見付ける，比べる，たとえる，試す，見通す，工夫するなどの多様な学習活動を行うようにすること。

2　学習活動を行うに当たっては，コンピュータなどの情報機器について，その特質を踏まえ，児童の発達の段階や特性及び生活科の特質などに応じて適切に活用するようにすること。

3　多様な人々と触れ合う活動については，日常的に関わることができない人との活動を基本にし，具体的な活動や体験をする中で触れ合うことができるようにすること。

4　身近な人々，社会及び自然に関する活動の楽しさを味わうとともに，それらを通して気付いたことや楽しかったことなどについて，言語，絵，動作，劇化などの多様な方法により表現し，考えることができるようにすること。

(3)　次の文は，「小学校学習指導要領(平成29年告示)解説　生活編　第4章　1　指導計画作成上の配慮事項」について述べたものである。スタートカリキュラムの編成についての配慮事項として適当でないものを，次の1〜4のうちから一つ選べ。

1　入学当初は，幼児期の生活に近い活動と児童期の学び方を織り交ぜることはせずに，幼児期の豊かな学びと育ちを踏まえて，児童が主体的に自己を発揮できるようにする場面を意図的につくること。

2　児童の生活のリズムや集中する時間，意欲の高まりを大切にして，10分から15分程度の短い時間を活用して時間割を構成したり，2時間続きの学習活動を位置付けたりするなどの工夫をすること。

3　入学当初においては，重要な意味をもつスタートカリキュラムにおける合科的・関連的な指導では，児童の発達の特性や幼児期からの学びと育ちを踏まえ，児童の実態からカリキュラムを編成すること。

4　スタートカリキュラムは，全教職員でその意義や考え方，大切

にしたいことなどを共通理解し，協力体制を組んで第1学年を見
守り育てるとともに，児童の実態に即して毎年見直しを行いなが
ら改善し次年度につないでいくこと。

| 2024年度 | 大分県 | 難易度 ▉▉▉▉□

【2】次の(1)〜(3)に答えよ。

(1) 次は，小学校学習指導要領「生活」の「第1　目標」の一部であ
る。①に入ることばを記せ。

> (2) 身近な人々，(　①　)及び自然を自分との関わりで捉え，
> 自分自身や自分の生活について考え，表現することができ
> るようにする。

(2) 一般に，秋から育てるのに適さない野菜を，次のア〜エから一つ
選び，記号で記せ。
　ア　ダイコン　　イ　カブ　　ウ　コマツナ　　エ　ナス

(3) 一般に，卵で冬を越す生き物を，次のア〜エから一つ選び，記号
で記せ。
　ア　ミノムシ　　イ　トノサマバッタ　　ウ　カブトムシ
　エ　ナナホシテントウ

| 2024年度 | 山梨県 | 難易度 ▉▉▉□□

【3】「小学校学習指導要領(平成29年告示)解説　生活編　第4章　指導計
画の作成と内容の取扱い　2　内容の取扱いについての配慮事項」に
は，生活科における気付きの質を高めるための多様な学習活動として
「比べる」などの6つが例示されている。

　そこで，ドングリで作ったコマを可能な限り長時間回したいと考え
ている児童に，長時間回る友達が作ったドングリのコマと自分のコマ
との違いを比べさせ，コマを改良させる際に与える視点の組合せとし
て，最も適当なものを次の選択肢から1つ選び，記号で答えなさい。

【ドングリで作ったコマ】

　ア　ドングリの種類や大きさ，軸の素材や色彩，回し方

　イ　ドングリの種類や色彩，軸の長さや角度，回し方

　ウ　ドングリの種類や形，軸の長さや位置，回し方

　エ　ドングリの種類やツヤ，軸の重さや形，回し方

▌ 2024年度 ▌ 宮崎県 ▌ 難易度 ▍▊▊▊▊▊▊▊▊▊▊

【4】身近にある冬の動植物の様子について観察しました。次の(1)・(2)の各問いに答えなさい。

(1)　植物の冬の様子の記述として，適していないものを次の1〜4から1つ選び，番号で書きなさい。

　1　ススキは，地上に出ている部分が枯れるが，なかには地上に葉をつけたままの種もある。

　2　セイヨウタンポポは，ロゼット葉を広げ，茎の高さを低くして冬の冷たい風を避けている。

　3　ソメイヨシノの枝先には，春に花や葉になる小さな冬芽がついている。

　4　トチノキの冬芽は，柔らかい毛に覆われている。

(2)　昆虫の冬の生態に関する記述として，適していないものを次の1〜4から1つ選び，番号で書きなさい。

　1　テントウムシは，成虫のままで，木の穴や落ち葉の下で冬越しをする。

　2　モンシロチョウは，さなぎの状態で，冬越しをする。

　3　オオカマキリは，たまごの状態で，土の中で冬越しをする。

　4　アカトンボは，たまごの状態で，水中で冬越しをする。

▌ 2024年度 ▌ 名古屋市 ▌ 難易度 ▍▊▊▊▊▊▊▊▊▊▊

【5】春の身近な自然を観察して四季の変化に気付かせるため，児童にいろいろな植物を活用した遊びを工夫させることとした。植物と，その植物を使って行う遊びの組合せとして最も適切なものを次のア〜エから1つ選び，その記号を書きなさい。

	音出し遊び	草相撲	冠・指輪づくり
ア	タンポポ	カラスノエンドウ	シロツメクサ
イ	ナズナ	オオバコ	シロツメクサ
ウ	タンポポ	オオバコ	ササ
エ	ナズナ	カラスノエンドウ	ササ

‖ **2024年度** ‖ **青森県** ‖ **難易度** ‖■■■■■□□

【6】 次の表は，小学校学習指導要領(平成29年3月告示)「生活」に示されている第1学年及び第2学年の内容(7)「動植物の飼育・栽培」，(8)「生活や出来事の伝え合い」を踏まえて計画した第1学年「生きもの大すき」(全10時間)における単元目標，学習活動を示したものである。これについて，以下の(1)，(2)の問いに答えよ。

単元目標	身近な生き物を探したり世話したりする活動を通して，それらの育つ場所，変化や成長の様子に関心をもって働きかけながら，それらは生命をもっていることや成長していることに気付くとともに，生き物への親しみをもち，大切にしようとすることができるようにする。
学習活動	・ 町探検や普段の生活の中で見付けた生き物について話し合い，採集の計画を立てる。(1時間) ・ 生き物を採集し，見付けた生き物の様子や場所について紹介し合う。(2時間) ・ 生き物の住んでいる場所の特徴やえさなどを考えたり調べたりして，工夫して飼育する。(4時間) ・ 観察して気付いたことを記録し，友達と伝え合う。(1時間) ・ 生き物と繰り返し関わりながら世話をする。(常時活動) ・ 世話したことを振り返り，分かったことや感じたことを発表する。(2時間)

(1) 次の文は，小学校学習指導要領解説(平成29年7月)「生活編」に示されている指導計画作成上の配慮事項について説明したものである。内容(7)について，指導計画を作成する際，その取扱い方として適切なものを以下のA～Dから全て選び，その記号を書け。

> 動植物の飼育・栽培は，2学年間にわたって取り扱うものとされている。これは1回限りの活動で終わるのではなく，児童が経験を生かし，新たな目当てをもって，繰り返したり長期にわたったりして活動することを意図している。

	第1学年	第2学年
A	飼育	栽培
B	飼育	飼育
C	栽培	栽培
D	飼育と栽培	飼育と栽培

(2) 町探検で見付けたアゲハの卵を教室で育てていると，やがて蛹（さなぎ）

● 生活科

になり成虫となった。アゲハと同じように，幼虫から成虫になる過
程で蛹になるものを，次のA〜Dから一つ選び，その記号を書け。

A　コオロギ　　B　セミ　　C　ダンゴムシ　　D　テントウムシ

| 2024年度 | 愛媛県 | 難易度 |

解答・解説

【1】(1)　4　　(2)　3　　(3)　1

○**解説**○ (1)　観察する地域によるが，シロツメクサやレンゲソウは春か
ら夏にかけて，タンポポ，ナナホシテントウ，アゲハチョウは春から
秋にかけて見られる。また，あじさいやアマガエルは夏から，ミツバ
チやメジロは1年中見られる。従って，これらは5〜6月頃に身近なと
ころで見ることができる。しかし，ツバキは冬から春にかけて開花す
るので，5〜6月頃には見られない。　(2)　多様な人々と触れ合う活動
については，身近な幼児や高齢者，障害のある児童生徒など，日常的
に関わることができる人との活動を基本にすることが示されている。
(3)　「幼児期の生活に近い活動と児童期の学び方を織り交ぜながら」
が正しい。スタートカリキュラムは，平成20年改訂の学習指導要領解
説において示され，今回の改訂においては，幼児期の教育と小学校教
育の発達の特性を踏まえた学校段階間の円滑な接続の観点から，さら
にその重要性を高めるものとして位置付けられている。

【2】(1)　社会　　(2)　エ　　(3)　イ

○**解説**○ (1)　教科目標(2)は，「思考力，判断力，表現力等の基礎」とし
ての資質・能力について示されている。生活科は，児童が身近な人々，
社会及び自然と直接関わり合う中で，生活上必要な習慣や技能を身に
付けることを目指している。　(2)　秋から育てるのに適しており，冬
に旬を迎える野菜は，ダイコン，カブ，コマツナのほか，ハクサイ，
ホウレンソウ，ブロッコリーなどである。ナスは夏に旬を迎える野菜
であり，春から育てる。　(3)　卵で冬を越す昆虫は，トノサマバッタ，

カマキリ，コオロギなどである。ミノムシやカブトムシは幼虫で冬を越す。また，ナナホシテントウは成虫で冬を越す。

【3】ウ
○解説○ 生活科では，学習活動が体験だけに終わってしまい，気付きを質的に高める指導が十分ではなかった，というこれまでの指摘を受けて，多様な学習活動を行うことで気付きの質を高めていくことを目指している。この場合の多様な学習活動とは，「見付ける，比べる，たとえる，試す，見通す，工夫する」などである。ドングリでコマを作って遊ぶ活動では，「見付ける，比べる，たとえる」などの学習活動から分析的に考え，「試す，見通す，工夫する」などの学習活動からより質の高い気付きを生み出していく。

【4】(1)　4　　(2)　3
○解説○ (1)　4　トチノキの冬芽は粘り気があってベタベタしているので，「柔らかい毛に覆われている」は誤りである。冬芽が柔らかい毛に覆われているのは，コブシやハクモクレンなどである。
(2)　3　オオカマキリは秋に木の枝にたまごを産み付け，たまごの状態で冬を越すので，「土の中で冬越しをする」は誤りである。

【5】イ
○解説○ 音出し遊びはナズナをくるくる回して，草相撲はオオバコを使って，冠・指輪づくりはシロツメクサを使って，それぞれ遊ぶ。タンポポは綿毛飛ばしや風車づくりができる。また，カラスノエンドウでは笛，ササでは舟をつくった遊びができる。

【6】(1)　A，D　　(2)　D
○解説○ (1)　児童が自然に接する機会が乏しくなってきたことを背景として，生活科では継続的な飼育・栽培の指導を行っている。「2学年間にわたって取り扱う」ということは1回限りの活動で終わらせず，第1学年でも第2学年でも取り扱うということである。また，学習指導要領解説(平成29年7月)では，飼育と栽培のどちらか一方のみを行うので

はなく，両方を確実に行っていくということも示されている。2学年間の取り扱い方としては，第1学年で飼育，第2学年で栽培(又はその逆)を行う方法や，どちらの学年でも飼育と栽培の両方を行う方法が適切である。一方，2学年間とも飼育・栽培のどちらか一方のみの取扱い方は，不適切である。　(2)「卵→幼虫→蛹→成虫」と完全変態をする昆虫は，アゲハ，テントウムシ，ミツバチ，ハエなどである。蛹の時期がなく，「卵→幼虫→成虫」と不完全変態をする昆虫は，コオロギ，セミ，シオカラトンボなどである。ダンゴムシは昆虫ではないので，蛹にはならない。

生活科 ■ 学習指導要領・指導法

【1】 生活科について，次の問に答えよ。

問1 次は，指導要領解説「生活編　第2章　生活科の目標　第2節 学年の目標　2　学年の目標の趣旨　(1)」である。

> (1)　学校，家庭及び地域の生活に関わることを通して，自分 と身近な人々，社会及び自然との関わりについて考えるこ とができ，それらのよさやすばらしさ，自分との関わりに 気付き，地域に愛着をもち自然を大切にしたり，<u>①集団や 社会の一員として安全で適切な行動</u>をしたりするようにす る。

　下線部①について，期待される行動の例として適切なものをA～ Dから二つ選び，記号で答えよ。

A　対象と関わることのよさを味わい，活動し関わることを心待ち にする。

B　相手や場所の様子や状況を考えて，接したり扱ったりすること ができる。

C　自分自身の心身の成長やそれを支える身近な人の存在を認める ことができる。

D　健康や安全に気を付けたり，きまりなど日常生活に必要なこと を大切にしたりして行動することができる。

問2 次は，指導要領「第2章　第5節　生活　第2　各学年の目標及び 内容〔第1学年及び第2学年〕2　内容〔学校，家庭及び地域の生活 に関する内容〕(5)」である。

> (5)　身近な自然を観察したり，<u>②季節や地域の行事に関わっ たり</u>するなどの活動を通して，それらの違いや特徴を見付 けることができ，自然の様子や四季の変化，季節によって 生活の様子が変わることに気付くとともに，<u>③それらを取 り入れ自分の生活を楽しくしようとする</u>。

(1) 下線部②について，活動として取り上げることが想定される季節の行事の例を，一つ答えよ。

(2) 下線部③についての説明として適切なものをA～Cから一つ選び，記号で答えよ。

A　自然との触れ合いや行事との関わりの中で，気付いたことを毎日の生活に生かし，自分自身の暮らしを楽しく充実したものにしようとすることである。

B　例えば，季節ごとに見える星座が異なることに気付き，自然事象の変化を客観的に見つめながら，自身の生活を楽しくしようとすることである。

C　ここでの活動は，他の内容との関連を図りながら継続的に扱うことが考えられる。特に，内容　(2)「家庭と生活」，内容(9)「自分の成長」と適宜関連させて，創意工夫のある指導計画を作成することが大切である。

▍2024年度 ▍島根県 ▍難易度 ▉▉▉▉▉▉▉▉▉▉

【2】次の文は，小学校学習指導要領生活(平成29年3月告示)の学年の目標(1)である。以下の(1)，(2)の各問いに答えよ。

> (1)　学校，家庭及び(a)に関わることを通して，自分と身近な人々，社会及び(b)との関わりについて考えることができ，それらのよさやすばらしさ，自分との関わりに気付き，地域に(c)をもち(b)を大切にしたり，<u>集団や社会の一員として安全で適切な行動をしたり</u>するようにする。

(1)　文中の(a)～(c)に入る適切な語句を次の語群からそれぞれ一つずつ選び，記号で答えよ。

語群　　1　施設　　2　公共　　3　地域の生活　　4　自然
　　　　5　対象　　6　事象　　7　関心　　　　　8　愛着
　　　　9　つながり

(2) 小学校学習指導要領解説生活編(平成29年7月)では下線部についての目指す姿として，次のように述べられている。文中の(d)に入る適切な語句を答えよ。

> 　児童が学校，家庭，地域社会における一人の構成員として，様々な場でどのような行動をすることが望ましいかについて考え，自ら進んで次のような行動ができるようになることである。
> ア　自分の思いや願いをもって接することができる
> イ　相手や場所の様子や状況を考えて，接したり扱ったりすることができる
> ウ　人や場所，ものなどに親しみ，大切にすることができる
> エ　健康や安全に気を付けたり，きまりなど日常生活に必要なことを大切にしたりして行動することができる
> オ　自分の(d)や友達の(d)を認め合って，協力して行動することができる

┃ 2024年度 ┃ 山口県 ┃ 難易度 ▮▮▮▮▮▮▮▮

【3】次の文は，平成29年3月告示の小学校学習指導要領　生活　目標の一部を示したものです。空欄(a)・(b)にあてはまる言葉は何ですか。以下の①～⑤の中からそれぞれ1つ選び，記号で答えなさい。

> (3)　身近な人々，(a)及び自然に自ら働きかけ，意欲や(b)をもって学んだり生活を豊かにしたりしようとする態度を養う。

a　①　学校　　②　家庭　　③　地域　　④　社会
　　⑤　公共物
b　①　願い　　②　自信　　③　関心　　④　気付き
　　⑤　興味

┃ 2024年度 ┃ 広島県・広島市 ┃ 難易度 ▮▮▮▮▮▮▮▮

● 生活科

【4】次の文は,「小学校学習指導要領(平成29年告示)解説 生活編 第1章 総説 2 生活科改訂の趣旨及び要点 (2) 改訂の要点」から一部抜粋したものである。文中の( )に当てはまる語句として正しいものを以下の選択肢から1つ選び,記号で答えなさい。

> 幼児期における遊びを通した総合的な学びから,各教科等における,より自覚的な学びに円滑に移行できるよう,入学当初において,生活科を中心とした合科的・関連的な指導などの工夫( )を行うことを明示した。

ア イエナプラン教育　　　イ スティーム教育
ウ スタートカリキュラム　エ ウェルビーイング

▌2024年度 ▌宮崎県 ▌難易度 ■■■■■□□□

【5】次の文は,小学校学習指導要領「生活」の「指導計画の作成と内容の取扱い」の一部である。(①)~(④)にあてはまる語句を書きなさい。

> 2 第2の内容の取扱いについては,次の事項に配慮するものとする。
> (3) 具体的な活動や(①)を通して気付いたことを基に考えることができるようにするため,(②),(③),たとえる,(④),見通す,工夫するなどの多様な学習活動を行うようにすること。

▌2024年度 ▌青森県 ▌難易度 ■■■■■■■□

【6】次の文は,「小学校学習指導要領解説 生活編(平成29年7月)」に示されている指導計画の作成と内容の取扱いの一部です。以下の(1)・(2)の各問いに答えなさい。

> 児童が具体的な活動や体験を通して,(①)に関わる見方・考え方を生かし,自分と地域の人々,社会及び自然との関わりが具体的に把握できるような学習活動の充実を図ることとし,(②)を積極的に取り入れること。

(1) （　①　）に入る語句として，適するものを次の1～4から1つ選び，番号で書きなさい。

　1　身近な生活　　2　地域社会　　3　学校生活　　4　社会生活

(2) （　②　）に入る語句として，適するものを次の1～4から1つ選び，番号で書きなさい。

　1　主体的な学習　　2　校外での活動　　3　探究的な学習

　4　ICTを活用した活動

┃**2024年度**┃名古屋市┃難易度┃▮▮▮▮▯▯▯

【7】小学校学習指導要領(平成29年3月告示)における生活科の目標は，他教科等と異なり「見方・考え方を働かせ」とせず，幼児期における未分化な学習との接続という観点から，次のように示されている。文中の(　　)に当てはまる言葉を以下のA～Dから一つ選び，その記号を書け。

> 　具体的な活動や体験を通して，身近な生活に関わる見方・考え方を(　　)，自立し生活を豊かにしていくための資質・能力を次のとおり育成することを目指す。

A　感じ取り　　B　生かし　　C　見付け　　D　理解し

┃**2024年度**┃愛媛県┃難易度┃▮▮▮▮▮▯▯

【8】次の文章は，「小学校学習指導要領(平成29年告示)解説　生活編(平成29年7月)」の「第4章　指導計画の作成と内容の取扱い　1　指導計画作成上の配慮事項」の一部である。

　文中の[　ア　]から[　ウ　]にあてはまる語句の組み合わせとして最も適当なものを，以下の①から④までの中から一つ選び，記号で答えよ。

> (2)　児童の発達の段階や特性を踏まえ，2学年間を見通して学習活動を設定すること。

　小学校低学年では，[　ア　]の教育と[　イ　]教育との[　ウ　]の時期に位置し，2学年間で幼児期の発達の特性を強く残している状況から児童期の特性を示すようになるなど，身体面での成長はもちろんの

こと，情緒的側面や認知的側面においても発達の変容が大きい。

　ここで改めて児童の発達の段階や特性を踏まえ，2学年間を見通して学習活動を設定することと規定されたのは，低学年の2学年間での児童の情緒的側面や認知的側面での成長を把握すること，その時期の特性に見合った計画を立てることの重要性を再認識することが大切だからである。

	ア	イ	ウ
①	幼児期	児童期	交流
②	入学直後	小学校	交流
③	幼児期	小学校	接続
④	入学直後	児童期	接続

▎2024年度 ▎沖縄県 ▎難易度 ▎■■■■■

【9】次の文は，小学校学習指導要領解説　生活編(平成29年7月)第2章「第1節　教科目標」の「2　教科目標の趣旨」の一部です。(①)～(③)にあてはまる語句を，以下のア～ケから一つずつ選び，その記号を書きなさい。

> 　身近な生活に関わる見方は，身近な生活を捉える視点であり，身近な生活における人々，社会及び自然などの対象と自分がどのように関わっているのかという視点である。また，身近な生活に関わる考え方は，自分の生活において思いや願いを実現していくという学習過程にあり，自分自身や自分の生活について考えていくことである。(①)活動を行う中で，身近な生活を自分との関わりで捉え，よりよい生活に向けて思いや願いを実現しようとするようになり，そこでは，(②)が一体的に繰り返し行われ，自立し生活を豊かにしていくための資質・能力が育成されることを示している。
>
> 　なお，見方・考え方を(③)とは，生活科の学習過程において，児童自身が既に有している見方・考え方を発揮するということであり，また，その学習過程において，見方・考え方が確かになり，一層活用されることを示している。

ア　創造的な　　　　　　　　　イ　生かし

ウ　「活動」や「体験」　　　　エ　働かせ

オ　「伝え合い」や「振り返り」　カ　具体的な

キ　「思考」や「表現」　　　　ク　計画的な

ケ　育てる

┃ 2024年度 ┃ 岩手県 ┃ 難易度 ▩▩▩▩▩▢

【10】次の文は，小学校学習指導要領解説　生活編(平成29年7月)第4章「2　内容の取扱いについての配慮事項」の一部です。(①)，(②)にあてはまる語句として，正しい組み合わせを以下のア～カから一つ選び，その記号を書きなさい。

> (1)　地域の人々，社会及び自然を生かすとともに，それらを
> (①)に扱うよう学習活動を工夫すること。

> (4)　学習活動を行うに当たっては，コンピュータなどの情報機
> 器について，その特質を踏まえ，児童の発達の段階や特性及
> び生活科の特質などに応じて(②)活用するようにするこ
> と。

ア　①　計画的　　②　日常的に

イ　①　計画的　　②　適切に

ウ　①　計画的　　②　積極的に

エ　①　一体的　　②　日常的に

オ　①　一体的　　②　適切に

カ　①　一体的　　②　積極的に

┃ 2024年度 ┃ 岩手県 ┃ 難易度 ▩▩▩▩▢▢

【11】小学校「生活」の第1学年「はなとなかよし」の学習において，単元の目標を以下のように設定して，種をまいて世話をし，成長の様子を記録したり，花を使った遊びを楽しんだりする活動を行った。以下の(1)～(3)の問いに答えなさい。

● 生活科

> ＜単元の目標＞
>
> 　アサガオを育てる活動を通して，アサガオの育つ場所，変化や成長の様子に関心をもって働きかけ，成長していることに気付くとともに，アサガオに親しみをもち，植物を大切にすることができるようにする。

(1)　この単元の学習で栽培する植物として，アサガオを選んだ教師の意図を，＜単元の目標＞を踏まえて書きなさい。

(2)　アサガオを栽培することへの児童の興味や期待感を高めるために，単元に入る前や単元の導入時に行いたい工夫を1つ書きなさい。

(3)　生活科は，他教科等との関連を積極的に図り，互いの教科等における学習効果を高めることが大切である。この単元の学習と他教科等の学習をどのように関連付けることができるか，関連させる教科等と具体的な学習活動を答えなさい。

┃ 2024年度 ┃ 群馬県 ┃ 難易度 ┃

【12】はさみは，児童にとって，紙や布などを切るときに使う最も身近な道具である。はさみを使うときの留意点について，適切なものを次のア～エからすべて選び，その記号を書きなさい。

ア　刃の付け根から中ほどあたりを使って切るようにする。

イ　形を切り抜くときは紙を半分に折った折り目から切り込みを入れるとよい。

ウ　円い形を切るときは，はさみを動かして切るようにする。

エ　人に渡すときは，もつ方を相手に向けて渡す。

┃ 2024年度 ┃ 青森県 ┃ 難易度 ┃

【13】小学校の入学当初においては，幼児期に育まれたことが各教科等における学習に円滑に接続されるよう，生活科を中心に，指導の工夫や指導計画の作成を行うことが求められている。次の文は，幼児期から児童期の発達を見通しつつ，地域の幼児教育と小学校教育の関係者が連携して，カリキュラム・教育方法の充実・改善に当たることを推進する文部科学省の取組を説明したものである。文中の(　　)に当ては

まる言葉を以下のA～Dから一つ選び，その記号を書け。ただし，(　)には同じ言葉が入る。

○　幼児教育の質的向上及び小学校教育との円滑な接続について専門的な調査審議を行うため，中央教育審議会初等中等教育分科会の下に，「幼児教育と小学校教育の(　　)特別委員会」を令和3年7月に設置した。

○　義務教育開始前後の5歳児から小学校1年生の2年間に求められる教育の内容等を可視化した幼保小の(　　)プログラムの実施に向けての手引き(初版)を令和4年3月に作成した。

A　連絡　　B　調和　　C　架け橋　　D　交流

2024年度 ┃ 愛媛県 ┃ 難易度

【14】次の(1)～(3)の文のうち，小学校学習指導要領解説　生活編(平成29年7月)第5章「第1節　生活科における指導計画と学習指導の基本的な考え方」の「2　学習指導の特質」に示されている内容として正しいものには○印，正しくないものには×印を書きなさい。

(1)　自らの興味や関心を発揮できるようにするために，児童の身近な生活圏のみを活動や体験の場や対象にするのではなく，学習の場や対象を大きく広げていくことが大切である。

(2)　生活科で学ぶ児童の姿には，一人一人の個性が反映されている。児童の発言やしぐさを丁寧に見取り，指導に生かすことが大切である。

(3)　生活科においては，気付きの質の高まりが深い学びであると捉えることができるので，1単位時間の終末に振り返りの時間を固定して行うこととする。

2024年度 ┃ 岩手県 ┃ 難易度

解答・解説

【1】問1　B，D　　問2　(1)　端午の節句　　(2)　A

○**解説**○　問1　生活科の学年の目標は，今回の学習指導要領において，内容の三つの階層を基にして再構成された。　(1)は第1の階層の学校，家庭及び地域の生活に関する目標，(2)は第2の階層の身近な人々，社会及び自然と関わる活動に関する目標，(3)は第3の階層の自分自身の生活や成長に関する目標である。目標(1)は具体的には，児童の生活圏としての環境にあたる「(1)学校と生活」，「(2)家庭と生活」，「(3)地域と生活」の内容に関する目標である。集団や社会の一員として安全で適切な行動をしたりするとは，児童が学校，家庭，地域社会における一人の構成員として，様々な場でどのような行動をすることが望ましいかについて考え，自ら進んで行動ができるようになることである。学習指導要領解説(平成29年7月)では，その具体的な例を挙げて示している。　問2　(1)「(5)季節の変化と生活」で取り上げる行事は，季節の変化と関わりをもつ地域の行事のことである。学習指導要領解説には，七夕，端午などの節句，立春，立秋などの節気，正月などの伝統行事などが例示されている。　(2)「(5)季節の変化と生活」では，身近な自然の観察や，季節や地域の行事に関わる活動などを通して，それらの違いや特徴を見付け，自然の様子や四季の変化，それらに伴う生活の様子の変化に気付くとともに，それらを取り入れ自分の生活を楽しくできるようにすることを目指している。(問2の問題文の「2内容〔学校，家庭及び地域の生活に関する内容〕(5)」は，正しくは「2内容〔身近な人々，社会及び自然と関わる活動に関する内容〕(5)」である。)

【2】(1)　a　3　　b　4　　c　8　　(2)　d　よさ

○**解説**○　(1)　学年の目標(1)は，児童の生活圏である学校，家庭及び地域の生活に関わることに関するものである。「学校，家庭及び地域の生活に関わることを通して」とは，その場所やそこに暮らしている人に直接働きかけることを示している。さらに「自分と身近な人々，社

会及び自然との関わりについて考えること」を繰り返し,「地域に愛着をも」つことで,身近な自然と関わり合う楽しさを感じ,実感し,慈しむ心を育てることがねらいである。 (2)「集団や社会の一員として安全で適切な行動をしたりする」ことは,社会の構成員として望ましい行動ができるようになることである。学年の目標(1)には,自分自身,身近な人々などの特徴やよさに気付くことが示されている。

【3】a ④ b ②

○**解説**○ 生活科では,児童が自ら自立し生活を豊かにすることを目指している。そのなかで,教科目標(3)は「学びに向かう力,人間性等」としての資質・能力に関するものである。生活科では,思いや願いの実現に向けて,身近な人々,社会及び自然に自ら働きかけ,意欲や自信をもって学んだり生活を豊かにしたりしようとすることを繰り返し,それが安定的に行われるような態度を養うことを目指している。

【4】ウ

○**解説**○「学習指導要領解説」には,改訂の要点として目標の改善,内容構成の改善,学習内容,学習指導の改善・充実が挙げられているが,このうちの学習内容,学習指導の改善・充実には,スタートカリキュラムについて示されている。スタートカリキュラムとは,小学校に入学した子どもが幼稚園等で得た学びと育ちを基礎として,主体的に新しい学校生活を創り出していくカリキュラムである。 ア イエナプラン教育は,異年齢による学級構成で学習計画を子どもたち自身がつくり,自律と共生を育てることを目指す教育である。 イ スティーム教育は,科学・技術・工学・芸術・数学の頭文字から名付けられた自分で考えて学ぶ力を育む教育である。 ウ ウェルビーイングは,幸福で充実した人生を送るために必要な心理的・認知的・社会的・身体的に働く潜在能力のことであり,個人も社会もウェルビーイングの状態を実現することが教育の目的そのものだという考えである。

【5】① 体験 ② 見付ける ③ 比べる ④ 試す

○**解説**○ これまでの生活科の学習の課題であった点の一つとして,学習

活動が体験だけで終わり，気付きを質的に高める指導が十分でなかったことなどから，今回の学習指導要領改訂においては，気付きを高めるための多様な学習活動として，「試す，見通す，工夫するなど」が新たに加えられた。

【6】(1) 1 (2) 2

○**解説**○ 「学習指導要領解説 第4章 1 指導計画作成上の配慮事項1(1)」からの出題である。ここには，生活科の教科目標である「自立し生活を豊かにしていくための資質・能力」の育成のために「主体的・対話的で深い学びの実現に向けた授業改善を図る」ことが重要であることが示されている。その際，身近な人々，社会及び自然を自分との関わりで捉え，よりよい生活を実現しようとする，身近な生活に関わる見方・考え方を生かした学習が行われる。また，校外での活動を積極的に取り入れることとは，活動や体験を通して学ぶという生活科の本質である。

【7】B

○**解説**○ 「見方・考え方を生かし」とは，児童自身が既にもっている見方・考え方を発揮し，その後の学習過程においてそれが確かになり，一層活用されるということを示している。生活科の目標が，他教科の目標にある「見方・考え方を働かせ」ではなく，「見方・考え方を生かし」となっているのは，幼児期における未分化な学習との接続という観点からである。

【8】③

○**解説**○ 指導計画作成上の配慮事項(2)では，2学年間を見通して学習活動を設定することが示されている。教える側の一方的な都合で計画するのではなく，児童の発達の段階や特性に合っているかを吟味すること，2学年間の児童の発達や成長を見通して単元を構成し，配列することが重要である。低学年においては，幼児期の教育と小学校教育との円滑な接続を図る観点からも，スタートカリキュラムを含めた合科的・関連的な指導の工夫が重要である。

【9】① カ ② キ ③ イ

○**解説**○ ① 教科目標の冒頭に「具体的な活動や体験を通して」とあるのは，生活科の学習はそうした活動や体験をすることを前提にしていることを示している。 ② 各教科等の「見方・考え方」は，その教科等ならではの物事を捉える視点や考え方であり，生活科においては「身近な生活に関わる見方・考え方」として示されている。身近な生活に関わる考え方は，自分自身や自分の生活について考えていくことであり，そこで行われる「思考」や「表現」は，一体的に行われたり，繰り返されたりすることが大切である。 ③ 他教科の目標の「見方・考え方を働かせ」となっているところが「見方・考え方を生かし」になっているのは，幼児期の未分化な学習との接続という観点からであるとしている。

【10】オ

○**解説**○ ① 児童が直接かかわる対象や場は，人，社会，自然が一体となって存在している。そのため，地域の人々，社会及び自然を一体的に扱う学習活動を工夫することが求められている。 ② 生活科においても他教科同様，その特質に応じて，コンピュータなどの情報機器を効果的に活用することが必要である。児童の発達の段階や特性を十分配慮して，計画的に情報機器を取り入れることが重要である。

【11】(1) ・低学年の児童でも栽培が容易だから。 ・成長の様子や特徴が捉えやすいから。 ・確かな実りを実感でき満足感や成就感が得られる花だから。 (2) ・アサガオの絵本を読み聞かせる。 ・きれいに咲いたアサガオの花の写真を見せる。 ・2年生からアサガオの種をプレゼントしてもらう場を設定する。 (3) ・音楽科のリズム遊びを生かして，アサガオの世話や成長に感動した気持ちをリズムで表現する。 ・算数科の数を数える学習を生かして，アサガオの種や花の数を数える。

○**解説**○ (1) 内容の構成要素を踏まえて単元を構想する際には，児童の興味・関心，教師の願い，学習活動の特性という三つの要素を考える必要がある。単元で期待する学習を展開するためには，教師が栽培す

る植物を選ぶことも考えられる。初めて一人で栽培活動を行う児童も
いることを考えると，発芽から開花，種取りまでが安定的に行われる
こと，成長の様子を楽しめることなどは，アサガオが選ばれる理由で
ある。　(2)　アサガオの栽培を題材に選んだ場合には，まずは，児童
がアサガオに興味・関心を抱くことが重要である。学習指導要領解説
(平成29年7月)には，児童に興味・関心を抱かせるための工夫として，
一つ上の第2学年の児童からアサガオの種をプレゼントしてもらうこ
とや，アサガオの絵本を一緒に読むことなどの学習活動が挙げられて
いる。　(3)　他教科との関連を図った指導の在り方として，「生活科
の学習成果を他教科等の学習に生かすこと」，「他教科等の学習の成果
を生活科の学習に生かすこと」，「合科的に扱うこと」の三つの場合が
考えられる。公開解答の活動のほかに，国語科との関連でアサガオを
育てた体験を日記や手紙に書くこと，体育科との関連でアサガオを観
察した経験が表現遊びのきっかけとなることなどが考えられる。

【12】ア，イ，エ
○解説○　はさみを使うときは，正しい姿勢，正しい持ち方で，紙を刃の
付け根に当てて切り始める。形を切り取るときは，切り込みを入れて
から切るとよい。曲線や円い形を切るときははさみではなく，紙を動
かして切るとよい。人に渡すときは，刃先を自分が持ち，もつ方(柄の
方)を相手に向けて渡す。

【13】C
○解説○　「幼保小の架け橋プログラム」では，義務教育開始前後の5歳児
から小学校1年生の2年間を「架け橋期」と呼び，子どもに関わる大人
が連携し，全ての子どもに学びや生活の基盤を育むことを目指すもの
である。「幼児教育と小学校教育の架け橋特別委員会」は，中央教育
審議会初等中等教育分科会に設置され，「幼保小の架け橋プログラム
の実施に向けての手引き(初版)」が策定された。また，令和5(2023)年2
月にその審議のまとめとして，「学びや生活の基盤をつくる幼児教育
と小学校教育の接続について～幼保小の協働による架け橋期の教育の
充実～」が取りまとめられている。

【14】(1)　×　　(2)　○　　(3)　×

○**解説**○ (1)　学習指導要領解説(平成29年7月)には，生活科において，身近な生活圏を学習の場や対象にすることの意義は，授業や授業以外で繰り返し関わることができるということにある。したがって，いたずらに学習の場や対象を広げるのではなく，一つ一つにじっくりと関わったり，繰り返し関わったりすることのできる学習活動が大切であると，解説されている。　(3)　気付きの質の高まりに向けては，1単位時間内の振り返りの時間を充実させたり，振り返りの時間を終末に固定することなく行ったりするなどの工夫が必要であると，解説されている。

●書籍内容の訂正等について

　弊社では教員採用試験対策シリーズ（参考書，過去問，全国まるごと過去問題集），公務員試験対策シリーズ，公立幼稚園・保育士試験対策シリーズ，会社別就職試験対策シリーズについて，正誤表をホームページ（https://www.kyodo-s.jp）に掲載いたします。内容に訂正等，疑問点がございましたら，まずホームページをご確認ください。もし，正誤表に掲載されていない訂正等，疑問点がございましたら，下記項目をご記入の上，以下の送付先までお送りいただくようお願いいたします。

① **書籍名，都道府県（学校）名，年度** 　（例：教員採用試験過去問シリーズ　小学校教諭 過去問　2025年度版） ② **ページ数**（書籍に記載されているページ数をご記入ください。） ③ **訂正等，疑問点**（内容は具体的にご記入ください。） 　（例：問題文では"ア〜オの中から選べ"とあるが，選択肢はエまでしかない）

〔ご注意〕
○ 電話での質問や相談等につきましては，受付けておりません。ご注意ください。
○ 正誤表の更新は適宜行います。
○ いただいた疑問点につきましては，当社編集制作部で検討の上，正誤表への反映を決定させていただきます（個別回答は，原則行いませんのであしからずご了承ください）。

●情報提供のお願い

　協同教育研究会では，これから教員採用試験を受験される方々に，より正確な問題を，より多くご提供できるよう情報の収集を行っております。つきましては，教員採用試験に関する次の項目の情報を，以下の送付先までお送りいただけますと幸いでございます。お送りいただきました方には謝礼を差し上げます。

（情報量があまりに少ない場合は，謝礼をご用意できかねる場合があります）。

◆あなたの受験された面接試験，論作文試験の実施方法や質問内容

◆教員採用試験の受験体験記

- -

送付先	○電子メール：edit@kyodo-s.jp ○FAX：03-3233-1233（協同出版株式会社　編集制作部 行） ○郵送：〒101-0054　東京都千代田区神田錦町2-5 　　　　協同出版株式会社　編集制作部 行 ○HP：https://kyodo-s.jp/provision（右記のQRコードからもアクセスできます）

※謝礼をお送りする関係から，いずれの方法でお送りいただく際にも，「お名前」「ご住所」は，必ず明記いただきますよう，よろしくお願い申し上げます。

教員採用試験「全国版」過去問シリーズ③

全国まるごと過去問題集
小学校教諭

編　集　Ⓒ 協同教育研究会
発　行　令和6年1月10日
発行者　小貫　輝雄
発行所　協同出版株式会社

　　　　〒101-0054　東京都千代田区神田錦町2‐5
　　　　電話　03－3295－1341
　　　　振替　東京00190－4－94061
印刷所　協同出版・POD工場

　　　　落丁・乱丁はお取り替えいたします。